博英新書 3

國 家 論

플 라 톤 著
李 炳 吉 譯

博 英 社

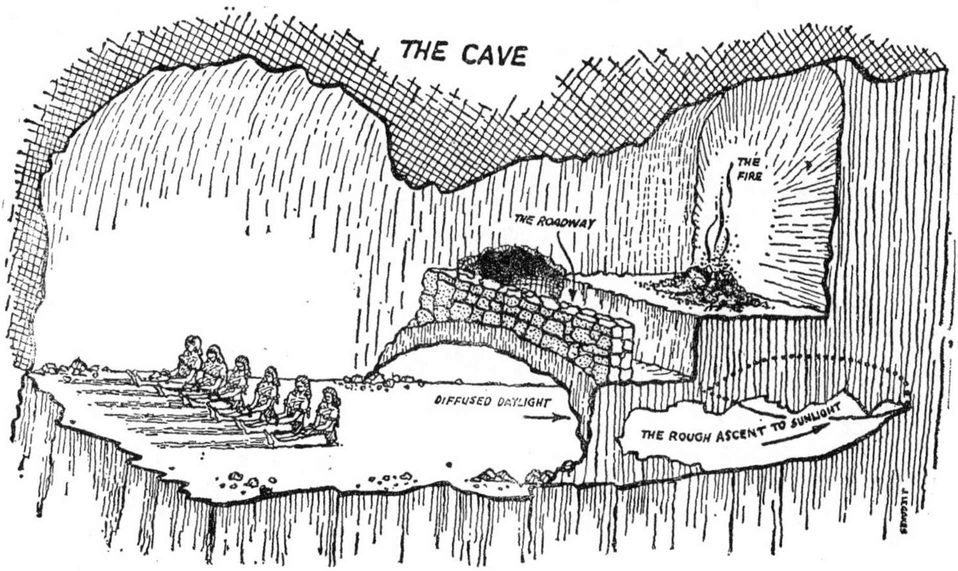
THE CAVE
THE FIRE
THE ROADWAY
DIFFUSED DAYLIGHT
THE ROUGH ASCENT TO SUNLIGHT

해제(解題)

『국가론』은 플라톤의 많은 저술 가운데서도 대표작으로 알려져 있다. 「정의에 관한」이란 부제가 붙어 있어 그 내용에서 무엇이 다루어져 있는지 명료하게 되어 있지만, 이 장편 속에는 기타 많은 문제들이 풍부하게 제시되고 있어 일대 교육론이라고도 말할 수 있고 이 또한 시론, 인생철학, 선악에 관한 가치관, 존재론적 형이상학 등 여기에 취급되지 않은 것이 없을 정도로 되어 있다. 이 작품은 소크라테스가 케파로스 집에 가서 거기서 이루어진 여러 사람들과의 대화를 그대로 플라톤이 보고하는 간접 대화형식으로 되어 있다. 각자 정의에 관한 관점을 피력하고 서로 논박하는 가운데 정의의 문제는 그대로 어떻게 다룰 수 없이 어렵게 되어 버리자(제1권) 그라우콘과 아데이만토스가 강력하게 소크라테스 자신의 해답을 요청하게 되고, 부득이 소크라테스는 직접 정의를 내리는 대신, 개인에 있어서의 정의의 확대된 모습을 국가에서 찾아보자고 제안하고 이제 본격적으로 이상국가의 건설작업으로 들어간다(제 2 권). 이상국가의 근본은 수호자, 통치자의 인격양성이 중요하고, 이를 위한 교육이 시가, 음악, 체육에 걸쳐 자세하게 검토된다(제3, 4권).

그리고 국가를 구성하는 세 계급과 그들의 역할이 설정되고, 이것이 또한 개인에 있어서의 정신의 세 가지 기능과 대치되고, 이로부터 「지혜」, 「용기」, 「절제」 및 「정의」에 관한 네 가지 덕이 규정된다(제 4 권).

수호자계급에 있어 재산과 처자공유에 관한 제안이 나오고, 더 나아가 이상국가에 있어서 수호자들은 철학자라야 한다고 그 이유를 이데아론에 근거를 두고 설명한다(제 5 권). 사회에서 통용되는 일반적인 의견과 편견의 힘은 그 뿌리가 깊어 이것을 극복하고 진정한 철학적 사념의 바탕을 마련한다는 것이 어려운 일이기는 하나 불가능한 것은 아니다. 여기에서 유명한「태양」,「선분」,「동굴」의 세 가지 비유에 의해「선의 이데아」를 인식할 수 있는 철학적 방법론이 상세하게 전개된다. 이와 관련해서 교육의 이념과 교육과목 등도 규정된다(제6, 7권). 이어서 이상국가가 부정한 국가로 타락하는 과정과 이에 대응하는 인간 개인의 타락의 과정이 생생하게 묘사되는 가운데 부정이 아니라 정의만이 인간을 행복하게 하고 또한 동시에 유리한 것이라는 결론에 이른다(제8, 9권). 그리고 끝으로 시가. 연극의 본질이 철학적 입장에서 고찰된 다음,「정의로운 자」에 대한 대답에 관련시키면서「에르」의 이야기가 전개된 다음 이 장편은 끝난다(제10권).

여지껏 어떠한 철학자라 하더라도 이『국가론』에서 일깨움을 받지 않은 사상가는 드물 것이다. 누구나 한번은 대결하여 그 속에서 자기의 사상을 가다듬어야 할 규범적인 저술이다.

본서의 출판을 쾌히 승낙하신 박영사 안원옥사장에게 새삼 감사의 뜻을 표하고자 한다.

1975년 12월

역　자

차 례

제 1 권

1

어제 나는 아리스톤의 아들 그라우콘과 더불어 베이라이에우스[1]까지 가보았다. 여신[2]에게 기도를 드리기 위해서, 그러나 또 하나는 그 축제가 이번에 처음으로 베풀어졌고 또한 어떻게 행사가 이루어지는지 구경하고 싶은 생각이 있었기 때문이었다. 축제의 행렬은 마을 사람들의 것도 제법 볼 만하였지만, 그러나 이에 못지않게 더욱 훌륭한 행렬을 트라키아 사람들이 보여주었다. 참배도 하고 구경도 끝마쳤으므로 우리들은 아테네를 향해서 돌아섰다. 그런데 케파로스의 아들 포레마르코스가 집으로 돌아가는 우리들을 저만치서 보고 종 아이에게 말했다. 「빨리 가서 나를 기다려달라고 여쭈어라.」 그래서 그 아이가 달려와 뒤에서 나의 옷자락을 붙들고 분부를 아뢴다. 「포레마르코스가 여러분에게 기다리시라고 여쭙니다.」 나는 돌아다보고 「주인은 어디 계시는가?」라고 물었다. 「저기입니다.」라고 종 아이가 말했다. 「저기서 이리로 오십니다. 제발 여기서 기다려주십시오.」 「그래라, 기다리마.」라고 그라우콘이 대답했다. 머지않아 포레마르코스가

1) 아테네로부터 7km 떨어진 남서방에 있는 외항(外港) 도시.
2) 트라키아인의 월신(月神) 벤디스를 말한다. 베이라이에우스에는 제법 많은 트라키아인들이 통상을 위해 거류민으로 살고 있었다.

당도하였다. 그라우콘의 형 아데이만토스, 니키아스의 아들 니케라토스, 그 외에도 몇 사람 있었는데, 다같이 축제 행렬을 구경하고 돌아가는 모양이다.

포레마르코스가 말한다. 「소크라테스, 여러분은 아마도 여기를 뜨고 아테네쪽을 향해 가시는 것 같습니다.」

「바로 보았소. 틀림없소.」라고 나는 대답하였다.

「우리가 모두 합쳐서 몇 사람이 대기하고 있는지 눈에 띄십니까?」

「그렇소.」

「그렇다면 여러분은 여기 있는 우리들보다도 힘이 세어지든지 그것이 이루어지지 못한다면 여기서 머무르든지 둘 중에 하나입니다.」

「또 하나 방도가 있을 법도 한데, 다름 아니라 우리들을 그대로 놓아달라고 그대들을 설득하여도 좋을 테지?」

「그러한 설득을 우리들이 아예 듣지 않기로 작정한다면 그래도 설득하실 수 있겠습니까?」

「어림도 없지.」 그라우콘이 말을 이었다.

「그럼 우리들로서는 들어드릴 생각이 전혀 없으니까, 자 이제 각오하십시오.」

옆에서 아데이만토스가 참견하고 나서서 「도대체 여러분은 모르십니까. 오늘 저녁 승마 횃불 경기가 여신을 받들어 개최될 텐데.」

「승마라니?」 나는 말했다. 「그거 드문 일인데, 횃불을 손에 잡고 경주하면서 릴레이를 한다는 것인가, 그렇지 않으면…….」

「말씀하신 그대로의 방식입니다.」라고 포레마르코스가 대답하였다. 「그 전에도 밤을 밝히면서 하는 축제도 있을 것이고, 이것도 한번 보아 둘 만합니다. 우리들은 저녁을 먹고 가서 그 야간축제를 보기로 하였습니다. 거기서 많은 젊은 사람들과 만나고 이야기를 나눌 것입니다. 자 어서 주무시고 가십시오.」

「일이 이쯤 되었으면 주무시고 가실 수밖에 없으시겠군요.」라고 그라우콘이 말했다.

「그래, 그대가 그렇게 생각한다면 그렇게 할 수밖에 없겠네.」라고 나는 대답하였다.

2

이리하여 우리들은 포레마르코스의 집에 갔다. 거기에는 포레마르코스의 형제 류시아스와 예우듀데모스가 있었고, 그리고 가르게돈의 트라시마코스, 파이아니아의 카르만디스, 아리스도뉴모스의 아들 크레이트폰들의 면면들이 있었다.

포레마르코스의 부친인 케파로스도 집에 있었는데, 그는 어지간히 노쇠해 보였다. 그러고 보니까 나는 오랫동안 이 분을 만나지 않았던 것이다. 그는 머리에 관을 쓴 자세로 방석이 달린 의자 비슷한 것 위에 앉아 있었다. 마침 앞마당에 모신 신령에게 희생(犧牲)을 바치는 식을 끝낸 후였다. 우리들은 그의 곁에 가서 앉았다. 거기에는 의자가 몇 개 반원형으로 배치되어 있었다. 케파로스는 나를 보더니 정답게 인사하고는 말문을 열었다.

「소크라테스! 도대체 임자는 우리를 만나고자 베이라이에우스에는 와주지 않는구려. 그래서는 안되네. 만일 내가 아직 기운이 있어 아테네까지 걸어서 가는 게 고달프지 않다면 자네가 여기에 와줄 것도 없이 우리쪽에서 임자 있는 곳으로 가겠는데, 그런데 보다시피 나는 이 꼴이니 자네쪽에서 가끔 여기까지 와주어야 하네. 그도 그럴 것이 이 사람은 육신의 낙(樂)이 적어짐에 따라 그만큼 이야기하고 싶은 욕심과 즐거움이 더 커지고 있는 거야. 그러니까 제발 내 원(願)을 받아 이 젊은 것들과 왕래할 뿐만 아니라 나한테도 때때로 와서 우리를 찾아주게. 아주 가까운 일가를 찾아오는 셈치고.」

「그야 물론이죠. 케파로스!」라고 나는 응대했다. 「나로서는 춘추가 높으신 분들과 이야기를 나누는 것이 가장 즐겁습니다. 왜냐하면 그런 분들은 이를테면, 머지않아 우리들도 아마 거치게 될 길을 먼저 거쳐 오신 분들이시니까. 그 길이 어떻게 되어 있는지 — 평탄치 못한 험준한 길인지, 그렇지 않으면 편히 갈 수 있는 평탄한 길인지 — 경험자들로부터 꼭 말씀을 얻어 들으려고 생각하고 있으니까요. 특히 당신으로부터는 그것이 당신에게는 어떻게 생각되는지 꼭 여쭈어보고 싶습니다. 당신은 이미 시인들의 말을 빌린다면 "늙음이라는 문지방에 다가와 있다"[1]라고 말하는 그 나이에까지 이르셨기 때문입니다. 그것은 인생 속에서 고달픈 시기가 되는 것입니까? 아니면 당신은 그것을 어떻게 말씀하실지 들려주셨으면 고맙겠습니다.」

「제우스에 맹세하여」라고 케파로스가 말했다. 「좋고 말고, 소크라테스. 그것이 나에게는 어떻게 생각되는 것인지 한번 들려주겠네. 우리들은 예전(말씀)대로 나이가 비슷한 사람이 몇 사람 같이 만나는 기회가 가끔 있었어. 그럴 때마다 우리들의 대부분은 비탄에 젖는 것이 보통이야. 젊을 때의 쾌락이 이제는 없는 것을 한탄하고, 여인들과 교제하고 술을 마시고 신바람나게 떠드는 것과 같은 그런 종류의 것들을 이것 저것 해낸 것을 회상하면서 말야. 그래서 그들은 마치 무엇인지 대단한 것을 빼앗긴 것처럼 전에는 행복하게 살아 왔었는데 지금은 살고 있지 않은 것처럼 통탄하고 비탄하네. 개중에는 가족들이 노인을 학대한다고 말하면서 불평하는 자도 있어. 그런 것을 되풀이 이야기하면서도 노령이 자기 자신들에게 얼마나 불행의 원인이 되는가를 지겹게 호소하는 거야. 그러나 소크라테스, 암만해도 나에게는 그런 사람들은 진짜 원인이 아닌 것을 원인이라고 생각하고 있는 것처럼 느껴지네. 그도 그럴 것이, 만일 노령이 정말로 그런 것의 원인이라고 한다면 나도 그 점에 있어서는 같은 경험을 맛보아 왔을 것이고 또한 나뿐만 아니라 대개 이 연령에 달한 자들은 누구나 같을 테니 말이야. 하지만 현재 그렇지 않은 사람들도 몇 사람 만났지. 작

1) 호메로스의 『일리아드』, 제22권 60행, 제24권 487행, 헤시오도스의 『일과 나날』, 331행 등에 이 문구가 나타난다.

가인 소포클레스[1]도 그 한 사람인데, 나는 언젠가 그가 어떤 사람으로부터 질문을 받고 있을 때 마침 그 자리에 있었네. 「어떻습니까, 소포클레스!」 그 사람은 말했지. 「애욕을 즐기는 쪽은! 아직도 여자와 교제할 수 있습니까?」

소포클레스는 대답했지. 「작작 해 두게. 나는 거기서부터 도피한 것을 더없는 즐거움으로 삼고 있네. 비유를 든다면, 광폭하고 사나운 한 폭군으로부터 겨우 빠져나온 것과 같이 느끼네.」

나는 그 때 소포클레스의 대답은 명답이라고 생각했고 지금도 그 생각은 변하지 않고 있지. 진짜 노령이라면 그런 종류의 욕정으로부터 해방되어서 평화와 자유가 듬뿍 주어지기 때문이다. 가지각색의 욕망이 긴장하는 것을 멎고 일단 그 힘이 늦추어졌을 때에 일어나는 것은, 과연 소포클레스가 말한 대로 굉장히 많은 미치광이 같은 폭군들의 손에서 완전히 해방된다는 것, 바로 그것이야. 과연 이러한 것들만 하더라도, 가족들과의 관계가 이러쿵저러쿵한 것만 하더라도, 그 원인은 단 하나밖에 없네. 그것은 소크라테스, 노령이 아니고 그 인간의 성격인 것이야. 단정하고 자족하는 것을 아는 인간이기만 하다면 노령도 그다지 괴로운 것이 아니거든. 그러나 그 반대의 인간에게는 소크라테스, 노령이건 청춘이건 여하튼 고달픈 것이 되고 마네.」

나는 그의 말에 감명하였으므로 더 이야기를 시키려고 생각하고 이렇게 말하였다.

「케파로스! 나는 이렇게 생각합니다. 당신이 그렇게 말씀하셔도 많은 사람들은 당신의 말씀 그대로를 받아들이지 않을 것입니다. 그들은 틀림없이 당신이 노령(老齡)을 편히 참아내시는 것은 성격의 덕택때문이 아니라 당신이 많은 재산을 가지고 있기 때문이라고, 아마 그렇게 생각할 것입니다. 부자에게는 위안되는 것들도 많다고 말해 오지 않습니까.」

「그 말에도 일리가 있네.」라고 그는 대답했다. 「그들은 그대로 믿

1) 아테네 3대 비극작가의 1인(기원전 496-406).

지 않아. 그리고 딴은 그들의 말에도 일리가 있어. 그러나 그들이 생각하는 그 정도까지는 아니지만 나는 데미스토크레스[1]가 세리포스[2]에서 온 사람에게 대답한 것으로써 그들에게 대할 수 있다고 할 수 있겠네. 그는 데미스토크레스를 비방하여, 그가 명성을 떨치는 것은 자신이 훌륭하여서가 아니라 아테네 사람이기 때문이라고 말했던 것이야. 이에 대하여 데미스토크레스는 "만일 당신이 우리 나라 사람이고 내가 당신네 사람이었더라면 둘 다 같이 유명하지는 못하였을 것이다."라고 대답하였지. 부유하지도 못하고 노령을 참을 수도 없는 사람에게는 같은 대답을 해줄 수 있네. 즉, 인물이 훌륭하여도 가난하면 노령은 가벼운 부담이라고는 할 수 없으며 또한 인물이 고약하면 부유하다 하여 안심자족(安心自足)할 수는 없는 것이야.」

「그런데 케파로스! 당신의 재산은 대부분 상속받으신 것입니까 또는 자수성가하신 것입니까?」

「자수성가라니, 소크라테스! 자네는 내가 얼마만치 재산을 이루어 놓았나 알고 싶은가? 돈을 버는 재주에 있어서는 나의 조부와 아버님의 중간쯤이나 될까. 내 조부로 말하면, 나는 이 분의 이름을 땄는데, 이 분은 내가 현재 가지고 있는 것과 거의 맞먹는 재산을 상속한 뒤 그것을 배로, 3배로 불렸으나, 나의 부친인 리산이아스는 현재의 내 재산 이하로 줄였어. 그래서 나로서는 이를 자식들에게 내가 받은 것보다 적지 않게, 조금이라도 더 많이 남기어 주면 만족할 따름이야.」

「이것이 바로 제가 여쭈어보고자 한 것입니다. 다름 아니라 당신은 돈에 대해서 애착이 없는 것같이 보였기 때문입니다. 이것은 자기가 재산을 벌어들인 사람보다는 상속받은 사람에게서 볼 수 있는 특징이니까요. 자기가 재산을 이루어놓은 사람은 그들 자신의 분신과도 같이 돈에 대해서 유별난 애착을 갖게 되고, 그들과 모든 사람에게 공통되는 유용성이나 실리를 위한 자연스런 사랑 이외에도 마치 시인이

1) 아테네의 유명한 장군·정치가(기원전 538?-462?).
2) 에게해에 있는 섬.

자기 작품에 대해, 부친이 자식들에 대해 갖는 애착과 비슷한 것을 갖고 있습니다. 그러므로 그들은 사귀기 어렵습니다. 재물 외에는 아무런 이야기도 하지 않으니까요.」

「그것은 사실이지.」라고 그는 말했다.

「참으로 그렇습니다. 그런데 하나 더 여쭈어보고 싶은데요. 당신이 재산에서 얻은 가장 큰 축복은 무엇이라고 생각하시는지요.」

「남이 쉽사리 믿어주리라고 기대할 수는 없는 것이 하나 있는데.」 하고 그는 말했다. 「자, 이런 것이야, 소크라테스. 사람이 죽음이 다가왔다고 생각하게 되면 일찍이 가져보지 못했던 두려움과 걱정이 생기네. 예컨대 황천(黃泉) 이야기, 이 세상에서 범한 죄에 주어지는 벌, 이런 것들은 여지껏 웃고 넘길 수 있는 것들이었는데, 이제는 그것이 사실이 아닌가 하는 생각에 젖어서 고통을 받게 되는 것이야. 나이 탓인지 또는 저 세상에 가깝게 접근함에 따라 이런 것들이 더욱 잘 보이기 때문인지, 여하튼 의혹과 두려움이 두텁게 닥치고 이제껏 남에게 잘못한 짓들을 반성하고 생각하게 되는 것이네. 이리하여 자기가 잘못한 것이 많을 때에는 어린 아이와 같이 놀래서 잠에서 깨고 캄캄한 불안에 사로잡히는 것이야. 그러나 아무런 죄의식이 없는 자는 핀다로스[1)]가 맵시 있게 말한 바와 같이 달콤한 희망이 늙음을 달래주는 것이야.

> 희망은 정의와 성스러움 속에 사는 사람의 영혼을 그리고
> 늙음을 달래준다. 그의 길동무로서.
> 여하튼 희망은 인간의 고달픈 영혼을 달래주는 가장 힘 있는 것.

참으로 멋진 말이야. 나는 재산의 가치를 선한 자에게 한해서 말하는데, 의식적이건 또는 무의식적이건 남을 속이고 거짓을 말할 필요가 없는 것이며, 그리고 저 아래 세상으로 떠날 때 신들에게 드릴 제사나 사람들에게 진 빚에 대해 아무런 걱정을 하지 않아도 된다는 것

1) 고대 그리스의 대표적 서정시인(기원전 522?-442).

이야. 그래서 마음의 이러한 평온함은 재산을 가짐으로써 얻어지는 것이지. 그러므로 말하건대 재산이 가져다줄 수 있는 여러 가지 이로운 것들 속에서 하나 하나 대치(對置)해 볼 때 나의 의견으로는 이것이 가장 큰 것이라 하겠네.」

「좋은 말씀입니다, 케파로스.」라고 나는 대답했다. 「그런데 정의(正義)에 관해서 말씀인데, 대체 정의는 무엇입니까? 진실을 말하고, 진 빚을 갚는 것을 뜻하는 것입니까? 이 이상의 것이 아닙니까? 그리고 여기에 있어서도 예외는 없다는 것입니까? 예컨대 이런 경우는 어떻겠습니까. 친구가 제 정신일 때 나에게 무기를 맡기고, 이제 정신이 돌아가지고 그것을 되돌려달라고 할 때 나는 그것을 돌려주어야만 합니까? 아무도 그렇게 하여야만 하고 또 그렇게 함으로써 옳다고는 말하지 않을 것입니다. 마치 정신나간 사람한테 항상 진실을 이야기하여야만 한다고는 하지 않을 테니까요.」

「틀림없이 그렇지.」 하고 그는 대답했다.

「그렇다면 진실을 말하고 또한 부채를 갚는 것이 정의의 올바른 정의(定義)가 될 수는 없습니다.」

그 때 포레마르코스가 끼여들면서 「아니 그게 올바른 정의(定義)입니다. 만일 시모니데스[1]의 말을 그대로 받아들인다면.」 하고 말했다.

「나는 이제 가보아야겠네.」라고 케파로스가 말했다. 「나는 이제 제물(祭物)도 돌봐야 하니까, 그래서 이 토론을 포레마르코스와 그 일당에게 넘겨야 하겠네.」

「그렇다면 포레마르코스가 상속인이군요.」라고 나는 말했다.

「그렇고 말고.」 그는 대답하고 웃으면서 제물을 마련하기 위하여 자리를 떴다.

「자 그럼 말해 보게. 토론의 상속인인 그대여, 시모니데스가 그리고 그대가 진정으로 말하고자 하는 것에 따르면 정의를 어떤 것으로

1) 게오스 섬 출신. 고대 그리스에 있어 대표적 서정시인의 한 사람(기원전 556-468). 철학이 확립될 때까지는 시인들의 말이 권위가 있었다.

규정하였던가?」

「부채(負債)를 다시 갚는 것이 정의라고 그는 말했습니다. 그리고 그렇게 말함으로써 그는 나에게는 옳다고 생각됩니다.」

「과연 그토록 현명한 사람의 말이니까 의심해서는 안되겠지만, 그러나 그가 뜻하는 바는 자네에게는 명백할지 모르겠으나 나에게는 명백한 것과는 정반대일세. 그도 그럴 것이, 그 사람도 바로 지금 우리들이 말한 바와 같이 사람이 제 정신이 아닌 바에야 달란다고 하여 맡긴 무기를 돌려주어야만 한다는 것을 뜻하는 것은 물론 아니겠지. 그러나 맡은 것을 부채(負債)라고 말 안할 수도 없지.」

「사실입니다.」

「그렇다면 나한테 요구하는 자가 제 정신이 아니라면 나로서는 돌려줄 수 없지 않은가?」

「그렇습니다.」

「그러면 시모니데스가 부채를 반환하는 것이 정의라고 말했을 때는 이 경우까지도 포함해서 뜻한 것은 아니겠지?」

「물론 아닙니다. 그는 친구에게 언제나 좋은 일을 행하고 나쁜 짓을 해서는 안 된다고 생각하기 때문입니다.」

「만일 당사자들이 친구간이고 받는 자에게 해가 된다면 맡은 금을 돌려준다는 것은 결국 부채를 갚는다는 것이 아니라는 것을 뜻하는 것이고, 이것은 그대가 그가 말하려는 바라고 상상하는 것이 되지 않겠는가?」

「그렇습니다.」

「그러면 적은 우리가 그들에게 진 빚을 받아야 마땅한가?」

「물론입니다.」 그는 말했다. 「그들은 우리가 그들에게 빚진 것을 받아야 마땅합니다. 그런데 적에게 빚으로 지고 있는 것은 어떤 것일까요. 제 생각으로는 마땅히 적에게 어울리는 것임에 틀림없습니다. 즉 악(惡)으로 대하는 것입니다.」

「그렇다면 시모니데스는 시인답게 정의의 본질을 음울하게 말한 것 같구먼. 그도 그럴 것이, 그의 참뜻은 정의는 각자에게 적합한 것을 주는 것이고 이것을 그는 빚이라고 표현하였으니까.」

「아마도 그것이 그의 참뜻임에 틀림없습니다.」 하고 그는 말했다.

「과연 그렇구먼. 그러면 우리가 그에게 의술(醫術)의 경우 무엇을 주는 것이 마땅하고 적절한 것인가를, 그리고 누구에게 주는 것인가를 질문했다면 어떠한 대답이 돌아오리라고 생각하는가?」

「그는 틀림없이 의술은 인체에게 약과 음식물을 투여하는 기술이라고 대답할 것입니다.」

「그러면 요리술이란 무엇을 주는 것이 마땅하고 적절한 것이고 또한 무엇에 대해서인가?」

「식물에 대해서 간을 맞추는 것입니다.」

「그렇다면 정의가 주는 것은 무엇이며 그리고 누구에 대해서인가?」

「여지껏 예로 든 것들의 분석에 의해서 테두리를 잡는다면, 소크라테스, 정의라는 것은 친구에게는 이익을, 적에 대해서는 해악을 주는 것이라고 할 수 있습니다.」

「그렇다면 그것이 그가 뜻하는 바인가?」[1)]

「그렇게 생각합니다.」

「그렇다면 병을 앓고 있을 때 친구에게는 좋은 일을 하고 적에게는 악을 가장 잘 베풀 수 있는 자는 누구일까?」

「의사입니다.」

「또한 항해를 할 때 바다의 위험에 말려들 때에는?」

「항해사겠죠?」

「그러면 어떠한 행동을 할 때 또는 어떠한 결과를 안중(眼中)에 두고 정의로운 인간으로서 적에게는 악을 행하고 친구에게는 선을 가장 잘 베풀 수 있는가?」

---

1) 이 생각은 소크라테스가 반론할 때까지는 가장 전통적인 일반적인 생각이었다.

「전쟁에서 상대를 공격하고 같은 편끼리 동맹하는 경우일 것입니다.」

「그러나 사랑하는 포레마르코스, 건강할 때에는 의사가 필요없지 않은가?」

「그렇습니다.」

「또한 항해하지 않을 때에는 항해사가 필요치 않겠지?」

「그렇습니다」

「그렇다면 평화시에는 정의가 필요치 않다는 건가?」

「전혀 그렇게는 생각지 않습니다.」

「그러면 정의는 평화로울 때나 전쟁할 때나 다같이 유용하다는 것인가?」

「그렇습니다.」

「곡물의 수확을 위한 농사 기술과도 같이?」

「네.」

「또는 신발을 얻기 위한 제화 기술과도 같이? ── 이것이 바로 그대가 뜻하는 것인가?」

「그렇습니다.」

「그렇다면 평화시에 정의는 어떠한 것과 비슷하게 쓸모와 획득에 관한 힘을 갖고 있다는 것인가?」

「계약과 같은 것입니다. 소크라테스, 정의가 유용합니다.」

「그대가 계약이라는 것은 동업관계를 뜻하는 것인가?」

「틀림없습니다.」

「그렇다면 바둑을 두는 데 있어 쓸모 있고도 더 좋은 상대는 정의로운 사람인가 또는 바둑을 잘 두는 사람인가?」

「바둑을 잘 두는 사람입니다.」

「또한 벽돌이나 돌을 쌓아올리는 데 있어 정의로운 사람은 석수장이보다 쓸모도 있고 더 낫다는 건가?」

「정반대입니다.」

「그렇다면 대체 어떤 협력관계라야 정의로운 사람은 하프 연주자보다 더 좋은 상대가 될 수 있겠는가, 마치 하프를 연주함에 있어 하프 연주자가 정의로운 사람보다 더 좋은 상대가 되듯이?」

「그것은 금전(金錢) 동업관계에 있어서입니다.」

「그렇지, 포레마르코스. 그러나 돈을 사용하는 데 있어서는 그렇지 못할 것이야. 그도 그럴 것이, 말을 팔고 살 때에는 정의로운 사람을 의논 상대로는 택하지 않을 것이니까. 말에 관해서 잘 아는 사람이 이 경우에는 더 좋을 걸세, 안 그런가?」

「물론입니다.」

「또한 배를 사려고 할 때 배를 만드는 목수 또는 파일럿이 더 유용하겠지?」

「그렇습니다.」

「그렇다면 은이나 금을 더불어 같이 쓸 때에 정의로운 사람이 다른 사람보다 낫다는 것은 무엇인가?」

「돈을 안전하게 보관코자 할 때입니다.」

「돈은 필요치 않고 그대로 보관한다는 것인가?」

「그렇습니다.」

「다시 말해서 돈이 필요치 않을 때 정의는 쓸모가 있다는 것인가?」

「이야기가 그쯤 되었습니다.」

「그리고 전지(剪枝)하는 낫을 보관하려 할 때 정의는 자기를 위해, 나라를 위해 유용한 것이로되, 막상 이것을 사용할 때는 가지 치는 기술이 쓸모가 있겠지?」

「명백합니다.」

「그리고 방패나 하프를 보관코자 할 때 그리고 사용하지 않을 때 정의는 항상 소용되는 것이나, 막상 쓰려고 할 때는 무술이나 음악의 재능이 필요하다는 것이지?」

「그렇습니다.」

「그러면 기타 모든 것에 있어 정의는 쓸모 없을 때 쓸모가 있고 쓸모가 있을 때에는 쓸모가 없다는 것이지?」

「이야기가 그쯤 됩니다.」

「그러면 정의라는 것은 대단치 않은 걸세. 그러나 이 점을 좀더 생각해 보세. 권투에서나 어떤 종류의 싸움에서도 가장 잘 타격을 주는 자가 또한 타격도 잘 막아낼 수 있지 않겠는가?」

「그렇습니다.」

「그리고 병을 예방하는 데 가장 유능한 자는 병을 앓게 하는 데도 가장 유능하지 않겠는가?」

「사실입니다.」

「그러면 진지(陣地)를 가장 잘 지키는 자가 적을 가장 잘 기습하는 자가 아니겠는가? 그렇다면 무엇이든 잘 지키는 자는 또한 훔치는 데도 유능할 걸세.」

「결론으로는 그렇게 생각됩니다.」

「그렇다면 결국 정의로운 사람은 도적으로도 될 수 있겠네. 그리고 내 짐작으로는 이것이 바로 그대가 호메로스에게서 배워야 했던 교훈이란 말야. 그는 오디세우스의 외가쪽 조부가 되는 아우토리코스를 좋아하는 처지여서 그를 "도둑질과 거짓말하는 데 있어서는 둘째가라면 서러워하였지"하고 말하고 있지 않은가.[1] 그래서 그대와 호메로스와 시모니데스는 정의라는 것을 도적질하는 기술이라고 합의를 본 것일세. 그러나 친구에게는 이롭게, 적에게는 해가 되는──이것이 그대가 뜻하는 정의가 아닌가?」

「아닙니다. 원 천만에! 비록 내가 무엇을 말했는지는 모릅니다만 적어도 친구에게는 이롭게, 적에게는 해롭게라는 데는 틀림이 없습니다.」

「그렇다면 또 한 가지 물어보겠는데, 친구다 적이다 할 때 진짜를 말하는 건가 아니면 외관상 느낌을 말하는 것인가?」

1) 호메로스, 『일리아드』, 제19권 395행.

「물론.」 그는 말했다. 「사람은 자기가 좋다고 여겨지는 자를 사랑하고 나쁘다고 생각하는 자를 미워하기 마련이죠.」

「그러나 사람들은 선악에 대하여 그릇 판단하고 좋지 못한 자를 좋다 하고 또한 그 반대로도 생각하지 않는가?」

「그건 사실입니다.」

「그렇다면 그들에 있어서는 선한 자가 적이 되고 악한 자가 친구가 되는 것이지?」

「그렇습니다.」

「그렇다면 그 경우에 그들은 악한 자에게는 선을 베풀고 선한 자에게는 악으로 대해도 좋다는 것이 되지 않나?」

「그렇습니다.」

「그러나 선한 자는 정의롭고 부정한 짓은 안하는 것으로 되어 있지 않은가?」

「사실입니다.」

「그렇다면 그대 말대로라면 악을 행하지 않은 자를 해치는 것이 올바른 것이 되겠네?」

「아닙니다. 소크라테스, 그 언설(言說)은 부도덕합니다.」

「그러면 역시 정의로운 사람에게는 선을 행하고 부정한 자에게는 해롭게 하여야만 한다고 생각되는구먼?」

「그게 더 좋겠습니다.」

「그러나 결론을 검토해 보세. 인간 본성에 무지한 많은 사람들은 나쁜 자들을 친구로 사귀고 있네. 그러므로 이 경우에 그는 그들에게 마땅히 해를 끼쳐야 하네. 그 반면에 그는 마땅히 이익을 주어야 하는 선한 적을 가지고 있단 말야. 만일 이렇게 된다면 시모니데스가 뜻하였던 것으로 우리가 확인한 것과는 정반대의 것을 말하고 있는 것이 되겠지?」

「진실입니다. 그렇다면 '친구다' '적이다' 라는 말을 사용할 때 우리가 저지른 것과 같은 잘못된 생각을 수정하는 것이 좋다고 생각되는군요.」

「무엇이 잘못되었다는 것인가. 포레마르코스?」라고 나는 물었다.

「외관상 또한 선하다고 생각되는 자를 친구라고 규정하였던 것입니다.」

「그래서 어떻게 잘못을 수정하겠다는 건가?」

「외관상으로는 물론 진실로 선한 자를 친구라 하고, 외관상으로만 그렇고 진실로는 선하지 않은 자는 친구가 아닙니다. 또한 이는 적에 관해서도 동일하게 다같이 말할 수 있습니다.」

「그렇게 말하면 선한 자는 친구고 악한 자는 적이 된다는 것인가?」

「그렇습니다.」

「처음에 우리가 단순하게 친구에게는 좋게 해주고 적에게는 해롭게 하는 것이 올바르다고 말하는 대신에, 우리는 더 나아가서 그들이 선할 때에는 친구에게 좋게 대해 주고 또한 그들이 악할 때에는 적에게 해를 끼치는 것이 정당하다는 그 말인가?」

「그렇습니다. 그게 진실같이 생각됩니다.」

「그러면 정의로운 자라 할지라도 남을 해칠 수 있다는 말인가?」

「틀림없이 악하고 또한 적인 자는 해치워야 합니다.」

「말〔馬〕이 해를 받을 때에는 그 말의 본질이 개량이 되는 건가 또는 퇴화되는 건가?」

「후자입니다.」

「퇴화된다는 것은 다시 말해서 개의 선질(善質)이 아니라 말의 그것이 그렇게 된다는 것이지?」

「물론 말의 선질(善質)입니다.」

「그리고 개는 개의 선질에 있어 퇴화되는 것이고, 말의 선질은 아니겠지?」

「물론입니다.」

「그리고 사람이 해를 받으면 인간으로서의 합당한 미덕이 손상되지 않겠는가?」

「확실히 그렇습니다.」

「그리고 인간의 미덕은 정의가 아니겠는가?」

「그렇습니다.」

「그러면 손상된 인간은 틀림없이 부정하게 될 것일세.」

「그렇게 될 것입니다.」

「그런데 음악가는 그 재능으로써 사람을 비음악적으로 할 수 있겠는가?」

「그건 불가능합니다.」

「그럼 마술사는 마술로써 사람을 나쁜 마술사로 만들 수 있겠는가?」

「못합니다.」

「그렇다면 정의로운 자가 정의로써 사람을 부정하게 만들고 또는 일반적으로 말해서 선량한 자가 그 미덕으로써 남을 악하게 할 수 있다는 건가?」

「절대로 그렇게 못합니다.」

「마치 열(熱)이 냉(冷)을 생산하지 못하듯이?」

「못합니다.」

「또는 건조가 습기를 생산하지 못하듯이?」

「그렇습니다.」

「선인(善人)은 아무도 해치지 못하겠네.」

「못합니다.」

「정의로운 인간은 선한 사람이겠지?」

「그렇습니다.」

「그러면 친구이건 또는 누구이건 간에 사람을 해치는 것은 정의로운 사람의 행동이 될 수 없고, 그 반대되는 자, 부정한 자의 짓이 아니겠는가?」

「말씀 그대로 옳다고 생각됩니다, 소크라테스.」

「그러고 보면 정의는 빚을 갚는 데서 이루어지고, 또한 친구에게 진 빚은 선으로써, 적에게 진 빚은 악으로써 한다고 말한다면 이는 지혜롭지 못한 것이야. 이것은 진실이 아니니까 말일세. 실제로 여지껏 명백하게 된 바와 같이 누구를 해친다는 것은 어떤 경우를 막론하고 정당치 않으니까.」

「동의합니다.」 포레마르코스가 말했다.

「그러므로 시모니데스 또는 비아스[1] 또는 피타코스[2] 기타 지자(知者)나 예언자 중 그 누군가가 이런 말을 했다고 주장하는 자가 있다면 우리는 힘을 합쳐서 싸울 용의가 되어 있다고 할 수 있겠나?」

「나는 당신 편에 서서 싸울 준비가 되어 있습니다.」라고 그는 말했다.

「누구의 말이라고 내가 생각하는지 말해 볼까?」

「누구입니까?」

「생각건대 이들은 페리안도로스[3]나 페루테이카스[4]나 쿠세루쿠세스[5]나 테바이의 이스메니아스[6]나 또는 자기 자신의 힘을 크게 자부하던 자들일세. 이들은 정의라는 것은 "친구에게는 선하게 하고 적에게는 악하게 하는 것"이라는 말을 처음으로 말한 부유하고도 세력 있는 자들이네.」

「틀림없습니다.」 그는 말했다.

「그렇다. 그러나 정의(正義)에 관한 이 정의(定義)가 무너진다면 다른 어떤 것으로 대치할 수 있겠는가?」 하고 나는 말했다.

이토록 토론하고 있는 동안에도 트라시마코스는 몇 번이고 토론을 자신이 주관하여 보려고 기도하였으나, 끝까지 들어보려는 좌중의 다

1) 기원전 6세기 전반 부류에네인. 그리스 7현인 중의 1인.
2) 레스보스인(기원전 650–570). 같은 7현인 중의 1인.
3) 고린도스의 참주(기원전 625–585).
4) 마케도니아 왕(기원전 450–413).
5) 페르시아 제왕, 재위(在位)(기원전 486–465).
6) 테바이의 반스파르트타 민주파의 정치가로서 페르시아로부터 돈을 받고 책동하였다.

른 사람들에 의해서 억제당해 왔던 것이다. 그러나 포레마르코스와 내가 이야기를 마치고 잠시 숨을 돌리자, 그는 그대로 참을 수 없어 전신의 힘을 모아 마치 야수와도 같이 우리를 잡아 먹으려는 듯이 덤벼들었다. 이 꼴을 보고 우리는 놀라 자빠졌다.

그는 만좌(滿座)한 인사들에게 그대로 소리를 쳤던 것이다.

「도대체 소크라테스, 무슨 정신나간 소리들을 하고 있는거요. '지당합니다' '그렇습니다' 하고 서로 맞장구를 치면서 정의가 무엇인지 진짜로 알고 싶어한다면 말로만 물어볼 것이 아니라 직접 대답하여 보는 게 어떻겠소. 그리고 상대방을 공박함으로써 잘난 체하지 마시오. 직접 당신이 대답하여 보시오.[1] 세상에는 물어보는 사람은 많아도 대답하는 사람은 없습디다. 이제 정의라는 것은 '의무다' '이익이다' '과실이다' 하는데, 다시는 이것을 도저히 들어줄 수 없소. 이 따위 쓸데없는 소리는 나한테는 소용이 없고 명백하고 정확하게 규정해 봅시다.」

나는 그의 언동에 하도 기가 차서 그저 떨면서 그를 응시할 수밖에 없었다. 사실 내가 그를 응시하지 않았던들 나는 그대로 말문이 막혔을 것이다.[2] 그러나 그가 기를 올리고 있었을 때 내가 먼저 그를 응시하였으므로 그 덕분에 그에게 대꾸할 수 있었던 것이다.

「트라시마코스.」 나는 떨면서 말했다. 「너무 화내지 말게. 포레마르코스와 내가 이야기하는 가운데 약간 실수를 저질렀다면 이것은 일부러 저지른 과오가 아니라는 것만은 알아주게. 만일 우리가 금덩어리를 찾고 있다면 우리들이 서로 양보하고 맞장구를 치면서 모처럼의 기회를 놓치리라고는 생각지 않겠지. 그렇다면 금덩어리보다 더 소중한 정의를 찾고 있는 마당에서 서로 우유부단하게 양보하고 진실을 찾는 데 힘을 다하지 않을 수 있겠는가? 여보게! 친구, 우리는 더없이 그렇게 하려고 노력하고 있는 걸세. 그러나 사실은 우리의 힘이

1) 『고르기아스』, 483a에서도 소크라테스는 같은 비난을 받고 있다.

2) 자기가 승냥이를 보기 전에 승냥이가 먼저 보면 말문이 막힌다는 말이 전해져 있었다.

닿지 못하는 것뿐일세. 그렇다면 모든 것을 잘 아는 자네같은 유능한 인사들은 우리를 불쌍히 여길지언정 성은 내지 않을걸세.」

「자, 얼마나 소크라테스다운 말투인가!」

그는 가시 돋힌 듯 크게 웃고 나서 말을 이어나간다.

「이것이 바로 당신의 냉소적인 모습이라는 것이오. 그렇게 나올 줄 알고 여러분에게도 말해 두었지만, 무엇이고 물어보기만 하면 대답하는 법이 없고 그 대신 비꼬고 대답하는 것을 피하려고 장난을 치니 말입니다.」

「그대는 철학가란말야, 트라시마코스.」라고 나는 대꾸했다. 「만일 그대가 12는 어떤 수로 이루어지는가를 질문해 놓고는 상대방에게 미리 "열 둘은 6의 배다, 또는 4의 3배다, 2의 6배다, 3의 4배다, 이 따위 바보 같은 대답은 아예 듣지도 않겠다"고 엄포를 놓는다면, 틀림없이 이런 식으로 질문한다면 아무도 대답할 사람이 없다는 것을 그대는 잘 알고 있네. 그러나 그 때 상대가 "트라시마코스, 자네는 무슨 말을 하고 있나? 이 질문의 정확한 답으로서 이 세 가지 수는 말해서 안 된다고 해놓는다면 나는 별 수 없이 맞지 않는 수를 일부러 대란 말인가." 이렇게 나왔을 때 그대는 어떻게 대꾸하겠나?」

「두 개의 예가 마치 동일하다는 것같이 둘러댄단 말입니다.」 하고 그는 말했다.

「같지 않다고 할 수도 없지 않은가?」 나는 대답했다. 「만일 같지 않다 하더라도 질문받은 당사자에게는 같다고 생각된다면 그대나 내가 금지하거나 말거나 그가 생각한 대로 말해서는 못 쓴단 말인가?」

「내가 하지 말라고 금지하는 식의 대답을 할 작정입니까?」

「그렇게 될지도 모르지. 위험에도 불구하고 잘 생각해 봐서 그 방식밖에 쓸 수 없다면야.」

「그러나 만일 내가 정의에 대하여 그런 것들과는 전혀 다른 더욱 많은 해답을 준다면 어찌하겠습니까? 어떤 죄를 받겠다고 나서겠습니까?」

「무지한 자에게 어울리는 그런 죄를 주게나. 현자(賢者)로부터 배움을 받아야 하는 것이고, 이것만이 의당 죄과로 받아야 하는 것이니까.」

「그래 벌금은 지불하지 않겠다는 말입니까! 멋있는 생각입니다!」

「돈이 있다면야 지불하지.」 나는 대답했다.

「그러나 소크라테스, 그대는 돈 걱정 마십시오.」 옆에서 그라우콘이 끼여들었다.

「그리고 자네 트라시마코스여! 돈에 관한 한 걱정하지 말게. 우리 모두가 소크라테스를 돕겠으니까.」

「좋소.」 그는 대답했다. 「그렇게 된다면 소크라테스는 그가 언제나 하는 방식으로 할 걸. 자기는 대답하지 않고 남의 대답의 꼬투리를 잡아가지고 조각을 낼 거야.」

「나의 좋은 친구여.」라고 나는 말했다.

「도대체 어떤 사람이건 자기가 아무것도 모른다는 것을 알고 또한 안다고 주장하지도 않는 바에야 어떻게 대답하라는 건가. 그리고 더욱이 약간 자기 자신의 생각을 지니고 있다 해도 권위를 가진 분에게서 말해서는 안 된다고 언명을 받았다면 도대체 어떻게 대답하라는 말인가? 일이 이쯤 되면 알고 있다고 언명하고 또한 아는 바를 말할 수 있는 자네와 같은 사람이 말해야 옳을 걸세. 여러분과 나에게 교훈을 내린다는 뜻에서 한번 대답해 줄 수 없겠나?」

그라우콘과 좌중(座中)의 다른 사람들도 나의 요구에 가담했다. 트라시마코스는 훌륭한 대답을 갖고 있다고 생각했기 때문에 그리고 자기를 두드러지게 나타내기 위하여 한마디 하고 싶어서 못 견디는 꼴이 그대로 나타났다. 그래도 처음에는 나의 대답을 요구하는 척하였지만 종래는 자기부터 시작하기로 동의하였다.

「자, 보게. 이것이 소크라테스의 지혜라는 걸세. 자기는 가르치려하지 않고 남에게서 배우려고 기를 쓰고, 그러고도 고맙다는 말조차 하지 않는단 말야.」

「내가 남에게서 배운다는 것은 사실일세. 그러나 고마워하지 않는다는 것만은 부정하겠네. 돈은 갖고 있지 않고 갖고 있는 것은 오직 칭찬이므로 이것으로 지불하지. 내가 말을 잘 했다고 여겨지는 사람에게는 서슴지 않고 칭찬한다는 것은 그대가 대답해 보면 곧 알 것일세. 나는 그대가 대답을 잘 하리라고 기대하고 있으니까.」

「그러면 잘 들으시오. 정의라는 것은 다름 아닌 강자의 이익이라는 것을 주장합니다. 그런데 어째서 나를 칭찬하지 않습니까? 그러나 물론 그대는 칭찬하지 않을 것입니다.」

「우선 그대의 말뜻을 이해부터 해야 하겠네. 정의라는 것은 그대 말에 의하면 강자의 이익이라는 것이지. 그런데 트라시마코스, 이것은 무엇을 뜻하는 것인가? 포리다마스[1]라는 장사는 우리들보다 힘이 세니까, 그리고 쇠고기를 먹는 것이 그의 육체적 힘에 보탬이 된다는 것을 알 때, 그보다 약한 우리들도 쇠고기를 먹는 것이 또한 우리들에게도 똑같이 이익이 되고 또한 올바르다는 뜻으로 말하는 것은 아닐테지?」

「이래서 기분이 역하다는 것입니다, 소크라테스. 선생님은 될 수 있으면 토론을 가장 해치는 뜻으로 남의 말을 해석한단 말입니다.」

「원, 천만에. 나는 그저 이해하려고 애를 쓴 것뿐일세. 좀더 명료하게 말해 주었으면 좋겠어.」

「그렇다면.」 하고 그는 말했다. 「정부형태는 각각 다르다는 것을 들어본 적이 없습니까, 참주정(僭主政)도 있고 민주정도 있고 귀족정도 있다는?」

「물론 알고 있지.」

「그리고 정부는 각 나라에 있어 지배권력이지요?」

「확실하지.」

---

1) 뎃사리아 출신. 체구가 거대. 가장 유명한 판구라디온(권투와 씨름을 합친 것)의 역사(力士). 제93회 올림피아 대회(기원전 408)에서 우승 조각상이 만들어졌다.

「그리고 정부형태가 다르면 각자가 이익을 안중에 두고 법을 민주적, 귀족적, 참주적으로 제정합니다. 그리고 그들 자신의 이익을 위해서 만들어진 법들은 그들의 피지배자에게 과하는바, 이것이 곧 정의입니다. 따라서 이것을 어기는 자는 법률위반자로서 부정하다 하여 벌합니다. 그리고 모든 국가에 있어서 정의에 관한 동일한 원칙이 있다고 말할 때 이것이 곧 제가 뜻하는 정의입니다. 즉 지배계급의 이해(利害)란 말이오. 그리고 지배계급은 당연히 권력을 갖게 마련이니까, 오직 타당한 결론은 어디에 있어서나 강자의 이익인 정의에 관한 하나의 원칙이 있는 것입니다.」

「이제 알겠네.」라고 나는 말했다.

「그러나 그대가 옳은지 또는 아닌지는 찾아봐야 되겠네. 그러나 정의를 규정함에 있어 그대는 나에게는 쓰지 말라고 금지한 '이익'이라는 말을 스스로 사용하였다는 것을 말해 두겠네. 그러나 그대의 정의에 있어서는 '더욱 강한 자'라는 말이 첨가되어 있는 것은 사실이지만.」

「조그마한 첨가겠지요. 선생님 생각대로 짐작하시오.」

「크고 작고 간에 그건 상관치 말게. 우리는 우선 그대가 말하는 게 진실인지 아닌지를 탐색해야 하네. 이제 우리는 다같이 정의라는 것은 어떤 것의 이익이라는 것을 인정하겠네. 다만 그대는 '더 강한 자'의 것이라고 말하고 있네. 이 점이 나에게는 확신이 가지 않으므로 좀 더 생각해야 한단 말야.」

「그럼 더 생각해 봅시다.」

「그러겠네. 그럼 첫째로 물어보겠는데, 지배자에게 복종하는 것도 피지배자로서는 정당하다는 건가?」

「그렇습니다.」

「그런데 국가의 지배자들은 절대로 잘못함이 없는 건가? 아니면 때로는 잘못을 저지를 수도 있다는 건가?」

「그것은 물론 잘못할 수도 있지요.」

「그러면 법을 제정함에 있어 때로는 바르게 그리고 때로는 잘못 제정할 수도 있겠군?」

「사실이지요.」

「그들이 제대로 바르게 제정할 때는 그들은 법을 그들의 이익에 맞도록 할 것이고, 잘못 제정할 때에는 그들의 이익에 반하는데, 그대는 이것을 인정하나?」

「인정합니다.」

「그들이 제정한 법은 피치자에 의해서 복종되어야만 하고, 그리고 이것이 그대가 말하는 정의라는 것이지?」

「의심할 여지도 없습니다.」

「그렇다면 정의는 그대의 언설에 따르면 강한 자의 이익에 복종할 뿐만 아니라 그 반대일 때도 있겠네?」

「도대체 무엇을 말하려는 것입니까?」

「내 생각으로는 그대가 말하고 있는 것을 되풀이하고 있을 따름이야. 그러나 생각해 보게. 지배자가 명령하는 데 있어 그들 자신의 이익을 잘못 취할 수도 있고 그리고 그들에게 복종하는 것이 또한 정의라는 것을 우리는 인정하지 않았던가?」

「그렇습니다.」

「그렇다면 지배자가 그들 자신을 해칠 것들이 이루어지도록 본의 아니게 명령하였을 때에는 정의는 강자의 이익이 되지 못한다는 것도 또한 인정한 것일세. 왜 그런가 하니, 그대가 말하는 대로 피지배자가 그들의 명령에 복종하는 것이 정의라면, 이 경우에는 오, 가장 현명한 자여! 약자는 강자의 이익이 아니라 해로운 것을 위해서 일하도록 명령된다는 결론에서 벗어날 수 있겠는가?」

「이 이상 명백한 것도 없습니다, 소크라테스.」라고 포레마르코스가 말했다.

「그렇습니다.」 크레이트폰이 끼여들면서 말했다.

「만일 그대가 그의 증인이 될 수 있다면.」

「그러나 어떤 증인이고 필요치 않습니다.」라고 포레마르코스가 말했다. 「지배자들은 때로는 그들의 이익이 되지 않는 것을 명령할 수 있고 또한 피치자로서는 그들에 복종하는 것이 정의라고 트라시마코스 자신이 인정하고 있지 않습니까.」

「그렇네, 포레마르코스. 그들의 지배자로부터 명령된 것을 피치자가 해내는 것이 정의라고 트라시마코스가 말했으니까.」

「그렇다, 크레이트폰. 그는 또한 정의는 강자의 이익이라고 말했다. 그러면 이들 전제를 다같이 인정하면서 그는 더 나아가서 그의 피치자인 약자에게 강자는 자기 자신의 이익이 되지 못하는 일을 명령할 수도 있다는 것을 인정하였다. 이로부터 정의라는 것은 강자의 이익 못지않게 또한 해로운 것으로 되어 있다.」

「아니, 그러하긴 하지만.」 크레이트폰이 말한다. 「그가 강자의 이익이라고 한 것은 그것으로서 강자가 자기 이익이라고 생각한 것을 의미한 것일세. 이것을 약자는 행해야만 하고 따라서 이것이 바로 그에 의해서 정의라고 다짐된 것이야.」

「그는 그렇게 말하지 않았습니다.」라고 포레마르코스가 말했다. 그래서 내가 대답했다.

「그런 건 걱정할 것 없네. 만일 그가 그렇다고 말한다면 그의 언명을 받아주기로 하지. 자! 트라시마코스, 말해보게. 그대가 정의라고 한 것은 이익이 되건 안되건 강자가 자기 이익이라고 생각한 것을 의미하는 건가?」

「원 천만에!」라고 그는 말했다. 「잘못을 저지르는 자를, 그가 바로 잘못을 저지르는 순간에 강자라고 내가 불러줄 줄 아십니까?」

「그렇게 생각되네. 그대가 지배자는 절대로 잘못을 안 저지를 수는 없으며 때로는 잘못한다는 것을 인정하였을 때 나의 인상으로는 그대가 그렇게 말한 것 같은데.」

「소크라테스, 선생님은 마치 고발하는 사람같이 대꾸를 하십니다. 예를 들어 환자를 오진하는 자를 바로 그가 오진할 때에만 의사라고 한다는 것입니까? 또는 계산이나 문법을 틀리게 하는 자를 그가 잘못을 저지를 때 그 잘못을 가지고 계산가다 문장가다 할 수 있겠습니까? 물론 의사나 계산가나 문장가가 잘못을 저질렀다고 말할 수 있으나 이것은 이렇게 말할 수 있을 따름입니다. 사실은 문장가나 기타 여하한 기술자도 전문가로서의 호칭이 뜻하는 한에 있어서는 결코 잘못을 저지르지 않습니다. 그들은 기술이 모자라지 않는 한 잘못을 저지르지 않습니다. 그 때에는 기술을 가진 기술자가 될 수 없습니다. 어떤 기술자나 슬기로운 사람이나 지배자나 그의 호칭이 그대로 통하는 존재일 때 잘못을 저지르지 않습니다. 비록 일반적으로 잘못한다는 말이 나올 수도 있고 또한 나도 일반적인 말투를 사용하기는 하였지만, 그러나 엄밀히 따져서 당신은 엄밀한 것을 좋아하니까 우리는 지배자는 그가 지배자인 한에 있어 잘못하지 않는다고 말해야 하며 또한 잘못하지 않으므로 자기 자신의 이익이 되는 것을 늘 명령하는 것입니다. 그리하여 피치자는 그의 명령을 집행토록 요청되는 것입니다. 그러므로 내가 처음에 말했고 지금 되풀이하다시피 정의는 강자의 이익입니다.」

「그런가, 트라시마코스. 내가 그대에게는 고발하는 사람같이 보이는가?」

「그렇습니다.」 그는 대답하였다.

「내가 그대를 토론하는 가운데 해치려는 계획을 갖고 이런 질문들을 한다고 생각하는 것인가?」

「생각한다는 것은 적당한 말이 아닙니다. 저는 알고 있습니다. 그리고 당신은 그냥 토론하는 힘만 가지고서는 통하지 않는다는 것을 알게 될 것입니다.」

「나는 그런 짓은 하지 않겠네. 친구여! 그러나 장래 우리 사이에 일어나는 오해를 피하기 위해서 물어보겠는데, 그대는 지배자 또는 강자를 어떤 의미에서 말하는 것인가? 그들의 이익은 그대가 말한 바와 같이 우월한 자니까 그보다 못한 자가 그 명령에 따르는 것을 정당하다고 하였는데, 그들은 일반적인 의미에서 지배자인가, 용어의 엄격한 의미에서 지배자란 말인가?」

「가장 엄격한 의미에서 말입니다. 이제 할 수 있다면 마음대로 사기꾼 노릇을 해보세요. 당신의 너그러움은 바라지도 않습니다. 그러나 절대로 할 수 없지, 절대로.」

「그러면 나를 트라시마코스를 감히 속이려고 하는 미치광이로 아나? 사자의 수염을 깎는 것이 낫겠네.」

「당장 그렇게 하려고 하지 않았습니까. 그러고도 실패했지만.」

「자, 그럼 이런 이야기는 그만하여 두고 질문이나 하나 해보세. 그대가 말하는 엄밀한 의미에서 의사는 환자의 병을 고치는 사람인가 또는 돈을 버는 사람인가? 그리고 나는 진짜 의사를 말하고 있다는 것을 염두에 두게.」

「병을 고치는 사람입니다.」라고 그는 대답하였다.

「그러면 선장은 즉 진정한 선장 말인데 ── 그는 선부(船夫)들의 지배자인가 또는 일개의 선부인가.」

「선부들의 지배자입니다.」

「그가 배를 타고 항해한다는 상황은 고려하지 않기로 하고 또한 그를 선부라고 부르지도 않기로 한다면, 선장이 선장으로 불리우는 것은 항해한다는 것과는 무관하며 오직 그의 기술과 선부들에 대한 권위이겠지.」

「옳은 말씀입니다.」라고 그는 말했다.

「그런데 모든 기술은 각자 이익을 수반하는 것이지?」

「그렇습니다.」

「그 이익을 위해서 기술을 추구하고 실현해야 하지 않겠는가?」

「그렇습니다. 그것이 기술의 목표입니다.」

「그러면 어떤 기술의 이익이라는 것은 기술을 완성시키는 것이지. 이 이전에 어떤 것이 있겠는가?」

「그건 무슨 뜻이지요?」

「신체를 예로 들어 부정적으로 그 뜻을 밝히겠네. 만일 그대가 나에게 신체는 그 자신으로서 자족(自足)한 것인가 또는 어떤 도움을 필요로 하는가를 묻는다면 나는 다음과 같이 대답하겠네. 물론 자체는 도움이 필요하지. 신체는 병에 걸릴 수도 있고 치료를 받아야 하니까. 그러므로 의술이 시행되는 바 이익을 지니게 되고 따라서 이것이 의술의 기원이고 목적한 바이네, 어때 내가 틀렸나?」

「틀림없습니다.」라고 그는 대답하였다.

「그렇다면 의술이나 또는 기타 기술들은 마치 시력이 약하고 귀가 어둡고 하여 시력과 청력의 이익을 위하여 다른 기술을 요청하는데, 그런 경우와 동일한 따위의 결함이나 부족함이 있는 게 아니겠나. 기술은 그 자체에 있어 내 생각으로는 이와 같은 결함과 불완전성을 지니고 있고 따라서 모든 기술은 그 이익을 위해서 보충적 기술이 필요한 것이고, 이리하여 또 하나의 다른 그리고 또 하나의 다른 기술로 끝없이 나아가는 것이 아닌가? 또는 기술은 오직 자신의 이익만을 추구하는 것인가? 그렇지 않으면 자신의 이익도 다른 기술의 이익도 필요치 않다는 건가?——즉 아무런 결함도 부족도 없기 때문에 그들 자신의 또는 다른 기술의 발동으로서 이것들을 교정할 필요가 없는 것이니까, 이 때에 있어서는 기술은 그들 대상의 이익을 고려하여야만 한단 말일세. 모든 기술은 진실할 때 즉 완전하고 손상되지 않는 한 언제나 순수하고 결함이 없네. 이 말을 그대의 엄격한 의미에서 받아주게. 그리고 내가 틀렸나 말해보게.」

「옳습니다. 후자가 옳은 것 같습니다.」

「그렇다면 의술은 의술의 이익은 고려하지 않고 신체의 이익만을 생각한다는 것이지?」

「그렇소.」라고 그는 말했다.

「마술(馬術)은 마술의 이익을 고려하지 않고 말의 이익을 생각한다. 어떤 다른 기술도 자체의 이익은 상관하지 않고……. 그 이유는 그것이 필요없으니까 그들 기술의 대상의 이익만을 생각한다는 것이지.」

「그렇소.」라고 그는 말했다.

「그렇다면 틀림없이 트라시마코스, 기술은 그들 자신의 대상에 대하여 우월한 것이고 지배자이지.」 이에 대해서 그는 억지로 마지 못해 동의했다.

「그렇다면 어떠한 지식 또는 기술도 강자 또는 우월한 자의 이익을 생각하고 과하는 것이 아니라 오직 그 대상과 약자의 이익만을 고려한다는 것이겠지?」

이 점에 대해서는 따지려고 덤볐으나 못내 수긍하고 말았다.

「그러면 어떤 의사도 그가 의사인 한 그가 시술하는 데 있어 자기 자신의 이익을 생각하는 것이 아니라 자기 환자의 이익을 안중에 둔단 말이야. 진정한 의사는 인간의 신체를 대상으로 갖고 있는 지배자이며 단순한 모리배는 아니니까. 어떤가 동의하겠는가?」

「동의하겠소.」

「그리고 마찬가지로 선장은 엄격한 의미에서 선부들의 지배자이며 단순한 선부가 아니라는 것도?」

「받아들이겠소.」

「그리고 이러한 선부나 지배자는 자기 아래에 있는 선부에게 이익을 주고 돌봐주는 것이고 자기 자신이나 또는 지배자의 이익은 생각하지 않는 것이지?」

그는 마지못해 「그렇습니다.」라고 했다.

「그러면 트라시마코스. 어떤 지배에 있어서나 그가 지배자인 한 그 자신의 이익이 되는 것을 생각하고 또는 명령하는 것이 아니고 그의 피치자의 이익이 되는 것과 또는 자기의 기술에 적합한 것을 생각하고 과하는 것이야. 이 점에 유의하고 그가 말하고 행하는 모든 것에 있어 이것만을 생각하는 것일세.」

우리들의 토론이 이쯤 되었을 때 그리고 모든 사람들이 정의에 관한 규정이 완전하게 뒤집혔다는 것을 알았을 때 트라시마코스는 나에게 대답하는 대신「말해보시오. 소크라테스, 당신에게는 유모가 있었습니까?」하고 말했다.

「어째서 이런 질문을 하지?」라고 나는 말했다.「그대는 나의 질문에 대답하기로 되어 있지 않나?」

「그 이유는 유모가 당신이 콧물을 흘리는 것을 그대로 내버려 두고 코를 닦아주지도 않았어요. 유모는 양과 양치기를 구별할 줄 알도록 가르쳐 주지조차 않았단 말입니다.」

「어째서 그런 말을 하는 것이지?」하고 나는 물었다.

「당신은 양치기나 소치기가 양이나 소들의 이익만 생각하고 자신이나 주인의 이익은 생각하지 않고 살찌게 하고 양육한다고 환상하고 있기에 말입니다. 그리고 더욱이 당신은 만일 그들이 진정한 지배자라면 국가의 통치자는 그들의 피치자를 양이라고는 결코 생각하지 않고 따라서 낮이나 밤이나 자기 자신의 이익에 대해서는 머리를 쓰지 않는다고 상상하고 있는데, 원 천만에, 정의나 또는 올바르다는 것은 사실에 있어서 남의 이익이 된다는 것도 모를 정도로 정과 부정에 관한 당신의 생각은 삐뚤어졌습니다. 다시 말해서 지배자나 강자의 이익이며 또한 피치자나 고용인에게는 불리하다는 것, 그리고 부정은 그 반대라는 것을 모르고 있단 말입니다. 부정한 자가 진실로 단순하고 정의로운 자를 지배하는 주인이니 말입니다. 그가 강자이고 그의 피치자는 그의 이익을 위해서 일하고 그의 행복에 봉사합니다. 이것은 그들 자신의 이익과는 동떨어진 것입니다. 지지리도 못난 소크라테스. 공정한 자는 언제나 부정한 자와 비교해서 패자라는 것을 좀더 생각해 봐요. 무엇보다도 사적 계약에 있어 부정한 자가 공정한 자와 동업하는 데 있어서 언제나 이 동업관계가 해체되는 마당에는 그 부정한 자가 언제나 더 갖고 공정한 자는 덜 갖는다는 것을 알고 계시겠지요. 다음에는 국가와 더불어 상대할 경우인데, 소득세를 물게 되었을 때 같은 소득에 대해서 공정한 자는 더 많이 내고 부정한 자는 덜 내게 됩니다. 그리고 분배물이 있으면 전자는 아무것도 얻지 못하고 후자는 많이 얻어냅니다. 또한 그들이 한 자리 할 때 무슨 일이 있나 알아봐요. 공정한 자는 자기 일은 등한히 하게 되고 기타 손해까지도 받게 되는데 공사(公事)로부터는 아무런 이익도 얻지 못합니다. 이것은 그가 공정하기 때문입니다. 더구나 그는 불법적 방법으로 도와주는 것을 거부하므로 친구나 안면 있는 사람들의 미움을 받기 일쑤입니다. 그러나 이 모든 것이 부정한 자의 경우에서는 정반대입니다. 앞에서와 같이 나는 부정한 자의 이득을 더욱 눈에 띄게 넓은 범위에서 이야기하고 있는 것입니다.

만일 부정의 최고형태에다 우리가 눈을 돌린다면 저의 뜻을 가장 명료하게 이해하실 것입니다. 여기에 있어서는 범죄자가 가장 행복하고 부정을 당하는 자 또는 부정한 짓을 하는 것을 거절하는 자들이 아주 비참하게 될 것입니다. 이는 곧 참주를 가리키는데, 이들은 사기와 힘으로 남의 재물을 갈취합니다. 그것도 성스러운 것이건 지저분한 것이건, 사물(私物)이건 공물(公物)이건 상관할 것 없이, 그것도 조금씩이 아니라 통째로 잡아 삼켜버립니다. 이런 것들은 하나 하나 단독으로 범하여 발각되었을 때는 죄를 받고 크게 명예가 손상됩니다. 사실 특수한 경우에서 이따위 부정을 저지르는 자들을 가리켜서 '신전도둑'이다, '유괴범'이다, '강도'다, '사기사'(詐欺師)다, '좀도둑'이라고들 말합니다. 그러나 시민들의 돈을 탈취해 갈 뿐만 아니라 그들을 노예로 만들면 이 때에는 명예롭지 못한 명칭 대신에 이런 자는 시민들뿐만 아니라 그가 부정을 완수하였다는 것을 전해 들은 모든 사람들에 의해서 행복한 자, 축복받은 자로 되어버리고 맙니다. 그도 그럴 것이, 사람들은 행여나 부정의 희생이 될까 두려워하는 것이고 부정을 저지르는 것은 마다하지 않으므로 부정을 밝히는 것입니다. 이리하여 내가 보여준 바와 같이, 소크라테스, 부정이라는 것은 크게 저질러지면 정의보다도 더 큰 힘과 자유와 권세를 누린단 말입니다. 그래서 내가 말한 대로 정의는 강자의 이익이고 또한 실제로는 부정은 자기 자신의 이득이고 이익이 됩니다.」

이렇게 말해 놓고 트라시마코스는 마치 목욕탕에서 때미는 놈과 같이 잔뜩 제 말만 우리 귀에다가 물붓듯이 퍼붓고는 가버리려고 마음먹고 있었다. 그러나 일동은 그를 놓아주려 하지 않았다. 그들은 그가 그대로 남아서 그의 입장을 방어하라고 졸랐다. 나 자신도 그가 자리를 뜨지 말도록 정중하게 덧붙여 말했다.

「트라시마코스, 출중한 인물이여! 그대의 고견은 참으로 시사하는 바 크네. 그러나 자네가 말한 것이 충분하게 납득할 만큼 그 말이 진실인지의 여부를 우리에게 납득시키기도 전에 내뺄 작정인가! 사람 사는 방식을 결정해 보려는 기도가 자네 눈에는 그다지 하잘것 없는 것인가. 우리 하나하나가 생을 가장 유익하게 보낼 수 있도록 결정해 본다는 것이?」

「그래서 그것이 중요한 문제라고 생각하는 데 있어서 당신과 나의 생각이 다르다고 생각합니까?」

「암만해도 우리들을 생각해 주는 것 같지 않네, 트라시마코스.」라고 나는 대답했다.

「그대가 안다고 말하는 것을 우리가 모름으로써 우리가 잘 살든 못 살든 그대는 상관하지 않는다는 것이지. 제발 친구여. 그대의 지식을 그대만의 것으로만 간직하지 말게. 이렇게 여럿이 모였으니까 그대가 우리에게 베풀 수 있는 친절은 충분히 보답이 될 걸세. 나로 말하면 솔직히 말해 두겠는데, 나는 납득이 갈 수 없고 또한 제지받지 않고 제멋대로 굴게 해도 부정이 정의보다 득이 된다고는 믿지 않는다는 게야. 남의 눈을 속이거나 또는 힘으로 부정을 행하는 자가 있다손치더라도 이것만 가지고는 부정의 우월성을 믿을 수가 없네. 여기에는 나와 같은 생각을 가진 자도 있을 수 있네. 그렇다면 그대의 지혜로써 부정보다는 정의를 택하는 잘못을 가르쳐 주어야 하지 않겠나?」

「그러면 어떻게 납득시키란 말입니까?」 그가 말했다.

「내가 지금 바로 이야기한 것을 납득하지 않는 마당에서 이 이상

어쩌라는 것입니까? 당신 머리에다 증명을 통째 그대로 처박으라는 말씀인가요?」

「원 천만에!」 하고 나는 말했다. 「단지 내가 요구하는 것은 시종일관하라는 것일세. 만일 의견을 바꾸고 싶거든 솔직히 그렇게 할 것이고 거기에 속임수가 있어서는 안된다는 것일세. 그래서 한마디 하겠는데, 트라시마코스, 전에 말한 것들을 그대가 회상할 수 있다면, 그대는 진짜 의사를 엄격한 의미에서 규정하고 나갔는데 양치기를 말할 때는 그런 엄격성을 지키지 않았어. 그대는 양치기가 양치기인 한에 있어 양들의 이익을 염두에 두는 것이 아니라 식사나 향응에 불려 간 자와 같이 식탁의 쾌락을 생각하고 양을 기르는 것같이 생각했네. 또는 시장에서 물건 파는 장사꾼을 생각하고 양치기를 생각지 않았어. 그러나 양치기의 기술은 어디까지나 그의 대상의 이익만을 관심사로 갖는 것일세. 그는 그들에게 최선을 다하면 되는 거야. 기술의 모든 요건들이 충족될 때에는 기술의 완성은 그대로 보증되는 것이니까. 이제 지배자에 대해서 말하고 싶었던 것도 바로 이걸세. 지배자로 간주할 수 있는 지배자의 기술은 국가에서나 사생활에서나 그의 자녀나 국민의 이익만을 생각할 수 있다는 것일세. 그런데 그대는 국가 지배자가, 다시 말해서 진정한 지배자는 권좌에 있는 것을 좋아하는 듯하게 생각하고 있는 것같이 보이네.」

「생각하고 있다니, 천만에요. 저는 확신합니다.」

「그렇다면 그만 못한 공직에 있는 사람들은 그들이 자기 자신보다는 남을 위해서 통치한다는 생각이 없다면 몰라도 그렇지 않다면 자진해서 보수도 없이 공직을 얻어 가지려고 하지 않을 걸세. 하나 더 물어보겠는데, 기술은 각기 다른 기능을 갖고 있기 때문에 각자 기술들은 구별되는 것이 아닌가? 나의 사랑하는 이름있는 친구여! 그대가 진정 생각하고 있는 것을 말해주게. 그래서 좀 토론이 진전될 수 있게…….」

「그렇습니다. 기술에는 구별이 있지요.」 그는 대답했다.

「그러면 기술은 우리에게 어떤 고유한 이익을 주는 것이고 따라서 무슨 공통된 것을 주는 것은 아니라는 것일세. 예컨대 의술이 주는 것은 건강이고 항해술은 바다에서의 안전이고 등등.」

「그렇습니다.」

「그리고 보수(報酬)에 관한 기술은 보수를 준다는 특별한 기능을 갖고 있네. 그러나 우리는 이것과 다른 기술들을 혼동하지 않네. 마치 선장의 건강이 항해함으로써 좋아진다 해서 선장의 기술을 의술과 혼동하지 않듯이 그대는 항해술이 의술이라고는 감히 말하지 않을 테지. 적어도 그대의 엄격한 언어의 사용을 취한다면.」

「물론 그렇지 않습니다.」

「또는 그가 보수를 받을 때 건강상태가 좋다고 하여 보수의 기술이 의술이라고 하지는 않겠지?」

「그렇다고 하지 않지요.」

「그렇다면 우리는 각자 기술이 가져오는 이익은 그 기술에만 특히 국한되어 있다는 것을 인정해야 하겠군.」

「그렇습니다.」

「그렇게 되면 모든 기술자들이 공통으로 가지고 있는 이득이 있다면, 이것은 그들이 다같이 쓸 수 있는 그런 것에 돌릴 수 있을 것이네.」

「사실입니다.」 그는 대답했다.

「그러면 기술자가 보수를 받음으로써 득을 본다면 이 이득은 그가 내세우는 기술과는 다른 보수에 관한 기술을 덧붙혀 사용함으로써 얻어지는 것이 아닌가?」

그는 여기에 대해서 마지못해 동의하였다.

「그러면 보수는 기술자들에 의해서 그들의 특유한 기술로써 얻어지는 것이 아니지. 사실은 의술이 건강을 가져오고 건축술이 집을 짓고 하되 또 하나 보수의 기술이 그들에게 첨가되지. 여러 가지 기술들이 그들 자신의 역할을 다하고 그들이 주관하는 것을 이롭게 하네.

그러나 기술자는 그가 또한 보수를 받지 못한다면 그의 기술로써 무슨 이득이 있겠는가?」

「이득이 없을 것입니다.」

「그러나 소득이 없는 일이라 해서 그는 아무런 이득도 주지 않는다는 것인가?」

「물론 그는 이득을 줍니다.」

「그렇다면 트라시마코스, 어떤 기술이나 통치도 그들 자신의 이익을 가져오는 것이 아니라는 것은 이제 의심할 여지가 없는 것이고, 오히려 우리가 앞서 말한 대로 그들은 약자이고 강자가 아닌 그들의 피치자의 이익을 위해서 통치하는 것이네. 즉 그들의 이익을 염두에 두고 우월한 자의 이득을 위하는 것이 아니란 말이야. 친애하는 트라시마코스! 내가 조금 전에 말한 아무도 자진해서 통치하려 들지 않는다는 이유가 바로 이것이네. 보수도 없이 그의 관심사도 아닌 악(惡)을 바로잡는 일을 자진해서 취할 사람은 없으니까. 그도 그럴 것이, 그의 일을 해나가는 데 있어 또한 남에게 명령하는 데 있어 진정한 기술자는 자기 자신의 것이 아니라 그의 대상의 이익을 늘 고려하는 것이네. 그러므로 지배자가 자진해서 지배하기 위해서는 보수가 세 가지 형식으로 보답되어야 하지. 즉 금전 또는 명예 또는 거부에 대한 벌이 이것이네.」

「그것은 무슨 뜻이지요, 소크라테스?」 그라우콘이 말했다. 「처음 두 개의 보수형식은 알겠는데, 벌이 무엇인지 알 수 없고 또한 벌이 어떻게 보수일 수 있지요?」

「가장 훌륭한 사람에게 지배하는 큰 자극이 되는 벌의 보수의 성질을 이해할 수 없다는 건가? 물론 야심과 탐욕은 사실 명예롭지 못한 것으로 생각된다는 것을 그대는 알고 있겠지?」

「알고 있지요.」

「그래서 이 때문에 금전이나 명예는 그들에게는 아무런 매력도 없지. 훌륭한 사람은 통치한다고 공공연히 보수를 요구하는 것도, 그래서 고용된 자라는 이름이 붙는 것도, 또한 공금에다 몰래 손을 대서 도적이라는 말을 듣는 것도 좋아하지 않지. 그리고 야심적이 아니므로 명예에도 관심을 두지 않네. 그러므로 피할 수 없는 필연성이 그들에게 주어질 때 그들은 벌에 대한 두려움에서 봉사하도록 되어야 하네. 그리고 이것은 내가 생각하기에 불명예스럽게 강제되는 것을 가디릴 것이 아니라 자진해서 공직을 맡은 이유가 될 것이네. 이제 가장 고약한 벌은 지배를 거부하는 자는 자칫 자기만도 못한 자에 의해서 지배당하기가 일쑤지. 그래서 이 두려움 때문에 훌륭한 자가 공직을 택하게 되는 것이고, 하고 싶어서가 아니라 할 수 없어서 공직을 맡는 것이고, 그들이 어떤 이득이나 재미를 보겠다는 것이 아니라 필연성 때문에 그리고 그들은 그들보다 더 나은 자 또는 자신들만한 자에게도 지배를 맡길 수 없기 때문이라고 생각하지. 만일 국가가 전체로 훌륭한 사람들로 되어 있다면 공직을 회피하는 것이 오히려 현재의 공직이 경쟁의 대상이 되어 있듯이 그 대상이 될 것이네. 이래서 진정한 지배자는 본성에 있어 자기 자신의 이익을 도모하는 것이 아니라 피치자의 이익을 생각한다는 것에 대한 명백한 증명을 우리는 갖게 되었네. 그러므로 이것을 아는 모든 자들은 남에게 이득을 준다는 번거로움보다는 남에게서 이득을 얻는 편을 택하겠지. 이리하여 정의라는 것은 강자의 이익이라는 트라시마코스의 설을 받아줄 수가 없네. 이 점에 대해서는 지금 더 토론할 필요가 없어. 그러나 부정한 자의 생은 공정한 자의 그것보다 더욱 유리하다고 트라시마코스가 말할 때 그의 이 새로운 주장은 나에게는 더욱 중대한 성격의 것이라고 생각되네. 우리 둘 중에 누가 더욱 진실하게 이야기했나, 그리고 어떤 생이 더 바람직한지 그라우콘이 말해보게?」

「나로서는 정의로운 자의 생이 더 유리하다고 생각합니다.」라고 그는 대답했다.

「그대는 트라시마코스가 열거한 부정한 자의 모든 이점을 들었겠지?」

「네, 들었습니다. 그러나 납득이 가지 않았습니다.」

「그러면 우리는 그를 납득시키는 무슨 방도를 강구하고 되도록이면 그가 말하는 것은 진실이 아니라는 것을 설득시켜야겠네.」

「물론 그렇게 해야지요.」 하고 그는 대답했다.

「만일 그가 논의를 제기하고 우리들이 정의로움으로써의 모든 이점을 또 한번 열거하고 그리고 난 다음 그가 대답하고 나서 우리가 응수하게 되면, 각자 양측이 내세우는 이점을 계산하고 계량하여야 하고 그래서 결국 재판하는 심판관이 필요하네. 그러나 조금 전에 한 것과 같이 서로 상대가 말한 것에 서로 동의를 하고 넘어간다면 우리는 우리만으로서 심판과 변론인을 동시에 겸하게 된단 말야.」

「대단히 좋습니다.」 하고 그는 말했다.

「어떤 방식이 더 낫다는 것이지.」 하고 나는 말했다.

「당신이 내세운 것입니다.」

「자! 그러면 트라시마코스, 처음부터 시작하는 셈치고 대답해 주게. 그대는 완전한 부정은 완전한 정의보다 더욱 유리하다고 말했지?」

「그렇습니다. 그렇게 말했고 또한 내 나름의 이유를 말씀드렸습니다.」

「그래서 그것들에 대한 그대의 견해는 어떤 것인가?」 그 중의 하나를 덕(우수성)이라 하고 다른 것은 악(열등성)이라 부르겠는가?」[1)]

「그렇습니다.」

「그대는 정의를 덕이라 부르고 부정을 악이라고 부르겠지?」

「그거 참 즐거운 생각입니다! 그렇지는 않지요. 내가 부정은 이득이 되고 정의는 그렇지 못하다고 확인했으니까.」

1) 여기서 덕이라 하는 것은 그리스 말의 아레테를 지칭하는 것이고, 그 형용사는 아가도스(선함)이다. 문자 그대로(선함 · 우수성 · 탁월성)을 뜻한다. 눈이나 귀같은 신체 기관에도 아레테는 있고 또한 여러 가지 도구에도 각자 아레테를 본유(本有)적으로 구비하고 있다. 따라서 동양적인 도덕관념과 혼동해서는 안 될 것이다.

「그럼 달리 어떻게 말하려는가?」

「정반대입니다.」 그는 대답했다.

「그러면 정의를 악이라고 하나?」

「아니, 오히려 승화되어버린 단순성이라고나 하여 둘까요?」

「그러면 부정은 악의라고 부르나?」

「아니, 오히려 자유재량이겠지요.」

「그래서 그대에게는 부정이 슬기롭고 또한 좋다는 건가?」

「그렇지요. 어쨌든 완전하게 부정일 수 있는 자 그리고 국가나 국민을 종속케 하는 힘을 가진 자라면. 그러나 선생님은 내가 소매치기 따위를 말한다고 생각할지 모르겠군요. 이런 짓도 감쪽같이만 한다면야 이득이 있지요. 비록 내가 지금 말하는 그 자들과 비교는 되지 않지만.」

「그대의 뜻을 모르는 것은 아닐세. 트라시마코스!」 하고 나는 대답했다.

「그러나 나는 아직도 그대가 부정을 지혜와 덕의 부류에다 넣고 정의를 그 반대로 하는 데는 놀라지 않을 수 없네.」

「물론 나는 그렇게 분류합니다.」

「자, 이쯤 되면 그대는 더욱 튼튼하고 거의 대꾸조차 할 수 없는 입장을 취하고 있네. 그도 그럴 것이, 그대가 이롭다고 내세우는 부정이 다른 사람이나 마찬가지로 그대에 의해서 악이고 추(醜)한 것이라고 인정되었더라면 상식적으로 대답이 되겠지만. 그러나 그대가 부정을 지혜 또는 덕으로 분류하는 데 서슴지 않은 이상 그대는 부정을 명예롭고 강하다 할 테고 또한 부정에다 우리들에 의해서 앞서 정의에다 돌린 모든 요소들을 돌리려고 한다는 것을 이제 나는 알 수 있겠네.」

「추호의 어긋남도 없이 잘 알아 맞추었습니다.」

「트라시마코스, 그대가 진심으로 말하고 있다고 생각할 수 있는 한 토론의 끝장을 보겠고 양보하지 않겠네. 나는 그대가 진심이고 우리를 놀리고 있는 것이 아니라는 것을 믿고 있으니까.」

「내가 진심이건 아니건 상관할 것 없고 당신이 문제 아닙니까? 남의 언설을 논박하는 건 당신 마음대로 하세요.」

「옳아. 그것이 내가 할 일이니까. 그러나 하나만 더 질문에 대답해 주겠나? 정당한 사람은 정당한 사람에 대해서 상대를 넘보고 누르려고 하는가?」

「당치도 않습니다. 만일 그가 그렇게 한다면 그대로의 단순하고 재미있는 인간이 될 수 없지 않습니까?」

「그리고 그는 정당한 행위의 틀을 넘어서려고 하는가?」

「그는 그렇게 하지 않을 것입니다.」

「그러면 그는 부정한 자를 넘보고 누르려는 것을 어떻게 생각하는가? 그에 의해서 정당하다고 생각되는가? 또는 부정하다고 생각되는가?」

「그는 정당하다고 생각합니다. 그러나 넘보고 누르려고 해봐도 마다할 수 없겠지요.」

「하고 못하고가 문제가 아니네. 내가 묻고자 하는 것은 정당한 사람은 다른 정당한 자를 넘보고 누르려 하지 않는 반면에 부정한 자에 대해서도 그러한가라는 뜻일세.」

「물론, 그는 그렇게 하겠지요.」

「그러면 부정한 자의 경우는 어떤가? 그는 정당한 사람에 대해서도 분(分)을 넘어서 능가하려 하고 정당한 행위 이상의 것을 하려 하는가?」

「물론이지요.」 그는 말했다. 「그는 모든 자를 능가하려고 할 테니까요.」

「그래서 부정한 자는 부정한 자를 능가하려고 노력하고 투쟁할 것인가? 모든 자를 이기기 위해서!」

「사실입니다.」

「우리는 이렇게 정리해서 말할 수 있겠네. 정당한 사람은 자기와 같은 사람을 능가하려고 하지 않고 자기와 다른 사람을 능가하려고 하는 반면에 부정한 자는 자기와 같거나 말거나 다같이 능가하려 한다고 말이지?」

「정확한 표현입니다.」 그는 말했다.

「그래서 부정한 자는 훌륭하고 현명하고, 정당한 자는 그렇지 못하고?」

「두말 할 것 없습니다.」 그는 말했다.

「그러면 부정한 자는 현명하고, 훌륭한 자를 닮았고 정당한 자는 그렇지 않단 말일가?」

「물론입니다. 어떤 성격을 지닌 자는 같은 성격을 지닌 자를 닮을 것이고 그렇지 않은 자는 닮지 않지요.」

「각자는 그와 닮은 사람과 같다는 것인가?」

「그렇습니다.」라고 그는 대답했다.

「그럼 좋아, 트라시마코스. 이제 기술의 경우를 택해 보세. 그대는 한 사람은 음악가이고 다른 한 사람은 음악가가 아니라는 것을 인정하겠지?」

「그렇습니다.」

「어느 쪽이 현명하고 어느 쪽이 무분별하지?」

「명백하게 음악가가 현명하고 음악가 아닌 자는 우열(愚劣)하지요.」

「그래서 그는 그가 현명한 만큼 훌륭하고 그가 우열한 만큼 나쁘다는 것인가?」

「그렇지요.」

「그러면 의사에 관해서도 같은 말을 할 수 있겠나?」

「그렇지요.」

「그러면 나의 뛰어난 친구여! 음악가가 현을 조이고 늦추고 하여 양금(洋琴)을 조정할 때 음악가 이상으로 분수를 어기려 하고 또 그렇게 하는 것이 당연하다고 생각하는 줄 아나?」

「그렇게 하리라고는 생각하지 않습니다.」

「그러나 음악가 아닌 자를 그는 능가하려고 하겠지?」

「물론이지요.」

「의사의 경우는 어떻겠나. 그는 음식물을 처방하는 데 있어 다른 의사를 능가(凌駕)하려 하고 또는 의술 이상으로 분수를 넘으려고 할 것인가?」

「그렇게 안 하겠지요.」

「그러나 그는 의사 아닌 자를 능가하려 들겠지?」

「그렇지요.」

「그러면 지식과 무지 일반에 관해서 말하겠는데, 그대는 지식을 가진 자는 오히려 이 경우 지식을 가진 또 하나 다른 자보다 더 많이 말하고 행동하려고 원할 것인지 알아보세. 자기와 같은 사람과 같은 것을 말하고 행하지 않겠는가?」

「내 생각으로는 그것을 부인할 수는 없다고 생각합니다.」

「그러면 무지한 자는 어떻겠나? 그 자는 지식있는 자 또는 무지한 자를 다같이 능가하려고 원하지 않겠는가?」

「아마도 그렇겠지요.」

「그리고 지식 있는 자는 현명하지?」

「그렇습니다.」

「그리고 현명한 자는 훌륭하지?」

「사실입니다.」

「그러면 현명하고 훌륭한 자는 자기와 같은 자를 분수를 어기고 능가하려 들지 않고, 자기와 같지 않은 그리고 반대의 성격의 사람에 대해서는 그럴려고 한다는 거지?」

「그렇다고 합시다.」

「그런데 악하고 무지한 자는 양자에 대해서 다같이 이겨보려고 하겠지?」

「그렇지요.」

「그런데 트라시마코스! 부정한 자는 그와 같은 자나 같지 않은 자를 다같이 능가하려 한다고 우리는 말하지 않았던가. 그대의 말도 이것이 아니겠는가?」

「틀림없습니다.」

「그러면 공정한 자는 현명하고 훌륭한 것과 같고 부정한 자는 악하고 무지한 것과 같다는 것이지.」

「당연한 말인 것 같습니다.」

「그리고 그들은 각각 자기를 닮은 자와 같다는 것이지?」

「그것은 동의합니다.」

「그렇다면 공정한 자는 현명하고 훌륭한 자이며 부정한 자는 악하고 무지한 자로 판명되었네.」

트라시마코스는 내가 되풀이하는 동안 마지 못해서 모든 이러한 동의를 거듭했다. 때는 무더운 여름날이었고 그는 땀을 줄줄 흘리고 있었다. 그리고 나는 그 때, 전에는 한번도 보지 못했는데, 트라시마코스는 얼굴을 붉히고 있었다. 이제 우리는 정의는 덕이며 지혜이고 부정은 악이며 무지라는 데 합의를 보았으므로 다른 화제로 옮아갔다.

「자! 그러면 트라시마코스. 이 문제는 해결되었네. 그러나 부정은 힘을 갖고 있다고 앞서 우리는 말하지 않았던가. 기억하나?」

「기억하고 말고요.」하고 그는 말했다. 「그러나 당신이 말한 것을 옳다거나 또는 내가 대답에 궁했다고 생각하지는 말아요. 만일 내가 대답한다면 당신은 틀림없이 대언장담(大言壯談)한다고 힐난하겠지요. 그러므로 내가 말을 다하도록 해주든지 그렇지 않고 당신이 질문을 하겠으면 마음대로 하십시오. 나는 이야기를 들려주는 노파에게 하듯이 '좋다, 좋다' 하고 고개를 끄덕이면서 '그렇다', '아니다' 할 테니까요.」

「그건 곤란하지. 그대 자신의 생각과 어긋나게 대답해서는 말이야.」

「아니요, 당신 마음에 들게 하지요. 어쨌든 당신은 나더러 말을 못하게 할 것이니까. 그 이외에 무엇을 원하십니까?」

「아무것도 없네. 오직 그대가 마음만 내킨다면 나의 물음에 그대가 대답해 주면 되네.」

「그럼 계속합시다.」

「그러면 정의와 부정에 관한 상대적 성격에 대한 우리들의 검토가 질서 있게 진행되기 위해서 질문을 되풀이하겠네. 부정이 정의보다 더욱 강하고 힘이 세다고 말했지. 그러나 이제 정의가 지혜와 덕(우수성)으로 판명된 이상 만일 부정이 무지라면 부정보다 강하다는 것은 쉽게 알 수 있네. 이것은 아무도 의심치 않을 걸세. 그러나 트라시마코스! 나는 다른 관점에서 이것을 보고자 하네. 어떤 국가가 부정하다 하고 다른 나라들을 부정하게 예속시키려 하고 또한 그들을 이미 예속시키고 그래서는 많은 나라들을 가지고 있는 경우를 그대는 부인하지 않겠지?」

「물론입니다.」 그는 대답했다. 「그리고 가장 우수하고 완전하게 부정한 국가는 가장 잘 그렇게 할 것이라고 한마디 덧붙이지요.」

「알았네. 바로 이런 게 그대의 주장이었지.」 하고 나는 말했다. 「그러나 내가 더 생각하고 싶은 것은 우월한 국가가 가지고 있는 힘은 정의 없이도 있을 수 있고 또한 행사할 수 있는가 하는 점이다. 또는 오직 정의로서만 그러한가 이것이 문제다.」

「만일 당신의 견해가 옳다면 그리고 정의가 지혜라면 그 때는 정의가 필요할 것이고, 만일 내가 옳다면 정의가 필요하지 않겠지요.」

「트라시마코스, 그렇다 또는 아니다 하고 고개만 끄덕이지 않고 훌륭한 대답까지도 해주니 나로서는 즐겁구나.」

「당신을 즐겁게 해드리려고!」라고 그는 대답했다.

「그거 대단히 고맙네. 그러면 친절하게 한번 더 가르쳐주게. 그대는 국가나 군대가 또는 도적이나 절도나 또는 악한 짓을 하는 어떤 일당도 만일 그들이 서로 해친다면 일이 잘 될 것인가?」

「천만에요. 그들은 그렇게 할 수 없겠지요.」

「그러나 그들이 서로 해치지 않는다면 그 때는 서로 잘 해 나가겠지.」

「틀림없습니다.」

「그러면 이것은 부정은 분열과 증오를 가져오고 그리고 정의는 협조와 우애를 낳기 때문이 아니겠는가.[1] 그렇지 않은가, 트라시마코스?」

「동의합니다. 당신과 다투고 싶지 않아서도.」

「그거 참 고맙네. 그러나 알고 싶은 것은, 부정은 그것이 깃든 곳에서는 노예에 있어서나 자유인에 있어서나 어디서도 미움을 불러일으키는 경향이 있으므로 그들을 대응시킴으로써 그들로 하여금 공동행동을 취할 수 없게 만들지 않겠는가?」

「그렇습니다.」

「그리고 만일 부정이 단지 두 사람 사이에만 있어도 서로 싸우고 정당한 사람들을 대할 때와 마찬가지로 서로 적이 되지 않겠는가?」

「그럴 것입니다.」

「그리고 부정이 단일 개인 속에 머물러 있을 때 그대의 지혜로는 어떻게 판단하겠나? 즉 부정은 그 본성적인 힘을 상실하는 것인가? 또는 그대로 지니는 것인가?」[2]

「그대로 지니는 것으로 해 둡시다.」

「부정이 깃드는 데 있어서는 어디서나 국가건 군대건 가족이건 또는 어떤 곳에서나 이러한 본성을 발휘하므로 그 힘으로 말하면 우선은 불화와 분열 때문에 통일된 행동을 취할 수 없게 되지. 따라서 이것은 그 자신의 적이고 이와 대치되는 모든 것들과 그리고 정의와도 대립하지 않겠는가? 예를 잘못 들었나?」

「확실히 그렇습니다.」

---

1) 정의에 관한 이러한 생각은 제 4 권에서 더욱 발전되고 있다.

2) 이렇게 〈정의〉와 〈부정〉의 문제를 우선 사회 전체에서 고찰한 다음 개인의 주체적인 문제로 옮아가고 있다. 그리고 〈정의〉와 〈부정〉의 규정 내용들은 다같이 제 4 권에서 〈영혼의 3 구분설〉을 전제로 하여 전개되고, 제 8 · 9권의 〈국가와 개인의 부정〉의 고찰로 연결된다.

「그러면 부정은 단일개인 속에 존재할 때도 못지않게 치명적이네. 첫째로는 자기 자신과 합일되어 있지 않으므로 행동을 취할 수 없게 할 것이고, 둘째로는 자기 자신과 그리고 정의로운 자의 적이 될 것이지. 이것이 사실이 아닌가, 트라시마코스?」

「그렇지요.」

「오, 나의 친구여. 신들도 정의롭겠지?」

「그렇다고 가정합시다.」

「그렇다면 부정한 자는 신들의 적이 될 것이고 정의로운 자는 그들의 친구가 되겠지?」

「마음 편하게 승리를 맛보고 그리고 실컷 토론해 보란 말입니다. 여기 모인 사람들을 불쾌하게 하지 않기 위해서 반대는 하지 않을 테니까요.」

「그러면 좋아. 더 대답해 주게. 그래서 나머지 맛있는 음식을 맛보게 해주게. 우리는 정의로운 자가 부정한 자보다 지혜에 있어서나 덕에 있어서나 또한 실력행사에 있어서나 우월하고 부정한 자는 행동통일을 할 수 없다는 것을 증명했네. 더욱이 악하게 구는 자가 언제나 힘차게 협동한다고 말한다면 이것은 엄격하게 진실과는 다르네. 만일 그들이 완전히 악하였다면 서로 남을 해쳤을 것이지. 그러나 그들에게도 정의의 찌꺼기가 틀림없이 남아 있었다는 것은 분명하고 이것으로 그들이 결합할 수 있었네. 만일 없었다면 그들의 희생물에 대해서는 물론 서로 해쳤을 것이네. 그들은 그들이 하는 일에 있어 반쪽 악인이었을 따름이야. 만일 온전한 악인이었더라면 그리고 철저하게 부정했다면 그들은 전혀 행동을 일으키지 못했을 것이지. 이것이 내가 믿기에 진실이고 그대가 처음에 내세운 것은 틀린 것이네. 그러나 올바른 자가 부정한 자보다 더욱 좋고 행복한 생을 갖는지의 여부는 우리가 또한 생각하기로 한 것이고 더욱 질문해 봐야 하네. 그러나 역시 나로서는 그들이 행복할 것이고 내가 내세운 이유들로서 충분하네. 그러나 아직도 나는 더 이것을 검토해 보려는 것이네. 이것은 가벼운 문제가 아니고 바로 인생의 규율이라는 중대한 문제이기에 말이야.」

「그럼 해 봐요.」

「질문을 하나 하고 시작해 보겠네. 말은 어떤 목적을 갖고 있다고 말할 수 있지 않겠는가?」

「있다고 생각합니다.」

「말이나 또한 어느 것이건 그 목적이나 용도는 어느 다른 것으로써는 이루어질 수 없고 또는 그다지 잘 이루어지지도 않겠지?」

「무슨 말인지 잘 이해가 되지 않습니다.」

「그럼 내가 설명을 하지. 눈이 아닌 다른 것으로 볼 수 있겠나?」

「볼 수 없지요.」

「귀 이외의 다른 것으로 들을 수 있겠나?」

「없지요.」

「그러면 이것들을 이들 기관(器官)들의 목적들이라고 과연 말할 수 있겠지?」

「그렇지요.」

「포도넝쿨을 자르는 데는 단검이나 끌, 기타 여러 가지 방식으로 자를 수 있겠지?」

「틀림없지요.」

「그러나 그 목적을 위해서 만든 전지(剪枝) 가위보다는 못하겠지?」

「물론이지요.」

「그러면 우리는 이것이 전지 가위의 용도라고 말하지 않을 수 있을까?」

「옳은 말씀입니다.」

「그렇다면 어느 것이건 목적이나 용도는 어느 다른 것으로써는 이루어질 수 없고 또는 그다지 잘 이루어지지도 않는다고 내가 질문했을 때 그 뜻을 이해하는 데 이제 어렵지 않겠지?」

「알았습니다.」 그는 동의했다.

「용도가 정해진 것은 이에 대응하는 덕(우수성)이 갖추어져 있겠지? 다시 한 번 묻겠는데, 눈에는 그 고유의 기능이 있겠지?」

「있겠지요.」

「그러면 눈은 덕(우수성)도 있지 않겠나?」

「그렇습니다.」

「그리고 귀도 특정한 기능과 덕을 갖추고 있겠지?」

「물론입니다.」

「다른 모든 것들도 다 같네. 그들 하나 하나가 특정한 목적을 갖고 특정한 덕(우수성)을 갖추고 있네.」

「그건 그렇지요.」

「그러면 눈이 그들 자체의 고유의 덕(우수성)을 갖추지 못하고 그리고 오히려 결함을 갖고 있다면 눈은 그들의 기능을 다할 수 있겠는가?」

「만일 눈이 멀고 볼 수 없다면 어떻게 그 기능을 다하겠습니까?」 하고 그는 말했다.

「그대는 시력이라는 눈의 고유의 덕이나 우수성이 상실되었을 때를 말하고 있는데, 그러나 나는 그 점을 문제삼고 있는 것은 아니네. 그러나 나는 오히려 더 일반적으로 문제를 다루고 싶네. 즉 그들의 기능을 다하는 사물들은 그들 고유의 덕(우수성)에 의한 것이고 실패하는 경우는 그들 자체의 결함에 원인이 있다는 것이지.」

「그 점은 확실히 그렇지요.」 그는 대답했다.

「귀에 대해서도 같은 말을 할 수 있겠지. 즉 그들 자체의 고유한 덕(우수성)이 박탈당하면 그들은 그들의 기능을 다할 수 없겠지?」

「사실이지요.」

「이와 동일한 말은 기타 모든 사물에도 적용되겠지.」

「동의합니다.」

「자! 그러면 정신은 다른 것으로는 다할 수 없는 기능을 갖고 있지 않은가? 예를 들어 '배려한다' '지배한다' '심의한다' 그리고 이와 유사한 것들 말일세. 이들 기능들은 정신에 특유한 것이다. 이런 것들이 어떤 다른 것에 주어질 수도 있다고 생각하는가?」

「생각할 수 없지요.」

「그러면 삶이라는 것은 영혼의 기능의 하나라고 할 수 없겠는가?」[1]

「할 수 있지요.」라고 그는 말했다.

「그리고 정신은 또한 덕(우수성)을 갖추고 있겠지?」

「그렇지요.」

「그럼 정신이 그 고유의 덕이 결여되었을 때 과연 그 기능을 다할 수 있는 건가. 또한 없는 건가?」

「할 수 없지요.」

「그렇다면 악한 정신은 기필코 악한 지배자이고 또한 악한 관리자일 것이고 선한 정신은 선한 지배자이겠지?」

「필연적으로 그렇지요.」

「그런데 우리는 정의라는 것은 정신의 덕이고 부정은 정신의 결함이라는 것을 인정하지 않았나?」[2]

「인정했지요.」

「그렇다면 올바른 정신과 올바른 사람은 잘 살 것이고 부정한 자는 그렇지 못하겠지?」

「당신 말대로 한다면 두말 할 필요도 없겠지요.」

「그리고 잘 사는 사람은 축복받고 행복할 것이고 잘못 사는 사람은 행복의 반대가 되겠지?」

「그렇지요.」

「그렇다면 올바른 사람은 행복하고 부정한 자는 비참하겠지?」

「그렇다고 합시다.」

「그런데 비참한 것이 아니라 행복한 것이 유익하지?」

---

1) '영혼'의 원어 프시케는 특히 〈생명〉이라는 관념을 가리킨다. 『파이돈』, 105c-d 참조.

2) 350 참조.

「물론이지요.」

「그렇다면 나의 축복받는 트라시마코스여! 부정은 절대로 정의보다 이로울 것이 없네.」

「이것이 소크라테스, 당신의 비꼬는 생각의 잔치라고 하겠습니다.」

「이 모두 그대가 나를 너그럽게 대하고 야단을 치지 않은 덕분일세. 그럼에도 불구하고 나는 잘 대접받았다고 할 수 없네. 그러나 이것은 어디까지나 나의 잘못이지 그대 잘못은 아니네. 식도락과도 같이 그대로 식탁에 놓여지는 음식마다 마구 집어서 맛을 보고 앞서 나온 요리를 충분하게 음미할 사이도 없듯이 나는 내가 처음에 의도한 바 정의의 본질을 찾아보지도 않은 채 이 문제에서 저 문제로 그대로 방황하였네. 나는 문제를 그대로 남겨둔 채 정의는 덕이고 지혜인가 또는 악이고 무지인가 하는 것을 고찰하는 것에 치우쳤네. 그리고는 정의와 부정에 대한 상대적 이점에 관한 문제가 또 제기되자 참지 못하고 그것에 매달렸네. 그래서 여지껏 토론의 결과는 나는 아무것도 모른다는 사실로 되고 말았네. 정의가 무엇인지 나는 모르므로 이것이 덕인지 아닌지 또한 올바른 사람이 행복한지 불행한지 도저히 알 것 같지가 않다라고나 하여 둘까.」

제 2 권

이렇게 이야기하면서 나는 이제 토론이 끝났다고 생각하고 있었던 것이다. 그런데 사실은 종결되기는 커녕 이제부터 문제가 나타나게 되었다. 그도 그럴 것이 언제나 가장 호전적인 그라우콘이 트라시마코스가 물러난 데 불만을 품고 이렇게 나에게 말했다.

「소크라테스, 정의는 언제나 부정보다 우월하다는 것을 진실로 설득하려는 것입니까? 또 설득하였다고 생각하십니까?」

「나는 할 수만 있다면 그대를 설득하였으면 좋겠네.」라고 나는 대답했다.

「그렇다면 당신께서는 성공을 거두지 못했습니다. 이제 제가 물어보겠습니다. 당신은 선한 것들을 어떻게 취급하십니까? 우리는 그들에게서 생기는 결과들은 상관할 것 없이 그 자체만으로 좋아서 받아들이는 것이 있지 않겠습니까. 예를 들면 순간적으로 우리를 즐겁게 해주는 해롭지 않은 즐거움과 향락 같은 것이 있지 않습니까. 비록 아무것도 거기서 얻어지지는 않습니다만.」

「그런 성질의 것이 있다고 인정하네.」라고 나는 대답했다.

「선한 것들 중에는 또한 이런 것도 있지 않습니까? 그 자체로서 바람직할뿐더러 그 결과도 좋은 지식이라든가 총명이라든가 건강과 같은 것 말입니다.」

「그렇고 말고.」라고 나는 말했다.

「그리고 다음에 세번째 선의 종류가 있습니다. 예컨대 운동이라든가 환자를 돌본다든가 또한 의술이라든가 그 외에도 여러 가지 돈벌이하는 방법 등 이런 것들은 우리에게 이득을 줍니다. 그러나 달갑지는 않습니다. 그래서 아무도 그것만을 위해서 그것들을 택하지는 않고 그것들에서 생기는 보수라든가 결과를 생각하고 택하게 됩니다.」

「이런 제 3 의 부류가 있네. 그런데 어째서 나한테 물어보는가?」하고 나는 말했다.

「그 이유는 정의는 이 세 가지 부류의 어느 것에 속하는지 알고 싶기 때문입니다.」

「이들 선한 것 중에 최고의 부류일세. 즉 행복해지려는 자가 그것 자체를 위해서 또한 그것의 결과를 위해서도 갈망하는 그런 선이란 말일세.」

「그런데 많은 사람들은 다른 생각을 하고 있습니다. 그들은 정의는 고달픈 부류에 속해야 한다고 생각합니다. 보수나 또는 명예를 위해서 추구될 망정 그 자체로서는 달갑지도 않고 따라서 기피하여야 하는 그런 선들 중에 하나로 되어 있습니다.」

「알고 있네.」라고 나는 말했다. 「이것이 그들의 사고양식이고 또한 이것이 방금 트라시마코스가 정의를 헐뜯고 부정을 찬양했을 때의 주제라는 것도. 그러나 그에 의해서 설득되기에는 나는 너무도 우둔하단 말이야.」

「이제는 저의 이야기도 들으시고 당신과 내가 의견이 일치되나 알아보았으면 합니다. 트라시마코스는 본인답지 않게 뱀과 같이 당신 목소리에 매혹되어 버린 것같이 되어버렸으니까요. 그러나 나의 마음에는 아직도 정의와 부정의 본질은 명료치 않습니다. 그것들의 보수라든가 결과라든가 하는 것은 덮어두고 그 자체가 무엇인지 또한 정신의 내적 면에서 어떻게 작용하는 것인지 알고 싶습니다. 싫지 않으시면 트라시마코스의 주장을 되풀이해 보겠습니다. 그래서 첫째, 나는 일반적 견해에 따라 정의의 본질과 기원을 말하겠습니다. 다음에는 정의를 행하는 모든 사람들은 그들의 의지에 반해서 좋다고 해서가 아니라 마지못해 하고 있다는 것이고, 셋째는 부정한 자의 생은 여하튼 정의로운 사람의 삶보다 훨씬 낫다는 견해에도 일리가 있다는 점을 펼쳐보겠습니다. 물론 저로서는 그들의 의견에 가담하는 것은 아닙니다. 그러나 트라시마코스를 비롯해서 많은 사람들의 이야기를 귀가 닳도록 들을 때는 어찌할 바를 모르겠습니다. 그리고 그 반면에 부정에 대해서 정의의 우월성을 주장하는 그 누구에서도 만족할 만한 답을 들어보지 못했습니다. 저는 정의가 그 자체로서 찬양되는 것을 듣고 싶습니다. 그렇게 되면 저는 만족할 것입니다. 그리고 저는 당신만이 이것을 가장 잘 이야기하여 주시리라고 기대합니다. 그래서 저는 힘이 닿는 데까지 부정한 생을 찬양한 것이고, 당신이 정의를 예찬하고 부정을 나무라는 것을 듣고자 하는 데 있어서도 제가 하는 식으로 한번 말해주셨으면 합니다. 어떻습니까. 저의 제안을 받아주시겠습니까?」

「받아주고 말고. 오묘한 이치를 아는 사람치고 이만큼 자주 대화에 올리고 싶은 화제도 없을 것이 아닌가.」

「그렇게 말씀해주셔서 감사합니다. 그러면 내가 제기한 대로 정의의 본질과 근원을 말해보겠습니다.」라고 그는 말했다. 「그들이 말하기를 부정을 행하는 것은 본래 선(利)이고 부정을 당하는 것은 악(害)이라 합니다.[1] 그러나 악이 선보다 크다는 것입니다. 그래서 사람들은 부정을 행하고 또한 당하는 가운데 그리고 다같이 경험해 보고는 한쪽만을 피하고 다른 것만을 얻어낼 수 없을 바에야 그들은 합의해서 둘 다 저지르지 않는 것이 좋다고 생각합니다. 이로부터 법과 그리고 상호계약이라는 것이 생기게 됩니다. 그리고 법에 의해서 제

1) 이러한 주장은 『고르기아스』, 482 이하에서의 카리크레스의 설.
또한 『법률』, 690, 899 등.
그 외에 에우리피데스의 『페니키아의 여인들』, 509행에서도 이런 견해가 피력되어 있는 것을 볼 수 있다. 여기서 그라우콘이 대신하고 있는 이러한 생각은 근세 사회계약적 사상의 선구라고 볼 수 있다.

정된 것을 그들은 합법적 또는 공정하다고 말합니다. 이것을 그들은 정의의 기원이고 본질이라고 확신합니다. 이것은 부정을 하면서도 벌받지 않는다는 최선과 보복하는 힘이 없어 부정을 그대로 받아들여야 하는 최악의 중간을 딴 방편이며 타협입니다. 이리하여 정의는 양자의 중간점으로 그래도 받아들여지는 것은 선으로서가 아니라 차선으로서고 또한 사람이 부정을 행할 힘이 모자란다는 데서 존중될 따름입니다. 적어도 남자라고 할 만한 사람이면 버텨 볼 수 있는 한 이러한 타협은 하지 않을 것입니다. 대체 이런 것이, 소크라테스, 정의의 본질과 기원으로서 받아들여지는 근거라 하겠습니다. 자! 이래서 정의를 실천하는 자들은 마지못해 하는 것이고 또한 부정할래야 힘이 없으므로 이런 자들은 좀 이런 식으로 상상해 보면 잘 알 수 있을 것입니다. 즉 정의로운 자와 부정한 자에게 다같이 그들 마음대로 할 수 있는 권력을 주고 어떤 쪽으로 욕망이 그들을 이끌어나갈 것인지 알아봅시다. 그 때에 정의로운 자나 부정한 자나 그들의 이해에 따라 같은 길을 쫓아간다는 것을 발견하게 될 것입니다. 이 이익으로 말하면 모든 자연적인 것들은 그들의 이익이 되어야 한다는 것이며 오직 법의 힘에 의해서만 정의의 길로 돌아선다는 것입니다.[1] 우리가 생각할 수 있는 자유는 리디아인 코레오서스 조상인 기게스가 누렸다고 전하는 그런 힘의 형태로서 가장 완전하게 그들에게 주어질 수 있을 것입니다.[2] 전설에 의하면 기게스는 리디아 왕의 시중을 드는 양치기였는데, 어느 날 큰 폭풍우가 불고 지진이 나서 그가 양떼를 먹이던 그 자리가 잘라져 나갔다는 것입니다. 이 광경을 보고 놀라서 그는 땅이 열린 곳으로 내려갔는데, 여러 가지 신비로운 것 중에서도 그는 속이 텅 빈 청동말을 보았고, 문이 있어 꾸부리고 들여다보니까 그에게는 인간보다는 훨씬 뛰어난 것같이 보이는 조각으로 된 싸늘한 시

1) 자연(퓨시스)과 법률관습(노모이)을 대립시키는 사고방식은 기원전 5세기 말부터 빈번하게 나타난다. 『고르기아스』, 482e 이하 참조.

2) 헤로도토스의 『역사』(1권, 8~13)에 리디아인 크레오서스의 이야기가 나오는데, 반지에 대해서는 언급되어 있지 않다.

체를 볼 수 있었는데 금가락지밖에는 아무것도 몸에 걸치지 않았던 것입니다. 그는 이것을 빼어 들고는 다시 그곳에서 나왔지요. 관습에 따라 양떼에 관한 월례보고를 왕에게 하기 위하여 양치기들이 모였는데, 이 모임에 그는 반지를 끼고 나갔던 것입니다. 그런데 그는 그들 사이에 끼어 앉으면서 무심코 반지의 바깥 쪽을 손바닥쪽으로 돌렸더니 그 순간 그는 남의 눈에 보이지 않게 되었고, 그래서 그들은 마치 그가 거기에 참석하지 않은 양 그에 대해서 이야기하였던 것입니다. 그는 이에 놀라서 다시 반지를 바깥쪽 제자리에 돌리자 다시 남의 눈에 띄었습니다. 여러 번 시험해 보았지만 결과는 같았습니다. 즉 반지를 안으로 돌리면 보이지 않고 바깥으로 돌리면 다시 나타나는 것이었습니다. 이에 그는 왕궁으로 보내는 사자(使者)의 한 사람으로 선발되었고, 거기에 당도하자 마자 왕비를 겁탈하였습니다. 그리고는 왕비의 도움을 얻어 왕에 대해 흉계를 꾸미고 그를 살해해 버리고는 왕국을 차지해 버렸습니다. 그런데 여기 두 개의 마술반지가 있다 하고, 정의로운 자가 하나 끼고 부정한 자도 하나 낀다고 상상해 봅시다. 그대로 정의를 지켜 나갈 수 있는 그런 강철 같은 성질을 가진 자는 생각조차 할 수 없습니다. 그저 마음만 먹으면 시장에서 맘에 드는 것을 안전하게 가져올 수 있는 바에야 누가 자기 것이 아닌 것에 손대지 않은 자가 있겠습니까. 마음대로 남의 집에 들어가고 제멋대로 누구하고나 동침하고 죽이고 또는 마음만 먹으면 감방에서 꺼내주고 할 것입니다. 이래서 그는 인간 사이에 있어 신과 같을 것입니다. 이렇게 되면 정의로운 자의 행위는 부정한 자의 그것과 같을 것입니다. 다같이 동일한 지점에 도달할 것입니다. 그래서 우리는 이것으로 인간이라는 것은 자진해서 또는 정의는 그에게 유별나게 좋다고 생각해서가 아니라 불가피하다는 데서 정의를 지켜나간다는 유력한 증거가 되리라고 확신할 수 있습니다. 누구나 안전하게 부정을 피울 수 있다면 그는 곧 부정한 자로 되어버리는 것이 아니겠습니까? 모든 사람은 그들 마음 속에서는 부정이 정의보다는 개인에게 이롭다는 것을 확신하고 있고 또한 나같이 생각하는 사람은 그들이 옳다고 말할 테니까 말입니다. 누구나 보이지 않게 되는 힘을 얻을 수 있고 그리고서도 아무 잘못도 저지르지 않고 남의 것에 손을 대지 않는다고 상상한다면 옆에서 보는 자들로 하여금 그는 형편 없는 천치로 취급될 것입니다. 비록 눈 앞에서는 그를 칭찬하고 그들 또한 부정을 당할까 두려워 서로 체면을 차리겠지만, 이건 이만해 두겠습니다. 이제 만일 우리가 정의로운 자와 부정한 자의 생에 관한 진실한 판단을 내리려면 그들을 분리시켜야 합니다. 그 외에는 방법이 없으니까요. 그러면 어떻게 하면 분리할 수 있을까요? 내가 대답하겠습니다. 즉 부정한 자를 전적으로 부정한 것으로 그리고 정의로운 자를 전적으로 정의로운 것으로 분리해 봅시다. 둘 다 에누리 없이 감안(勘案)하지 않기로 하고 다같이 각자 그들의 생을 제대로 영위할 수 있도록 마련해 준다고 합시다. 첫째, 부정한 자를 기술을 가진 이름난 거장(巨匠)에다 비깁시다. 마치 본능적으로 자기 자신의 힘을 알고 그래서 분수를 지키며 또한 어떤 대목에서 실수할 때는 그래도 자기 자신은 건져낼 수 있는 노련한 선장이나 의사와 같이 이렇게 해서 부정한 자가 그의 부정한 기도를 제대로 해내게 합시다. 그리고 부정을 크게 해내기 위해서는 꼬리를 잡히지 않아야 합니다(발각되어서는 끝장이니까). 실은 부정의 극치는 그렇지도 않은데 그래도 정의롭게 보아져야 하니까. 그러므로 완전하게 부정한 자에 있어서는 가장 완전한 부정을 예상하는 것입니다. 여기에는 조금의 에누리도 있을 수 없습니다. 그리고 그가 가장 부정한 짓을 할 때 정의에 대한 최고의 명성을 얻게 합시다. 만일 그가 잘못을 저질렀을 때에는 자신을 되찾을 수 있어야만 하고, 만일 그의 행동이 백일하에 드러났을 때에는 남을 설득할 만한 언변을 갖고 그리고 힘이 필요할 때에는 그의 용기와 굳건함과 또한 돈과 친구를 동원하여 그의 길을 다져나갈 수 있어야 합니다. 그리고 우리는 그 옆에다 정의로운 자를 그의 고귀함이나 순수함에 있어 아이큐로스[1]가

1) 테바이 공략(攻略)의 7 장(將) 중의 1인.

말한 바 진짜이며 외관상만이 아닌 그런 자를 나란히 놓아봅시다. 그러나 외관상 그렇게 보여서는 안됩니다. 즉 그가 정의롭게 보이면 그는 명예롭게 되고 보수를 받게 되고 그 때에는 그가 정의를 위해서 정의로운 것인지 또는 명예나 보수를 위해서인지 알 수 없게 되니까 말입니다. 그러므로 그로 하여금 정의만으로 몸차림을 하게 하고 다른 것은 일절 걸치지 않도록 하게 합시다. 그리고 그는 전자와는 정반대되는 생의 상태에 있다고 상정해야 합니다. 그는 최고의 인물이면서도 또한 최악의 인물인 양 생각되는 그런 자로 합시다. 이래야 그는 시험에 들게 될 것입니다. 이래서 우리는 그가 불명예와 그 결과를 두려워하는지 않는지를 알게 되겠지요. 이렇게 해서 그는 죽는 그 시간까지 계속해 봅시다. 정의로우면서도 부정하게 보이는 상태에서 말입니다. 하나는 정의롭고 또 하나는 부정한 양자가 그 극에 달했을 때 그 중의 어느 것이 더 행복한 자인지 판단해 봅시다.」

「원 이럴 수가 있나. 친애하는 그라우콘!」하고 나는 말했다.「결정짓기 위해서는 마치 그들이 두 개의 조각인 양 처음에 하나 그 다음에 또 하나를 힘차게 닦아서 매만져 올리네 그려.」

「저는 최선을 다했습니다.」라고 그가 말했다.「그리고 이제 우리가 그들이 어떤 것인가를 아는 마당에 있어 그들을 기다리고 있는 생의 면모를 추적한다는 것은 어렵지 않을 것입니다. 이것을 나는 묘사하겠습니다. 그러나 이 묘사가 좀 거칠다고 생각하실지 모르겠습니다. 그러나 소크라테스, 다음 말들은 저의 말이 아니라고 생각해 주세요. 이런 말들은 부정을 찬양하는 자 입에다 처넣으면 됩니다. 그들은 부정하다고 여겨지는 정의로운 자는 매맞고 고문당하고 결박되고 그의 눈은 타버릴 것이고 그리고 최후에는 모든 고생 끝에 처형되고, 그 때에 가서야 그는 정의로울 것이 아니라 그렇게만 보였어야만 한다는 것을 이해하게 될 것이라는 것입니다. 아이큐로스의 말은 정의로운 자보다는 부정한 자를 더욱 진실하게 말한 것인지도 모르겠습니다. 그 이유는 부정한 자는 현실을 좇습니다. 그는 외관을 고려하면서 사는 것이 아니고 부정하게 보인다는 것뿐만 아니라 진실로 부정하기를 원하는 것입니다.

"그의 마음속 깊고 기름진 밭고랑에서
그의 절계(絶計)는 싹트느니라."[1]

이래서 우선 그는 정의롭다고 여겨지고 그래서 국가를 지배하고 마음 먹은 대로 결혼하고 마음 내키는 집안과 사돈을 맺고 또한 멋대로 장사하고 담합하고, 부정에 대해서는 아무 불안도 없으므로 언제나 자기 자신에게 이익이 돌아오도록 하지요. 그래서 공적이건 사적이건 모든 경쟁에서는 적들을 이기고 그들을 희생시켜 이득을 봅니다. 그래서 부자가 되고 또한 이득을 가지고 그의 친구에게 은혜를 베풀고 그의 적에는 해를 끼치지요.[2] 그 외에도 그는 신들에게는 풍족하고 장대하게 희생(犧牲)과 공납(供納)을 바치고, 정의로운 자보다는 훨씬 낫게 신들에 대해 또한 자기가 원하는 자에게는 누구를 막론하고 명예롭게 해주지요. 그러므로 그는 그들보다도 신의 은총을 더 받게 될 것입니다.[3] 이리하여 소크라테스, 신들과 인간들은 합심해서 부정한 자의 생을 정의로운 자의 생보다 더 낫게 만든다고 말합니다.」

나는 여기서 그라우콘에게 무엇이고 좀 대답을 하려 하고 있었는데 이 때 마침 그의 형 아데이만토스가 말참견을 하면서 끼어들었다.

「소크라테스, 이것으로 이야기가 끝나고 더 이상 말할 것이 없다고 생각하시지는 않겠지요?」

「왜 또 더 할말이라도 있나?」 나는 대답했다.

「제일 긴요한 점은 언급도 되어 있지 않습니다.」라고 그는 대꾸했다.

「그렇다면 "형제가 서로 돕게 하라"는 격언도 있는데, 만일 그가

1) 「테바이 공략(攻略) 7 장(將)」, 574.

2) '친구를 이롭게 하고 적을 해한다는' 것은 제 1 권에서는 포레마스코스가 정의의 규정으로서 제기한 것이다. 같은 것이 여기에서는 부정한 자만이 할 수 있는 행위로 주장되고 있다.

3) '신의 은총을 받는다'라는 것에 대해서는 제 1 권 331, 352 등 참조.

어딘지 부족한 점이 있다면 그대가 그를 도와주면 되지 않겠나. 그러나 그라우콘은 나를 넘어뜨릴 만큼 이미 충분히 말했으므로 나는 이젠 정의를 변호할 기력조차 없네.」

「원! 당치도 않은 말씀.」하고 그는 대답했다.

「그러시지 말고 제가 좀더 첨가해서 말하게 해주세요. 그라우콘이 말하고자 하는 점을 더 명료하게 하기 위해서는 또한 못지않게 그가 말한 정의와 부정에 대한 찬양과 비난의 또 하나의 측면도 밝혀야 합니다. 부모나 교사들은 그들의 자식이나 제자를 보고 정의로우라고 말합니다. 그런데 왜 그러겠습니까? 정의 그 자체를 위해서가 아니라 인격과 명성을 위해서 그러는 것입니다. 정의롭다고 알려진 자에게 관직이나 혼처나 그리고 기타 정의롭다고 이름난 부정한 자에게 돌아오는 이득들 가운데서 그라우콘이 지적한 것과 같은 것을 안겨주기 위해서입니다. 이러한 종류의 사람들에 있어서는 다른 사람들의 평판이 더욱 중요한 것입니다. 왜 그런가 하니, 이들은 신들의 호감까지 계산해서 이들이 말하는 바 경건한 자에게 하늘이 내리는 풍만한 은총을 들려줄 것입니다. 그리고 이것은 기품 있는 테시오도스나 호메로스의 증언[1]과도 일치하는데, 테시오도스는 정의로운 자의 참나무는 신들이 다음과 같이 만들어준다고 하였습니다.

참나무 가지 끝마다 열매는 무르익고
나무 가운데에는 꿀통이 매달리고
양은 털에 덮혀 허리도 들지 못하네.[2]

그리고 이와 같은 은총이 그들에게 베풀어집니다. 호메로스도 이와 같은 취지에서 어떤 자의 명성(名聲)을 풀이하여 다음과 같이 읊었습니다.

---

1) 호메로스와 헤시오도스는 신들을 주제로 하여 많은 시작(詩作)을 했다. 앞서 인용한 헤시오도스의 시는 『일과 나날』, 232행 이하.
2) 호메로스의 인용은 『오디세이』, 제19권 109행 이하 참조.

신과도 같이
정의를 지켜 나가는 어떤 나무랄 데 없는 왕의 명성과도 같이
그에게는 검푸른 대지가 밀과 보리를 여물게 하고
과실로 나무 가지는 휘고
양은 어김 없이 새끼를 낳고 바다는 생선을 가져다주네.

또한 무사이오스와 그의 아들이 정의로운 자에 내리신다는 하늘의 은사(恩賜)는 더욱 눈부십니다.[1] 그들의 이야기에 따르면 정의로운 자들이 사후의 세계에 도달하면 신선이 되어서 긴 의자에 누워 향연을 즐기고 장취(長醉)하고 머리에는 화관을 쓰고 있다는 것입니다. 그들이 생각하기로는 영생장취(永生長醉)가 덕에 대한 최고의 보답인 것 같습니다. 또 어느 누구는 그들의 보답을 더 늘여 잡아서 충실하고 정의로운 자의 후손은 3 대나 4 대씩 이어간다고 말합니다. 그들이 정의를 찬양하는 것은 대체로 이런 식입니다. 그에 대해 악한 자에게는 다른 줄거리가 마련되어 있습니다. 그들은 이 악한 자들을 하데스(死後의 세계)의 수렁 속에다 묻어버리고[2] 체를 가지고 물을 나르게 하고 또한 아직 이 세상에 살아 있는 동안에도 악평을 받게 하고, 아까 그라우콘이 부정하다고 소문이 난 정의로운 자의 운명이라고 처방한 그 벌들을 받게 합니다. 이렇게 해서 그들은 한쪽은 치켜세우고 다른 것은 비방합니다. 그리고 소크라테스, 또 하나 이것은 시인에게 한한 것이 아니고 산문 작가들에게서도 볼 수 있는 것인데, 정의와 부정에 관해서 이야기하는 방식이 있습니다. 한번 생각해 주셨으면 합니다. 사람이라면 이구동성으로 정의와 덕은 명예롭기는 하나 괴롭고 힘이 드는 반면에 악과 부정의 쾌락은 손쉽게 얻어지는 것이고 오직 법과 소문에 의해서 질책될 뿐이라고 말합니다. 그들은 또한 정의는 부정

1) 무사이오스와 그의 아들 에우모리포스는 〈오르페우스교〉라는 종교의 전통과 결부된 신화상의 인물. 이하에서 플라톤은 사후의 세계에 관한 통속화된 오르페우스교적 사고에 대해 비판적인 태도를 보이고 있다.
2) 이것은 오르페우스교의 주장.

보다 소득이 적다고 말합니다. 그리고 그들은 서슴지 않고 악한 자를 행복하다고. 그리고 그들이 돈이 있고 기타 세력이 있을 때에는 공적으로나 사적으로나 그들을 명예롭게 하는 반면에 정의로워도 무력하고 가난한 자에 대해서는 비록 전자에 비교하면 훨씬 훌륭하다고 인정하면서도 멸시하고 또한 무시합니다. 뿐만 아니라 이 중에서도 가장 도가 지나친 것은 덕과 신들에 관한 말버릇입니다. 그들 말로는 신들은 좋은 사람들에게는 재앙과 비참을, 그리고 악한 자에게는 행복과 좋은 것을 나누어준다는 것입니다. 그래서 걸식하는 예언자[1]들은 부잣집 문전에서 희생(犧牲)이나 주문으로써, 그들 말에 의하면 천지신명에 고하여 소원을 풀어준다는 것입니다. 만일 무슨 죄가 있다면 그것을 범한 것이 당신이든 또한 조상이든 연회를 즐기는 동안에 그 죄를 씻어줄 수 있다는 것이지요. 또 적을 해치고자 한다면 그 적이 정의롭건 부정하건 상관없이 돈만 좀 낸다면 주문이나 마력으로 해칠 수 있다고 설득하고 덤빕니다. 그리고 그들이 호소하는 것은 시인들의 권위입니다. 이래서 악의 길은 헤시오도스의 시로 미끈하게 됩니다.

> 악덕은 힘들이지 않고 얼마든지 차지할 수 있다. 길은 평탄하고 그 집은 가깝다. 그러나 덕 앞에다 신은 노고(勞苦)를 놓았다.[2]

이에 이르는 길은 멀고 험하다는 것이지요. 그리고는 신들이 사람들에 의해서 좌우될 수 있다는 것의 증인으로서 호메로스를 내세웁니다. 그가 이렇게 말했기 때문에.

> 신들도 또한 애당초 품었던 마음을 돌이킬 수 있다.
> 그래서 인간들은 신들에게 공물(供物)을 바치고 마음을 달래는 기도를 올리고 그리고는 헌주(獻酒)와 살찐 고기의 내음으로 용서를

1) 오르페우스교도의 타락한 형태인 '오르페오테레스다이'라고 불리우는 자들을 말한다.
2) 헤시오도스, 『일과 나날』, 287~290행.

빌고 신들의 노여움을 달랜다. 죄를 짓고 잘못했을 때는.[1]

또한 그들은 세레네 또는 무사의 아들이라고 칭하는 무사이오스나 오르페우스가 썼다는 책들을[2] 잔뜩 가지고 와서 이에 따라 의식을 거행합니다. 어느 개인뿐만 아니라 국가까지도 설득해서 희생(犧牲)이나 또는 한가한 시간을 메우는 오락으로 죄에 대한 속죄가 이루어진다고 합니다. 그리고 산 사람이나 죽은 사람에게 다같이 효험이 있다는 것입니다. 특히 죽은 사람에 대한 것을 비의(祕儀)라고 부르고 이리하여 지옥의 고통에서 벗어나게 해주고, 이런 것을 등한히했다가는 무엇이 우리를 기다리고 있는지 모른다는 것입니다.」

그는 그대로 말을 이어나갔다.

「그런데 젊은 아이들이 덕이나 악덕에 대해 이야기되는 모든 것을 듣고 그리고 이런 것에 대한 신과 사람들의 태도를 알았을 때 그들의 마음에 어떤 영향을 미칠는지, 친애하는 소크라테스! 이들로 말하면 재치가 있고 모든 꽃에 살짝 앉는 날개 돋힌 꿀벌과 같이 그들이 듣는 것을 섭취해서 어떤 사람이 되어야 하나, 또한 인생을 최고로 살기 위해서는 어떤 길을 택해야 하는가의 결론을 내릴 것입니다. 아마도 핀다로스의 말을 빌려 자기 자신에게 물어볼 것입니다.

정의의 길 또는 기만(欺瞞)에 찬 구부러진 길
어느 것을 택해서 나에게는 일생의 성새(城塞)가 될 수 있는 높은 탑을 기어 오를 수 있을까?[3]

이리하여 사람들은 이렇게 말합니다. 내가 진실로 정의롭다 하더라도 사람들이 알아주지 않는다면 이득이란 하나도 없을 것이고 오히려 고통과 손해만 본다는 것은 틀림없다고들 말합니다. 그러나 만일 내

1) 『일리아드』, 제 9 권 497~501행.
2) 오르페우스교의 기도전예서(祈禱典禮書)를 지칭한다. 무사이오스의 어머니는 달의 여신 헤레네, 오르페우스의 어머니는 무사(뮤스)의 여신 중의 가리오페라는 전설이 있다.
3) 핀다로스 단편(斷片), 201.

가 부정하다 하더라도 정의롭다는 평가만 얻어낸다면 천국과 같은 인생이 나에게 약속된다는 것입니다. 그렇다면 철인들이 알려준 바와 같이 외양은 진실을 억누르고[1] 행복의 왕인 것이고 이 겉치레하는 데 나의 생을 바쳐야지요. 나의 둘레는 덕의 그림과 그림자로 둘러싸고 이것으로 내 집의 대문과 담으로 만들고, 현인 중에서도 위대한 아루킬로코스[2]가 명한 대로 교활하고 간지(奸智)에 뛰어난 여우를 끌고 다녀야지요. 그런데 어떤 자는 간악(奸惡)한 것을 감춘다는 것은 때로 어렵다고 반론하지만, 거기에 대해서는 그렇게 안이한 것도 없다고 답해야겠지요. 어쨌든 우리가 행복하려면 이 길을 택할 수밖에 없다는 것은 틀림없다는 말입니다. 감춘다는 것을 염두에 두고 우리는 은밀하게 동지를 모으고 정치결사를 만들어야지요. 그리고 법정이나 의회를 설득할 수 있는 기술을 가르쳐주는 웅변술의 교수가 있습니다. 그렇게 해서 한편으로는 설득으로 또 한편으로는 힘으로 나는 부정이득을 보고도 벌받지 않을 것입니다. 그런데 신들에 대해서는 속일 수 없고 강요할 수도 없다고 말할지 모르지만. 하지만, 만일 신들이라는 게 없다면? 또는 그들은 인간사에는 아무런 관심도 없다고 가정한다면 어찌되었든 감춘다는 데 마음을 쓸 필요는 없을 것입니다. 그리고 신이 있다 하더라도 또한 우리들을 돌본다 하더라도 그러한 신들을 우리는 전설이나 시인들이 만든 족보를 통해서 알 따름입니다. 그리고 바로 이런 사람들이 신들에게 제물을 바치고 노여움을 달래는 기도를 함으로써 마음을 돌릴 수 있다고 하지 않았습니까? 우리는 다같이 믿든지 다같이 믿지 않든지 해서 시종일관해야 합니다. 만일 시인들이 말하는 게 진실이라면 그 때는 부정한 것이 훨씬 나을 것이고 부정의 과실(果實)을 바치면 됩니다. 또 우리가 정의롭다면 비록 벌은 면할 수 있다 해도 우리는 부정에서 얻은 이득을 놓칠 것입니다. 그러나 우리가 부정하면 이득을 그대로 얻을 것이고,

1) 시모니데스 단편(斷片), 76.
2) 기원전 8-9세기경의 시인.

그래서 죄를 짓고 기도하고 그리고 기도하고 죄를 범함으로써 신의 비위를 맞출 것이고 벌받지 않을 것입니다. 그러나 저 아래 세계가 있어 거기서 우리들 또는 우리 자손들이 우리들의 부정한 행위로 말미암아 고생을 할 것이라고 말한다면, 친구여! 이것은 감상에 불과한 것이라고 대답하겠습니다. 그 때에는 비의(秘儀)나 죄를 사(謝)하는 영험한 신들이 있지 않겠습니까? 그리고 이들은 큰 힘을 갖고 있습니다. 이것은 강대한 국가도 내세우고 주장하는 것이며, 또한 이것을 내세우는 시인이나 예언자였던 신들의 아들들도 같은 증언을 하고 있습니다. 자! 이들이 이쯤 말하는 바에야 가장 고약한 부정보다 정의를 택할 어떤 근거가 있겠습니까? 만일 우리가 최대의 부정에다 교묘한 탈을 씌울 수만 있다면 우리들은 살아 생전이나 사후에도 신들과 사람들과 마음 편하게 살아갈 수 있을 것입니다. 많은 사람들과 고명한 권위들이 말해 주듯이 이걸 알고서야, 소크라테스, 정신적으로나 인물에 있어서나 가문이나 재산에 있어서나 조금이라도 뛰어난 자라면 어떻게 자진해서 정의를 받들겠습니까? 또는 정의가 찬양되는 것을 들을 때 어찌 웃지 않겠습니까? 실제 내가 한 말의 진실성을 못마땅하다고 여기는 사람이 있다 한들, 그리고 정의가 최고라고 만족하는 자가 있다 하더라도 그는 오히려 부정한 자에 대해서 화를 내지 않고 관대하게 그들을 용서해 줄 것입니다. 왜 그런가 하면 그는 사람이란 그들 자신의 자유의사에서 정의롭다는 것이 아니라는 것을 알고 있으니까 말입니다. 그래서 아예 처음부터 자기 속에 있는 신성(神性)이 부정을 미워하도록 만들었다든지 또는 진실에 관한 지식을 체득하여 부정한 것을 싫어한다면 몰라도 그렇지 않다면 아무도 못할 것입니다. 사람은 비겁하든지, 나이 때문에 또는 약해서 부정할래야 힘이 없는 자가 부정을 비난합니다. 그리고 사람은 권력을 얻자 마자 힘닿는 데까지 그 당장에 부정하게 된다는 사실로도 증명됩니다. 대체 이렇게 된다는 근본원인은, 소크라테스, 이 토론을 시작할 때 우리가 제시하였던 것입니다. 그 때 내 동생과 나는 그래도 기록에 남는 고대 영웅들로 시작해서 현대인에 이르기까지 한다 한 정의의 찬미자 가운데 부정을 비난한 자가 없었으며, 정의로부터 나오는 영광과 명예 그리고 이득을 제외하고는 정의를 예찬한 자가 없었다는 데 얼마나 놀랐는지 당신에게 이야기한 바 있습니다. 영혼 속에 인간이나 신들의 눈에 뜨이지도 않은 채 머물러 있는 정의나 부정에 관한 진정하고 본질적인 속성에 대해서는 아무도 시나 혹은 산문으로 적절하게 표현하지 못했고, 인간이 자기 속에 간직하는 영혼에서도 정의가 최고의 선이고 부정이 최악이라는 것을 보여준 자는 없습니다. 사실 이것이 보편적 경향이고 그리고 당신이 우리가 젊었을 때부터 그 이래 이것을 우리에게 설득하려고 하였었더라면 우리는 부정을 범하는 것을 서로 경계하지 않아도 되었으며, 오히려 각자가 부정을 범한다면 자기 자신 속에 최대의 악을 잉태하고 있는 것이 두려워서 자기가 자신의 가장 좋은 감시인이 되었을 것입니다. 감히 말한다면 트라시마코스나 다른 사람들은 내가 여지껏 그저 되풀이한 데 그친 표현이라든지 또는 정의와 부정에 관한 더욱 강력한 말들을 진심으로 신봉하고 있습니다. 한마디로 말하면 그것들의 진정한 본질까지도 오해하고 있다는 생각이 듭니다. 그러나 내가 이렇게 격렬하게 말한 것은 솔직하게 말하겠습니다마는 당신에게서 이와는 정반대되는 이야기를 듣고 싶기 때문입니다. 그러므로 내가 당신에게 원하는 것은 정의가 부정에 대해서 갖고 있는 우월성뿐만 아니라 이것들을 지니고 있는 자에게 하나는 선으로, 다른 것은 악으로 만드는 데 있어 어떤 효과를 나타내는 것인지까지도 말씀해 주셨으면 합니다. 그리고 그라우콘이 당신에게 요청한 대로 평판만은 제거해 주셨으면 좋겠습니다. 그들 각자로부터 그의 진정한 평판을 거두고 실제와는 다른 잘못된 평판을 첨가하지 않는 한 우리는 당신이 정의를 칭찬하는 것이 아니라 겉모양만을 가지고 말하는 것이라고 생각할 수밖에 없습니다. 우리는 당신이 부정을 사악(邪惡)한 것으로 알라고 권하는 것이고, 그래서 실제로는 정의라는 것은 다른 사람에게 득이 되고 강자의 이득이며 부정은 비록 약자에게는 해로우나 본인에게는 이득이라는 트라시마코스의 설에 동의한다고 볼 수밖에 없습니다. 이제 선생님은 정의는 거기서 나타나는 결과도 결과이려니와 그보다도 훨씬 크게 그 자체만으로서도, 예컨대 시력이나 청각이나 지식이나 또는 건강과 같이, 소망되는 그러한 최고선의 하나라고 인정하셨습니다. 그렇다면 정의를 찬양하는 데 있어 긴요한 이 점만을 유의해 주셨으면 좋겠습니다. 즉 저는 정의 및 부정이 이것을 지닌 자에게 작용하는 본질적인 선 및 악을 말하는 것입니다. 하나는 보수다 명예다 하며 또 다른 것은 나쁘다고 욕하고 이런 것을 과장해 가면서 정의를 찬양하고 부정을 나무라는 일들은 남들에게 맡겨버리면 됩니다. 다른 사람들이라면 이렇다 저렇다 하고 들먹이는 것을 참을 수 있겠지만, 일생을 이 문제를 다루면서 지내 오신 선생님으로부터 직접 이와는 정반대되는 것을 듣지 않고서야 어떻게 하겠습니까. 저는 무언지 더 좋은 것을 기대하고 있습니다. 그래서 저는 정의가 부정보다 낫다는 것을 증명할 뿐만 아니라 신이나 인간에게 보여지든 안 보여지든 정의나 부정이 그 자체로써 그 자신의 힘으로써 그 소유자에게 어떠한 영향을 미치기에 한쪽은 선하고 다른 쪽은 악인지 보여주셨으면 좋겠습니다.」

나는 평소 그라우콘과 아데이만토스의 천재적 자질에 감탄하여 왔지만 이 말을 듣고는 크게 기뻐서 다음과 같이 말했다.

「이름난 아버지[1]의 아들들이여! 에레게이온 조(調)의 시작(詩作)과 그럴싸한 서두(序頭)에서 그라우콘이 메가라의 전투에서 공을 세운 후 그대의 명예를 위해 숭배자[2]가 노래한 것인데

"아리스톤[3]의 아들들아! 영광스러운 영웅의

1) 트라시마코스를 지칭한다는 설과 그라우콘 및 아데이만토스의 부친 아리스돈을 지칭한다는 설로 갈라져 있다.
2) 구리스디아스를 지칭하는 것으로 추정된다. 그는 펠로폰네소스 전쟁 후에 생긴 30년 독재정권의 두목으로서 유명하다. '구리스디아스'의 해설(404p.) 참조.
3) 아리스톤은 동시에 그리스 말로 '가장 선한 자'라는 뜻도 있다.

신의 핏줄기를 이어 받은…….”

이 형용사는 참으로 적절하네. 그다지도 부정의 우월성을 논할 수 있으면서도 자신은 그대로 믿지 않고 있으니, 진짜 신의 핏줄기 같은 것이 있으니 말일세. 이것은 그대의 전인격(全人格)으로 보아 말할 수 있네. 내가 그대의 말만 듣고 판단했더라면 나는 그대를 불신하였을 테니까. 그러나 이제 더욱 그대를 신뢰하게 되었으므로 무엇이라고 말해야 좋을지 더 난처하게 되었네. 그도 그럴 것이 두 가지 입장에서 진퇴유곡일세. 한편으로는 이 임무는 내 힘에 겨웁다고 느낀단 말이야. 나의 무능력은 내 깐에는 부정에 대한 정의의 우월성을 증명한다고 트라시마코스에게 대답했는데, 이에 대해서 여러분이 만족하게 느끼지 못했다는 사실로써 절실하게 느끼네. 그러나 그렇다고 내 숨이 끊기지 않고 구변(口辯)이 살아 있는 한 그대로 방관만 할 수도 없지 않은가. 정의가 악하게 이야기될 때 그 자리에 있으면서도 정의를 위해서 손 하나 까딱하지 않는다면 신에 대해 경건치 못할까 적이 두렵네.」

그라우콘과 다른 사람들은 모두 이 문제를 중단시키지 말고 더 검토하자고 갖은 말을 다해 가면서 졸라댔다. 그들은 첫째 정의와 부정의 본질을, 그리고 다음에는 그들의 상대적 우월성을 진리에 있어 파악하려고 원했던 것이다. 그래서 나는 그들에게 이렇게 말했다.

「이와 같은 문제를 다룬다는 것은 용이한 것이 아니고 대단한 안목이 필요한 것일세. 그리고 우리가 그다지 현명하지도 못하다는 것을 알고 있는 이상 다음과 같이 예를 들 수 있는 방법을 택하는 것이 좋을 것으로 생각하네. 예컨대 근시인 자에게 멀리 있는 잔 글자를 읽어보라고 하였을 때 그 때 마침 다른 사람이 다른 장소에서 같은 글자가 훨씬 크게 더 큰 것에 씌어져 있다는 것을 상기하였다고 한다면, 글자는 같고 큰 글자를 먼저 읽을 수 있다면, 그리고 차차 작은 글자로 옮겨갈 수만 있다면 이것은 천만다행으로 생각할 것이 아니겠나?」

「틀림없습니다.」 아데이만토스가 말했다. 「그러나 우리들의 소재에다 이 예시를 어떻게 적용하려는 것입니까?」

「말하자면 정의라는 것, 이것이 우리의 연구대상인데, 때로는 개인의 미덕으로 그리고 때로는 국가의 미덕으로 이야기된단 말이야.」

「그렇습니다.」 그는 대답했다.

「그렇다면 국가는 개인보다 크지 않겠는가?」

「그렇습니다.」

「그러면 큰 데 있어 정의의 분량도 더 크고 또한 더 용이하게 찾아볼 수 있지 않겠는가? 그래서 그대들이 납득만 해준다면 정의와 부정의 본질을 우선 국가에서 다음에는 개인에게 나타나는 데서 탐구하고, 이렇게 하여 큰 데서 작은 데로 나가는 가운데 이것들을 비교하자는 것일세.」

「네. 그것 참 훌륭한 제안입니다.」 하고 그는 말했다.

「그리고 만일 국가가 발생되는 과정에 있다고 생각한다면 국가의 정의 및 부정도 생성되고 있다고 볼 수 있을 거야.」

「아마도 그렇겠지요.」

「국가가 완성되면 우리들의 탐구대상도 더욱 용이하게 찾아볼 수 있겠지.」

「그렇습니다. 더욱 용이하게.」

「그러나 우리가 이것을 꼭 탐구해야만 할 것인가? 이것은 대단히 심각한 과제가 되리라는 걱정부터 앞서는데, 다시 한번 생각하는 게 옳지 않겠나?」

「잘 생각했습니다. 그저 시작만 해주셨으면 좋겠습니다.」라고 아데이만토스가 말했다. 그래서 나는 이렇게 말했다.

「국가라는 것은 내가 생각하기에 사람들의 필요에 의해서 발생되었다고 말할 수 있네. 아무도 혼자서 자급자족할 수는 없으니까. 뿐만 아니라 우리는 모두 여러 가지 욕망을 갖고 있지 않은가. 국가발

생에 관해서 어디 다른 이치라도 있다고 생각하나?」

「다른 것이 있을 수 없습니다.」

「그래서 우리가 여러 가지 욕구를 가지고 있고 많은 사람들이 이것을 충족시키기 위해서 필요하네. 하나의 목적을 위해서 어떤 사람의 도움이 있어야 하고, 다른 것을 위해서는 또한 다른 사람이 필요하네. 그러므로 이들 협력하는 자 및 도와주는 자들이 한 군데 모여져 있는 공동생활체를 국가라고 하네.」

「과연 그렇습니다.」

「그래서 그들은 서로 교환하는 가운데 한 사람은 주고 또 한 사람은 받게 되는데, 이는 그들의 이득을 위해서 하는 것일세.」

「사실 그렇습니다.」

「그렇다면 우리는 관념에 있어 하나의 국가를 발생시키고 창조해봄이 어떻겠나? 그러나 사실상의 창조자는 어디까지나 필요성이라는 것이고, 이것이야말로 우리들의 발명의 원천이 되는 것일세.」

「물론입니다.」 하고 그는 대답했다.

「자! 이제 필요한 것 중에서도 으뜸이고 최대인 것은 생활과 생존의 조건이 되는 식량이겠지.」

「그렇습니다.」

「그 다음에는 집이겠고, 셋째는 옷이고 또한 이와 비슷한 것이지.」

「사실입니다.」

「자! 그렇다면 국가는 어떻게 이 큰 수요를 충족시킬 수 있는지 검토해 보세. 우리는 한 사람은 영농하는 사람, 또 한 사람은 집 짓는 사람, 그리고 또 다른 사람은 옷을 짓는 자로 상상할 수 있겠지. 그 외에도 신발 만드는 자 또 우리들의 일상생활에 필요한 상인도 끼워줄까?」

「좋습니다.」

「국가에 관한 최소한의 관념에는 4 인 또는 5 인은 꼭 포함되어 있어야 하네.」

「확실합니다.」

「그러면 그들은 어떻게 해나가는 것일까? 각자가 그의 노동의 성과를 공용물(公用物)로서 제공할 것인가? 예컨대 한 사람의 농부가 4인분을 생산함으로써 자신과 아울러 다른 사람들의 식량을 제공하기 위하여 그가 필요한 것보다 4배나 걸려서 더 일한다는 말인가? 또는 다른 사람들과는 상관할 것 없이 또한 그들을 위해서 생산하는 수고를 떠맡을 것 없이 자기만을 위해 4분의 1의 시간만을 써서 4분의 1의 식량만 만들고 나머지 4분의 3의 시간을 가지고 집이다 옷이다 신발이다 만들면서 남의 도움도 없이 필요한 것은 모두 자신이 제공한다는 것인가?」

아데이만토스는 「농부는 식량만을 생산할 것이고 모든 것을 생산하려고 해서는 안됩니다.」라고 말했다.

「그야 그렇겠지.」 하고 나는 대답했다.

「그것이 더 좋은 방법이지. 그리고 그대가 이와 같이 말했을 때 우리는 서로 다 같지 않다는 생각이 되살아났네. 각자 서로 다른 일에 적응하는 여러 가지 소질을 갖고 있네.」

「사실입니다.」

「그래서 한 사람이 여러 가지 일을 할 때 또는 한 가지 일만 해낼 때 어떤 쪽이 일을 더 잘 할 것인가?」

「한 가지 일만 할 때입니다.」

「한걸음 더 나아가 일이라는 것은 때를 맞추어서 하지 않으면 일을 잡친다는 것도 틀림이 없겠지?」

「틀림없습니다.」

「일이라는 것은 일하는 사람의 한가한 시간을 기다려주도록 되어 있지 않네. 일하는 사람은 그가 하는 일에 전심전력해야 하고 무엇보다도 일을 위주로 해야 하네.」

「그래야 합니다.」

「그렇다면 자기에게 적합한 일을 적기에 그리고 다른 일은 돌보지 않고 할 때, 모든 것이 더욱 많이 그리고 손쉽게 그리고 질도 더 낫게 생산된다고 말할 수 있네.」

「의심할 여지도 없습니다.」

「그러면 이 때에는 4인 이상 더 많은 국민이 필요하네. 그도 그럴 것이 물건다운 것이 되려면 쟁기 또는 곡괭이 또는 기타 농업용구를 제 손으로 만들지는 않겠지. 또한 집짓는 자가 제 연장을 만드는 것도 아닐 것이고, 그도 여러 가지가 필요할 테고. 이런 식으로 옷을 짓는 자, 신발을 만드는 자들도 예외일 수 없지.」

「진실입니다.」

「이 때에는 목수다 대장장이다 기타 여러 가지 장(匠)이들이 이제 막 성장하기 시작한 우리들의 조그마한 국가의 분담원이 될 것일세.」

「그렇습니다.」

「그러나 우리가 여기에다 농부들이 밭갈이하기 위하여 소를 갖고 또한 농부는 물론이고 건설하는 자들이 짐을 끌고 나르는 가축을 갖게 되고, 직물공이 양털과 가죽을 갖기 위하여 소치기, 양치기 기타 목자들을 추가한다 해도 아직도 우리들의 국가는 그다지 크지는 않겠지?」

「그렇습니다. 그러나 이 모든 것을 다 포용한다면 아주 작은 국가도 아닐 것입니다.」

「그리고 아무것도 수입할 필요가 없는 장소에다 국가를 건설한다는 것도 거의 불가능하겠지?」

「불가능합니다.」

「그렇다면 다른 나라에서 필수품을 나르는 또 하나 다른 국가계급도 있어야 하지?」

「있어야 합니다.」

「그러나 만일 상인이 그에게 필요한 것을 제공해 주는 사람들이 요구하는 물건들을 갖지 않고 맨손으로 간다면 그는 맨손으로 돌아오게 되겠지?」

「그건 확실합니다.」

「그러므로 국내에서 생산하는 물건들은 자신들에게 충분할 뿐만 아니라 양에 있어서나 질에 있어서나 그들이 원하는 것을 제공해 주는 자들도 충족시킬 만큼 되어야 하지.」

「진실입니다.」

「그러면 더 많은 농부와 더 많은 장(匠)이들이 필요하겠네?」

「그렇겠습니다.」

「상인이라고 할 수 있는 수입업자 및 수출업자는 말할 것도 없고.」

「그렇습니다.」

「그럼 우리는 상인들도 필요하겠지?」

「필요합니다.」

「만일 상업이 바다 넘어로 이루어진다면 익숙한 사공들도 필요하겠지? 그것도 상당한 인원이.」

「그렇습니다. 상당한 인원이죠.」

「그러면 다시 국내에서 어떻게 그들은 그들의 생산품을 교환하는가? 이런 거래를 확보한다는 것이, 그대도 기억하려니와 우리가 그들로써 하나의 사회를 만들고 국가를 이룩한 주요 목적들의 하나였지.」

「틀림없이 그들은 사고 팔고 할 것입니다.」

「그러면 그들은 시장이 필요할 것이고 교환을 위해서 통화도 필요하겠지?」

「그렇습니다.」

「농부나 또는 수공업자들이 어떤 생산품을 시장에 가져왔는데 하필 그와 교환할 사람이 없을 때 그는 일을 내동댕이치고 그저 한가하게 시장바닥에 앉아 있을 것인가?」

「천만에, 그 필요를 알고 매매를 일삼는 사람을 거기서 찾아낼 것입니다. 질서가 잘 잡힌 국가에서는 그들은 흔히 체력이 약한 사람들이고, 그래서 다른 것에는 쓸모가 없는 사람들입니다. 그들의 임무는 시장에서 팔고자 하는 자에게는 상품을 받고, 돈을 주고 사려는 자로부터는 돈을 받습니다.」

「이 필요 때문에 우리들 국가에 있어서는 소매상이라는 계급을 낳게 하네. 시장에 앉아 매매를 일삼는 자에게 소매상이라는 명칭이 붙네. 한 나라에서 다른 나라로 떠돌아 다니는 자들은 무역상인이라고 하겠지?」

「그렇습니다.」 하고 그는 대답했다.

「그리고 지적으로는 도저히 사귈 정도가 되지 못하는 또 하나 종들의 계급이 있네. 그래도 그들은 체력은 강하므로 따라서 그들은 이것을 팔고, 또한 내가 잘못 생각한 것이 아니라면 피고용인이라고 부르는데 고용이라는 것은 그들 노동의 댓가를 일컫는 말이네.」

「사실입니다.」

「그러면 피고용인들도 인구 구성에 도움이 되겠지?」

「그렇습니다.」

「그러면 이제, 아데이만토스, 우리들의 국가는 성숙하고 완성되었네.」

「그렇게 생각합니다.」

「그러면 정의는 어디에 있고 부정은 또한 어디에 있단 말인가? 국가의 어느 구석에서 그것들은 뛰어나온다는 건가?」

「아마도 서로 이들 국민들을 다루는 데 있어 생긴다고 생각됩니다. 그 외에 다른 데서는 찾아볼 수 없다고 생각되니까요.」

「그대 생각이 옳다고 감히 말할 수 있겠네. 우리는 이것을 철저하게 생각해 볼 것이며 찾아보는 것을 꺼려서는 안되겠지. 그럼 우선 우리는 이제 그들을 마련해 놓았으니까 그들의 생활양식이 어떤 것인지 생각해 보세. 그들은 곡물, 술, 의복, 그리고 신발을 마련하고 그들을 위해서 집들을 짓지 않겠는가? 그리고 집이 마련되면 여름에는 보통 벌거벗고 맨발로 일하고 겨울이면 두둑하게 입고 신도 신고 일하게 되겠지. 그들은 보리나 밀가루를 빚고 구워서 고급과자나 빵을 만들어 먹겠지. 이것들을 갈대 멍석이나 정결한 잎 위에다 늘어놓고 저희들은 주목(朱木) 또는 도금양(桃金孃)으로 만든 침상에 기대면서 먹게 되겠지. 그리고 아이들은 잔치를 벌이고 그들이 빚은 술을 마시고 화관을 머리에 얹고 신들을 찬송하면서 서로 행복하게 이야기하면서 지내게 되겠지. 그리고 가난과 전쟁에 대비해서 그들의 분수를 넘지 않도록 그들의 가족들을 돌보겠지.」

「그러나 그들의 음식에다 양념을 치지 않으셨습니다.」하고 그라우콘이 끼어들었다.

「진정 그렇구먼.」하고 나는 대답했다.「깜빡 잊었지. 물론 양념도 있어야지. 소금, 올리브, 그리고 치즈를 쓰고, 시골 사람들이 하듯이 나무 뿌리나 풀을 끓이기도 하겠지. 식후에는 무화과나 완두나 콩이 나오고, 그리고 도금양(桃金孃)의 열매나 도토리를 불에 굽고 알맞게 마시고, 그렇게 먹어가면서 늙을 때까지 평화롭게, 건강하게 살게 될 것이고, 죽은 후에는 똑같은 생활을 자식들에게 이어주겠지.」

「그런데 소크라테스, 당신이 돼지 나라를 위해서 마련하신다면 이외에 또 무엇으로 이 축생(畜生)들을 먹이시려는 것입니까?」

「그대라면 어떻게 하겠나, 그라우콘.」하고 나는 대답했다.

「그럼요. 그들에게 일상생활에 필요한 편리한 것들도 제공해야 합니다. 편하게 지내려면 소파에 누워야 하고, 식탁에서 식사하고 현대식으로 소스와 감미로운 것도 있어야 합니다.」

「인제 무슨 소리인지 알겠네.」하고 나는 말했다.「나보고 생각해 보라는 문제는 단지 국가일 뿐만 아니라 어떻게 하면 사치스러운 국가를 만들 수 있는가 이 말이지? 여기에서도 별 지장은 없을 것이네. 이러한 국가에 있어서는 어떻게 정의 및 부정이 발생하는지 더 잘 알 수 있을 것이니까. 나의 의견으로는 진실하고 건전한 국가의 구조는 내가 묘사한 것과 같은 것이네. 그러나 만일 그대가 열병에 걸린 국가가 보고 싶다면 반대하지 않겠네. 많은 사람들이 단순한 생활양식에 만족하지 않는 것 같으니까. 그들에게는 소파나 테이블도 있어야 하고 또한 식기류, 진미류나 향유와 창부 그리고 과자 등 그것도 한 가지가 아니고 여러 가지 등속이 더 있어야 할 것이네. 내가 처음에 말한 집이나 의류나 신발 등 생활필수품보다는 훨씬 더 많아야만 하겠네. 화가의 예술품이라든지 수놓은 것이라든지 이런 것들이 동원되어야 하지. 그리고 금과 상아 그리고 가지각색의 물건들이 마련되어야지.」

「그렇습니다.」 하고 그는 말했다.

「그러면 범위를 크게 잡아야만 하겠네. 원초적인 건전한 국가는 이제 충분치 않다는 거니까, 이제 국가는 어떤 자연적 욕구에서는 요구되지 않는 많은 직업을 채우느라고 커질 것이네. 한 나라의 예술가, 배우들을 위해서 형태 및 색채를 취급하는 사람들도 많이 생길 것이고, 또 어떤 자들은 음악에 심취할 것이네. 시인들 그리고 이들을 따라다니는 낭송가, 배우, 무용가, 흥행사 등 많지. 그 외에도 여자의 의장(衣裝)까지도 포함해서 갖가지 물건을 만드는 자들도 있을 것이네. 그래서 우리는 더욱 더 많은 종들이 필요하게 되네. 이쯤되면 가정교사도 필요치 않다고 하겠는가? 그리고 유모 및 보모·시녀·이발사, 거기에다 조리사다, 찬직이다 하는 것은 더할 나위 없고, 또한 돼지떼들도 앞서 우리들의 국가에서는 필요치도 않았고 존재할 여지도 없었던 것들이 이제는 필요치 않겠는가? 그들을 잊어서는 안되지. 사람들이 이것을 먹는다면 기타 많은 종류의 가축들도 있을 것일세.」

「그렇습니다.」

「그리고 이런 식으로 생활하려면 전보다도 훨씬 많은 의사들이 필요할 것일세.」

「그렇습니다.」

「그래서 본래 인구를 먹여 살리는 데 충분했던 국토도 이제는 비좁고 넉넉지 못하게 될 것이고.」

「옳습니다.」

「그 때에는 이웃나라 땅을 목축이나 농경을 위해서 한 조각 떼어 먹으려고 하게 될 것이고, 또한 그들도 우리와 같이 필요 이상의 한계를 넘어 재물을 무한정 쌓아 올린다면 우리나 마찬가지로 우리들의 땅덩이의 한 조각을 원할 것이네.」

「그거 부득이한 일입니다, 소크라테스.」

「그래서 전쟁이 일어나지, 안 그런가, 그라우콘?」

「그렇게 되기 마련입니다.」 하고 그는 대답했다.

「그러면 전쟁이 좋고 나쁘고 간에 이것은 아직 결정짓지 말고, 이것만은 확실히 말할 수 있네. 즉 사적이건 공적이건 국가에 있어 거의 모든 악의 근원이기도 한 이들 근원에서 전쟁이 발생한다는 것을 발견하였다는 것이네.」

「틀림없습니다.」

「그래서 우리들의 국가는 또 한번 더 커져야 하고, 이 때에 확장을 위해 군대를 필요로 할 것이네. 우리가 앞서 말한 것들과 사람들을 위해서는 물론이고, 우리가 가지고 있는 것을 위해서도 나가서 침략자와 싸우지 않으면 안될 것이네.」

「어째서요? 노예들만으로는 방어하는 데 충분치 않다는 것입니까?」

「충분하지 않지. 우리가 국가의 틀을 잡을 때 우리 모두에 의해서 인정된 원칙이 틀리지 않았다면 말일세. 원칙이라는 것은 그대도 알다시피 한 사람이 성공적으로 여러 가지 일을 해 낼 수 없다는 것이지?」 하고 나는 말했다.

「그렇습니다.」라고 그는 대답했다.

「그런데 전쟁도 하나의 기술이 아니겠나?」

「물론입니다.」

「그렇다면 기술이라는 것은 신발 만드는 만큼 정신을 써야겠지?」

「옳습니다.」

「그래서 신발 만드는 자가 제대로 신발을 만들기 위해서는 농부나 수직공이나 또는 건축가가 되어서는 안 되겠어. 그에게 그리고 모든 다른 일꾼에게 그의 자질에 가장 들어맞는 한 가지 일이 주어져야지.

그리고 그 일에 일생 동안 전념할 것이고 다른 일을 해서는 안되지. 기회를 놓쳐서는 안되고 놓치지만 않으면 훌륭한 일꾼이 될 것이네. 군인의 임무가 제대로 수행된다는 것 이외에 더 중요한 것이 있겠는가? 전쟁이라는 기술은 농부 또는 신발 만드는 자 또는 기타 장(匠)이로서 동시에 군인이 될 수 있듯이 그다지 안이하게 얻어지는 것인가? 도박이나 장기놀이에서도 이것을 소일삼아 하는 자로서 일류가 될 수 있겠는가. 마땅히 어려서부터 여기에 전심전력하고 다른 것은 돌아보지 말아야지, 연장도 이것을 어떻게 다루는지 그리고 이에 대해 전혀 관심을 두지 않은 자에게는 아무런 연장을 주어도 능란한 일꾼이나 또는 방어에 있어서 명장이 될 수 없네. 중장비군이나 기타 기병대에 있어 방패나 또 다른 무기를 사용하는 자가 하루 아침에 일류 전사가 되겠는가?」

그렇습니다. 연장을 제대로 다룬다는 것은 말할 나위 없이 소중합니다.」그라우콘이 말했다.

「그리고 수호자의 임무는 더욱 고귀하겠지. 더 많은 시간과 기술과 솜씨와 응용이 그에 있어서 요구되지 않겠는가?」

「틀림없습니다.」라고 그는 대답했다.

「그는 또한 자기 직업에 대해 천직적 재능이 있어야겠지?」

「물론입니다.」

「될 수만 있다면 국가를 수호하는 임무에 적응한 자질이 있는 자를 선정하는 것이 우리가 마땅히 할 일이지?」

「그렇겠습니다.」

「그런데 선정한다는 게 쉬운 일이 아닐세. 우리는 마땅히 용감해야 하고 전력을 다해야 하네.」

「그래야겠습니다.」

「고귀한 젊은이는 지키고 감시하는 데 있어 잘 훈련된 개와 똑같아야 하겠지?」

「무슨 말씀입니까?」

「둘 다 보는 데 있어서는 잽싸게, 발견할 때는 지체 없이 적에게 덤비고, 이를 맞이해서는 또한 힘이 강해서 싸워야 하니까.」

「이 모든 자질이 그들에게 틀림없이 필요하겠습니다.」라고 그는 대답했다.

「그래 잘 싸우려면 그대의 수호자는 용감해야겠지?」

「물론입니다.」

「그리고 말이나 개나 기타 어떤 동물이건 기백이 없는 것이 용감할 수 있는가? 그대는 이겨낼 수도 없고 굴복시킬 수도 없는 것이 기백이라는 것을. 그리고 기백이 있을 때 어느 동물의 얼도 전혀 무서움 없이 또한 꺾을 수 없이 된다는 것을 본 적이 없나?」

「본 적이 있습니다.」

「그렇다면 우리는 이제 수호자에게 요구되는 신체적 자질에 대한 명백한 관념을 갖게 되었네.」

「그렇습니다.」

「그리고 또한 정신적인 것도, 즉 그의 얼은 기백에 차 있어야지?」

「그래야 합니다.」

「그런데 이런 기백에 찬 것들이 자칫하면 서로 그리고 기타 모든 자에 대해 난폭하지 않겠는가?」

「이 어려움은 극복하기 어려울 것입니다.」 하고 그는 대답했다.

「그러나 그들은 적에 대해서는 난폭하고 친구에 대해서는 양순해야 하네. 그렇지 않다면 그들은 적이 그들을 망쳐버리지 않더라도 자신들을 파괴할 것이네.」

「사실입니다.」라고 그는 말했다.

「그러면 어떻게 해야 하겠나? 대단한 기백을 가지고 양순한 성질을 어떻게 우리는 찾아낼 것인가? 이는 서로 반대되는 것이니까.」

「그렇겠습니다.」

「이 두 가지 성질이 결여되어 있는 자는 좋은 수호자일 수 없지. 그런데 이들의 결합이란 불가능한 것 같아 보이네. 그래서 우리는 좋은 수호자란 있을 수도 없다고 말할 수밖에 없지.」

「당신께서 말씀하시는 게 진실이 아닌가 생각됩니다.」라고 그는 대답했다.

여기서 분위기가 난처하게 되었으므로 나는 앞서서 한 말을 다시 생각했다.

「친구여! 우리가 난처하게 된 것은 짐작이 가네. 우리 앞에 놓인 다른 그림자를 보다가 놓쳐버렸으니까.」

「무슨 뜻입니까?」 그는 말했다.

「이런 반대되는 성질을 아울러 갖고 있는 것이 존재해 있다는 것을 말하려는 것일세.」

「그래서 어디에 있다는 것입니까?」

「예를 들자면 여러 동물들에게 있지. 개로 말하자면 좋은 예가 될 것이란 말야. 알다시피 잘 기른 개는 친숙한 그리고 낯이 익은 것들에 대해서는 양순하고 낯설은 것에 대해서는 그 반대니까.」

「그렇습니다. 알겠습니다.」

「그렇다면 이와 꼭같은 성질을 결합해서 갖고 있는 수호자를 발견한다는 것이 불가능하다거나 사리에 어긋난다거나 할 것은 없지 않은가?」

「물론 그렇습니다.」

「수호자로서 적합한 자는 기백 외에도 철인(哲人)으로서의 기질도 가질 필요가 있지 않겠는가?」

「당신이 말하시는 뜻을 이해할 수 없습니다.」

「내가 말하는 특징은 또한 개에서 볼 수 있고 동물에게는 놀랄 만한 것이니까.」

「무슨 특징을 말씀입니까?」

「무슨 특징이라니, 개는 비록 누가 해치지도 않고 누가 잘 해주지 않아도 낯선 자를 보면 성내고 친숙한 자를 보면 환영하지 않는가? 이것을 이상하다고 생각해 본 일이 없는가?」

「전에는 생각도 못 해본 것입니다. 그러나 당신 말씀의 진리를 가히 짐작하겠습니다.」

「그리고 이 개의 본능은 참으로 멋진 것이 아니겠나? 그대의 개는 진정한 철인일세.」

「어째서요?」

「어째서라니, 개는 '안다 또는 모른다'라는 규준으로써만 친구와 적의 얼굴을 구별해 내니까 말일세. 그래서 동물이라는 것은 지와 무지의 기준에서 좋아하고 또한 싫어하는 것을 결정하는 틀림없는 애지자(愛知者)가 아니겠나?」

「확실히 그렇습니다.」

「배움을 사랑함은 지혜를 사랑함이요, 이는 철학이 아니겠나?」

「그것들은 같습니다.」라고 그는 대답했다.

「그래서 그의 친구와 안면 있는 자들에게 내놓고 양순할 수 있는 자는 본성에 있어 지혜 및 지식을 사랑하는 자라고 자신있게 말할 수 없겠는가?」

「마음놓고 동의할 수 있겠습니다.」

「그렇다면 진실로 좋고 고상한 국가의 수호자는 자신 속에 철학과 기백과 날쌤과 힘을 통합한다는 것이 요청되겠지?」

「의심할 여지가 없습니다.」

「그래서 소망스러운 성질을 우리는 찾아냈네. 이제 이런 것들을 찾아낸 이상 어떻게 하면 그것들이 양육되고 교육될 수 있을까? 이에 관한 탐구야말로 어떻게 하여 국가에 있어 정의 및 부정이 생겨나느냐는 우리들의 최종목표인 더 큰 문제에다 불빛을 비추어 주리라고 기대되는 바가 아니겠나? 우리는 문제의 핵심을 빼버리려고도 하지 않겠거니와 또한 토론을 다루기 어렵게 길게 끌고 나가고 싶지도 않단 말야.」

아데이만토스는 「이 탐구가 우리들에게 크게 도움이 됩니다.」고 말하였다.

「그러면 여러분은 이 과제를 중지해서는 안되네. 비록 길어진다 하더라도.」 하고 나는 말했다.

「아무렴 안되죠.」

「자! 그럼 한가한 시간은 만담가에다 내맡기고 우리들이 할 이야기는 우리 영웅들의 교육이어야 할 것이네.」

「꼭 그래야죠.」

「그러면 그들의 교육은 어떤 것일까? 우리는 전통적인 것보다 오히려 나은 것을 발견할 수 있을까? 그래서 이것으로 말하면 두 개로 나눌 수 있는데, 하나는 육체를 위한 체육이겠고 또 하나는 정신을 위한 음악이네.」

「그렇습니다.」

「우리는 음악교육에서 시작해서 그 후에 체육으로 옮아갈 것인가?」

「절대로 그래야 합니다.」

「그러면 그대가 음악이라고 말할 때 그대는 문학을 포함시키나 또는 안 시키나?」

「포함시킵니다.」

「또한 문학에도 진짜와 가짜가 있겠지?」

「그렇습니다.」

「그래서 젊은이는 양쪽을 다 훈련받아야 하는데, 우리는 허위(虛僞)서부터 시작할 것인가?」

「무슨 말인지 알아들을 수가 없습니다.」라고 그는 말했다.

「알다시피 우리는 아이들에게 전혀 진실에서 벗어난 것은 아니라 할지라도 주로 가상적인 이야기를 들려주며 시작하네. 그리고 이런 이야기들은 그들이 체육을 배우게 되는 연령도 채 못되었을 때 그들에게 들려주는 것일세.」

「과연 그렇습니다.」

「내가 체육에 앞서 음악을 가르쳐야 한다고 말했을 때 내 뜻은 이것이었네.」

「옳습니다.」라고 그는 말했다.

「또한 알다시피 무슨 일에서나 특히 젊고 어린 것에 있어서는 시작이 가장 중요하단 말야. 이 때야말로 성격이 형성되고 바람직한 기상이 더욱 손쉽게 몸에 밸 때니까.」

「과연 그렇습니다.」

「그런데 우리는 방심하고 대단치도 않은 자가 엮어낸 어떤 엉터리 같은 이야기들을 듣게 내버려 둘 것인가? 그래서 그들이 자라나서 그들이 가졌으면 하고 우리들이 소망하는 것과는 거의 정반대되는 생각을 그들 마음에 받아들이도록 해서 옳다는 건가?」

「내버려 둘 수 없습니다.」

「그렇다면 첫째로 할 일은 소설작가에 대한 검열제를 실시하고, 이들 검열자들로 하여금 좋은 소설은 받아들이고 나쁜 것은 거부하도록 하여야 하네. 그래서 어머니 또는 유모들은 검열받은 것만 그들 아이들에게 들려주는 게 바람직하겠지. 그들로 하여금 그들의 손으로써 신체를 다지는 것보다는 더욱 다정하게 이런 이야기들로 마음을 가다듬어 주어야 할 것이네. 그러나 현재 있는 것들의 대부분은 파기되어야만 하네.」

「무슨 말씀입니까?」라고 말했다.

「그대는 더욱 위대한 작품 속에는 더욱 저열한 대표작이 들어 있다는 것을 알 것이네. 그것들은 필연적으로 동일한 형태를 취하며 양자에는 같은 정신이 깔려 있네.」라고 나는 말했다.

「그럴 법도 합니다. 그러나 나는 아직도 무엇을 가지고 더 위대하다는 말을 쓰시는지 아직도 모르겠습니다.」라고 그는 대답했다.

「호메로스나 헤시오도스 그리고 기타 시인들에 의해서 이야기된 것들이지. 이들로 말하면 사람들에 관해서 더할 수 없는 위대한 화술가들이란 말야.」 하고 나는 말했다.

「그러나 어떤 말씀을 하시는 겁니까. 그리고 거기서 어떤 잘못을 지적하시는 것입니까?」 하고 그는 말했다.

「잘못치고는 가장 중대한 것이지. 즉 거짓말을 하는 것일세. 그리고 더욱이 나쁜 거짓말을 한단 말야.」 하고 나는 말했다.

「그런데 언제 이 과오를 범했죠?」

「언제나 신들이나 영웅들의 성질에 관해서 잘못된 이야기를 할 때, 마치 화가가 진짜와는 동떨어진 초상화를 그리듯이.」

「그렇습니다. 이런 짓들은 물론 비난받아야 합니다. 그런데 당신이 뜻하시는 이야기라는 것은 어떤 것입니까?」

「우선 무엇보다도 그 시인이 우라노스에 관해서 이야기한 대목이고 또한 거짓말치고는 악질인데, 높은 곳에서 이루어진 거짓말 치고는 최고인 것이네. 즉 우라노스가 한 짓을 또한 크로노스가 그에게 어떻게 보복했는지를[1] 헤시오도스가 이야기하는 장면을 말하는 것이네. 크로노스가 행한 짓 그리고 다시 그의 아들이 그에게 끼친 고생들, 그것들이 사실이라 하더라도 젊은 사람이나 생각 없는 사람에게는 물론 가볍게 이야기해서는 안될 것이네. 가능하다면 침묵 속에 묻어버리는 것이 더 좋을 것이네. 그러나 만일 꼭 이야기해야만 한다면 선발된 극히 소수의 인사에게만 신비스런 가운데 듣게 했으면 좋겠네. 그리고 그들은 흔해 빠진 돼지로 희생을 치를 것이 아니라 어떤 거대하고도 쉽게 구할 수 없는 것으로 희생을 바쳐야 할 것이네. 그렇게 되면 듣는 사람의 수도 극히 제한될 것이 아니겠나?」

「그렇고 말고요. 이같은 이야기들은 특히 비위에 거슬립니다.」라고 그는 말했다.

「그렇지, 아데이만토스. 우리들 국가에 있어서는 다시는 되풀이해서는 안될 이야기들이네. 가장 고약한 죄를 저지르면서도 그는 조금도 나쁜 짓을 하는 게 아니라든가, 애비가 잘못을 저질렀을 때 그의 애비를 벌을 준다 할지라도, 또 어떤 식으로 하더라도 그는 신들 가운데서도 으뜸 가고 최고의 신의 행동을 본받을 뿐이라고 가르쳐서는 안될 것이 아닌가?」

「전적으로 찬성합니다. 내 생각으로도 이들 이야기들은 되풀이되어서

---

1) 헤시오도스, 『신통기(神統記)』(데오고니아), 154, 459.

는 안되겠지요.」라고 그는 말했다.

「나도 그래. 만일 우리가 우리들의 장래의 수호자로 하여금 자기네들끼리 싸우는 버릇을 가장 못된 짓으로 생각토록 하려는 데 있어 하늘에서의 전쟁 그리고 신들이 서로 음모하고 싸우는 이야기를 행여나 할 것인가? 그나마 사실도 아닌 것은 안되지. 우리는 거인들의 싸움을 다시는 말해서 안되고 또는 그런 것들을 옷에다 수를 놓게 해서도 안될 것이네. 그리고 우리는 신들과 영웅들이 그들의 친구 또는 친척들과 수없이 다툰 것에 대해서도 입을 다물어야 하겠네. 만일 그들이 우리들을 믿어만 준다면 우리는 그들에게 다툼은 신성하지 못한 것이고 그리고 오늘날까지 국민들 사이에 싸움이 있어본 적이 없다고 들려줄 것이네. 이것이야말로 나이든 사람들이 아이들에게 이야기함으로써 교육을 시작해야 하네. 그리고 그들이 성장했을 때에는 시인들은 그들을 위해서 같은 취지를 갖고 시를 쓰도록 하여야 할 것이네. 그러나 그의 모친 헤라를 잡아맨 헤파에토스에 관한 이야기 또는 어떤 때에는 제우스신이 그녀가 매맞고 있을 때 그녀를 돕기 위해 그를 날려서 보냈다는 이야기. 이러한 이야기들은 비유적인 의미가 있다 또는 없다 상관할 것 없이 우리들의 국가에서는 용납되어서는 아니될 것이네. 젊은이들은 무엇이 비유인지 무엇이 이야기 그대로인지를 판단할 수 없기 때문에 그 나이에 받아들인 것은 무엇이나 지워버릴 수도 변화시킬 수도 없으니까. 그러므로 젊은이들이 처음으로 들은 이야기들은 유덕한 사상들의 모범들이어야 할 것이네.」

「옳습니다. 그러나 어디서 그런 모범을 찾을 것인가 또는 어떤 이야기를 가지고 말하는가 하고 누가 물어본다면 우리는 그에게 무엇이라고 대답하겠습니까?」

「그대나 나나, 아데이만토스여! 지금 우리는 시인이 아니고 국가창건자일세. 그래서 국가를 창건하는 자는 시인들이 그들의 이야기를 담아야 할 일반적인 형태 그리고 그들에 의해서 지켜져야 할 한계는 알아야만 하지만 시작(詩作) 그 자체는 우리들이 관여할 바가 못되네.」하고 그에게 말했다.

「그렇습니다. 그러나 당신이 뜻하는 이런 신화의 형태는 어떤 것입니까?」

「대충 이런 것일세. 즉 서사시든 서정시든 비가(悲歌)이든 시의 형태는 여하튼간에 거기에 나타나는 신은 그의 참모습 그대로 되어져 있어야 한다는 것일세.」

「옳습니다.」

「그리고 신은 진실로 선한 것이 아니겠나? 그러므로 그와 같은 것으로 나타나야 할 것이 아닌가?」

「물론이겠죠.」

「그러면 선한 것은 유해(有害)하지 않겠지?」

「결코 유해치 않습니다.」

「그러면 유해치 않은 것은 해치지 않겠지?」

「해치지 않습니다.」

「그러면 해치지 않는 것은 악을 저지르지 않겠지? 그러면 악을 저지르지 않는 것이 악의 원인이 될 수 있을까?」

「불가능합니다.」

「그리고 선은 유익한 것인가?」

「그렇습니다.」

「그러므로 행복의 원인이고?」

「이에 있어 선이라는 것은 모든 것의 원인이 될 수 없고 오직 선의 원인만이 되겠지?」

「확실히 그렇습니다.」

「그렇다면 신은 만일 그가 선하다면 여러 사람들이 내세우듯이 만물의 관리자가 아니고 몇 가지 소수의 것의 원인이고 인간사에 생기는 대부분의 것의 원인이 아니네. 인간생활에 좋은 일은 별로 없고 많은 것이 악이니까. 그래서 선은 이것을 신에게만 돌릴 것이고 악은 그 원인을 다른 데서 찾아봐야 하고 신에서 찾아서는 안될 것이네.」

「그것이 나로서는 가장 진리인 것 같습니다.」 하고 그는 말했다.

「그래서 다음과 같이 두 개의 통이 있다고 주책없는 소리를 해서 죄를 저지르는 호메로스 또는 다른 시인들의 말을 그대로 들어서는 안 되네.

"제우스의 문턱에는 제비로 가득 찬 통들이 놓여 있는데, 하나는 선이고 다른 하나는 악이니라."

그리고 제우스가 이 두 개의 제비를 섞어서 준 자는

"때로는 액운을 만나고 때로는 행운을 맞이한다."

그러나 섞이지 않는 행운만의 잔이 주어진 자는

"미칠 것만 같은 기갈이 그에게 있어서는 이 아름다운 땅 위를 휩쓰느니라."

그리고 다시

"제우스, 그는 우리에게 선과 악을 베푸는 자다."

그리고 판다로스의 소행이었던[1] 맹세나 조약의 위반은 실은 아테네 또는 제우스가 가져왔지. 또는 신들의 분쟁과 싸움은 데미스 및 제우스에 의해서 선동되었다고 주장하는 자가 있다면 우리는 도저히 그를 용납할 수 없네.[2] 또한 아이스피스로스가 "신이 못내 집안을 망치려고 하려 들면 사람들에게 죄악을 심는다"고 말할 때 이런 말들은 젊은 아이들에게 들려주면 안될 것이네. 그리고 만일 시인이 니오베의 수난을 노래할 때 ── 그 비극의 주제에서 이들 억양격(抑揚格)의 일련의 시구가 나타나는데 ── 또는 페롭프스의 집안 또는 트로이전쟁 또는 기타 이와 같은 주제를 다룰 때 우리는 시인으로 하여금 이런 것들이 신의 소행이라고 말하게 해서는 안될 것이고, 또한 그들의 신이라 한다면 시인은 마땅히 우리가 찾고 있는 것과 같은 그런 것들에 대한 증명을 안출(案出)

1) 『일리아드』, ii, 69.
2) 위의 책, xx.

해야만 하네. 그는 신은 의롭고 올바른 일만 하였으므로 그들이 벌을 받아서 오히려 당연하다고 말해야 할 것이네. 그러나 그들 벌받은 자는 비참하다거나 신이 그들 비참의 주역이니 하는 따위의 말을 하도록 허용해서는 안되네. 악인들은 벌을 받아야 하니까 그들은 비참하다든가 또한 신으로부터 벌을 받음으로써 득을 얻었다고 말할 수는 있을 것이네. 그러나 신은 선한 것이므로 악의 원인이라고 한다는 것은 금해야 할 것이네. 그리고 질서가 잘 잡힌 국가에 있어 이러한 것들은 혹은 시로써 혹은 산문으로써 늙은이나 젊은이나 말하고 노래하고 듣게 해서는 안될 것이네. 이러한 허무맹랑한 것은 자살적이고 파멸을 초래하고 불경(不敬)하기도 하네.」

「동감입니다. 그리고 이 법률에 기꺼이 동의하고자 합니다.」라고 그는 대답했다.

「그러면 이것을 신에 관한 우리들의 규칙과 원칙으로 하세. 즉 신은 모든 것이 아니라 선한 것만의 주관자라는 것을 우리의 시인이나 이를 읊는 사람이나 지키도록 하여야 하네.」

「잘 될 것입니다.」 하고 그는 말했다.

「그러면 두번째 원칙은 어떤 것이라고 생각하는가? 그대에게 묻겠는데, 신이란 마술사이어서 교활하게 때로는 이런 모습을 또 어떤 때는 저런 모습을 하고 때때로 자기 자신을 변화시켜 여러 가지 모습으로 되고, 때로는 이러한 변용으로 우리들을 속이고 하는 성질을 가진 것으로 생각하는가, 또는 신은 그 자신의 참다운 형상에 있어서 일정하고 불변하게 되어 있다고 생각하는가, 그대들에게 물어보고 싶네.」

「좀더 생각해 보지 않고는 대답할 수 없습니다.」 하고 그는 말했다.

「그래, 그런데 어떤 것에 있어 변화를 우리가 생각한다면 그 변화는 그것 자체에 의하든지 또는 어떤 다른 것에 의해서 일어나지 않겠는가?」 하고 나는 말했다.

「확실히 그렇습니다.」

「어떤 것이건 그들의 최고의 상태에 있을 때는 변화된다든지 또는 변용된다든지 하는 일이 없겠지. 예를 들어 신체가 가장 건강하고 강건할 때는 음식의 영향을 별로 받지 않겠지? 그리고 식물만 하더라도 생기가 차 있을 때는 또한 풍우나 태양열 또는 이와 같은 원인들의 영향을 그다지 받지 않겠지?」

「물론입니다.」

「그렇다면 가장 용감하고 현명한 정신은 어떤 외적 영향에 의해 혼란되고 이상이 생기고 하지 않을 것 아닌가?」

「사실 그렇습니다.」

「그래서 이와 같은 원칙은 내 생각으로서는 모든 구성물——가구·가옥·의복 등에 적용된다고 말할 수 있네. 양호하게 잘 만들어진 것은 세월이나 환경에 의해서 별로 변하지 않을 걸세.」

「과연 그렇습니다.」

「그렇다면 좋은 것은 어느 것이나 기술 또는 자연 또는 양자에 의해서 만들어졌건간에 외부로부터의 변화를 가장 적게 받겠지?」

「그렇습니다.」

「그런데 틀림없이 신과 또한 신성을 지닌 것들은 모든 의미에서 완전하지 않겠나?」

「물론 그렇겠습니다.」

「그렇다면 그는 여러 가지 모습을 갖추도록 외부의 영향에 의해 조금도 강요를 당하지 않을 것이 아닌가.」

「당할 수 없습니다.」

「그러나 신은 자신으로서 변화하고 또한 변용할 수 없겠는가?」

「명백하게 그가 변한다면 바로 이런 경우라야 할 것입니다.」하고 그는 말했다.

「그러면 변화하는 데 있어 자신을 더 낫게, 더 아름답게 할 것인가, 또는 더 나쁘게 그리고 더욱 추하게 할 것인가?」

「만일 그가 조금이라도 변한다면 더욱 나쁘게 될 수밖에 없겠지요. 우리는 신이 덕이나 미에 있어 부족하리라고는 상상할 수 없으니까 말입니다.」

「과연 그렇다, 아데이만토스. 그러나 누구이든 신이거나 또는 인간이거나 자신을 더 나쁘게 하려는 자가 있을까?」

「있을 수 없습니다.」

「그렇다면 그의 존재가 생각할 수 있는 한에 있어 가장 아름답고 최고인 것으로 알고 있는데, 그런 신이 행여나 변하려고 마음 먹는다는 것은 불가능한 일이네. 모든 신은 절대적으로 그리고 언제나 자기 자신의 형태에 머무는 것이네.」

「저의 판단에 있어서도 필연적으로 그렇게 되겠습니다.」 하고 그는 말했다.

「그렇다면 친애하는 친구여! 어떤 시인도 다음과 같은 것은 말하지 못하게 하세.

> "신들이 낯선 땅에서 온 여행자와 같이 가장하고 가지각색의 모습을 차리고 나라들을 돌아다닌다."[1)]

그리고 아무도 프로테우스 또는 데티스를 비방하지 못하게 할 것이며 또한 아무도 비극에서나 또는 기타 여하한 종류의 시에서도 헤라 여신을 여승과 같이 변장시켜가지고 "아루고스의 하신(河神) 이나호스의 생명을 가져다주는 딸들을 위하여" 시주(施主)를 바라게 해서는 안될 것이네. 이 이상 어떤 종류의 거짓도 해서는 안될 것이네. 또한 어머니들로 하여금 시인들의 영향을 받아 그들의 자녀들에게 시인들이 말했듯이, "어떤 신들은 여러 이방인과 같이 그것도 여러 가지 행색으로 차리고 밤이면 나돌아다녔다" 하여, 이런 신화들을 고약하게 바꿔친 것을 가지고 그들을 놀라게 해서는 안되네. 오히려 그들의 자녀들을 비겁한 자로 만들지 않고 또한 신들을 모독하지 않기 위해 힘을 기울이도록 하여야만 하네.」

「절대 그렇게 할 수밖에 없습니다.」 하고 그는 말했다.

---

1) 호메로스, 『오디세이』, xvii, 485.

「그러나 비록 신들은 자신으로서는 불변하지만 그래도 마법이나 속임수로 그들은 우리들로 하여금 신들이 여러 가지 형태로 나타난다고 생각하게 하지 않겠는가?」

「그럴 수도 있겠습니다.」 하고 그는 대답했다.

「그렇다면 그대는 신이 자진해서 말이나 행동을 거짓으로 하고 또는 자기를 허깨비로 나타낸다고 상상하는가?」

「그렇지 않겠지요?」 그는 대답했다.

「진짜 거짓은 이런 표현이 용납된다면 신들이나 인간들이 미워한다는 것을 모르나?」

「무슨 말입니까?」 그는 말했다.

「내가 뜻하는 것은 아무도 자신의 가장 진실하고 고상한 부분에 있어 또는 가장 진실하고 고귀한 사물에 있어 기만당하는 것을 좋아할 사람은 없네. 그리고 더군다나 자기가 거짓에 사로잡힐까 가장 두려워하네.」

「아직도 무슨 말씀인지 이해할 수 없습니다.」

「그대는 내 말에 무슨 의미심장한 뜻이 있다고 생각하는 모양인데, 사실은 인간 최고의 부분에 있어 최고의 실체인 정신이 기만당하는 것을 인간은 좋아하지 않고 또한 혐오한다는 말일세.」

「그 이상 더 싫은 것은 없겠습니다.」

「그리고 내가 지금 말한 바와 같이 기만당한 자의 정신에 있어서의 무지를 진정한 허위라고 말할 수 있을 것이네. 어째서 그런고 하니, 말에 있어서의 거짓은 이전에 감염된 정신의 병 가운데 하나의 모사(模寫) 또는 환상일 따름이고 티 없이 순수한 허위는 아니네. 내가 틀렸나?」

「틀림없이 옳습니다.」

「진짜 허위는 신들에 의해서만 아니고 사람들에 의해서도 미움받겠지?」

「그렇습니다.」

「그런데 말의 거짓은 어떤 때는 가령 적과 대결할 때는 유용하기도

하고 나쁘지도 않네. 또한 친구가 있어 광기나 환상에 사로잡혀 어떤 해를 끼치려 할 때, 이 때에는 이것은 유용하고 또한 약도 되고 예방도 되네. 또한 우리가 이야기했던 신화에 있어서도 우리는 태고적의 사실을 알 수 없으니까 우리는 허위를 되도록이면 진리와 같이 꾸며서 사실인 양 여기게 하네.」

「진실입니다.」 그는 말했다.

「그러나 이런 이유들이 신에 적용될 수 있을까? 그가 태고적 일을 몰라 조작에 의거한다고 생각할 수 있을까?」

「그것은 어이 없는 일일 것입니다.」

「그렇다면 거짓을 말하는 시인은 신에 관한 우리들의 관념 속에서는 설 자리도 없겠지?」

「그렇습니다.」

「또는 시인은 적이 두려워 거짓을 말하는 것인가?」

「그렇게 생각할 수는 없습니다.」

「그러면 감각이 상실되고 광기가 있는 친구를 가질 수도 있지 않겠나?」

「그러나 미치고 감각도 없는 자는 신의 친구가 될 수 없습니다.」

「그러면 어째서 신은 거짓말을 해야만 하나 하고 상상할 동기는 아무것도 없지 않겠나?」

「아무것도 없습니다.」

「그렇다면 초인이나 신성한 것은 절대로 허위일 수 없겠지?」

「그렇습니다.」

「그렇다면 신은 말에 있어 또한 행동에 있어 완전히 순수하고 진실하네. 그는 변치 않네. 그는 상징으로 또는 말로, 꿈으로 또는 백일몽으로서도 속이지 않네.」

「당신의 생각은 내 생각의 반사입니다.」라고 그는 말했다.

「그렇다면 이것이 우리가 신성한 것들에 관해서 쓰고 말해야 하는 제 2 의 형(型) 또는 형태라는 데 의견이 일치하는구먼. 신들은 그들 자신을 변신하는 마술사도 아니고 어떤 식으로든 인간을 기만하지 않네.」

「그렇겠습니다.」

「그래서 비록 우리는 호메로스의 숭배자이긴 하나 제우스 신이 아가멤논에 보내준 거짓꿈을 칭찬하지도 않고 또한 우리는 테시스가 자기 결혼식에서 아폴로 신에 관해서 말한 아이큐로스의 다음과 같은 시도 찬양하는 바가 아니네.

"아폴로 신은 노래하며 나의 아름다운 자손들이 장수무환(長壽無患) 할 것을 축복했다. 그리고 그가 만사에 있어 내 운수는 하늘의 축복을 받을 것이라고 말했을 때, 신은 승리의 곡조를 높이고 가다듬어 내 얼을 북돋게 했느니라. 그리고 나는 프에바스의 말이라면 신성하고 또한 예언에 충만되어 있으니까 틀림없다고 여기네. 그런데 자신이 노래를 하고 연회에 참석하고 축복해 준 그이야말로 내 자식을 죽인 사람이다."[1)]

이런 것들이 우리의 분노를 일으키게 하는 신들에 관한 감정들이네. 그리고 이런 것들을 입에 담은 자에게는 합창단을 쓸 수 없게 할 것이고 젊은이의 교육을 맡고 있는 교사들도 이런 것을 가르치도록 허용되어서는 안될 것이네. 그 참뜻은 우리가 할 수 있는 한 우리들의 수호자는 신들에 대한 진정한 숭배자라야 하고 그들과 같이 되어야 하기 때문이다.」

---

1) 상실(喪失)된 연극에서 인용.

제 3 권

「이런 것이 신들에 관한 우리들의 원칙이라야 하겠네. 만일 우리가 그들이 신들과 그들의 부모를 존경하고 서로의 우애를 소중하게 여기게 하려면 우리들의 제자들은 젊었을 때부터 어떤 이야기는 들려주어야 하고 또 어떤 것은 들려주지 말아야 하네.」

「그렇습니다. 그리고 우리의 원칙들은 옳다고 생각됩니다.」라고 그는 말했다.

「그것은 그렇다 하고, 만일 그들이 용감하게 되기 위해서는 이 외에도 다른 교육을 받아야만 하지 않겠는가? 그리고 이런 종류의 교육이란 죽음의 두려움을 제거하는 것이라야겠지? 죽음의 두려움을 지닌 자가 용감한 사람일 수 있겠는가?」

「그럴 수 없지요.」라고 그는 말했다.

「저 아래 세상이 진실이고 가공(可恐)하다고 믿는 자가 전쟁터에서 패망이나 노예보다 죽음을 택할 수 있을까?」

「불가능합니다.」

「그렇다면 우리는 다른 사람은 모르되 이런 종류의 이야기를 베푸는 자들은 통제해야 하네. 그리고 우리는 그들에게 권해서 아래 세상에 관한 시인들의 묘사는 진실이 아니라는 것을 장래 전사들에게 은근히 알리고 또한 그들에게 해롭다는 것을 일깨워주도록 부탁함으로써 그대로 나쁘게만 이야기할 것이 아니라 하계(下界)를 권장하도록 해야 할 것이네.」

「그것이 우리의 의무입니다.」고 말했다.

「그렇다면 우리는 다음과 같은 싯구에서 비롯해서 여러 가지 고약한 구절들을 말살해야 할 것이네.

"나로 말하면 무(無)로 돌아간 모든 사자(死者)들을 지배하기보다는 가난뱅이, 밑도 끝도 없는 자의 노예가 되리라."[1]

명부(冥府)의 왕 하데스가 두려워하는 바를 말해 주는 다음과 같은 싯구도 말소해 버려야 하네.

"사는 집들이 추악하고 더러워 신들도 몸서리치도록 싫어하는데, 이 꼴이 인간이나 신들의 눈에 뜨이지 않기 위해서."[2]

다시

"오 맙소사! 과연 하데스의 집에는 영혼과 유령 같은 꼴들만 있고 제 정신이라고는 없네!"[3]

또한 티레시아스에 관해 말해서

"그에게는 비록 죽은 후에도 페르세포네 여신이 정신을 남겨주어 그만은 현명했으나 그 나머지는 훨훨 날아다니는 그림자들이었네."[4]

또 다시

"사지(四肢)를 떠난 영혼이 그 운명을 한탄하고 남자다운 것과 젊음을 놓아둔 채 하데스의 저승으로 가버렸네."[5]

또한

1) 『오디세이』, ix, 489.
2) 『일리아드』, xx, 64.
3) 『일리아드』, xxiii, 103.
4) 『오디세이』, x, 495.
5) 『일리아드』, xvi, 856.

"그리고 영혼은 째지는 듯한 소리를 치며 연기와도 같이 땅 아래로 사라졌네."[1)]

그리고

"마치 깊은 동굴의 허공에 매달린 박쥐가 줄에서 벗어나 뭉침에서 떨어지고 째지는 듯 소리치고 날으며 서로 부둥켜 안고 매달릴 때 한덩어리 되어 날으며 시끄럽게 재재기네."[2)]

그래서 우리는 호메로스나 다른 시인들에게 그런 싯구들이 시적이 아니고 또는 사람들의 귀에 거슬려서가 아니라 그것이 시적으로 멋이 있는 만큼 자유롭게 되려 하고 주검보다는 노예를 더 두려워해야 하는 청년이나 사람들 귀에는 그만큼 합당치 못하므로 이러한 구절들을 빼내버린다 하더라도 노여워하지 말도록 부탁하는 것이네.」

「틀림없이 그래야죠.」

「또한 우리는 저 땅 아래 세상을 그려낸 무섭고도 소름끼치는 이름들, '코기토스' 다 '스틱스' 다 하는 땅 아래 유령들, 그리고 형태도 없는 그림자들, 또한 이와 같은 말을 듣기만 하여도 듣는 사람으로 하여금 뼈 속까지 소름이 끼치게 하는 그런 것들은 거부해야만 한다. 이러한 무서운 이야기가 어떤 효용이 없다는 것이 아니고 단지 우리들의 수호자들이 이런 것들로써 지나치게 흥분하고 나약하게 될까 두렵기 때문이네.」

「참으로 위험합니다.」 하고 그는 말했다.

「그렇다면 우리는 다시는 그런 것들을 받아들이지 말아야지.」

「그렇습니다.」

「다른 그리고 더 고상한 노래가 작곡되어야 하고 노래되어야 할 것 아닌가?」

---

1) 『일리아드』, xxiii, 100.
2) 『오디세이』, xxiv, 6.

「그렇습니다.」

「그리고 우리는 유명한 인사들이 눈물을 흘리며 우는 것도 또한 소리치며 우는 것도 집어치워야 하지?」

「그것들도 다른 것과 같이 없애야겠습니다.」

「그러나 과연 그것들을 없애야 한다는 것이 옳은 것일까 생각해 보세. 우리들의 원칙으로 말하면 선한 자는 그의 친구인 어떤 다른 선한 자의 죽음을 두렵다고 생각하지 않을 것일세.」

「그렇습니다. 그것이 우리들의 원칙입니다.」

「그러므로 그는 마치 죽은 친구가 무슨 두려운 일이나 당했듯이 슬퍼하지는 않을 것이네.」

「슬퍼하지 않겠지요.」

「이런 자는 우리가 한발 더 나아가 말한다면 자기 자신으로써 자신의 행복만으로 충족한 것이고 따라서 남의 도움이 필요치 않네.」

「사실입니다.」라고 그는 말했다.

「그러므로 이 때문에 누구보다도 그 사람에게는 아들이나 형제나 또는 재산을 상실했다고 해서 두려울 것이 없네.」

「틀림없이 그렇습니다.」

「그래서 그는 조금도 서러워하지 않고 자기에게 닥친 어떤 불행도 태연하게 이겨나갈 것 아닌가?」

「그렇습니다. 그는 누구보다도 불행을 잘 이겨나갈 것입니다.」

「그렇다면 유명한 인사의 애통해 함을 치워버리고 이런 것은 부녀자들이나(부녀자라도 제대로 되었다면 안되지만) 또는 천한 자들이나 하라고 내맡기는 것이 옳을 것이네. 우리들에 의해서 그들 나라의 수호자가 되도록 교육받은 자들은 이런 짓을 하는 것을 멸시할 것이네.」

「옳은 말씀입니다.」

「그러면 우리는 다시 한번 호메로스나 다른 시인들에게 부탁해서 여신의 아들인 아키레스를[1] 처음에는 옆으로 눕고 다음에는 등을 대

1) 『일리아드』, xxiv, 10.

고 다음에는 엎드리고 그리고 나서는 벌떡 일어서서 황막한 해안을 따라 미친 것같이 배를 몰고 때로는 두 손으로 그을음 투성이의 재를 움켜쥐고[1] 이것을 머리에다 뿌리면서 때로는 호메로스가 그린 그대로 여러 가지 교태를 부리면서 울고 소리치고 하는 식의 묘사를 하지 말도록 다시 한번 간곡하게 부탁하고 싶네. 그리고 또한 그가 신들과 집안간인 프리암을 다음과 같이 기도하고 애원했다고 묘사해서도 안 될 것이네.

"오물 속에 뒹굴면서 고함치며 사람 이름을 하나 하나 불러본다."[2]

또한 우리는 그에게 간곡하게 청하겠는데 모든 일에 있어 신들을 도입하되 다음과 같이 애통하게 말하지 않도록 해주었으면 좋겠네.

"아아! 비참하도다. 아아! 내 슬픔을 위해 가장 용감한 자식을 낳다니."[3]

그러나 신들을 노래하여야만 한다면 어쨌든 신으로 하여금 다음과 같이 말하게 하여 신들 가운데서도 최대의 신을 감히 잘못 보이게 하도록 내버려 두어서는 안될 것이네.

"맙소사, 나의 사랑하는 친구가 나라에서 쫓기고 쫓겨서 달아나는 것을 내 눈으로 보고 나의 마음은 슬프기 그지없다."[4]

또 다시

"아아! 비통하다. 나에게 가장 소중한 사르베돈이 메노이티오스의 아들 파토로크로스의 손에 살육당할 운명이라니."[5]

1) 『일리아드』, xviii, 23.
2) 『일리아드』, xxii, 414.
3) 『일리아드』, xviii, 54.
4) 『일리아드』, xxii, 1, 68.
5) 『일리아드』, xvi, 433.

나의 친애하는 아데이만토스여! 만일 우리들의 젊은이들이 이러한 신들에 관한 당치도 않은 이야기를 그들이 마땅히 웃어넘기기는 커녕 곧이곧대로 듣는다면 그들도 인간에 불과하므로 이와 같은 행동을 해서 조금도 명예롭지 못하다고는 생각지 않을 것이며 또한 자기 마음 속에서 이것과 비슷한 것을 말하고 또한 실행하고 싶은 충동이 일어나도 조금도 탓하려 들지 않을 것이네. 오히려 부끄러움과 자제하는 대신에 대단치도 않은 일에 소리내 울고 비탄해 할 것이네.」

「그렇습니다. 틀림없습니다.」 하고 그는 말했다.

「그렇고 말고. 우리들이 방금 논증한 대로 틀림없이 이래야 되겠지. 그리고 이 증거에 의거해서 더 좋은 의견에 의해서 반증될 때까지는 이것을 밀고 나가야지.」

「마땅히 그래야 하겠습니다.」

「또한 우리들의 수호자는 쉽게 웃음을 터뜨려서는 안되지. 지나치게 방종하게 되어버린 웃음의 발작이 일어나면 틀림없이 언제나 격렬한 반동을 일으키게 마련일세.」

「그렇다고 나도 생각합니다.」

「그래서 가치있는 사람은 비록 인간에 불과하다 해도 웃음에 압도당한 자로 표현되어서는 아니될 것이고, 더군다나 신을 이토록 나타내서도 안될 것이네.」

「더구나 신들은 아니되겠지요.」 하고 다시 대답했다.

「그렇다면 신들에 관해서 호메로스가 한 대로 그런 식의 표현은 받아들일 수가 없네. 예컨대,

> "헤파이토스가 그 큰 집안 속을 요란하게 뛰고 돌아다닐 때 이를 보고 있던 축복받은 신들 사이에서는 끊일 줄 모르는 웃음이 터져 나왔다.[1]

그대의 견해에 따라 우리는 이것을 받아들여서는 안되겠지.」

---

1) 『오디세이』, i, 599.

「저의 견해라고 생각하시고 싶다면 그래도 좋습니다. 여하튼 우리는 그런 것들을 허용해서는 안된다는 게 확실합니다.」

「그리고 또 다시 진리는 높이 평가되어야 하네. 만일 우리가 말한 대로 거짓말은 신들에게는 소용이 없고 오직 인간에게 약으로서 유용하다면 이런 약의 사용은 의사들에게 한정되어야만 하네. 사사로운 개인이 취급하여서는 안될 것이네.」

「그렇습니다.」 하고 그는 말했다.

「그리고 거짓말을 할 특권을 가진 자가 혹시 있다면 그는 국가의 지배자들이겠지. 그들은 적들과 그들 자신의 국민들을 다루는 데 있어 공익을 위해 거짓말이 허용될 수 있지. 그러나 그 외에 어떤 사람도 이런 짓을 해서는 안되네. 그리고 비록 지배자들이 이러한 특권을 가졌다 해서 반대로 사사로운 자가 그들에게 거짓말을 한다면 이는 마치 병자나 또는 체육훈련을 받는 학생이 그 자신의 신체의 결함을 의사나 또는 체육선생에게 고하지 않는다거나 또는 선원으로서 배에 관해 그리고 다른 선부들에 관해 또는 자신과 동료 선원들 사이에 일이 어떻게 되어져가고 있는지 고하지 않는 그것보다도 더 타기해야 할 과오가 아니겠나?」

「과연 그렇습니다.」 하고 그는 말했다.

「그렇다면 지배자는 자기를 제외하고는 국가에 있어 거짓말을 하는 자는 누구를 막론하고 잡아야지.

> "그가 승려이건 의사이건 또는 목수이건 어떤 장(匠)이든지를 막론하고……."[1)]

지배자는 그를 배나 국가를 전복하고 파괴하는 것에 못지않는 행위를 저지른 자라 해서 처벌할 것이네.」

「국가에 관한 우리들의 생각이 실현되기 위해서는 확실히 그렇게 해야지요?」

---

1) 『오디세이』, xvii, 383.

「그 다음에 우리의 젊은이들은 절제가 있어야지?」

「그렇습니다.」

「절제의 주된 요소는 일반적으로 말해 명령자에 대한 복종 그리고 육체의 쾌락을 자제하는 것 아니겠나?」

「참으로 그렇습니다.」

「여기에 있어 우리는 호메로스의 시 속에 디오메데스의 말로 되어 있는 다음과 같은 싯구는 찬성하지 않을 수 없네.

"친구여 조용히 앉아 내 말을 듣게."[1]

그리고 이에 따르는 구절도 그렇네.

"그리스인들은 그들의 지도자들에 대한 말 없는 두려움에서 생생한 용기로 행진하였다."[2]

그리고 이와 같은 종류의 다른 심정들을 노래한 것도 있다.」

「우리는 마땅히 해야 합니다.」

「이러한 싯구는 어떤가?

"대취(大醉)해서 그 눈은 개같이 되고 마음은 수컷같이 되어."[3]

그리고 이에 계속되는 말들을 어떻게 생각하는가? 시로 또는 산문으로 사인(私人)이 그들의 지배자를 언급함에 있어 이러한 또는 이와 동일한 주제넘은 말을 한다면 잘하는 짓인가? 또는 못하는 짓인가?」

「그것은 잘못하는 짓입니다.」

「그것은 어떤 재미를 줄지 몰라도 절제에 도움이 되는 것은 아니네. 그러므로 그런 것들은 우리들 젊은이에게 해(害)가 되기 쉽네. 이에 동의하겠지?」

1) 『일리아드』, iv, 412.
2) 『일리아드』, iv, 412.
3) 『오디세이』, i, 225.

「동의합니다.」

「그리고 또 다시 가장 현명한 자로 하여금,

"식탁은 빵과 고기로 가득 차 있고 독에서 떠 온 술을 가지고 술을 나르는 자가 잔을 채우고 돌아다닐 때."[1)]

이와 같이 영광스러운 것은 없다고 말하게 한다는 것은 과연 젊은이가 이런 말을 들을 때 이것이 절제에 도움이 되는 것인가? 또는 이러한 시는 어떻게 보는가? 즉,

"운명 중에서도 슬픈 것은 운명을 굶주림에서 맞이하는 것이다."[2)]

또 제우스에 관한 이야기는 어떻게 생각할 것인가? 그는 다른 신들과 사람들이 자고 있을 때 홀로 깨어 있었고 누워서 계획을 궁리하고 있었네. 그러나 헤라를 본 순간 욕정이 동하고 느닷없이 압도되어 이런 것들은 다 잊어버리고 집에도 들지 않은 채 이와 같은 희열은

"그들 부모 몰래"[3)]

그들이 처음 만났을 때도 이만 못하였다 하고 그대로 땅에 누워 동침할 것을 졸랐다든가, 또는 헤파이토스가 같은 짓을 한다 하여 아레스와 아프로디테를 결박했다든가,[4)] 이런 짓들을 어떻게 생각하는가?」

「과연 이런 것들을 그들은 들어서는 안된다고 확신합니다.」라고 그는 말했다.

「그러나 유명한 사람들이 행한 참을성 있는 행동들, 이런 것들은 그들이 보고 또한 배워야지. 예를 들면 시에 나타난 다음과 같은 것일세.

---

1) 『오디세이』, ix, 8.
2) 『오디세이』, xii, 342.
3) 『일리아드』, xiv, 281.
4) 『오디세이』, viii, 266.

"그는 가슴을 치며 그의 심정을 이렇게 책망했다. 참아라, 내 심정아! 더한 것도 견디지 않았던가!"」[1]

「물론이죠.」하고 그는 말했다.

「그 다음에 우리는 그들로 하여금 뇌물을 받고 돈을 사랑하는 자로 되게 해서는 안되겠지?」

「물론 안되겠지요.」

「우리는 다음과 같이 노래하여 그들에게 들려주어서는 안된다. 즉,

"뇌물은 신들을 설득하고 또한 존경받는 왕들을 설득한다."[2]

또한 아키루레우스의 선생인 포이닉스가 제자에게

"그리스인의 뇌물을 받고 그들을 도와라. 뇌물이 없으면 노여움을 풀지 말아라."[3]

라고 했을 때 과연 이것이 잘한 짓이라거나, 또는 그의 제자에게 좋은 의논 상대가 되었다고는 할 수 없네. 또한 아키루레우스 자신이 그다지도 돈을 좋아해서 아가멤논의 뇌물을 받았다든가 또는 그가 뇌물을 받았을 때 헥톨의 시체를 돌려주었으나 받지 않았더라면 그렇게 하려 하지 않았을 것이라는 등 우리는 믿지도 인정하지도 않을 것이네.」[4]

「틀림없이 받아들일 수 없는 심정들입니다.」라고 그는 말했다.

「나는 호메로스를 사랑하기에 나로서는 이런 심정들을 아키루레우스에다 돌리고 또는 진실로 그는 이러한 심정을 가진 신이었다고 믿게 하는 데 있어 호메로스는 분명히 불경죄를 면치 못한다고 말하고 싶지는 않네. 또한 그가 다음과 같이 말할 때 아폴로 신에 대한 그의 무례한 운율형식으로 된 이야기도 믿고 싶지 않네. 즉,

1) 『오디세이』, xx, 17.
2) 헤시오도스의 말이라고 해서 수이다스에 의해 인용되다.
3) 『일리아드』, ix, 515.
4) 『일리아드』, xxvi, 175.

"그대는 나에게 못할 짓을 했느니라. 오! 창을 잘 던지는 자여! 신 가운데서도 가장 고약한 신이여! 내가 오직 힘만 있다면 그대를 맞아 억울하지 않게 해 놓겠는데."[1]

또는 하신(河神)에 대한 반항, 그 하신(河神)의 신성(神性)에다 선뜻 손찌검을 하려 하였다든가[2] 또는 앞서 다른 하신(河神)인 스페인르게이오스에게 바친 자기 머리털을 이번에는 죽은 파토로크로스에게 바치고 그리고 이 맹세를 실천했다든가[3] 또는 그는 파토로크로스의 무덤 언저리로 헥톨을 질질 끌고 다니고[4] 또한 포로들을 장작을 지펴 도륙(屠戮)했다든가,[5] 이 모든 것을 그의 죄라고 믿을 수가 없네. 이는 마치 내가 우리 국민들로 하여금 그가 현자인 케이론의 제자이며 또한 가장 점잖으며 제우스 신의 3 대손인 페레우스와 여신 사이에 태어난 그가 어찌 정신이 돌았기에 탐욕이 곁들인 비열함에다 신들과 인간에 대한 오만한 멸시까지도 합쳐서 한시 한때에 이 두 가지 어울리지 않는 정욕의 노예가 되었는지 믿게 하고 싶지 않은 것과 마찬가지로 그것도 믿고 싶지 않다는 것일세.」

「과연 옳습니다.」라고 그는 대답했다.

「그리고 우리는 또한 포세이돈의 아들 테세우스 또는 제우스의 아들 페리도스가 가공(可恐)할 강간을 저지르는 데 앞장섰다든지 또는 기타 영웅이나 신의 아들이 오늘날 잘못 그들에게 돌린 이러한 불경하고도 무서운 일들을 또한 믿는다거나 되풀이하도록 내버려 두어서는 안될 것일세. 그리고 우리는 더 나아가 시인들로 하여금 이런 행위들은 그들에 의해 저질러진 것이 아니고 또한 그들은 신들의 자식들도 아니라고 언명토록 강요하여야 할 것이며, 이왕이면 그들로 하여금 확인하는 것조차 허용해서는 안될 것이네. 우리는 그들이 우리

1) 『일리아드』, xxii, 15.
2) 『일리아드』, xxi, 130, 223.
3) 『일리아드』, xxiii, 151.
4) 『일리아드』, xxii, 394.
5) 『일리아드』, xxiii, 175.

젊은이에게 신들은 악의 근원이며 영웅들은 사람보다 나을 것이 없다고 설득하려 하지 못하게 할 것이네. 이런 기분들은 우리가 말했듯이 경건하지도 또한 진실하지도 않네. 우리는 악이 신들로부터 나올 수 없다는 것을 설명하였으니까.」

「그렇습니다. 악은 신으로부터 비롯된 것이 아닙니다.」

「그리고 더욱이 이것들은 듣는 자들에게 나쁜 영향을 끼치기 쉽네. 그가 이와 동일한 악한 짓들이

> "조상의 제단 즉 제우스의 제단이. 산상에 하늘 높이 솟아 있는 신들의 친구이며 제우스의 문중에 의해서"

저질러졌고, 또한 이들은

> "그들의 핏줄 속에는 아직도 신의 피가 흐른다."

라고 생각할 때 누구나 자기 자신의 악을 변명하려고 들 테니까. 그러므로 다시는 그들의 젊은이들의 도의(道義)를 해이하게 하지 못하도록 이런 이야기들을 없애버려야 하지.」

「그렇습니다. 어떤 수단으로서든지.」 하고 그는 대답했다.

「이제 우리는 어떤 종류의 주제가 이야기되고 또는 이야기되어서는 안되는 것인지 결정하고 있는데 혹시 빠뜨린 것이 없나 살펴보세. 신들 또는 반신 또는 영웅 그리고 저 아래 세상이 어떻게 다루어져야 한다는 입장은 이제 정해놓은 것이겠고.」

「그렇습니다.」

「그러면 인간에 관해서는 어떻게 우리가 말할 것인가? 이것은 분명히 우리 주제의 나머지 부분이지?」

「분명히 그렇습니다.」

「그러나 여보게. 우리는 현재 이 문제에 답할 여건을 갖추고 있지 않네.」

「어째서 그렇습니까?」

「그 이유는 내가 잘못 생각한 것이 아니라면 시인들이나 소설가들이 악인은 때로 행복하고 선한 사람은 비참하고 또한 부정은 발각되지 않는 한 이롭고 정의는 당자(當者) 자신의 손실이요 남에게는 득이라고 말할 때 그들은 중대한 과오를 범한 것이네. 이런 것들은 그들로 하여 입 밖에 내지 못하도록 하여야 하고 오히려 그와는 반대되는 것을 노래하고 말하게 해야 하네.」

「틀림없이 그렇게 하여야죠.」 그는 대답했다.

「그러나 그대가 이 논의에 있어 내가 틀리지 않았다고 받아 인정한다면 이 때에 있어 그대는 우리가 여지껏 토론해 온 원칙을 받아들이는 것이라고 생각할 수밖에 없네.」

「당신의 결론이 옳다고 받아들이겠습니다.」

「이런 것들이 인간에 관해서도 말할 수 있는지 또는 없는지 하는 문제는 우리가 정의는 무엇인지 그리고 그가 외관상 정의롭든 또는 그렇지 않든 여하튼 정의를 가진 자에게 본질적으로 어떻게 유리한 것인가를 발견할 때까지는 해결할 수 없는 것이지.」

「그렇겠습니다.」 하고 그는 말했다.

「이제 시에 관한 주제들은 그만하고 시의 표현법을 말하여 보세. 그리고 이것이 고찰됨으로써 내용과 양식이 충분하게 다루어질 것이네.」

「무슨 말씀인지 잘 이해할 수 없습니다.」라고 아데이만토스가 말했다.

「그러면 이해하도록 해주어야지! 내가 이런 방식으로 이야기를 전개해 보면 좀더 알 수 있을 것이네. 그대도 안다고 나는 생각하는데, 모든 신화나 시는 과거, 현재 또는 미래에 걸친 일들에 관한 서술이 아니겠나.」

「물론이죠.」라고 그는 대답했다.

「그리고 서술은 그저 그대로의 서술과 또는 흉내 또는 이 양자를 합친 것일 수 있겠지?」

「그거 역시 잘 모르겠습니다.」라고 그는 말했다.

「이렇게 나를 이해시키는 데 힘이 들어서야 나는 어리석은 선생이 틀림없지 않나 하고 두렵게 생각될 때가 있네. 그러면 서투른 이야기꾼처럼 주제를 전체로 다룰 것이 아니라 내 뜻을 가리는 데 있어 하나 둘 띄어서 말해보지. 그대도 알다시피 『일리아드』의 첫번째 나타나는 구절이네. 여기서 시인은 구류세스가 아가멤논에 간청해서 자기 딸을 석방해 주도록 졸랐고, 이에 아가멤논이 발칵 화를 냈지. 그래서 구류세스는 목적을 달성치 못하고 이번에는 아케안인에 대한 신의 노여움을 불러 일으켰네. 자 이제 시의 구절은

> "그리고 그는 전체 그리스인들에게 특히 그들의 수장인 아트레우스의 두 아들에게 기원했다."

고 되어 있는데, 여기에 있어 시인은 그 자신으로서 말하고 있네. 그는 누가 보아도 자기 외에 다른 사람이라고는 생각할 수 없게 되어 있네. 그러나 다음으로 이어지면서 그는 구류세스로 나타나네. 그래 놓고는 그는 갖은 짓을 다해서 이야기하는 사람이 호메로스가 아니라 나이 먹은 사제(司祭) 자신인 양 우리로 하여금 믿도록 하네. 그래서 이런 두 가지 형태로 트로이 및 이타카 그리고 오디세이아 전체를 통해 일어나는 일들의 서술이 이어지는 것이네.」

「그렇습니다.」

「그리고 서술이라는 것은 시인이 때때로 읊는 대화와 중간에 끼어드는 문장으로 되어 있지?」

「확실히 그렇습니다.」

「그러나 시인이 자기 아닌 또 하나의 사람으로서 말할 때 그는 자기 말을 이제 말하려는 사람의 말씨에다 동화시키려고 하는 것이겠지?」

「그렇습니다.」

「그러므로 자기 자신을 남에게다 동화시키는 것은 음성이나 또는

몸짓으로 한다 하더라도 자기가 취한 자의 인물의 모방이 아니겠나?」

「물론입니다.」

「그러면 이 경우에 시의 서술은 모방하는 식으로 이어져 나간다고 말할 수 있겠지?」

「과연 그렇습니다.」

「또는 만일 시인이 모든 곳에 나타나서 자신을 감추는 일이 없다면 그 때에는 다시 모방은 여기서 그치는 것이고 그의 시는 단순한 서술로 되네. 그러나 내 뜻을 더 밝히고 그리고 '나는 모르겠다'고 그대가 말을 하지 않기 위해서 이 변화가 어떻게 이루어지나 보여주지. 만일 호메로스가

> "그 사제(司祭)가 손에 몸값을 쥐고 와서 아카이아인에게 그리고 모든 주들에게 탄원하고"

라고 말했더라면, 그리고는 구류세스로 현신(現身)하여 말하는 대신 그 자신으로서 말해 나갔다면 그 말들은 모방이 아니었을 것이고 그저 단순한 서술이었을 것이네.

그 구절은 다음과 같이 될 것이네(나는 시인이 아니므로 음은 밟지 않겠는데).

> "그 사제가 와서 그리스인들을 위해 트로이를 점령하고 무사하게 돌아가도록 신들에게 기원하고 나서 그의 딸을 되돌려 줄 것을, 그리고 자기가 가져온 몸값을 받고 또한 신을 존경하도록 간청했다. 그가 이렇게 말했을 때 다른 그리스인들은 이 사제를 우러러보고 승낙했다. 그러나 아가멤논은 크게 화가 나 신홀(神笏)과 신의 화관이 그에 있어 무용지물이 되지 않도록 그에게 돌아가 다시는 나타나지 말도록 명했다.── 구류세스의 딸은 행여나 놓아주지 않을 것이고 그녀는 자기와 더불어 아르고스에서 그대로 늙을 것이라고

그는 말했다. 그리고는 그는 만일 그가 다치지 않고 돌아가려 한다면 어서 자리를 뜰 것이고 아예 자기를 도발하지 말라고 했다. 그래서 노인은 두려움과 침묵 속에서 떠나버렸던 것이다. 그리고 그는 군영(軍營)에서 떠났을 때 여러 가지 이름을 가지고 아폴로 신을 불러 왔다. 그에게 자기가 그를 즐겁게 하기 위해서 신전을 짓고 희생을 바쳤다는 것을 일깨우면서 그리고는 아카이아인들이 신의 화살에 의해서 자기의 눈물을 보상하도록 기원했다."

이렇게 말일세. 이런 식으로 전체는 단순한 서술로 되는 것이지.」

「알겠습니다.」 하고 그는 말했다.

「또한 그대는 그 반대의 경우, 즉 중간에 삽입된 문장이 제거되고 대화만 남아 있는 것도 상상할 수 있을 것이네.」

「그것도 알겠습니다. 예를 들면 비극에 있어서와 같은 것 말씀이죠.」

「이제 그대는 나의 뜻을 완전히 파악하였네. 그리고 내가 잘못 생각한 게 아니라면 그대가 일찍이 알아 듣지 못했던 것이 이제는 명료해졌다는 것이지. 시와 신화는 어떤 경우에는 전혀 모방적이고, 이런 예들은 비극이나 희극에서 이루어지지. 이와 마찬가지로 정반대의 문장 양식도 있지. 여기서는 시인이 이야기꾼일 따름이고, 이것은 주연(酒宴) 때 부르는 노래가 가장 좋은 예이고 그리고 양자 결합되어 있는 것은 서술시나 기타 몇 가지 시의 양식에서 찾아볼 수 있지. 이제 잘 알겠나?」

「알겠습니다. 이제 무슨 말씀인지 알겠습니다.」 하고 그는 말했다.

「내가 처음에, 우리는 주제는 다루었으니까 이제는 문체(文體) 표현으로 접어들자고 말했다는 것을 상기해 주게.」

「알고 있습니다.」

「이렇게 말하는 것은 우리는 모방의 기술을 이해하여야만 한다는 것을 뜻하려는 것이네. 즉 그들의 이야기를 서술해 나갈 때 시인들은 모방이 우리들에 의해서 허용될 것인가. 그렇다면 전체에 있어선가 또는 부분에 있어선가. 그리고 만일 후자라면 어떤 부분인가. 그렇지 않으면 모든 모방이 금지될 것인가?」

「저의 짐작으로는 당신은 비극이나 희극이 우리들의 국가에서 허용될 것인가. 그것을 물어보시는 것이지요?」

「그렇지. 그러나 문제는 이것에 그치는 것이 아니네. 나도 사실 아직은 알 수 없고 토론이 돌아가는 대로 좇아갈 수밖에.」

「그러면 좇아 가보지요.」라고 그는 말했다.

「그러면 물어보겠는데, 우리들의 수호자들을 모방하는 사람들은 한 가지 일만 잘 해내지, 여러 가지 일은 못한다는 것. 그리고 만일 그가 여러 가지 일을 해내려 한다면 어떤 것에 있어서도 그다지 명성을 떨치지 못할 것이라는 것은, 우리가 앞서 규정한 원칙에 의해서 이 문제는 이미 해결된 것이 아니겠는가?」

「그렇습니다.」

「그리고 이것은 모방에 있어서도 못지않게 진실이지. 아무도 단 한 가지를 모방하는 만치 여러 가지를 흉내낼 수는 없으니까.」

「그렇습니다.」

「그러면 같은 사람이 인생에 있어 진지한 역할을 하면서도 동시에 모방자가 되어 여러 가지 다른 역할들을 이에 못지않게 흉내낼 수는 없을 것이네. 비록 두 가지의 모방이 근사하게 연관되어 있다 하더라도 같은 사람이, 예를 들면 비극 및 희극작가와 마찬가지로 양쪽에서 성공할 수는 없네. 그대는 이런 것들을 방금 모방이라고 하지 않았었던가?」

「네, 그랬습니다. 같은 사람이 양쪽에 있어 성공할 수 없다고 생각하시는 것은 옳습니다.」

「동시에 음유시인이고 배우일 수 없는 것과 같이?」

「진실입니다.」

「희극과 비극배우가 같을 수 없지만 이들 모든 것은 모방일 따름이야.」

「그렇습니다.」

「그리고 인간성품은, 아데이만토스여, 여전히 더욱 작은 부분들로 판에 박혀 찍혀버린 것같이 보이네. 이 경우 모방이라는 것이 복사에 불과한 그런 행위들을 잘 해내는 것이 불가능하듯이 여러 가지를 동시에 다 모방한다는 것도 불가능하네.」

「과연 그렇습니다.」

「만일 그렇다면 우리들이 처음에 생각한 대로 돌아가서 우리들의 수호자들이 만사를 제쳐놓고 그들의 기능을 살리고 또한 이 목적에 도움이 되지 않는 일에는 손대지 않고 국가에 있어 자유를 유지하는 데 전적으로 헌신할 것이라면 그들은 다른 일들을 해서는 안되고 모방해서도 안되네. 만일 그들이 흉내를 낸다면 어려서부터 그들의 직업에 합당한 그런 성격만을 모방할 것이며, 이런 것은 용기·절제·신성·자유 이런 것들이네. 그러나 모방으로 하여 그들이 흉내내는 것으로 그치지 않기 위해서는 편협 또는 비열한 것은 어느 것이나 묘사하거나 또는 흉내내는 데 익숙해서는 안되네. 복사(複寫)라는 것이 어려서 시작되어 못내 장성해서도 지속될 때 버릇이 되어버리고, 신체, 음성 그리고 마음에도 영향을 끼쳐 제 2 의 천성같이 되어버린다는 것을 알아본 적이 있나?」

「물론이죠.」하고 그는 말했다.

「그러면 우리는 우리가 그들을 돌보겠다 하고 또한 선한 인간이 되어야만 한다고 표명한 이상, 그들이 노소(老少)를 막론하고 남편과 싸우고 또는 제딴에는 행복하다고 생각하고 신들에 대들고 허풍을 떨고 난(難)을 당해서는 슬퍼하고 울고 하는 따위 여자들을 모방하도록 내버려 두어서는 안되네. 그리고 물론 병, 연애 또는 진통(陣痛)을 모방해서도 안되네.」

「옳습니다.」라고 그는 말했다.

「또한 그들은 남녀간에 노예의 역할을 해내는 노예들을 나타내서도 안되겠지?」

「안됩니다.」

「그리고 분명히 우리가 지금 이야기한 것과는 반대되는 짓을 하는 자, 비겁한 자, 또는 어떤 자건, 이런 나쁜 자의 흉내도 내서는 안되네. 이런 자들은 취했을 때나 취하지 않았을 때나 서로 야단치고 조롱하고 욕설하고 또는 어쨌든간에 그런 식으로 말로나 행동으로 자신에게 그리고 그들의 이웃에게 죄짓는 자들이다. 또한 그들은 남녀간에 미치고 악한 자의 행동이나 언어를 모방하도록 훈련되어서는 안되네. 광기라는 것은 악이나 마찬가지로 세상에 알려져야 하지만 행동에 옮겨지고 모방되어서는 안되네.」

「사실 그렇습니다.」라고 그는 대답했다.

「그들은 또 대장장이나 기타 장이들 또는 뱃사공 또는 타수(舵手)를 본받아서는 안되겠지?」

「그들의 마음씀이 이런 직종에는 적용되지 않기로 된 바에야 어떻게 그들이 본받을 수 있겠습니까?」

「그들은 또한 말의 울음소리, 소의 울부짖는 소리, 냇물소리, 파도소리, 천둥 기타 모든 이런 것들을 흉내내서도 안되지.」

「안됩니다. 만일 발광이 금지된다면 그들 또한 미친 자들의 행동을 복사하지 않을 것입니다.」

「만일 내가 그대들 뜻을 옳게 이해했다면 그대가 뜻하는 것은 이렇겠지. 즉 무엇이고 할 말이 있을 때는 진정으로 선한 자에 의해서 취해지는 이야기의 표현법이 있고, 그리고 또 하나는 이와 반대되는 성격과 교육을 받은 자에 의해 쓰여지는 또 하나의 표현양식이 있다는 것이겠지?」

「그러면 이 두 가지 종류는 어떤 것입니까?」하고 그가 물었다.

「정당하고 선한 자가 이야기하는 가운데 또 하나 선한 사람의 어떤 말이나 행동을 언급할 때가 있다고 할 때 그는 선하게 자기를 그 사람으로 대역할 것이고 또한 이러한 모방을 그는 부끄럽게 생각하지 않을 것이네. 그가 확고하고 현명하게 행동할 때 그는 서슴지 않고 선한 자의 역을 맡을 것이고, 그가 병을 앓고 사랑을 하고 취하고 했을 때 또는 다른 어떤 재난에 부딪쳤을 때에는 그다지 잘 해내지는 못할 것이네. 그러나 여하튼 자기에게 무가치한 자와 맞부딪칠 때는 그런 것을 눈여겨 보고 흉내내지 않을 것이며 오히려 이런 자를 혐오하지만, 그가 때로 선한 행동을 하여 혹 취(取)할 것이 있다면 그를 일시나마 모방할 것이네. 그러나 그 외에는 자기가 평소 하지 않는 일을 한 데 대해 수치를 느낄 것이며 또한 그는 천한 유형에 따라 자기를 순응시키고 형성하려 들지 않을 것이네. 그는 이런 기술을 체득한다는 것이 장난으로라면 몰라도 자기에게 어울리지 않고 따라서 이에 반항을 느낄 것이네.」

「그렇게 되리라고 생각합니다.」하고 그는 대답했다.

「그렇다면 그는 우리가 호메로스에서 인용한 서술의 방식을 취할 것이네. 다시 말해서 그의 표현법은 동시에 모방적이고 또한 서사적일 것이네. 그러나 전자는 극히 적을 것이고 후자가 많을 것이네. 그렇지 않겠나?」

「그렇습니다. 이것이 이야기하는 자가 기필코 택해야 하는 모범적 형태입니다.」하고 그는 말했다.

「그러나 무엇이든 지껄이는 또 하나의 성격을 가진 자가 있네. 나쁘면 나쁠수록 더욱 조심성이 없을 것이네. 그에게 지나치게 나쁠 것이란 하나도 없네. 그래서 무엇이건 흉내내려 들 것이고, 이것도 장난이 아니라 본인으로서는 아주 진지하게 그리고 많은 사람 앞에서 해낼 것이네. 내가 지금 말한 대로 그는 천둥소리를 내고 바람과 우박 소리 또는 차바퀴 소리, 도르래 소리, 그 외에도 여러 가지 피리다, 관악이다, 나팔이다 하는 모든 악기를 흉내낼 것일세. 그는 개같이 짖고 염소 소리를 내고 닭 소리를 내겠지. 그의 온 재주는 소리와 몸짓으로 되어 있고 서술이라는 것은 찾아볼 수 없지.」

「그것이 그의 표현방식일 것입니다.」라고 그는 말했다.

「그렇다면 이것들이 두 가지 표현법이겠지?」

「그렇겠습니다.」

「그리고 그 중의 하나는 단순하고 변화도 극히 적네. 그리고 화음과 음률이 그들의 단순성을 위해서 취해진다면 그 결과는 만일 그가 정확하게 말을 한다면 그 말하는 사람은 표현하는 데 있어 언제나 비슷할 것이네. 그리하여 그는 단일한 화음의 (아무튼 변화가 크지 않을 터이니까) 한계를 지켜나갈 것이네. 그래서 이와 같은 식으로 그는 거의 같은 음률을 택하겠지?」

「옳습니다.」 하고 그는 말했다.

「그런데 다른 하나는 음악과 표현법이 서로 어울려야 한다면 모든 종류의 화음과 모든 종류의 음률을 필요로 할 것이네. 표현은 모든 종류의 변화를 갖고 있기 때문이네.」

「그것도 사실입니다.」 하고 그는 대답했다.

「그리하여 이 두 가지 표현법 또는 이 두 개의 혼합된 것이 모든 시와 말로 하는 표현의 형태가 아니겠는가? 아무도 그 중의 이것 아니면 저것 또는 둘이 혼합된 것이 아니고서는 아무것도 말할 수 없겠지?」

「그것들이 모든 것을 포함하고 있습니다.」 하고 그는 말했다.

「그러면 우리는 우리들 국가에다 모든 이 세 가지 표현법을 받아들일 것인가? 또는 두 개의 혼합되지 않은 것 중에서 오직 하나만을 받아들일 것인가? 또는 혼합된 것도 받아들일 것인가?」

「저는 덕에 관한 단순한 모방자를 받아들이겠습니다.」

「그렇네, 아데이만토스. 그러나 혼합된 표현법은 또한 대단히 매력이 있네. 그리고 사실 무언극은, 이것은 그대가 택한 것과는 반대되는 것인데, 어린이들이나 이들을 시중들고 돌보는 자들 그리고 세상 일반에게 가장 인기가 있네.」

「나도 그것을 부정하지 않습니다.」

「그러나 그대는 이러한 표현법은 한 사람은 하나의 역할만을 하는 것이므로 인간본성이 두 가지 또는 여러 가지로 될 수 없는 우리 국가에는 합당치 않다고 말할 것으로 나는 생각되는데?」

「그렇습니다. 전혀 합당치 않습니다.」

「그리하여 바로 이것이 우리들 국가에 있어서는 그리고 우리들 국가에 있어서만은 오직 신발 만드는 자는 신발 만드는 자일 따름이지 선장은 아니며, 농부는 농부일 따름이지 재판관이 아니며, 병사는 병사이지 상인이 아니며, 기타 모두 이와 같이 되어 있다는 이유가 아니겠는가?」

「그렇습니다.」하고 그는 말했다.

「그러므로 무엇이든지 흉내내는 데는 그만인 무언극 신사 중에 한 사람이 우리에게 와서 그와 그의 시를 나타내보이겠다고 제의했을 때 우리들은 감미롭고 신성하고 또는 경탄할 만한 존재로서 그 앞에 무릎을 꿇고 추앙할 것이네. 그러나 우리는 그에게 우리들 국가에 있어서는 그와 같은 자는 생존이 허용되지 않는다는 것을 일깨워주어야만 하네. 곧 법이 그들을 용서치 않는 것이네. 그리하여 우리는 그의 머리에 기름을 부어 신성하게 하고 또한 양모 화환을 걸어주고 나서는 다른 나라로 보내버릴 것이네. 우리들 정신건강을 위해 유덕한 표현법만을 모방하고 또한 우리가 당초 우리 병사의 교육을 시작할 때 마련한 그런 방식에 순종하는 강직하고도 엄격한 시 또는 이야기를 하는 사람을 채택하려 하기 때문이네.」

「만일 우리가 권력을 가지고 있다면 물론 우리는 그렇게 할 것입니다.」라고 그는 말했다.

「그러면 나의 친구여! 이야기 또는 신화와 관련된 음악과 문학의 역할은 그 내용과 양식이 다같이 검토되었으므로 이제 끝났다고 생각할 수 있네.」

「나 역시 그렇게 생각합니다.」하고 그가 말했다.

「그 다음에는 선율(旋律)과 노래가 고려되어야 하지?」

「분명합니다.」

「만일 우리가 시종일관한다면 우리가 무엇을 말해야 하는가는 누가 봐도 명료할 것이네.」

「그런데 '누가 봐도'라는 말에는 나는 결코 포함되지 않는 것 같습니다. 그게 어떻게 되어져 있어야 하는지 추측은 할 수 있을지 몰라도 이 순간 나는 말할 수 없습니다.」 하고 그라우콘이 웃으면서 말했다.

「여하튼 노래라든가 또는 송시(頌詩)라든가 하는 것은 3부로 되어 있지. 곧 언어와 선율(旋律) 그리고 운율로 되어 있다는 것은 그대가 말할 수 있지 않나, 그 정도 지식을 전제로 할 수 있겠지?」

「그렇습니다, 그 정도는.」

「그런데 언어로 말한다면 음악에 어울리고 또한 어울리지 않는 것이 있는데, 물론 그간에 차이는 없지. 다같이 같은 법에 일치될 것이고 그리고 이것들은 우리들에 의해서 벌써 결정되지 않았던가?」

「그렇습니다.」

「그리고 선율(旋律)이나 운율은 언어에 의존하겠지?」

「물론입니다.」

「우리가 내용을 말했을 때 우리는 비탄하고 애통하는 가락은 필요치 않다고 말했지?」

「그랬습니다.」

「그러면 애통을 나타내는 가락은 어떤 것인가? 그대는 음악을 잘 하니까 말해 보게.」

「당신이 말하는 화음은 혼성된 즉 리디아 가락의 차중음(次中音), 그리고 고음 또는 저음 리디아 가락 등 이런 것들이겠습니다.」

「그렇다면 이런 것들은 추방해 버려야 하지. 이런 것들은 필요치 않다고 내세우는 성깔을 가진 부녀자는 말할 것도 없고, 더구나 남자에 있어서는.」

「그렇게 해야죠.」

「그 다음에 술에 취한 것, 그리고 유약한 것, 그리고 나태한 것들은 우리의 수호자의 성격에는 전혀 어울리지 않지.」

「전혀 어울리지 않습니다.」

「그러면 어떤 것이 유약하고 술 취한 가락일까?」

「이오니아 가락, 그리고 리디아 가락입니다. 그것들에는 '나른하다' 라는 명칭이 붙습니다.」

「그러면 이런 것들은 어떤 군용적(軍用的) 가치가 있나?」

「전혀 반대입니다.」하고 그는 말했다.

「그렇다면 도리아 가락과 피리기아 가락이 당신께서 오직 남겨 놓으신 가락들입니다.」

나는 대답했다.「가락에 관해서는 나는 아는 바 없네. 그러나 위기에 처해 엄숙히 결심하고 또는 그의 입장이 실패로 돌아가 상처를 입고 또는 죽음을 당하게 되고 또는 어떤 다른 해악에 부딪치고 그래서 모든 이러한 위기에 처해서 흔들리지 않고 이겨내는 결의를 갖고 운명의 타성을 맞이할 수 있을 때 용감한 자가 부를 수 있는 음조와 격조를 갖고 있는 전투적인 가락을 하나 갖고 싶네. 그리고 또 하나는 그에 의해서 평화로울 때, 행동이 자유로울 때 쓸 수 있는 것을 갖고 싶네. 즉 아무런 긴박한 압력도 없이 기도(祈禱)에서 신을 달래려고 하고 교훈과 견책으로 사람을 설득하려 하고 또는 한쪽으로는 설득과 간청 또는 견책을 기꺼이 받아들이려 할 때 또한 사려 있는 행동으로 그의 목적을 달성하고 성공에 도취되는 것이 아니라 그 사태 하에서 일에 따르면서 절제 있고 현명하게 행동할 때 그를 나타낼 수 있는 그런 것 말이네. 이들 두 가락은 그대로 남겨 놓고 싶네. 곧 불가피할 때의 음조와 또한 평화의 음조이고, 불행의 가락과 또한 행운의 가락이고, 용기의 가락이며 또한 절제의 가락이네. 이런 것들을 남겨 놓고 싶다는 것이네.」

「바로 이것들이 지금 제가 말한 도리아 가락 및 피리기아 가락의 음악이라는 것입니다.」

「그렇다면 만일 이런 것만이 우리의 노래와 운율에 사용될 것이라면 우리는 음조의 다양성과 또는 전체 음계가 필요치 않겠지?」

「필요치 않을 것입니다.」

「그 때에는 우리는 삼각형으로 된 그리고 복잡한 음계로 된 리라 제작자들, 또는 기타 통이 많이 느려진 기묘하게 조율된 악기 제작자들은 먹여 살리지 않아도 되겠지?」

「그렇습니다.」

「그러나 피리 제작자 및 피리 연주자를 그대는 어떻다고 말할 것인가? 그대가 이 복합적인 음률을 쓰는 데 있어 피리는 모든 현악기들을 합친 것보다 더 나쁘고 또한 전체 음계로 된 음악은 이 피리의 오직 모방이라는 데 생각이 미쳤다면 그것들을 우리 국가에다 받아들일 것인가?」

「물론 안 되겠습니다.」

「그러면 도시에서는 리라하고 하프만, 그리고 시골에서는 목자(牧者)가 목적(牧笛)이나 가지면 되겠지?」

「과연 그 논리에서 나올 수 있는 결론이겠습니다.」

「마르시야스 및 그의 악기보다는 아포론과 그의 악기를 택한다는 것은 조금도 이상하지 않겠지?」 하고 나는 말했다.

「조금도 이상하지 않습니다.」 하고 그는 대답했다.

「그렇다면 이집트의 개에게 맹세하여 얼마 전에 우리가 사치스럽다고 말했던 국가를 무의식적으로 숙청하여 버렸네.」

「그것도 현명하게 했습니다.」 하고 그는 대답했다.

「그러면 숙청은 그만하고, 가락 다음에는 운율이 자연 따르게 되는데, 이들도 우리가 박자의 복잡한 구성 또는 모든 종류의 박자를 찾아내서는 안되겠고 오히려 어떤 운율이 용기롭고 또한 조화된 생활의 표현인가를 발견하려는 것이니까. 그들은 같은 법칙에 순응시켜야 하네. 그리고 우리가 그것들을 발견하였을 때는 우리는 운각(韻脚)과 운율을 같은 정신을 가진 언어에다 맞추어야 하며, 언어를 운각과 운율에다 맞추어서는 안될 것이네. 이들 운율들이 어떤 것인지를 말하는 것은 그대의 의무이네. 그대가 일찍이 나에게 화음을 가르쳐주었듯이 나에게 그것들을 가르쳐주게.」

「그러나 사실 나는 당신에게 말할 수 없습니다.」하고 그는 대답했다.

「나는 오직 박자 구성이 이로부터 형성되는 운율에 관한 세 가지 원칙이 있다는 것을 알고 있을 뿐입니다. 마치 네 가지 가락이 있어 이로부터 모든 화음이 구성되듯이. 이것이 바로 내가 해낸 관찰입니다. 그러나 그들이 각각 어떤 생각(生覺)을 표현하는지는 말할 수 없습니다.」

「그렇다면……」 하고 나는 말했다.「우리는 다몬에게 의논해야만 하겠네. 그러면 그는 어떤 운율이 야비한 것 또는 무례 또는 분노, 기타 무가치한 것을 나타내고 있고, 어떤 것이 반대되는 감각의 표현을 위해서 유보되는 것인지, 그는 우리에게 일러줄 것이네. 그리고 나는 그가 복잡한 크레테 운율에 언급한 데 대해 뚜렷하지 못하나마 기억하고 있다고 생각하네. 그리고 장단단격(長短短格) 또는 웅장한 격률도 말한 것을 기억하네. 그리하여 그는 이것들을, 나는 잘 모르기는 하지만, 다리를 올리고 내리는 데 맞추어 음을 밟고 하는 식으로 배치하였네. 그리하여 내가 잘못 생각한 것이 아니라면 그는 약강격(弱強格)과 또는 강약격(弱強格)의 운율을 말했고, 그리고 그는 이것에다 짧고 또한 긴 음절의 장단을 맞춘 것이네.[1] 또한 어떤 경우에 있어서는 그는 운율 못지않게 운각(韻脚)의 움직임을 칭찬 또는 경계하는 것같이 보이는데, 혹은 양자의 결합된 것을 가지고 그러는지도 모르겠네. 여하튼 그가 무엇을 뜻하는 것인지 나는 확실하지 못하니까. 그러나 저러나 내가 말한 이들 일에 관해서는 다몬 자신에게 물

1) 소크라테스는 이 주제의 세부에 관해서는 그가 취한 바 무식하다는 핑계를 내세워 조심성 없이 말한 것이다. 문장의 첫 부분에서 그는 4 음절의 운각(韻脚)을 말한 것 같은데, 이는 3/2의 비율로 되어 있다. 두번째 부분에서는 장단단격(長短短格) 및 단단장격(短短長格)이겠고, 이는 1/1의 비율이다. 끝 구절은 약약격(弱弱格) 및 강약격(强弱格)인데, 이것은 2/1 또는 1/2의 비율이다.

어보는 것이 좋을 것이네. 그대도 알다시피 이 문제의 분석은 어려운 것이니까.」

「그러는 것이 오히려 좋다고 나도 말하겠습니다.」

「그러나 우아한 것 또는 우아하지 못한 것은 좋고 또는 나쁜 운율의 탓이라는 것은 알기 어렵지 않지?」

「조금도 어렵지 않습니다.」

「그리고 또한 좋고 나쁜 운율은 좋고 나쁜 문체에도 동화(同化)하네. 따라서 화음이나 불협화음은 이와 마찬가지로 문체에 따르는 것이네. 우리의 원칙으로 말하면 운(韻)이나 화음은 언어에 의해서 규정되는 것이지 그들에 의해 언어가 규정되는 것은 아니니까.」

「바로 그렇습니다. 그것들이 언어에 따라야 합니다.」 하고 그는 말했다.

「그리고 언어 및 문체의 성격은 정신의 기질에 의존하는 것이 아니겠는가?」

「그렇습니다.」

「그리고 기타 모든 것이 문체에 의존하는 것이겠지.」

「그렇습니다.」

「그렇다면 문체의 아름다움, 그리고 화음, 그리고 운율의 우아함은 모두 이 단순성에 의존하는 것이네. 내가 말하는 것은 올바르고 고상하게 이루어진 마음과 성격의 단순성을 뜻하는 것이지. 그러나 오직 어리석은 것을 위한 완곡한 표현인 또 하나 다른 단순성을 말하는 것은 아니네.」

「과연 그렇습니다.」

「그리고 만일 우리 젊은이들이 그들의 일을 해낼 것이라면 그들은 이들 우아함과 조화된 것을 그들의 영원한 목표로 삼아야 하지 않겠는가?」

「그래야만 합니다.」

「그리고 틀림없이 화가와 기타 모든 창조적이고 건설적인 기능은 이런 것들로 충만되어 있네. 이를테면 직조(織造)·자수·건축 그리고 모든 종류의 생산에 있어, 또한 자연, 동물 그리고 식물, 이 모든 것에 있어 우아한 것과 추한 것이 있네. 마치 우아함과 조화가 선과 덕의 쌍둥이 자매이고 그들의 모습을 닮듯이, 추한 것과 불협화음과 부조화는 거의 다 고약한 언어와 나쁜 성질과 관련되어 있네.」

「옳습니다.」하고 그는 말했다.

「그러나 우리의 감시가 더 이상 미치지 못해 시인들만이 그들 작품에 있어 선의 형상을 표현토록 요구되고, 만일 이것을 어기는 경우 국외추방의 벌을 받아야 마땅한가? 또는 이것과 동일한 통제가 다른 예술가에도 확장되어 조각, 건축 그리고 기타 창조적 예술에 있어 악한 것, 무절제한 것, 그리고 추하고 야비한 것과 같은 반대되는 형태를 나타내는 것은 또한 그들에 있어서도 금지되어야 하는가? 그리고 우리 국민들의 안목이 그에 의해 부패되지 않도록 우리의 이 규칙을 어기는 자는 우리 국가에서 그의 기능에 종사하지 못하도록 할 것인가? 우리는 마치 독이 있는 목초지에서 수호자들이 여러 가지 독있는 풀을 매일 조금씩 새싹을 뜯고 따먹어 드디어 그들 자신의 정신 속에 어느덧 부패의 고름이 낄 때까지, 그들을 도덕적 결함의 형상 속에서 자라나도록 방치하지 않을 것이네. 우리들의 예술가들은 오히려 아름다움과 우아한 것의 진정한 성질을 알아보는 재질을 가진 자들이어야 하네. 그렇게 되면 우리들의 젊은이들은 아름다운 광경과 음향 속에서 모든 것의 선한 것을 받아들이면서 건강한 고장에서 살게 될 것이네. 그리하여 좋은 작품에서 흘러나오는 아름다움은 마치 깨끗한 고장에서 흘러나와 건강을 가져오는 산들바람처럼 눈과 귀로 흘러들어 갈 것이네. 이러해서 어릴 때부터 정신을 인도하여 어느덧 이성의 미와 동화하고 융화하게 하네.」

「이 이상 더 고상한 훈련은 없겠습니다.」하고 그는 대답했다.

「그러므로 그라우콘, 음악교육은 다른 어떤 것보다도 유력한 수단이지. 운율이나 화음이 정신 속 깊이 찾아들어서 거기에서 힘차게 뿌리박고 우아함을 심어주고, 올바르게 교육된 자에게는 우아함을, 잘못 교육받은 자에게는 추악함을 알도록 할 것이니까. 그리고 또한 마음 속 깊이 이 진정한 교육을 받은 자는 가장 민첩하게 예술이나 자연에 있어 누락(漏落)된 것과 결함을 알아차릴 것이네. 그리고 진정한 안목을 갖고 그가 찬미하고 즐길 때 그는 그의 정신 속에 선을 받아들이네. 이리하여 고상하고 선하게 되고 그의 젊은 시절에 있어 미처 그 이유도 알기 전에 올바르게 악을 비난하고 혐오할 것이네. 이리하여 도리를 깨달을 때에는 그는 그와 더불어 교육을 통해 오랜 시일 친숙하게 된 친구를 알아보고 환영할 것이네.」

「그렇습니다.」라고 그는 말했다.

「우리들의 젊은이들이 음악교육을 받아야 한다는 것, 또 당신이 말씀하는 이유에 대해서도 전적으로 찬성합니다.」

「마치 글읽기를 배울 때와 같이 자주 나타나는 문자의 크기와 글자의 결합에 있어 몇 자 안되는 알파벳의 글자를 알고는 우리가 만족하였듯이. 그것들이 차지하는 공간이 크건 작건 중요하지 않다고 경시하지 않고 그리고 어디에 있어서나 이해하려 하고, 우리가 어디서 그것들과 당면하든 그것들을 인지할 때까지는 독서술에 있어 완전하다고 생각하지 말아야 할 것이네.」[1)]

「사실입니다.」

「또는 글자가 물에 반사된 것을 해득(解得)하고 또는 거울에 비친 것을 해득하는 것은 오직 우리가 그 문자 자체를 알았을 때지. 이와 같은 기술과 연구가 우리에게 양쪽에 관한 지식을 주지.」

「틀림없습니다.」

「그렇다 하더라도 나는 주장하겠는데, 우리나 또한 우리가 교육시켜야만 하는 우리들의 수호자들은 그것들의 모든 결합에 있어 본질적인 형태를 알고 그리하여 그것들이 어디서 발견되건, 작은 것에서나 큰 것에서나 이를 경시함이 없이 모든 것이 하나의 기술과 연구범위

1) 제 2 권 368 참조.

내에 있다는 것을 믿고 그것들의 형상들을 인정할 수 있을 때까지는 음악적으로 될 수 없다는 것이네.」

「확실히 옳은 말입니다.」

「그리고 아름다운 정신이 아름다운 형태와 조화를 이루고 그리하여 이 둘이 하나의 성격으로 빚어졌을 때 이를 볼 줄 아는 자에 있어서는 가장 아름다운 광경으로 될 것이네.」

「과연 가장 아름답겠습니다.」

「그리고 가장 아름다운 것은 또한 가장 사랑스러운 것이겠지?」

「그렇게 생각할 수 있습니다.」

「그리고 조화의 정신을 가진 자는 가장 사랑스러운 자를 가장 사랑하겠지? 그러나 그는 조화되지 않은 정신을 가진 자는 사랑하지 않겠지?」

「그것은 진실입니다. 만일 그의 정신에 결함이 있다면 말입니다. 그러나 다른 자에 있어 단지 육체적 결함이 있다 하여도 그는 이것을 참을 것이고, 마찬가지로 사랑할 것입니다.」라고 그는 대답했다.

「그대는 그런 경험을 가졌었다고 생각되네. 그리고 나도 동의하네. 그런데 그대에게 또 하나 물어보겠는데, 지나친 쾌락이 절제와 어떤 친근성(親近性)이 있나?」

「어떻게 그럴 수 있겠습니까? 쾌락은 고통 못지않게 사람 능력의 기능을 빼아버립니다.」하고 그는 대답했다.

「또는 덕과도 어떤 친근성이 있나?」

「아무런 것도 없습니다.」

「방탕이나 무절제하고는 어떤 친근성이 있나?」

「그렇습니다. 가장 친근합니다.」

「육체적인 사랑보다도 더 크고 더 강렬한 쾌락이 혹시 있을까?」

「없습니다. 더한 것은.」

「그런데 진정한 사랑은 아름다움과 질서에 대한 사랑, 곧 절제와 조화로운 것에 대한 사랑이겠지?」

「과연 그렇습니다.」 하고 그가 대답했다.

「그렇다면 무절제한 것 또는 열광 같은 것은 진정한 사랑에 접근하지 못하도록 해야 하지 않겠나?」

「절대로 허용해서는 안되죠.」

「그렇다면 광적이고 무절제한 쾌락은 연인이나 또는 그가 사랑하는 사람에게 접근하도록 허용되어서는 안되겠고, 만일 그들의 사랑이 진정한 것이라면 그 어느 것도 이에 있어 어떤 역할도 맡아서는 안되겠지?」

「안됩니다, 소크라테스. 이것은 그것들에 다시는 근접해서는 안됩니다.」

「그렇다면 우리가 창건하려는 국가에 있어 그는 아비가 자식을 대하는 그 이상의 친근성을 그의 사랑에 있어 친구에게 적용하여서는 안될 것이고 그것도 오직 고상한 목적을 위해서만이네. 그래서 그는 우선 상대방의 동의를 구해야 할 것이고 이 규칙으로 해서 그의 교제도 제한될 것이네. 그는 이를 넘어서서는 안되네. 만일 넘어설 때에는 야비하고 악취미라는 죄를 저질렀다고 간주될 것이네.」

「전혀 동감입니다.」라고 그는 말했다.

「좋은 결과를 맺어준 음악에 관해서는 이만 하네. 아름다움에 대한 사랑이 아니었다면 음악의 목적은 도대체 무엇이 될 뻔했던가?」

「동감입니다.」

「음악 다음에는 체육이네. 여기에 있어 우리들의 젊은이들은 그 다음 훈련을 받아야 하네.」

「물론입니다.」

「음악이나 마찬가지로 체육도 일찌감치 시작해야지. 여기에 있어서의 훈련은 세심하게 그리고 일생을 통해 지속되어야 하네. 나의 신념으로는 ── 이것은 내 자신이 확인함에 있어 그대의 의견을 듣고 싶어하는 것인데, 그러나 나의 생각은 ── 선천적으로 뛰어난 훌륭한 육체가 정신을 발전시키는 것이 아니라 오히려 그 반대로 훌륭한 정신이 그 자신의 뛰어남으로 하여 가능한 한 육체를 발전시킨다는 것인데, 그대의 의견은 어떠한가.」

「네, 동의합니다.」

「그러면 적절하게 훈련받은 정신에다 신체에 관한 더욱 구체적인 배려를 해주는 것이 옳을 것이네. 그리고 장황해지는 것을 피하기 위해서 이 주제에 관한 일반적 윤곽만을 내놓기로 하세.」

「대단히 좋습니다.」

「그들이 술에 취해서는 안된다는 것은 우리들에 의해서 이미 이야기된 바 있네. 다른 사람은 몰라도 적어도 수호자는 술에 취해서 대체 자기가 어디 있는지 몰라서는 안될 것이네.」

「그렇습니다. 수호자로서 자기를 돌보는 또 하나의 수호자가 요구되어야만 한다는 것은 우습기 짝이 없습니다.」

「그러나 그 다음에 그들의 음식에 대해서 우리는 무엇이라고 말할 것인가? 이들은 경기 가운데서도 가장 어려운 것을 훈련받고 있으니까 그렇지 않은가?」

「그렇습니다.」 하고 그는 말했다.

「우리들의 평범한 운동가들의 신체적인 습성이 그들에게도 적합할 것인가?」

「그대로 적합하지 않겠습니까?」

「그들이 갖고 있는 것과 같은 신체적인 습성은 졸음이 오는 것과 같은 것이 아닌가? 그래서 오히려 건강에 위태롭다고 생각되네. 이들 운동가들은 그들의 생을 잠을 자면서 그대로 지내버리며 또한 그들의 일상적인 섭생(攝生)을 조금이라도 등한히 할 때는 가장 위험한 병에 걸리기 쉽다는 것을 알아차리지 못했는가?」

「알고 있습니다.」

「그러면 깨어 있는 개와 같이 극히 예민하게 보고 듣고 하여야 하는 우리들의 전사(戰士) 운동가들에게는 더 훌륭한 훈련이 필요할 것이네. 이리하여 물과 음식, 염천(炎天)과 혹한(酷寒) 등 여러 가지 변화 속에서도 전쟁을 이겨내고 건강이 꺾이지 않도록 되어야 하네.」

「그게 저의 견해입니다.」

「참으로 뛰어난 체육은 지금 우리가 이야기한 단순한 음악과 쌍둥이 자매네.」

「어찌해서 그렇습니까?」

「어찌해서 그렇다니? 나는 우리의 음악과 같이 단순하고 훌륭한 체육이 있고 또한 이것은 군사체육이라고 생각하네.」

「무슨 말씀입니까?」

「내 말의 뜻은 호메로스에서 배울 수 있지. 그는 그대도 알다시피 그의 영웅들을 전시 중에는 잔치에 있어서도 병사의 음식을 먹이네. 그들에게는 헤레스폰트 해안에 있으면서도 생선도 안 먹이고 그리고 삶은 고기는 안되고 불고기만 허용되는데, 이는 군인에게는 가장 편리한 식량이네. 오직 불만 피우면 되고 냄비나 접시를 휴대할 필요조차 없으니까.」

「사실입니다.」

「그리고 호메로스에서는 맛있는 간장 따위는 어디서도 언급되어 있지 않다고 내가 말한다 해서 결코 잘못은 아니네. 그런 것들을 묘사함에 있어서는 비단 그 사람뿐만이 아니네. 모든 직업적 체육인들은 양호한 상태를 유지하기 위해서는 그런 것들을 취해서는 안된다는 것을 잘 알고 있네.」

「그렇습니다. 또한 이것을 알기 때문에 그들이 그것들을 취하지 않는 것은 과연 옳습니다.」

「그렇다면 그대는 시라쿠사 음식이나 또는 시칠리아 요리의 세련된 것들을 찬성하지 않을 테지?」

「찬성하지 않습니다.」

「그리고 사람이 좋은 건강상태를 유지하려 하는데, 그대는 코린도스의 여자를 그의 아름다운 친구로 가질 것을 그에게 허용하겠는가?」

「물론 허용치 않습니다.」

「또한 그들이 맛있다고 생각하는 아테네의 진미들을 좋다고 그대는 하지 않겠지?」

「그렇습니다.」

「이런 모든 음식이나 생활은 전음계적(全音系的)으로 모든 운율로 작곡된 선율이나 노래에다 비길 수 있을 것이네.」

「맞습니다.」

「복잡한 것은 때로는 사치를, 때로는 병을 유발하는데, 음악에 있어 단순성은 정신에 있어 절제의 모체이고 또한 체육에 있어 단순성은 신체에 있어 건강의 모체이네.」

「가장 진실합니다.」라고 그는 말했다.

「그러나 무절제와 질병이 국가에 있어 늘어날 때는 법정과 병원은 늘 문을 열어야 하네. 그리고 의술과 법률가의 기능은 노예뿐만 아니라 국가의 자유민들도 이에 대한 관심이 얼마나 예민한가를 알게 되고 사기가 높아질 것이네.」

「물론이겠죠.」

「장(匠)이나 천(賤)한 사람들이 일류 의사나 법률가를 필요로 할 뿐만 아니라 소위 교양교육을 받았다는 자들까지도 그들을 필요로 한다면, 이 이상 더 고약하고 명예롭지 못한 교육상태에 대한 더 큰 증거가 어디 또 있겠는가? 사람이 국내에는 없다 하여 그의 법과 치료를 받기 위해 해외로 나가야만 하고 그리하여 그가 자기 위에 상전(上典)과 재판관으로 받드는 다른 자의 수중에다 자신을 내맡기어야만 한다면 이것은 명예롭지 못하고 또한 좋은 교육도 받지 못한 큰 증거가 아니겠나?」

「무엇보다도 가장 명예롭지 못합니다.」하고 그는 말했다.

「못된 짓에는 이것보다도 더한 것이 있는데, 이 때 사람은 일생 소송(訴訟)을 일삼고 원고(原告) 또는 피고(被告)가 되고 그러면서도 송사(訟事)를 좋아하고 뽐내는 그의 악취미를 과시하고 싶어, 온 종일 법정에서 소일하는 자가 있다는 것을 생각할 때, 그대는 그래도 '가장'이라는 말을 쓸 것인가? 그는 정당하지 못한 데 있어서는 한몫 보는 자이고, 곡절(曲折)만 있다면 기회를 놓치지 않고 잡아서 버들가지 모양 휘어잡고 법망을 빠져 가면서 모든 구멍을 찾아서 몸을 비꼬고 드나들 수 있다고 생각하네. 그리고 이 모든 것은 무엇 때문인가? 말할 가치조차 없는 작은 것을 얻어내기 위한 것이네. 그의 생을 낮잠 자는 법관 없이도 지낼 수 있게 틀을 잡는다는 것이 훨씬 더 고상하고 높은 것이라는 것을 알지도 못하네. 이것이야말로 더 명예롭지 못한 것이 아닐까?」

「그렇습니다. 그것이 더욱 명예롭지 못합니다.」하고 그는 말했다.

「그런데 말일세. 상처를 고치기 위함도 아니고 또한 유행병도 아닌데, 오직 나태(懶怠)와 또한 우리가 말한 그런 생활의 습성(習性) 때문에 의료의 도움을 받는 데 있어 사람은 자신들을 물이나 바람으로 몸을 채워 마치 그들의 몸을 늪으로 된 양 만들고 아스크레피우스의 재치있는 아들들로 하여금 고창(鼓腸)이다, 카타르다 하는 병명(病名)을 찾아내지 않을 수 없게 하는 것이네. 이 또한 명예롭지 못한 것이 아니겠나?」

「그렇습니다. 그들은 확실히 적이 괴상하고 신기한 병명을 붙입니다.」하고 그는 말했다.

「그렇지.」하고 나는 말했다.「아스크레피우스 시대에는 이런 병들이 있었다고는 생각지 않네. 그리고 이것은 호메로스 중에 영웅 유리피로스의 경우를 보아 말할 수 있는데, 그가 부상을 당한 후에 보리쌀과 치즈 가루가 뿌려진 푸리미니안 술을 마셨네. 이것은 틀림없이 염증을 일으키는 데도 불구하고 트로이 전쟁에 종군한 아스크레피우스의 아들들은 그에게 이것을 마시게 한 처녀도 비난하지 않았고, 그의 병을 치료했던 패트로크로스를 나무라지도 않았네.」

「그렇습니다. 그와 같은 상태에 있는 사람에게 주기에는 틀림없이 정상이 아닌 음료였습니다.」하고 그는 말했다.

「만일 그대가 항상 말하듯이 헤로디카스 시대 이전의 아스크레피우스 의료진들은 소위 병을 길러낸다고 할 수 있는 치료에 관한 현대적 방식을 채용하지 않았다는 것을 염두에 둔다면 그다지 이상하지도 않지. 그러나 헤로디카스로 말하면 훈련사(訓練師)였고 또한 자신은 병든 자인데 훈련(訓練)과 의술(醫術)을 결합함으로써, 우선 그리고 주로 자기 자신을, 그 다음에는 세상을 괴롭히는 방식을 찾아냈지.」 하고 나는 대답했다.

「어떻게 그렇게 했습니까?」 하고 그는 말했다.

「죽음을 끌게 하는 것을 발명함으로써 그는 항상 치료에 애써온 죽을 병을 갖고 있었지. 그리고 회복이라는 것은 생각할 수도 없어 일생을 두고 건강을 지나치게 염려하는 자로 되어버렸지. 그는 꼼짝없이 자기 치료에만 전념할 수밖에 없었고, 그는 일상적인 섭생을 게을리할 때마다 늘 고통을 당했던 것이네. 그래서 늙을 때까지 악전고투(惡戰苦鬪)한 과학의 덕택으로 힘들게 죽었던 것이네.」

「그의 기술치고는 참 희한한 보답이군요.」

「그렇지. 아스크레피우스는 후진(後進)들에게 병약한 것을 치료하는 방법을 가르치지 않았는데, 이것은 이런 의료부문에 대한 무지 또는 무경험에서가 아니라 모든 질서잡힌 국가들에 있어서는 모든 사람은 각자 자기가 해야 할 직업을 갖고 있고 그래서 언제나 병을 앓아야 할 시간적 여유가 없다는 것을 그가 알았기 때문인데, 이것을 이해하지 못하는 자에게는 제법 기대할 수 있는 보답이다. 우리는 이것을 장(匠)이나 일꾼들의 경우에 비겨 말했는데, 그러나 묘하게도 동일한 법칙이 부유한 자들에게는 적용되지 않네.」라고 나는 말했다.

「무슨 뜻입니까?」

「그건 이런 뜻이지. 즉 목수(木手)가 병이 나면 의사에게 거칠어도 좋으니 곧 낫게만 해달라고 조르겠지. 토하고 설사하고 또는 뜸질을 하거나 칼을 쓰는, 이런 것들이 그의 치료방식이네. 그러나 만일 누가 그에게 식이요법을 권하고 붕대를 감고 머리를 싸매고 해야만 한다고 처방한다면 그는 대번에 병을 앓을 틈이 없다고 대답할 것이네. 그리고 그는 늘 하는 일까지 내동댕이치고 병을 달래고 허송(虛送) 세월하는 인생은 아무런 가치도 없다고 말할 것이네. 그러므로 이런 의사에게는 작별을 고하고 그가 평소 하는 방식을 다시 택할 것이네. 그래서 병이 낫고 살아나면 그는 일을 다시 할 것이고, 또는 만일 몸이 지탱하지 못하면 그는 죽는 것이고 더 이상 아무 일도 없을 것이네.」

「그렇습니다. 그리고 그와 같은 생활상태에 있는 자는 그저 이 정도 치료해야죠.」하고 그는 말했다.

「만일 그가 직업을 갖지 못한다면 그리고 만일 직업을 빼앗긴다면 그의 인생에 무슨 이득이 있다는 건가?」

「사실 그렇겠습니다.」하고 그는 말했다.

「그러나 부유한 자에 있어서는 이야기가 다르지. 그로 말하면 그가 생명이 붙어 있다 하더라도 꼭 해내야만 하는 어떤 특정한 일을 갖고 있다고는 말할 수 없지.」

「그는 그저 할 일이 없다고 하겠지요.」

「그렇다면 그대는 포큐리데스의 말을 듣지 못했겠지. 즉 사람은 의식이 족해지자 곧 덕을 행한다는?」

「못 들어 봤습니다. 그 이야기는 좀더 일찍이 시작했더라면 더 좋을 것이라고 생각되는군요.」

「이 점에 관해서는 그와 토론하지 않기로 하고 오히려 우리들 자신에게 물어보기로 하세. 덕을 행한다는 것은 부자에게 의무로 지어지는 것인가? 또는 이것이 없이도 살 수 있다는 것인가? 그리고 만일 의무라면 더 나아가 물어보세. 즉 병에 걸려 식이요법을 한다는 것은 목수 일이나 또는 기능적인 일에 마음을 쓰는 데 장애가 되는데 이는 또한 포큐리데스의 기분에도 못지않게 장애가 되는 것이 아닐까?」

「거기에 대해서는 의심할 여지가 없습니다. 이토록 몸을 돌본다는 것이 체육적인 규칙에서 벗어나 지나치게 된다면 덕을 행함에도 가장 해롭습니다.」

「과연 그렇지. 그리고 집안, 군대, 또는 국사를 돌보는 데도 적합하지 못하네. 그 중에서도 가장 중요한 것은 무엇을 연구한다든가, 생각한다든가, 또는 반성한다든가 하는 데 적합지 못하다는 것이네. 이와 관련해서 두통이나 어지러움을 철학에 돌리는 끊임없는 경향이 있고, 그리하여 높은 의미에서의 덕을 행하고 또한 시도해 본다는 것은 전혀 중지되고 마네. 그것도 그럴 것이, 인간은 언제나 병에 걸리도록 되어 있다고 환상하는 것이고, 따라서 늘 그의 몸을 걱정하는 것이니까.」

「그렇습니다. 근사한 말씀입니다.」

「그리하여 우리의 정치적인 아스크레피우스는 그의 기술의 능력을 일반적으로 건강한 체격과 생활습성을 가진 자로서 어떤 특정한 병을 앓고 있는 자에게만 시도했다고 볼 수 있겠지. 그래서 이런 것들을 설사제나 수술(手術)로써 고치고 그리고는 평상시와 다름없이 생활하도록 함으로써 이에 있어 국가의 이익을 생각했지. 그러나 병이 들대로 들어버린 신체에 대해서는 배설(排泄)이나 또는 주입(注入)같은 지구요법(持久療法)으로 치료하려고 하지는 않았지. 살아서 쓸모 없는 생명을 연장시키려 하지도 않았고 또한 약한 애비가 약한 자식을 낳는 것도 원치 않았네. 만일 사람이 일상적인 방식으로 살 수 없다면 그는 그런 사람을 고치려 들지 않았지. 그 이유는 이러한 치료는 그 자신에게나 국가에게나 아무런 소용도 되지 못할 터이니까.」

「그렇다면 당신은 아스크레피우스를 정치가로 간주하시는군요.」하고 그는 말했다.

「뚜렷하게 그렇지. 그의 성격은 그의 아들들에 의해서 더욱 두드러졌네. 그들은 고대 영웅들이고, 트로이의 포위공격 때 내가 이야기한 의료를 시술했었다는 것을 염두에 두게. 그대는 판타로스가 메네라우스에게 상처를 냈을 때 그들이 어떻게

"상처에서 피를 빨고 그리고 진통제를 뿌렸는가."[1]

를 기억하겠지? 유리피르스의 경우나 마찬가지로 메네라우스의 경우에 있어서도 그들은 그 후 환자가 무엇을 먹고 마시고 간에 처방을 내지 않았네. 그들 생각으로는 상처를 입기 전 건강하고 생활습성이 정상적인 자는 누구나 그 치료로 충분하다고 생각하였던 것이네. 그리고 그가 뜨거운 우유에다 푸라민이안 술을 따라서 마셨다 하여도 마찬가지로 치유되었을 것이네. 그러나 그들은 건강하지 못하고 무절제한 자, 그의 생이 자신들에게나 남에게 하등 소용 없는 자들은 상관하려 하지 않았네. 의술은 그들을 위해서 마련된 것이 아니네. 그리고 비록 그들이 마이다스와 같은 부자라 하더라도 아스크레피우스의 아들은 그들의 치료를 거절하였을 것이네.」

「그들 아스크레피우스의 아들들은 참으로 예리한 사람들입니다.」

「당연하지.」 하고 나는 대답했다.

「그럼에도 불구하고 비극작가들과 핀다로스는 우리의 명령을 거역하고 비록 아스크레피우스가 아폴로 신의 아들임을 인정하면서도 그는 죽음에 임한 부자를 뇌물을 받고 치료했기 때문에 벼락을 맞았다고 말하네. 그러나 우리는 우리들에 의해 앞서 확인한 원칙에 따라 그들의 이 두 가지 이야기를 믿으려 하지 않을 것이고, 그가 신의 아들이라면 욕심이 많지 않을 것이고, 또한 욕심이 많다면 그는 신의 아들이 아니라고 주장하네.」

「모두 훌륭한 말씀입니다, 소크라테스. 그러나 하나 물어보고 싶은데, 국가에 있어서 좋은 의사는 있어서는 안되는 것입니까? 그리고 좋건 나쁘건 최대수(最大數)의 신체를 다루어온 자가 가장 좋은 의사들이 아니겠습니까? 그리고 가장 훌륭한 재판관도 이와 같은 식으로 모든 도덕적 성질들에 숙달한 자들이 아니겠습니까?」

「그렇네. 나도 역시 좋은 재판관과 좋은 의사를 가졌으면 하네. 그

1) 『일리아드』, iv, 218.

러나 그대는 내가 누구를 가지고 좋다는 것인지 아나?」

「말해 보십시오.」

「내가 할 수만 있다면 말하지. 그러나 그대는 동일한 질문 속에다 동일하지 않은 두 개의 문제를 결합시켰다는 점을 지적해 두겠네.」

「어째서 그렇습니까?」 그는 물었다.

「그것은 그대는 의사나 재판관을 결합시키네. 그런데 가장 숙달한 의사란 젊어서부터 그들의 기술에 관한 지식에다 병에 관한 최대의 경험을 결부시킨 자이네. 그들은 오히려 건강하지 않고 그다지 몸이 튼튼하지 않고 그래서 그들 자신의 몸 속에 갖가지 병 증세를 가진 자들이 더욱 좋네. 내가 알기로는 신체는 그것으로 신체를 치료하는 도구는 아니네. 만일 도구라면 우리는 그들로 하여금 병자이고 또는 병을 알게 해서는 안되지. 그러나 그들은 신체를 정신으로 치료하는 것이고, 따라서 병들게 되고 또한 병든 정신으로써는 아무것도 치료하지 못하네.」

「옳습니다.」 하고 그는 말했다.

「그러나 재판관에 있어서는 사정이 다르네. 즉 그는 정신을 가지고 정신을 다루네. 그러므로 그는 간악한 정신들 가운데서 훈련되어서는 안되고 또한 젊은 그들과 교제해서도 안될 것이고 또한 마치 그가 그들의 신체적 결함을 그 자신의 자의식에서 알아 맞추듯이 남의 범죄를 판단하기 위해 범죄의 전과정을 밟아서도 안되네. 건전한 판단을 할 수 있는 명예로운 정신은 젊었을 때 악의 경험에 감염되어 있어서는 안되네. 그래서 선한 사람은 젊었을 때 가끔 순박하게 보이며 그리고 그들은 스스로의 정신에 있어서는 무엇이 악한 것인지에 대한 아무런 사례들을 갖고 있지 못하므로 정당하지 못한 자에 의해서 용이하게 이용당하네.」

「그렇습니다. 그들은 손쉽게 사기당합니다.」 하고 그가 말했다.

「그러므로 재판관은 젊어서는 안되지. 그는 자신의 정신으로부터가 아니라 다른 자의 악의 본성에 대한 성숙하고 오랜 관찰로부터 악을 알도록 배워야 하네. 지식은 그의 안내자일 뿐 직접 경험은 아니네.」

「그렇습니다. 그것이 재판관의 이상입니다.」하고 그는 말했다.

「그렇지. 그리고 이것이 그대의 질문에 대한 나의 대답인데 그는 선한 자일 것이네. 하기는 선한 정신을 가진 자는 선한 인간이네. 그러나 우리가 말한 교활하고 의심 많은 자, 즉 여러 가지 범죄를 저지르고 악한 데 있어서는 빠지지 않는다고 자부하는 자는 그의 동료들과 있을 때 그는 그들을 자기 척도로 판단하므로 그가 취하는 바 조심성은 대단하네. 그러나 세월을 거친 경험이 많은 유덕한 인사들 사이에 끼면 그의 적절치 못한 의심으로 해서 다시 바보같이 보이네. 그는 그 자신 속에 정당성의 유형을 간직하고 있지 않으므로 그는 정당한 사람을 알아낼 수 없네. 그리고 동시에 악인이 선인보다는 더 많고, 그리고 그들을 더욱 자주 만나므로 바보라기보다는 현인으로 자처하고 남들도 그렇게 생각한다고 여기고 있네.」

「가장 진실합니다.」하고 그는 말했다.

「그렇다면 우리가 찾고 있는 선하고 유덕한 재판관은 이런 사람이 아니고 다른 사람이겠지. 아무튼 악은 덕을 또한 알지 못하네. 그러나 유덕한 성질은 세월에 의해 교육됨으로써 덕과 악, 양자의 지식을 갖게 될 것이네. 그리하여 유덕하고 악하지 않은 자가 지혜를 갖고 있네. 이건 나의 의견이지만…….」

「이는 또한 나의 의견이기도 합니다.」

「이것이 그대가 그대의 국가에 있어 허락하는 종류의 의술이고 법률이네. 그들은 정신 및 신체에 건강을 줌으로써 더 나은 성질에 도움을 주네. 그러나 그들의 몸이 병든 자들을 죽게 내버려 둘 것이고 또한 썩고 고칠 수 없는 자들을 죽게 내버려 둘 것이고, 또한 썩고 고칠 수 없는 정신은 그대로 자위토록 내버려 둘 것이네.」

「그것이 병자나 국가를 위해 다같이 최상(最上)일 것입니다.」

「이리하여 우리들의 젊은이는 우리가 말한 대로 절제를 불러 일으키는 그 단조로운 음악을 교육받았으므로 법에 소송하는 것을 꺼려할 것이네.」

「명백합니다.」

「그리고 음악가도 같은 길을 밟았으므로 단순한 체육을 실행하는데 만족할 것이고 어떤 극심한 경우 외에는 의술과는 상관이 없을 것이네.」

「그렇다고 확신합니다.」

「그가 받은 훈련이나 고생이나 이 모두가 그의 성격의 정신적 면을 북돋우기 위한 것이지 그의 힘을 기르자는 것은 아니네. 그는 보통 운동가처럼 그의 근육을 발달시키기 위해 훈련하고 섭생하는 것이 아니네.」

「옳습니다.」라고 그는 말했다.

「음악과 체육이라는 두 개의 기술은 어느 것도 일반이 상상하는 바와 같이 하나는 정신을 위해 또 하나는 신체훈련을 위해 만들어진 것은 아니네.」

「그렇다면 그들의 참목적은 무엇입니까?」

「양쪽 교사들을 다같이 정신의 발육을 주로 생각하고 있다고 나는 믿네.」

「어찌해서 그렇습니까?」

「체육에만 전념할 때 또는 반대로 음악에만 전념할 때 정신 자체에 주는 효과를 관찰해 본 적이 없나?」

「어떻게 나타납니까?」라고 그는 말했다.

「하나는 완강하고 또한 몹시 사나운 기질을, 또 하나는 부드럽고 또한 유약한 기질을 만드네.」

「그렇습니다. 운동가에 불과한 자는 지나치게 사납게 되고 그리고 음악가에 불과한 자는 자기에게 이로운 정도를 넘어서 늘어지고 또한 연약하게 된다는 것을 나도 잘 알고 있습니다.」하고 그가 말했다.

「그러면서도 틀림없이 사나운 것은 오직 정신에서 오는 것이고 이것도 올바르게 교육된다면 용기를 낳을 것이네. 그러나 지나치게 강화한다면 완고하고 잔인하게 되기 쉽네.」라고 나는 말했다.

「그렇다고 저도 생각합니다.」

「또 한편 철학자는 온화한 성질을 지닐 것이네. 그러나 이것 역시 너무 지나칠 때에는 나약하게 되네. 그러나 올바르게 교육될 때에는 온화하게 그리고 절제 있게 될 것이네.」

「사실입니다.」

「그래서 나의 의견으로서는 수호자들은 이들 양쪽 기질을 가져야만 할 것이 아닌가?」

「틀림없습니다.」

「그리고 양쪽은 조화를 이루어야지?」

「물론입니다.」

「그리고 조화를 이룬 정신은 절제가 있고 또한 동시에 용기가 있겠지?」

「그렇습니다.」

「그리고 조화를 이루지 못한 것은 비겁하고 야비스럽겠지?」

「과연 그렇습니다.」

「그래서 음악에 심취되고 그의 귀를 통해서 우리가 방금 말한 이들 감미롭고 부드럽고 또한 침울한 음악을 흘려 넣고, 그리고 일생을 두고 노래하고 또한 노래의 즐거움 속에서 지낸다면 첫째 단계에 있어서는 정열과 기운이 날 것이고, 그는 철같이 단련될 것이고 부서지기 쉽고 쓸모 없이 되는 대신에 유용하게 될 것이네. 그러나 만일 그가 연약하고 또한 심정을 달래는 과정을 그대로 지속한다면 그 다음 단계에 가서는 그는 녹아버려 없어질 것이며, 드디어는 그의 얼을 빼앗기고 그의 정신력은 끊어져 버리네. 이래서 그는 나약한 전사로 되어버리네.」

「사실 그대로입니다.」

「만일 정신적 요소가 그에 있어 본래 약할 때에는 이 변화는 급속하게 이루어지네. 그러나 만일 약하지 않을 때에는 정신을 약화시키는 음악의 힘은 그를 흥분하게 만드네. 대단치도 않은 자극에 그대로 불같이 붙어 오르고 그리고는 곧 꺼져버리네. 정신을 차리지 못하게 성급하고 열정적이 되고 쓸모 없는 사람이 되네.」

「틀림없습니다.」

「그리고 체육에 있어서도 너무 맹렬하게 연습하고 너무 대식(大食)하고 음악과 철학의 우수한 연구가와는 정반대가 된다면 처음에는 그의 신체조건이 좋아지고 호기에 차고 정신이 날 것이네. 그는 실제보다 두 배나 된 것같이 우쭐할 것이네.」

「그렇습니다.」

「그러면 어떻게 되겠는가? 만일 그 밖에는 그가 아무 일도 하지 않고 뮤즈 여신과는 일체 대화를 끊는다면 그나마 그에게 남아 있는 지력이 배움 또는 연구, 사상 또는 문화의 빛을 보지 못하고 연약하고 우둔하고 그리고 장님이 되어버리고, 그의 정신은 다시 깨어나지 못하고 영양(營養)도 섭취하지 못하고 그리고 그의 감각들은 안개가 덮힌 채 걷히지 않을 것이 아닌가?」

「사실입니다.」 하고 그가 말했다.

「그리고 종래 철학을 혐오하는 자로서 개화되지 못하고 설득이라는 무기를 써보지도 못하게 되네. 그는 마치 야생동물 같아서 난폭하고 사납고 그 밖에 다른 것은 모르네. 그리하여 그는 무지(無知)한 악(惡)한 상태 속에서 살고 그리고 예절과 품위에 대한 감각을 갖지 못하네.」

「그것은 사실입니다.」 하고 그는 말했다.

「그리고 인간 본성에는 두 가지 원리, 즉 하나는 혈기 왕성한 것이고, 다른 하나는 철학적인 것이 있네. 어떤 신이, 내가 감히 말하면, 이들 두 가지 원리가 (악기의 현(絃)과 같이)적절하게 조화될 때까지 늦추거나 또는 잡아매기 위해 인류에게(정신과 육체에는 오직 간접적으로) 두 가지 기술을 주셨다고 감히 말할 수 있지 않을까?」

「그것이 의도된 것같이 보입니다.」

「그리하여 음악을 체육적인 것으로 가장 잘 된 배분상태로 배합하고 또한 정신에다 조합시키는 자가 과연 진정한 음악가이고, 그리고 현(絃)의 조율(調律)이나 하는 자보다는 더욱 높은 의미에서 화성학자(和聲學者)라고 할 수 있네.」

「옳습니다, 소크라테스.」

「그리고 만일 국가가 존속되려면 이러한 위에서 주관하는 천재가 언제나 필요할 것이네.」

「그렇습니다. 그는 절대로 필요할 것입니다.」

「그렇다면 이런 것들이 양육과 교육에 관한 우리들의 원칙들이네. 이쯤되면 우리 국민들의 춤, 그리고 수렵 또는 개사냥, 그들의 운동 및 마술(馬術)경기 등에 관해 이 이상 더 세부적으로 파고들 필요가 있겠는가? 이 모든 것은 모두 일반적인 원칙에 따를 것이고, 그리하여 일단 이것을 발견한 다음에는 이런 것들을 알아내는 데 어려움이 없을 것이네.」

「그렇겠습니다. 어려움이 없겠습니다.」

「좋아. 그러면 다음에는 무엇이 문제이겠는가? 우리는 누가 지배자가 되고 누가 피치자라야 하는지 물어보아야 하지 않겠는가?」

「물론이죠.」

「나이 먹은 자가 어린 자를 지배해야 한다는 데는 의심할 바 없겠지?」

「명료합니다.」

「그리고 그들 중에서 최상인 자가 지배해야 한다는 것도…….」

「그것 또한 명료합니다.」

「이제 농사에 가장 헌신하는 자가 가장 좋은 농부가 아니겠나?」

「그렇습니다.」

「그리고 우리는 우리들의 국가를 위해 가장 좋은 수호자들을 갖기로 되어 있으므로 수호자들의 성격을 가장 많이 지닌 자라야만 하지 않겠는가?」

「그렇습니다.」

「그리하여 이 목적을 위해 그들은 현명하고 능률적이고 또한 국가에 관한 특별한 관심을 가져야 하겠지?」

「진실입니다.」

「그리고 사람은 그가 사랑하는 것에 대한 관심을 가장 갖기 쉽겠지?」

「틀림없습니다.」

「그리고 그는 그가 자기와 더불어 같은 이해(利害)를 갖고 있다고 생각하는 것 그리고 그 중에서도 그에 의해서 그 자신의 운명에 언제나 가장 영향을 끼친다고 생각되는 행운 또는 불행에 대해 관심을 갖기 쉽지 않은가?」

「옳습니다.」하고 그는 대답했다.

「그렇다면 여기에 선택이 있어야 하지. 수호자들 가운데는 일생을 통해 그들의 나라에 이로운 것을 위해 최대의 열성을 보이고 국가의 이익에 반하는 것을 하는 데 대해서는 최대의 증오감을 나타내는 자가 있다는 것에 주목하세.」

「그들은 올바른 자들입니다.」

「그리고 그들은 연령에 불구하고 감시를 받아야 하네. 그들의 결의를 그대로 보존하는지 않는지 또는 힘이나 유혹을 받아 국가에 대한 그들의 의무감을 잊었거나 또는 포기하지나 않았는지 우리가 알 수 있도록 하기 위해서도.」

「어떻게 포기하는 것입니까?」하고 그는 말했다.

「내가 설명하지.」하고 나는 대답했다.

「결의라는 것은 사람의 마음에서 그의 의사(意思)로써 또는 그의 의사에 반해서 사라진다. 그가 허위를 극복할 때에는 그는 그의 의사를 가지고 하는 것이고 따라서 더 잘 배울 것이고, 그에게서 진실이 제거되었을 때는 그의 의사에 반해서 하는 것이네.」

「자진해서 결의를 상실하는 것은 알겠습니다. 그런데 본의 아니게 상실한다는 뜻은 아직도 모르겠습니다.」라고 그는 말했다.

「아니, 그대는 사람이 본의 아니게 선을 빼앗기고 그리고 자진해서 악을 털어버린다는 것을 모르나? 진실을 상실한다는 것은 악이고 그리고 진실을 가진다는 것은 선이겠지? 그리고 그대는 있는 모습 그대로 사물들을 인식한다는 것은 진리를 갖는 것이라는 데 있어 동의하겠지?」

「동의합니다.」 하고 그는 대답했다.

「인류는 그들의 의사에 반해 진리를 박탈당한다고 생각하는 데 있어 동의합니다.」

「그리고 이 본의 아닌 박탈은 절도 또는 힘 또는 유혹 등 그 어느 것에 의해 이루어지는 것이 아닌가?」

「아직도 이해할 수 없습니다.」 하고 그는 대답했다.

「나는 비극작가처럼 컴컴하게 이야기했나 보네. 그러나 나는 오직 어떤 자는 설득에 의해 그리고 다른 자는 망각에 의해 변화된다는 것을 뜻하는 것일세. 즉 토론이 어떤 때는 어느 계층 사람들의 마음을 사로잡고, 때로는 시간이 다른 계층 사람들의 마음을 빼앗아가네. 그래서 나는 이것을 절도라고 부른 것이네. 이제 알아듣겠는가?」

「알겠습니다.」

「또한 강요당하는 자들은 어떤 고통이나 또는 슬픔이 그들의 의견을 바꾸도록 만든 자들이네.」

「알겠습니다. 틀림없이 옳습니다.」 하고 그는 말했다.

「그리고 매혹당한 자들은 쾌락의 보드라운 영향 또는 공포라는 심각한 영향에서 그들의 마음을 바꾼다는 것을 그대는 또한 인정하겠지?」

「인정합니다. 속는 것은 모두 매혹 때문이라고 말할 수 있겠습니다.」 하고 그는 말했다.

「그러므로 내가 방금 말한 바와 같이 우리는 그들이 생각하는 것이 국가의 이익이고 그들 생활의 규범이 될 것이라고 그들 나름의 확신을 가진 최고의 수호자들이 과연 누구인가를 찾아내어야 한다는 것이네. 우리는 그들을 젊었을 때부터 감시하여야 하고 그리고 그들이 가장 망각 또는 속임당하기 쉬운 상황 속에서 행동을 취하도록 하고 그리고도 잘 기억하고 속지 않는 자들을 선정하여야 하지. 그리고 이 시험에 실패한 자는 거부되어야지. 이것이 방법일세.」

「그렇습니다.」

「그리고 그들을 위해 고생과 고통 그리고 투쟁도 마련되어야 하네. 여기에서 그들은 같은 성격에 관한 또 하나의 증거를 나타내도록 할 것이네.」

「옳습니다.」라고 그는 대답했다.

「그러면 우리는 매혹으로 그들은 시험하여야 하네. ― 이것은 세번째 시도(試圖)인데 ― 그리고 그들의 행동이 어떤가를 보네. 그것들이 혹시나 겁이 많은 것들이나 아닌지 알아보기 위해 망아지를 소음과 소란 속으로 끌고 나가는 사람들같이 우리도 우리들의 젊은이들을 어떤 공포 속으로 데리고 가서는 다시 쾌락을 맛보게 하네. 이리하여 용광로 속에서 금을 가려내듯이 더욱 철저하게 가려냄으로써 그들이 모든 매혹적인 것에 무장이 되어 있는가 그리고 고상한 태도를 지니고 그 자신 훌륭한 수호자이고 또한 그들이 배운 음악을 간직하여 어떠한 경우에 있어서도 개인이나 국가에 가장 쓸모 있는 그러한 율동적이고 조화적인 성질을 보존하고 있는지 우리는 발견할 수 있을 것이네. 그리하여 어린이, 젊은이 그리고 성숙한 어른으로서 모든 연령에 걸쳐 시험에 승리하고 순수하게 나타난 자가 국가의 지배자 및 수호자로 임명될 것이네. 그는 생시(生時)나 사후(死後)에도 존경을 받을 것이며 그리고 우리가 줄 수 있는 최고의 국장(國葬)과 기타 명예로운 기념물들을 받을 것이네. 그러나 실패한 자를 우리는 거부해야 한다. 이것이 우리들의 지배자들 그리고 수호자들이 선택되고 임명되어야 하는 방식이라고 나는 생각하고 싶네. 나는 일반적으로 말하는 것이고 여기에 정확을 기하려는 것은 아니네.」

「일반적으로 말해 나는 동의합니다.」 하고 그는 말했다.

「그리고 아마도 충분한 의미에서의 수호자라는 말은 우리를 외적으로부터 보호해 주고 안으로는 국민들 사이에 평화를 유지해서 어떤 자에게는 우리를 해치려는 마음을 갖지 못하게 하고 또 다른 자는 힘을 갖지 못하게 하는 이러한 최고계급에만 적용되어야 할 것이네. 우리가 앞서 수호자들이라 부른 젊은이들은 지배자들의 원칙에 관한 한 보조자들 또는 지지자들이라 부르는 것이 더욱 적절할 것이네.」

「동의합니다.」 하고 그는 말했다.

「그러면 어떻게 해서 우리가 방금 이야기한 이들 필요한 거짓말들 중의 하나를 생각해 낼 수 있을까? ― 가능하면 지배자들을 그리고 여하튼 국민들을 기만할 수 있는 멋진 거짓말을.」

「어떤 종류의 거짓말입니까?」 하고 그는 말했다.

「별로 새로운 것은 아니야.」 하고 나는 대답했다.

「오직 예전에 페니키아인들이 한 이야기인데, 다른 고장에서도 전에 가끔 이야기가 되었었지(시인들이 말한 바와 같이 그리고 세상 사람들로 하여금 믿게 한). 비록 우리 시대는 아니겠지만, 그래서 만일 이것이 가능하다 해도 이러한 일이 다시 일어날 수 있는지 또는 믿을 수 있게 조차 할 수 있을는지 나로서는 알 수 없네.」

「무엇을 그렇게 입 속에서 망설이는 것이죠?」

「그대가 듣는다면 내가 주저하는 것을 이상하게 여기지 않을 걸세.」 하고 나는 대답했다.

「두려워하지 말고 말해 보시지요.」

「그러면 말해 보겠는데, 그러나 사실 어떻게 그대를 대면해 놓고 또는 이 철면피한 엉터리 이야기를 무슨 말로 이야기해야 할지 모르네. 그런데 이야기인즉 이것을 나는 점차적으로 지배자들에게 그리고는 병사들에게 그리고 마지막에 가서는 국민들에게 전하려는 것이네. 즉 그들의 젊음은 일장춘몽이고 그리고 그들이 우리로부터 받은 교육이나 훈련은 외양에 불과했음을 말해주네. 사실에 있어 지나온 모든 사이에 그들은 대지(大地)의 태(胎) 속에서 형성되고 양육되었네. 거기서 그들 자신과 또한 그들의 무기와 부속물들이 만들어지네. 그리고 그들이 완성되면 그들의 어머니인 대지는 그들을 내보내지. 이래서 그들의 나라는 그들의 어머니고 또한 유모이므로 이를 위해 조언해야 하고 또한 공격에서 방어해야 하네. 그리고 국민들을 대지의 아들로서 또한 그들 자신의 형제로서 대해야 한다는 것이네.」

「당신이 이야기하려는 거짓말은 부끄러워할 충분한 이유가 있군요.」하고 그는 말했다.

「그렇지. 그런데 아직 끝나지 않았네.」하고 나는 대답했다.

「나는 지금 반쯤 이야기한 걸세. 국민들이여, 하고 우리는 우리들 이야기 속에서 그들에게 말하겠는데 그대들은 형제들이다. 그러나 신은 그대들을 다르게 형성했다. 그대들 가운데 어떤 자는 명령하는 힘을 지니고 있다. 그리고 이들을 빚어 만드는데 그는 금(金)을 섞었다. 그래서 그들은 또한 최대의 명예를 지닌다. 그 밖의 다른 자들을 신은 은(銀)으로 만들어 보조자로 했다. 농부나 장(匠)이로 되어질 다른 자들을 신은 진주와 철(鐵)로써 만들었다. 그리고 품종들은 일반적으로 자손들에게 이어져 보존될 것이다. 그러나 모든 것들이 같은 뿌리로 되었으므로 때로는 금(金)의 부모가 은(銀)의 아들을 가질 수도 있고 또는 은(銀)의 부모가 금(金)의 아들을 가질 수도 있다. 그리고 신이 지배자에게 다른 것은 고사하고 제 1 원리로 내세우는 것은 무엇보다도 그들이 애써야 하고, 또 그들이 훌륭한 수호자들이 되기 위해서는 종족의 순결성을 지켜야 한다. 그들은 그들 자손 속에 어떤 요소들이 혼합되는가 눈여겨 보아야 하네. 만일 금이나 은의 부모의 아들이 진주나 철과 혼합할 때는 자연은 지위를 바꾸도록 명령한다. 그러므로 지배자는 그 아이가 층위(階位)에서 떨어지고 농부나 장(匠)이가 되어야 한다 하여 불쌍히 여길 것은 없다. 하기는 자신 속에 금이나 은이 혼합되어 있는 장(匠)이들의 아들들은 명예로운 자리로 승진되고 수호자가 되는 것이니까. 신탁(神託)에 의하면 진주나 철이 국가를 지킬 때는 국가는 멸망한다고 말한다. 대강 이런 것이 이야기의 줄거리이네. 우리 국민으로 하여금 이것을 믿게 할 수 있을까?」

「지금 세대에서는 안될 것입니다.」 하고 그는 대답했다. 「이것을 성공시킬 방도가 없습니다. 그러나 그들의 아들들은 이 이야기를 믿도록 할 수는 있겠지요. 그들의 아들들과 그리고 그들의 후손들에게는?」

「나도 그 어려움을 아네.」 하고 나는 대답했다. 「그러나 이러한 믿음을 육성함으로써 그들이 더욱 국가를 그리고 서로를 돌보게 될 것이다. 이제 이런 허망한 이야기는 그만해 두지. 풍문의 날개를 타고 날아가도록 내버려 두지. 그러나 우리들의 땅에서 태어난 영웅들을 무장하고 그들 지배자들의 지휘하에서 이끌어 나가도록 해야지. 만일 국내에서 말을 안 듣고 고집을 부리는 자가 있다고 인지될 때, 또는 자신들을 적으로부터 지킬 때 가장 잘 반란을 진압할 수 있는 장소를 눈여겨 보고 선정해 두도록 해야지. 이들 적들은 승냥이와 같이 양의 우리에 내려오니까 거기에다 진(陳)을 치게 하고 그리고 진을 친 다음에는 제각기 신들에다 희생을 바치고 이제는 그들이 살 곳을 마련케 하네.」

「그렇죠.」 하고 그는 말했다.

「그리고 그들이 살 곳은 겨울의 추위와 여름의 더위에서 그들을 가려줄 만한 것이어야 하겠지?」

「집을 뜻하시는 것이겠습니다.」 그는 대답했다.

「그렇네. 그러나 그들은 병사의 집들이어야 하고 양치기의 집은 아니네.」

「무엇이 다릅니까?」 하고 그는 말했다.

「그것은 내가 설명토록 하지.」 하고 나는 대답했다.

「지키는 개를 두었는데 훈련이 모자랐든지 또는 배가 고픈 탓인지 또는 어떤 몹쓸 습관에서인지 양에게 달려들어 그들을 두렵게 하고 개같이 행동하는 게 아니라 이리떼 같다면 양치기에게는 이것은 큰 잘못이고 괴상한 일이겠지?」

「과연 괴이하고 망측합니다.」하고 그는 말했다.

「그러므로 우리들의 보조자들은 우리들의 국민들보다는 훨씬 강하니까 그들이 지나치게 역겹게 되고 친구나 또는 동맹자가 아니라 야만적인 전제자(專制者)로 되어서는 안되도록 갖은 세심한 주의가 취해져야 하지 않겠나?」

「그렇습니다. 크게 주의하여야 합니다.」

「그리고 진실로 좋은 교육이 가장 좋은 안전장치를 마련해 주는 것이 아니겠나?」

「그러나 그들은 벌써 잘 교육을 받았습니다.」하고 그는 대답했다.

「나는 그다지 자신이 없네. 나의 친애하는 그라우콘.」하고 나는 말했다.「그러나 그들이 교육을 받아야 한다는 것은 더욱 확실하네. 그리고 진정한 교육이란 그것이 어떤 것이든지 그들 상호간의 그리고 그들의 보호하에 놓인 자들과의 관계에 있어 최대한 그들을 교화하고 인간답게 하는 경향이 있네.」

「진실입니다.」하고 그는 대답했다.

「그리고 그들의 교육뿐만 아니라 그들의 주거 그리고 그들에게 속하는 모든 것은 수호자로서의 덕을 손상하고 또는 그들을 유혹해서 다른 국민들에게 덤벼들게 하는 그런 것이어서는 안되네. 제대로 정신이 있는 자라면 이것을 인정할 것일세.」

「인정해야죠.」

「그렇다면 우리는 그들의 생활방식을 생각해 보세. 만일 그들이 자신에 대한 우리들의 이상을 실현할 것이라면 말일세. 첫째로, 꼭 필요한 것 외에는 그들 자신의 재산은 어떤 것도 가져서는 안되네(그들은 자기 집을 가져서도 아니되고 또한 들어오고 싶어하는 자를 마다하는 저장고(貯藏庫)를 가져서도 안되네). 그들의 음식은 절제와 용기를 가진 훈련된 전사가 필요로 하는 그런 것들이어야 하네. 일년 동안의 세비(歲費)면 족하고 그 이상은 필요 없는 정도의 일정한 지출을 국민들로부터 받도록 합의를 보아야 할 것이네. 그리고 병영에서 병사들과 같이 공동식사를 하고 공동생활을 할 것이네. 우리는 그들에게 금과 은을 신으로부터 받아내었다고 말할 것이네. 신성한 금속이 그들 속에 있고 또한 사람들 사이에 통용되는 쇠똥은 그들에게 필요 없고 또한 이런 속된 혼합으로 신성함을 오염치 말도록 말할 것이네. 보통 사람들의 금속은 많은 성스럽지 못한 행동들의 근원이지만 그들 자신 것은 오염되지 않은 것이니까. 그리고 모든 국민 속에서도 그들만은 은이나 금에 손을 대고 이것들을 취급(取扱)하거나 집안에 두거나 또는 몸에 걸치거나 그것들을 가지고 술을 마셔도 안되네. 이렇게 해서 그들은 구제되고 그리하여 그들은 국가의 구제주(救濟主)들이 될 것이네. 그러나 그들이 일단 집이나 땅이나 또는 금전(金錢)을 획득하면 그들은 수호자 대신에 집을 지키는 자 그리고 농부로 되고, 다른 국민들의 동조자가 아니라 적이 되고 전제자가 됨으로써 미워하고 미움을 당하고 서로 음모(陰謀)하고 음모에 걸리고 하여 외적보다는 국내적으로 더 많은 공포 속에서 평생을 보내게 될 것이고, 드디어 그들 자신에게나 또는 국가의 나머지 사람에게나 파멸은 시간문제인 것이네. 이런 모든 이치로 해서 우리들의 국가는 이토록 질서지어져야 하며, 이것들이 그들의 집들과 기타 모든 것들에 관해 수호자들을 위해 우리들에 의해서 지정된 규범들이네.」

「그렇습니다.」

제 4 권

여기서 아데이만토스가 질문을 하나 던졌다.

「소크라테스여! 어떻게 당신은 대답하겠습니까?」 하고 그가 말했다. 「만일 남들이 당신은 이들을 비참하게 만들고 그리고 이들이 자신들의 불행의 원인이 된다고 말한다면, 국가는 사실 그들에게 속해 있는데 그렇다고 해서 그들은 조금도 더 나을 것이 없습니다. 그런데 다른 사람들은 토지를 획득하고 크고 아름다운 집을 짓고 거기에다 갖은 아름다운 것을 갖고 그들 자신을 위해 신들께 희생을 바치고 향연을 베풀고, 뿐만 아니라 당신이 지금 말한 바와 같이 그들은 금과 은을 비롯하여 재산의 좋은 것은 다 가지고 있습니다. 그런데 우리의 불쌍한 국민은 나라 속에 주둔하고 있는 용병보다 나을 것이 없고 그리고 언제나 말을 탄 보초에 지나지 않는다고 말한다면 무엇이라 대답하시겠습니까?」

「그렇지. 그들은 음식만 얻어 먹을 뿐 다른 사람같이 그들 식사 외에는 지불되는 것도 없다고 첨가해서 말할 수 있을 걸세. 그러므로 그들은 하고 싶어도 쾌락의 길을 취할 수 없네. 그들은 소위 세상에서 행복이라고 생각하는 첩이라든가 또는 기타 어떤 사치스러운 멋에 쓸 돈도 없네. 그리하여 이와 같은 성질의 다른 많은 비난이 퍼부어질 것이네.」 하고 나는 말했다.

「그러면 이 모든 것이 비난에 포함된다고 생각해 봅시다.」라고 그는 말했다.

「우리의 대답이 무엇인지 물어보려는 것인가?」 하고 나는 말했다.

「그렇습니다.」

「만일 우리가 예전 길을 걸어나간다면 그 대답을 발견할 것이네.」 라고 나는 말했다. 「그리고 우리들의 대답은 비록 그들이 그렇게 되어도 우리들의 수호자들은 틀림없이 가장 행복한 사람들일 것일세. 그러나 국가를 창건하는 데 있어 우리들의 목적은 어떤 한 계급의 조화가 잡히지 않은 행복이 아니라 전체의 최대의 행복이네. 우리는 이것을 국가에 있어 생각했네. 전체의 선이라는 관점에서 질서가 잡힌 국가에 있어 우리는 정의를, 그리고 무질서한 국가에서는 부정의(不正義)를 가장 손쉽게 찾아낼 수 있을 것이네. 그리고 이것을 발견한 다음에 우리는 양자 중 어느 것이 더 행복한 것인가를 결정할 수 있을 것이네. 현재 우리는 행복한 국가를 꾸미고 있으며, 그것도 단편적으로 또는 소수의 행복한 국민을 안중에 두고 하는 것이 아니라 전체로서 생각하는 것이며, 이러한 가운데 정반대되는 국가를 고찰하려고 하는 바이네. 우리는 초상화를 그리고 있는데 누가 와서 다음과 같이 말했다고 생각해 보세. '어찌하여 그대는 신체의 가장 아름다운 부분에다 가장 아름다운 색채를 쓰지 않나?'—눈은 마땅히 자색(紫色)이어야 하는데 흑색으로 칠해 놓았다—이 자에게는 우리는 당연히 이렇게 대답할 수 있지. '여보시오, 그대는 우리들을 보고 그것이 이제 눈이 아닐 정도로 눈을 아름답게 하라는 말은 의당 아니겠지.' 이런 또는 저런 생김새에다 적당한 균형을 줌으로써 전체를 아름답게 할 수 있지 않을까 생각하는 것이 오히려 좋을 것이오. 그리하여 한마디 하겠는데, 전혀 수호자만은 될 수 없는 그런 종류의 행복을 수호자에게 주라고 우리를 강요하지는 말아. 하기는 우리도 또한 우리들의 농부에게 왕의 의복을 걸치게 하고 머리에는 금관을 얹고 그리고는 그들에게 마음내키는 대로 밭을 갈되 더 이상 할 것은 없다고 말할 수 있으니까. 도공(陶工)들도 침상에 누워 편히 쉬게 하고 불

옆에서 잔치를 하고 술잔을 돌리는 가운데 녹로(轆轤)를 제대로 돌리면서 그들이 마음 내키는 만큼 도자기를 만들 수 있게 할 수도 있네. 이런 방식이라면 우리는 모든 계급을 행복하게 할 수 있을 것이고 따라서 그대가 상상한 대로 전체 국가가 행복하게 되겠지. 그러나 우리들 머리 속에다 이 생각만은 집어넣지는 말어. 만일 우리가 그대 말을 듣는다면 농부는 이제 농부가 아닐 것이고 도공은 도공이 될 수 없을 것이네. 그리하여 국가에 있어 아무도 어떤 특정한 계급의 특징을 갖지 못할 것이네. 사회의 부패 그리고 자기 것이 아닌 것을 가지고 허세를 부리는 것도 화공(靴工)에게나 한정된다면 그다지 문제될 것도 없겠지만. 그러나 법과 통치의 수호자들이 외관만 그렇고 진짜 수호자들이 아닐 때 그들이 나라를 뒤집어놓는 꼴을 보게 될 것이네. 그런데 이들이야말로 국가에다 질서와 행복을 가져다줄 수 있는 힘을 가진 사람들이란 말이네. 우리는 수호자들이 국가를 구원하는 진실한 자이고 파괴자는 아니라고 말하는 것이네. 그런데 우리와 반대의 입장에 있는 자는 부어라 마셔라 하는 생을 즐기는 축제에 들뜬 농부들을 생각하고 국가에다 의무를 다하는 국민은 생각하지도 않는다는 것이지. 그러나 만일 그렇다면 우리는 서로 다른 것을 가지고 말하고 있는 것이고, 그는 국가 아닌 어떤 다른 것을 가지고 이야기하고 있는 것이지. 그러므로 우리의 수호자를 선정함에 있어서는 개개인의 최대의 행복을 바라는 것인지 또는 이 행복의 원리가 오히려 하나의 전체로서의 국가에 있는 것인지 한번 생각해 볼 일이네. 그래서 만일 후자가 진실이라면 그 때에는 수호자들이나 보조자들 그리고 이들과 더불어 기타 모든 자들은 가장 좋은 방식으로 그들 자신의 일을 수행하도록 강요 또는 설득되어야 하지. 이리해서 전체 국가는 고귀한 질서 가운데서 커지고 각 계급은 자연히 그들에게 돌아오는 행복의 분배를 받을 것이네.」

「전혀 옳다고 생각합니다.」

「또 하나 생각나는데 그대는 이것에도 동의할지 의심스럽네.」

「그것은 무엇입니까?」

「기술을 타락시키는 데는 두 가지 원인이 있다고 생각되네.」

「그게 무엇입니까.」

「부와 가난일세.」 하고 나는 말했다.

「어떻게 그것들이 작용하는 것입니까?」

「그 과정은 이렇지. 도공(陶工)이 부자가 되면 그가 그의 기술을 가지고 전과 같이 애를 쓸 것이라고 생각하나?」

「안 쓰겠지요.」

「그는 점점 더 나태해지고 부주의하겠지?」

「그렇습니다.」

「그래서 결과적으로 그는 더 나쁜 도공으로 되어버리겠지?」

「그렇습니다. 그는 크게 퇴보할 것입니다.」

「그러나 한편 만일 그가 돈이 없어 연장이나 도구들을 마련하지 못한다면 그는 또한 마찬가지로 일을 잘할 수 없을 것이고 다같이 잘하도록 자식들이나 제자들을 선도할 수 없지?」

「물론 안됩니다.」

「그렇다면 가난 또는 부의 영향을 받아 일하는 사람이나 또한 그들의 일도 다같이 타락하기 쉽겠네?」

「그건 명백합니다.」

「그렇다면 여기서 새로운 악(惡)들이 발견되었네. 이에 대해서는 수호자들도 정신차려야지. 그렇지 않으면 어느 새 국가 속으로 스며들 테이니까.」

「무슨 악(惡)들이란 말씀입니까?」

「부와 가난. 하나는 사치와 나태 또 하나는 비열과 부도덕의 근원이지. 그리고 다같이 불만의 원천이라는 것이네.」

「그것은 진실입니다.」 하고 그는 대답했다.

「그러나 그래도 알고 싶은 것이 있는데 소크라테스! 만일 군자금(軍資金)이 없다면 특히 적(敵)이 부강할 때 어떻게 우리 국가는 전쟁에 임할 수 있겠습니까?」

「물론 그것은 대단히 어렵겠지, 이런 적과 맞부딪친다는 것은. 그러나 적이 둘 있을 때에는 어렵지 않네.」

「어째서 그렇습니까?」 하고 그는 물었다.

「우선은 만일 우리가 싸워야만 한다면 부자의 군대와 싸우는 우리 편은 훈련받은 전사들일 것이네.」

「그것은 사실입니다.」 하고 그는 말했다.

「그런데 아데이만토스! 기술이 뛰어난 권투선수가 다른 두 사람의 건장하고 잘 사는 신사(紳士)와 용이(容易)하게 대결할 수 있다고는 생각하지 않나?」

「생각할 수 없습니다. 한꺼번에 덤벼든다면.」

「만일 그가 달아날 수 있고, 그리고는 돌아서서 첫번에 닥치는 자를 때려 눕힌다면 어째서 생각할 수 없다는 것인가? 그리고 작열하는 태양의 열기 속에서 이것을 몇 번만 되풀이한다면 그는 전문가이므로 건장한 신사 한 사람 이상 더 많은 자들을 넘어뜨릴 수 있다고 생각할 수 없겠나?」

「물론이지요. 그것은 별로 신기롭지도 않습니다.」

「그리고 부자는 그것들이 군사적 성격을 띠는 것보다도 권투의 과학과 연습에 있어 크게 우월할 것이네.」

「충분히 그럴 것입니다.」

「그렇다면 우리들의 체육인들은 그들 수의 두 배, 세 배 되는 적들과 싸울 수 있다고 생각할 수 있겠지?」

「동의합니다. 당신이 옳다고 생각합니다.」

「그리고 전쟁을 시작하기에 앞서 우리 국민은 두 나라 가운데 한 쪽에다 사신(使臣)을 보내 무엇이 사실인가를 그들에게 말할 것인가 생각해 보세. 즉, 우리는 은이나 금을 갖지도 않고 또한 갖게 되어 있지도 않다. 그러나 그대는 가질 수 있다. 그러므로 이 곳에 와서 우리를 돕지 않겠는가? 그리고 다른 나라의 전리품(戰利品)을 차지하라고 말을 건넨다. 그러면 이 말을 듣고 나서야 누가 말라빠지고 깐깐한 개들과 싸우겠나. 오히려 이들 개를 그들의 편으로 해서 살찌고 유순한 군(軍)과 싸울 것이 아니겠나.」

「그렇지 않을 것입니다. 만일 여러 부(富)한 나라들이 하나로 뭉친다면 가난한 나라가 위험할 것입니다.」

「우리 국가를 내놓고 나라라는 말을 사용하다니 그대는 단순도 하네.」

「어찌해서 그렇습니까?」

「그대는 다른 국가들을 말할 때는 복수로 말하게. 그들 가운데 하나도 단일국가가 아니고 여러 국가들이란 말일세. 마치 유희에서 사람들이 말하듯이 사실 어떤 국가들도 비록 작다 하더라도 둘로 갈라져 있네. 하나는 가난한 자의 국가고 다른 하나는 부자의 국가다. 이것들이 서로 다투고 있네. 그리고 각자에 있어서도 거기에는 많은 더 작은 구분들이 있네. 그러므로 그대가 이들 모든 것들을 마치 단일국가와도 같이 취급한다면 전혀 당치도 않을 것일세. 그러나 만일 그대가 이들을 다수로서 대하고 한 나라의 부와 권세와 인원을 다른 나라들에 준다면 그대는 대단히 많은 친구들을 언제나 얻게 되고 적은 많지 않을 걸세. 그래서 그대의 나라가 이제 말한 현명한 질서를 계속 유지한다면 최대의 국가로 될 것일세. 명성이나 외관이 그렇다는 게 아니라 행동과 사실에 있어, 비록 방어하는 자들은 천 명을 넘지 못한다 하더라도 그만한 단일국가는 그리스에서나 또는 야만인 사이에 있어 찾아보기 어려울 것이네. 비록 많은 국가들은 외관만은 위대하고 몇 배나 큰 것같이 보일지 모르나.」

「그것은 틀림없습니다.」 하고 그는 말했다.

「그리고 그들이 국가의 크기나 또한 포함시켜야 할 국토의 양을 생각할 때 그리고 그 이상은 그들은 넘어서지 않는다고 할 때 우리들의 지배자들이 어느 한계점에서 머무는 것이 최상이겠는가?」

「어떤 한계를 제기하시겠습니까?」

「나로서는 통합성과 일치되는 한에서 국가는 늘어나갔으면 좋겠네. 이것이 나의 생각으로는 적정한 한계이네.」

「대단히 좋습니다.」 하고 그는 말했다.

「그리고 여기에서 우리 수호자들에게 주어져야 할 명령은 우리들의 국가가 크다거나 또는 작다고 생각되어서는 안된다는 것이고 마땅히 단일적이고 자급자족이 되어 있어야 한다는 것이네.」

「확실히 이것은 우리가 그들에게 내리는 명령치고 가혹한 것은 아닙니다.」 하고 그는 말했다.

「우리가 앞서 이야기한 또 하나의 명령은 더욱 가볍네. — 열등할 때 수호자들의 소생(所生)은 지위를 낮추고 또한 하층계급의 소생이라 할지라도 천성이 우월하면 수호자들의 계위(階位)로 높인다는 의무를 말하는 것인데, 그 의도는 국민 전체에 걸쳐 각자 천성이 적합한 것에 따라 소용되어야 하며 일인일사(一人一事)해서 각자 자신의 일에 종사할 것이며 일은 하나이며 많아서는 안된다는 것이네. 그래야만 국가는 하나일 것이고 여럿이 아닐 것이네.」

「그렇습니다. 그것은 그렇게 어렵지 않을 것입니다.」 하고 그는 말했다.

「우리가 마련하고 있는 규칙들은, 친애하는 아데이만토스! 그렇게 상상될지 모르나 여러 가지 위대한 원칙이 아니라 모두 사소(些少)한 것들이며, 주의만 한다면 말에 있듯이 다 하나의 큰 것의 지엽(枝葉)들인 것이네. — 그러나 그것마저 나는 크다고 하기보다는 우리들 목적에 충분한 것이라고 말하고 싶네.」

「그것이 무엇이겠습니까?」 하고 그가 물었다.

「교육 그리고 양육이다.」 하고 나는 말했다.

「만일 우리들의 국민이 잘 교육되고 분별 있는 사람이 되면 그들은 이 모든 것뿐만 아니라 내가 빠뜨린 다른 것들도 또한 알 수 있을 것이네. 예를 들면 결혼, 여자의 소유, 아이들의 출산 같은 것들인데, 이것들은 격언에도 있듯이 친구들은 모든 것을 같이 갖는다는 일반적 원칙에 따를 것이네.」

「그것이 그들을 안정케 하는 최선의 방식일 것입니다.」

「또한 국가는 일단 출발이 잘 되면 차바퀴같이 가속이 붙어 돌아가는 것이네. 그 이유는 좋은 양육과 교육은 좋은 헌법들을 심고 또한 이들 좋은 헌법들은 좋은 교육에다 뿌리를 내리고 더욱 더 이를 개량하네. 그리고 이 개량이 다른 동물에서나 마찬가지로 사람에 있어서도 품종에다 영향을 미치네.」

「가능할 것입니다.」 하고 그는 말했다.

「이제 요약을 해보면 이것이 무엇보다도 우리의 지배자들의 주의가 집중되어야 할 요점인데, 음악과 체육 같은 것은 원초(原初)의 형태 그대로 보존해야 하고 새삼스러운 짓을 해서는 안되네. 그들은 그것들을 다치지 않게 유지하는 데 힘을 다해야 할 것이네. 그리하여 누가 사람이란,

"가수가 갖고 있는 가장 새로운 노래"[1)]

를 가장 좋아 한다고 말할 때, 그는 새로운 노래가 아니라 새로운 형식의 노래를 찬양하는 것이 아닌가 하고 지배자들은 일단 이를 의심해야 하네. 그리고 이것은 찬양되어서는 안되고 또한 시인이 뜻하는 바도 아니라고 생각되네. 하기는 음악적으로 새로운 것은 전체 국가에 대해 위험이 가득 차 있고 마땅히 금지되어야 하네. 그래서 다몬이 나에게 말했고, 나도 그를 서슴지 않고 믿는데, 그가 말하기를 음악의 형식이 변할 때 국가의 근본법도 언제나 이들과 더불어 변한다는 것이네.」

「과연 그렇습니다.」 하고 아데이만토스가 말했다.

「다몬과 당신의 의견에 나도 한 표 던지겠습니다.」

「그래서 우리의 수호자들은 음악에다 그들 성벽의 바탕을 놓아야 하지 않겠는가?」

1) 『오디세이』, i, 352.

「그렇습니다. 당신이 말씀하는 무법성(無法性)이라는 것이 너무도 손쉽게 스며드니까요.」하고 그는 말했다.

「그렇지. 오락이라는 형식의 탈을 쓰고 그리하여 언뜻 보기에는 해롭지 않은 것 같네.」하고 나는 대답했다.

「그렇고 말고요. 해롭지 않지요. 만일 조금씩 조금씩 이 방종한 생각이 제 집을 찾아 알 수 없는 사이에 태도나 습관 속으로 침투하지 않는다면 그리고 이로부터 더 큰 힘이 되어 인간과 인간 사이의 약속들을 침범하고 약속들로부터 법과 헌법으로 발전하고, 닥치는 대로 드디어는 소크라테스! 공적인 것은 물론 사적인 모든 정당한 것을 파괴해 버리지 않는다면 말입니다.」

「그게 사실인가?」하고 나는 말했다.

「그것이 저의 소신입니다.」하고 그는 대답했다.

「그렇다면 우리의 젊은이들은 처음부터 엄격한 제도 하에서 훈련받아야 하네. 오락이 무법(無法)하게 되고 젊은이들 자신이 무법(無法)하게 된다면 그들은 다시는 성장해서 의젓하고 유덕한 국민이 될 수 없을 것이네.」

「과연 사실입니다.」하고 그는 말했다.

「그리하여 그들이 노는 데도 시작이 좋으면 그리고 음악의 도움을 얻어 선한 질서에 관한 습성을 익히게 되면 그 때에는 이 질서에 관한 습성 — 이것은 다른 자들의 무법(無法)한 유희와는 그 태도가 말할 수 없이 틀릴 것인데 — 이 습성이 모든 그들의 행동에 있어 그들을 따라다닐 것이고, 드디어 그들의 성장원리가 되어버릴 것이네. 그리하여 국가에 있어 만일 결함된 것이 있다면 다시 그것을 북돋아 올릴 것이네.」

「그대로 진리입니다.」하고 그가 말했다.

「이렇게 교육됨으로써 그들은 자신들을 위해 그들의 선인들이 전혀 소홀히 했던 사소(些少)한 규칙들을 만들어낼 것이네.」

「무슨 말씀입니까?」

「그것은 이런 것들이네. 젊은이가 그들의 어른들 앞에서 침묵을 지켜야 할 때 또는 어떻게 그들은 일어나서 그들로 하여금 자리에 앉게 하고, 그들 부모를 어떻게 공경해야 하며, 어떤 의복과 신발을 신고 머리를 가꾸는가…… 여하튼 일반적인 예의범절을 말하는 것일세. 어때 동의하겠나?」

「동의합니다.」

「그러나 이런 일들을 입법한다는 것은 현명하다고 생각되지 않네. 과연 이것이 법으로 만들어지는 것인지, 그것들에 대한 정확한 입법이 또한 영속될 것인지 의심스럽네.」

「불가능합니다.」

「교육이 사람을 촉발시키는 방향 여하에 따라 그의 장래의 생활이 결정된다고 생각할 수 있겠지. 같은 것은 언제나 같은 것을 끌어들이는 것이니까. 그렇지 않은가, 아데이만토스?」

「확실히 그렇습니다.」

「그리하여 드디어는 선할 수 있는 희귀하고 장엄한 결과를 가져올 수도 있고 또는 그 반대의 결과를 나타낼 수도 있지 않겠는가?」

「그것은 부정할 수 없습니다.」

「이런 이유로 해서 나는 그것들에 관해 더 나아가 입법하려 들지 않겠네.」

「자연히 그렇겠습니다.」 하고 그는 대답했다.

「그러면 시장에서 일어나는 일에 관해, 사람과 사람 사이의 일상적인 거래에 관해, 또는 다시 장(匠)이들과의 계약에 관해, 모욕과 상해에 관해, 또는 소송을 제기하는 데 관해, 또는 배심(陪審)을 임명하는 일에 관해, 그대는 어떤 의견을 갖고 있는가? 필요한 시장 및 항구세(港口稅)의 부과와 징수에 관해, 그리고 일반적으로 시장·경찰·항구 등에 관한 문제들도 있을 것이다. 그런데 맙소사. 이런 세세한 일을 입법하도록 우리는 자신을 굽혀야 하나?」

「이런 것에 관하여 선한 사람에게는 법을 과할 필요조차 없다고 생각합니다. 무슨 법규들이 필요한지는 그들이 자신들을 위해 곧 찾아낼 것입니다.」

「그렇지, 나의 친구여! 만일 신이 우리나 그들에게 준 법만을 오직 그들에게 보존시키고자 한다면.」하고 나는 말했다.

「그리고 신의 가호가 없다 하더라도 그들은 완전을 기하기 위해 그들의 법과 그들의 생활을 끊임없이 만들고 고치고 해나갈 것입니다.」

「그대는 그들 자신을 자제하지 못해 무절제한 버릇을 없애버리지 못하는 무력한 자들에다 비길 수 있지 않겠는가?」

「바로 그렇습니다.」

「그렇지. 얼마나 즐거운 생을 그들은 보내고 있는가. 그들은 언제나 그들의 무질서한 것들에다 손을 가하고 늘리고 그리고 어지럽게 만들고 있네. 그리고는 어떤 누가 있어 그들에게 한번 시험해 보라고 권하는 어떤 비약(秘藥)으로 완치될 것이라고 꿈을 꾸고 있네.」

「이러한 경우는 이런 무력한 자들에게는 얼마든지 찾아볼 수 있습니다.」하고 그는 말했다.

「그렇지. 그런데 재미있는 것은 그들에게 진실을 말하는 자를 그들은 최악의 적이라고 간주한다는 것이네. 그 진실이야말로 다름 아니라 그들이 먹고 마시고 여색(女色)을 범하고 게으름을 부리는 것을 걷어 치우지 않는다면 약도, 뜸도, 또한 주문(呪文), 부적, 그리고 어떤 방법도 소용없다는 것이네.」

「재미가 있다니요! 자기에게 무엇이 올바른지를 가르쳐주는 자에게 성을 내는 것이 무엇이 재미있다는 것입니까?」

「이들 신사(紳士)들은 그대의 마음에 들지 않는 모양일세.」하고 나는 말했다.

「마음에 안 듭니다.」

「내가 지금 그려낸 사람과 같이 행동하는 국가들의 행위도 그대는 찬양하지 않겠지. 이유인즉 국민들이 죽음의 고통 아래에서 헌법을 개정한다는 것이 금지되어 있는 질서가 잡히지 않은 국가가 바로 이런 것들이 아니겠는가? 그러면서도 이 제도 하에서 사는 자들에게는 가장 달갑게 아첨하고 그들로 하여금 마음대로 탐닉하게 하고 또 그들을 유혹하고 그리고 그들의 기분을 알아채고 만족시키는 데 유능한 자를 위대하고 선한 정치가라고 하네. 이렇다면 이들 국가들은 내가 묘사했던 사람들과 닮고 있지 않은가?」

「그렇습니다. 이 국가들은 그들만치 고약합니다. 그래서 나는 아예 그들을 칭찬하지 않습니다.」 하고 그는 말했다.

「그러나 그대는 이들 유능한 자들이 정치적 부패를 일삼는 데 있어서의 냉엄성과 기교를 높이 평가하지 않겠는가?」 하고 나는 말했다.

「그렇습니다. 나는 숭배합니다. 그러나 그 전부는 아닙니다. 개중에는 대중들이 박수갈채를 보내어 그들이 진짜 정치가인 양 착각하는 자가 있는데, 이들은 찬양할 바가 못됩니다.」

「무엇을 뜻하는 것인가?」 하고 나는 말했다.

「그대는 그들에 대해 더 동정을 해야 할 터인데, 어떤 사람이 제대로 자를 가지고 잴 줄 모르고 그리고 잴 줄 모르는 다른 많은 사람들이 그의 키가 6척이라고 한다면 그들이 말하는 것을 믿을 수 있겠는가?」

「믿을 수 없습니다. 이 경우에는 특히 그렇겠습니다.」 하고 그는 말했다.

「그렇다면 그들을 미워하지 말게. 내가 말한 시원치 않은 개혁에다 손을 댄다는 것은 별로 연극보다 나을 것이 없으니까. 그들은 입법에 의해 계약에 있어서 사기행위 또는 내가 언급하였던 기타 악행들을 없이 할 수 있다고 공상하고 있겠지만, 실은 그들은 히드라의 머리를 자르고 있다는 것을 알지 못한단 말야.」

「그렇습니다. 그것이 바로 그들이 하고 있는 짓입니다.」 하고 그는 말했다.

「나의 생각으로서는 진정한 입법자는 질서가 잘못 잡힌 국가에 있어서나 또는 질서가 잘 잡힌 국가에 있어서나 법과 헌법에 관해서 이런 종류의 입법에는 그다지 신경을 쓰지 않는다는 것이네. 즉 전자에 있어서는 그것이 소용이 없을 것이고, 후자에 있어서는 그런 것을 안출(案出)해 내는 데 어려움이 없을 것이네. 이 때 그들의 많은 것들이 우리의 앞서의 규칙으로부터 자연스럽게 흘러 나올 것이네.」

「그렇다면 입법에 관한 사항 속에서 아직도 우리에게 남아 있는 것들은 어떤 것입니까?」 하고 그는 말했다.

「아무것도 없네. 그러나 델피의 신인 아폴로에게는 모든 것 중에서도 최대(最大)이고 가장 고상하며 또한 가장 중요한 것들에다 질서를 안긴다는 일이 남아 있네.」

「그것은 어떤 것들입니까?」 하고 그는 말했다.

「신전과 희생에 관한 제도, 절차, 그리고 제신(諸神)들과 신인(神人), 또는 영웅들의 제사(祭事), 또한 죽은 자의 장의(葬儀), 그리고 하계(下界)의 주민들을 달래야 하는 자에 의해 지켜져야 하는 양식을 바로잡는 것도 그가 할 일들이네. 이들에 관해서 우리는 아는 바 없고, 또한 국가를 창건하는 자로서 이들을 풍수쟁이한테 맡길 것이 아니라 우리 조상인 신에게 맡기는 것이 현명할 것이네. 그로 말하면 땅의 배꼽인 중앙에 자리잡고 그리고 모든 인류를 위해 신앙의 해설자가 되는 것이네.」

「옳습니다. 그래서 우리는 말씀하신 대로 거행하겠습니다.」

「그러나 이 가운데서 정의는 어디 있다는 것인가. 아리스톤의 아들이여! 어디 있는지 말해보게. 이제 우리들의 국가도 살 만하게 되었는데 촛불을 밝히고 찾아보게. 그리고 그대의 형제와 포레마르코스 그리고 우리의 친구들도 이 일을 돕도록 하게. 이리하여 이 가운데 어디에 정의가 있고 어디에 부정의가 있는지. 그리고 어디에 있어 이들은 서로 다른 것인지 또한 행복하고자 하는 자가 신들이나 인간들이 알거나 모르거나 상관없이 자기 것으로 가져야만 하는 것은 어느 쪽인지 우리로 하여금 알도록 하여주게.」

「그것은 당치도 않습니다.」 하고 그라우콘이 말했다.

「당신은 당신 자신이 찾아보겠다고 기약하지 않았습니까? 자기로서는 정의가 필요로 할 때 이를 도와주지 않는다는 것은 불경한 짓이 될 것이라고 말까지 하시면서?」

「나는 내가 그렇게 말했다는 것을 부정하지는 않지. 그리고 그대가 상기시킨 그대로 나는 내 말에 충실할 것이네. 그러나 합세해 주어야 하겠네.」

「그렇게 해보겠습니다.」 하고 그는 대답했다.

「그렇다면 이런 식으로 발견해 보았으면 좋겠네. 즉, 우리들의 국가는 제대로 질서가 잡혔다면 완전할 것이라는 전제를 갖고 시작해 보자는 것이네.」

「그것은 확실합니다.」

「그리고 완전하다는 것은 그러므로 지혜롭고, 용감하고, 절제 있고, 정의로운 것이네.」[1)]

「그것도 또한 명백합니다.」

「이들 성질 가운데 어느 것이고 우리가 그 국가에서 찾아내면 찾지 못한 것은 그 나머지 것이겠지?」

「좋습니다.」

「만일 여기에 네 가지 것들이 있다 하고 그리고 우리가 그 중의 하나를 찾는다면, 그것이 어디 있든간에 찾고 있는 것이 처음부터 우리에게 알려져 있다면 그 때에는 더 이상 문제될 것이 없을 것이고 또는 우리가 처음부터 다른 세 가지를 알고 있다면 그 때에는 네번째 것은 틀림없이 나머지 하나일 것이네.」

「과연 그렇습니다.」 하고 그가 말했다.

「그러면 또한 네 가지가 있는 덕(德)에 관해서도 동일한 방법으로

---

1) 소위 '4덕'(四德)이 여기에서 비로소 명시되어 있다. 그리스 문헌 속에서는 가장 오래된 것으로 생각된다.

추구할 수 없겠는가?」

「명백하게 추구할 수 있습니다.」

「그 국가에서 발견되는 덕들 속에서 우선 지혜가 눈에 띄는데, 그러나 여기에는 무엇인지 어떤 특이한 점이 있다고 보네.」

「그게 무엇입니까?」

「우리가 묘사한 국가는 계획을 잘 짜내니까 지혜롭다고 말할 수 있겠지?」

「그렇습니다.」

「그래서 이런 묘안은 틀림없이 일종의 지식이다. 무지해서는 안되고 지식을 가지고 짜내는 것이 아닌가?」

「명백합니다.」

「그리고 국가에 있어 지식의 종류는 여러 가지이고 또한 가지각색이겠지?」

「물론입니다.」

「거기에는 목수(木手)의 지식도 있네. 그러나 이런 종류의 지식이 있다 하여 이것이 국가에다 현명하고 지혜롭다는 칭호를 줄 수 있겠는가?」

「물론 안됩니다. 그것은 오직 목공(木工) 일에 익숙하다는 평판을 안겨줄 것입니다.」

「목제 기구에 대한 지식으로 가장 좋은 제품을 고안했다고 하여 그 나라에 지혜가 있다고 칭송될 것인가?」

「물론 안됩니다.」

「청동 항아리에 관한 지식 또는 기타 이와 유사한 지식을 갖고 있다 하여 그렇게 되지도 않겠지?」

「그런 것 때문에 그렇게 불리어지지는 않을 것입니다.」하고 그는 말했다.

「토지를 경작하는 지식이 있다 하여 그렇게 되지도 않겠지? 오히려 농사에 밝다고 하겠지?」

「그렇습니다.」

「그럼 어떻겠는가. 우리가 앞서 창건한 국가에 있어서, 국민들 사이에 국가에 있어 어떤 특수한 것이 아니라 전체에 관해서 충고하고 또한 어떻게 자국내정(自國內政)과 다른 나라들을 다루어 나가야 하는지, 여기에 관한 어떤 지식이라는 것이 존재하고 있는 것인가?」

「틀림없이 있습니다.」

「그러면 이 지식은 어떤 것인가? 그리고 그들 누구에게서 발견할 수 있는 것인가?」 하고 내가 물었다.

「이것은 수호자들의 지식입니다.[1] 그리고 우리가 방금 완전한 수호자들로 묘사했던 자들 사이에서 발견할 수 있습니다.」 하고 그는 대답했다.

「그러면 이런 종류의 지식을 가짐으로 해서 그 나라를 어떻게 칭하여야 할 것인가?」

「좋은 방안을 가진 그리고 진실로 지혜로운 국가라고 하겠습니다.」

「그러면 우리들의 국가에 있어서는 이들 진짜 수호자들이 더 많을 것인가? 또는 금속 세공인들이 더 많을 것인가?」

「금속 세공인들이 훨씬 더 많을 것입니다.」

「어떤 종류의 지식을 가짐으로써 명칭이 붙은 모든 계층 가운데 수호자들이 가장 적은 계층이 되겠지?」

「그렇습니다. 가장 적습니다.」

「그러므로 최소의 부분 또는 계층이라는 이유로 하여 그리고 지도하고 지배하는 부분 자체에 내재하는 지식이라는 것 때문에 전체 국가는 이처럼 자연에 따라 구성된 마당에 있어서는 지혜로울 것이네. 그리고 지혜라고 부를 수 있는 지식만을 가진 이 계층은 자연의 섭리에 따라 계층 중에서는 가장 적은 것으로 되어 있네.」

「진짜 그대로입니다.」

「이리하여 네 가지 덕 가운데 하나에 관한 국가에 있어서의 성질

1) 414 참조.

과 또한 존재하는 고장을 어떻든 우리는 발견하였네.」하고 나는 말했다.

「그리고 저의 하잘것 없는 소견으로서도 대단히 만족스럽게 발견되었다고 봅니다.」하고 그는 대답했다.

「또 다시 용기에 관한 성질, 그리고 국가에다 용맹하다는 이름을 주는 그 성질이 어디에 있는지 알아보는 것은 그다지 어렵지 않네.」하고 나는 말했다.

「어찌하여 그렇습니까?」

「어째서 그렇다니! 국가가 용맹하다 또는 비겁하다 할 때는 누구나 나라를 위해 싸우고 출정(出征)하는 부분을 생각할 것이네.」

「아무도 어떤 다른 부분은 생각하지 않을 것입니다.」하고 그가 말했다.

「그 나머지 국민들은 용감할 수도 있고 비겁할 수도 있네. 그러나 그들의 용감성이나 비겁성은 국가를 좌우할 영향을 끼치지는 못할 것이라고 나는 생각하네.」

「끼치지 못할 것입니다.」

「국가는 우리들의 입법자가 그들을 가르친 사물의 성질에 있어 두려워해야 할 것과 두려워하지 않아야 할 것에 대한 생각을 여하한 환경 하에서도 그대로 지켜나가는 국가 자체의 어떤 부분의 덕택으로 용감할 것이네. 그리고 이것이 그대가 이름한 용기라는 것이네.」

「저는 당신의 말씀을 한번 더 듣고 싶습니다. 내가 당신을 완전하게 이해했다고는 생각하지 않습니다.」

「용기라는 것은 얻어낸다는 뜻이네.」

「무엇을 얻어낸다는 것입니까?」

「두려워해야 할 것들에 대한 의견을 얻어낸다는 것이지. 대체 그것이 무엇이고 또한 어떤 성질의 것인지는 법이 교육을 통해 마음에 심어놓지. 그리고 또한 '모든 환경 하에서'라고 한 말은 쾌락에 있어서나 또는 고통에 있어서나 또는 욕망이나 공갈 속에 있어서도 사람은 지조를 얻어내야 하고 그의 주장을 굽히지 않는다는 것이지. 하나의 예를 들어 볼까?」

「원하는 바입니다.」

「그대도 알다시피 염색(染色)하는 자가 양모(羊毛)를 진짜 감색(紺色)으로 하려 할 때 우선 흰 색의 양모를 골라잡음으로써 시작하네. 이것을 그들은 자색(自色) 바탕이 완전하게 감색을 나타내도록 세심한 주의와 고심을 치르면서 준비하고 매만지네. 그리고 염색을 하네. 무엇이고 이렇게 염색된 것은 퇴색하지 않은 색깔을 지니게 되네. 이렇게 되면 세제(洗劑)를 쓰거나 안 쓰거나 세탁만 해서는 그 색깔의 광택을 뺄 수 없네. 그러나 바탕이 제대로 매만져지지 않으면 감색이고 또는 어떤 색이고 이것이 얼마나 빈약하게 보이는지는 그대도 알 것이네.」

「압니다. 그것들은 물이 빠지고 꼴이 말이 아니라는 것은 저도 알고 있습니다.」 하고 그는 말했다.

「그렇다면 이제 우리의 병사들을 뽑고 음악과 체육을 가르치는 우리의 목적을 이해할 것이네. 우리는 그들로 하여금 법이라는 색깔에 의해 완전하게 염색되도록 그들을 미리 마련하는 데 있어서의 영향들을 생각해 내고 있는 것이네. 위험에 관한 그네들의 의견 그리고 기타 모든 다른 의견의 색깔이 쾌락과 같은 효력 있는 잿물—정신을 탈색시키는 데 있어서는 어떤 여느 소다나 잿물보다도 더욱 강한 세제인데, 이것에 의해 또는 슬픔이나 공포나 욕망과 같은 모든 세제 중에서도 최고로 강력한 것들에 의해 물이 빠지지 않도록 양육 또는 훈련으로 염색되어야 하네. 그리하여 나는 진짜 및 가짜 위험에 관한 법칙과 일치되는 진정한 의견을 얻어내는 보편적인 힘을 용기라 하고 또한 주장할 것이네. 그대가 반대만 하지 않는다면…….」

「동의합니다. 동물이라든지 훈련되지 못한 단순한 노예의 용기는 제외된다고 생각하고 있으니까요. 이것은 당신의 의견으로는 법이 만든 용기가 아니므로 따라서 다른 이름을 가져야 한다는 것입니다.」

「틀림없이 그렇지.」

「그렇다면 당신이 말씀한 그대로 용기란 그와 같은 것이라고 알아두어도 좋습니까?」

「물론이지. 그리고 그대가 '국민들의'라는 말을 붙인다면 틀림이 없겠지.[1] 이후 그대의 의향이라면 더 검토하기로 하고 지금은 이제 용기가 아니라 정의를 찾고 있는 것일세. 그러므로 우리들이 탐구하는 목적을 위해서는 우리는 충분히 논한 것이야.」 하고 나는 말했다.

「옳습니다.」 하고 그는 대답했다.

「두 가지 덕이 국가에서 찾아내야 할 것으로 남아 있네. 첫째는 절제고 그리고 다음은 우리들 탐구의 마지막인 정의이네.」

「진실로 그렇습니다.」

「이제 우리는 절제를 가지고 고생할 것 없이 정의를 찾아낼 수 있을까?」

「그것이 어떻게 이루어질 것인지 모르겠습니다. 또한 정의가 밝혀지고 절제가 눈에 띄지 않게 되는 것도 나는 원치 않습니다. 그러므로 절제를 우선 생각해 보면 고맙겠습니다.」

「물론 그렇게 하지. 그대의 요구를 거절해서는 옳은 일이 아니니까.」

「그러면 생각해 보십시오.」

「그렇게 하지. 그런데 현재 내가 아는 한에 있어 절제라는 덕이 앞의 것들보다 더욱 조화롭고, 협화(協和)한다는 성질을 더 많이 갖고 있네.」

「어찌하여 그렇습니까.」 하고 그는 물었다.

「절제라는 것은 어떤 쾌락이나 욕망을 질서잡고 통제하는 것이네. 이것은 "사람은 그 자신의 주인이다"라는 말 속에 기묘하게 잘 뜻이 나타나 있네. 그리고 이와 같은 생각은 이외에도 말들 속에서 찾아볼

---

1) 이는 〈의견〉에 따라 〈용기〉라고 인정된 것이므로 제 6, 7권에서의 철인 수호자가 갖는 이데아의 인식에 의한 〈진정한 용기〉와는 구별된다.

수 있네.」

「의심할 여지도 없습니다.」 하고 그가 말했다.

「'자신의 주인이다'라는 표현 속에는 무엇인지 앞뒤가 맞지 않네. 주인이 또한 종이고 그리고 종이 주인이네. 그리고 이와 같이 말할 때 동일인을 가지고 말하고 있으니까.」

「그렇습니다.」

「이 뜻은 내가 생각하기에는 인간의 혼 속에는 보다 나은 그리고 또한 보다 못한 원리가 있다는 것이네. 그리하여 보다 나은 것이 보다 못한 것을 통제하면 그 사람은 자신의 주인이라고 말할 수 있고 그리고 이것은 칭찬하는 말이네. 그러나 나쁜 교육 또는 교제로 하여 보다 나은 원리가—이 원리는 또한 보다 적은 것인데—악(惡)의 더 큰 덩어리에 의해 압도당할 때는 이 경우 그는 비난받고 자신의 노예가 되는 것이고 그리고 되어먹지 못했다고 말할 수 있을 것이네.」

「그렇습니다. 일리가 있습니다.」

「이제 우리들의 새롭게 만들어진 국가에다 눈을 돌려보세. 그리고 여기에서 그대는 이들 두 가지 상태 가운데 한 가지가 실현되어 있는 것을 알 것이네. 국가는 그대가 알다시피 만일 절제 그리고 자제라는 말들이 보다 나쁜 것에 대한 보다 좋은 것의 지배를 진실로 표현하는 것이라면 그 자체의 주인이라고 해서 무방할 것이네.」

「그렇습니다. 그 말씀이 옳다고 생각됩니다.」 하고 그는 말했다.

「갖가지 복잡한 쾌락과 욕망과 고통들은 일반적으로 아이들, 부녀자들, 종들, 그리고 이름만 자유인이지 실은 가장 저열하고, 수는 더 많은 계층에서 볼 수 있다는 것을 알아야 하지.」

「과연 그렇습니다.」 하고 그는 말했다.

「그런데 이성을 따르는 단순하고 적당한 욕망은 그리고 마음과 진실한 생각의 지도 하에 있는 욕망은 오직 소수의 인사들 가운데서만 찾아볼 수 있네. 그리고 이들은 날 때부터 가장 좋은 성품을 타고 낳고 또한 가장 좋은 교육을 받은 자들이네.」

「사실입니다.」

「이 둘은 그대도 보다시피 우리들의 국가에 있어 제자리를 차지하고 있네. 그리하여 많은 사람들의 저열한 욕망들은 소수의 유덕한 욕망들과 지혜에 의해 억제되고 있는 것이네.」

「저도 그것은 알겠습니다.」 하고 그는 말했다.

「이 때에 만일 그 자신이 쾌락과 욕망들의 그리고 자체의 주인이라고 할 수 있는 국가가 어디 있다면 바로 우리들의 국가가 이렇다고 말할 수 있겠지?」

「물론입니다.」

「이는 또한 절제라고 말할 수 있고 또한 이상과 같은 이유들에서가 아니겠나?」

「그렇습니다.」

「지배자들과 피지배자들 사이에 누가 지배하여야 하나 하는 문제에 합의를 본 국가가 어디 있다면 이것은 또한 우리들의 국가이겠지?」

「틀림없이 그렇습니다.」

「그리고 국민들이 이토록 그들 사이에서 합의했을 때 어떤 계층에서 절제가 찾아질 것인가. 지배계층에선가 또는 피지배계층에서인가?」

「양계층 모두에서라고 생각하여야 하죠.」 하고 그는 대답했다.

「우리가 절제는 조화의 일종이라는 우리들의 추측은 과히 틀린 것이 아니라는 것을 그대는 알겠지?」

「어찌하여 그렇습니까?」

「어찌하여라니? 절제는 용기나 지혜와 같이 각자 어느 부분에만 남아 있어 하나는 국가를 지혜롭게 하고 또 하나는 용감하게 하는 것과는 다르기 때문이네. 절제는 다르네. 이것은 전체에 뻗쳐 있고 그리고 전음계(全音階)에 걸려 있어, 그대가 그것들이 지혜에 있어서나 또는 힘에 있어서나, 또는 수(數)나 부(富)에 있어서나 기타 모든 것에 있어 더욱 강하다 또는 더욱 약하다고 상상함에 따라 더욱 약한 그리고 더욱 강한 그리고 중간층의 조화음을 내지. 그렇다면 절제는 국가에 있어서나 개인에 있어서나 누가 지배하는 것이냐에 관한 천연적(天然的)으로 우월한 자와 저열한 자 사이의 합의라고 생각해도 틀림없을 것이네.」

「전적으로 찬성합니다.」

「이리하여 우리는 우리들 나라에 있어 네 가지 덕들 가운데 세 가지 덕들을 찾아냈다고 생각할 수 있네. 만일 우리가 그것이 무엇인지 안다면 국가를 유덕하게 하는 이들 성질들의 마지막 것은 정의이어야 하네.」

「그 결론은 명백합니다.」

「이제 때는 왔네. 수렵하는 사람과도 같이 우리는 정의가 숨어 있는 고장을 포위하고 몰래 달아나서 눈에 띄지도 않고 그리고 우리로부터 빠져 나가지 않도록 눈을 밝혀야 하네. 틀림없이 이 나라 어떤 구석에 있을 터이니까. 그러므로 감시하고 찾아보세. 그리고 그대가 먼저 찾거든 알려주게.」

「그럴 리가 있겠읍니까. 당신이 보여주시는 것을 그저 보고 아는 추종자로 저를 간주하셔야 할 것입니다. 이 정도가 저로서는 고작입니다.」

「나와 더불어 축원을 올리고 따라오게.」

「그러겠습니다. 그러나 길을 가르쳐주셔야 합니다.」

「여기는 길이라고 따로 없지. 숲은 어둡고 어지럽게 되어 있네. 그래도 찾아 들어가야지.」

「같이 찾아 들어갑시다.」

「야, 여기 무엇인가 보이네.」 하고 나는 말했다. 「길이 보이기 시작하는데 그리고 보물단지를 놓치지 않을 것같이 믿어지네.」

「좋은 소식입니다.」 하고 그가 말했다.

「진짜 우리들은 멍청한 사람들일세.」

「어찌해서요.」

「그것을 모르다니 어지간히 멍청하이. 오래 전에 우리가 애당초 우리의 탐구를 시작할 때 우리 발 아래 정의가 굴러 떨어졌네. 그런데 우리는 그것을 보지 못했지. 이 이상 더 우스운 것도 없네. 그들이 그들의 손에 가진 것을 찾아서 헤매는 사람과 같이 우리도 그런 식이네. 우리는 우리가 찾고 있었던 것을 찾아보지도 않고 먼 데 있는 것을 찾고 있었지. 그래서 우리는 그것을 놓쳤나 보네.」

「무슨 말씀입니까?」

「사실 오래 전에 우리는 정의를 이야기하였으나 그걸 알아보지 못했다는 것을 말하려는 것이네.」

「서론이 길어서 못 참겠습니다.」

「그러면 내가 옳은지 또는 그른지 말해보게. 그대는 우리가 언제나 국가의 기반에다 정착시켜 온 본원적인 원칙을 기억하겠지. 즉 한 사람은 한 가지 일만 할 것이고 그것도 자기 천성에 가장 적합한 것을 하여야 한다는 것이었네. 자, 이제 정의라는 것은 이 원칙이고 또한 이 원칙의 일부이네.」

「그렇습니다. 우리는 한 사람이 오직 할 일만을 해야 한다고 가끔 말했습니다.」

「그리고 정의는 자기 자신의 일을 하는 것이고 이것 저것 하는 것이 아니라는 것도 확인하였네. 우리는 되풀이 말했고 또한 다른 많은 사람들도 우리에게 같은 말을 했지.」

「그렇습니다. 우리는 그렇게 말했습니다.」

「그렇다면 어떤 식으로든지 자기 자신의 일을 한다는 것이 정의라고 생각할 수 있을 것이네. 그대는 무엇을 증거로 이런 말을 내가 하는 것인지 알겠나?」

「모르겠습니다. 어디 듣고 싶습니다.」

「그것은 나는 절제다, 용기다, 지혜다 하는 다른 덕들이 추상(抽

象)된 마당에 있어 이것이 국가에 남아 있는 유일한 덕으로 생각하네. 그리고 이것이 이 모든 것들의 최종적 원인이고 또한 조건이라고 생각하네. 그리고 그들 가운데 내재하면서 또한 그들을 보존케 하는 방부제의 역할을 하지. 그리하여 세 가지가 발견되었다면 정의는 네 번째 것이 될 것이고 또는 남아 있는 오직 그 하나일 것이네.」

「그건 필연적으로 그렇습니다.」

「만일 우리가 이들 네 가지 덕들 가운데 그것이 있음으로 하여 국가가 뛰어나게 되는 데에 가장 공헌하는 것은 어떤 것인가 하고 남이 묻는다면, 가령 지배자와 피지배자 사이의 합의인가, 또는 위험에 관한 진정한 본질에 대해 법이 명하는 바 병사들이 간직하여야 하는 의견인가, 또는 지배자에 있어서의 지혜와 신중성인가, 또는 내가 말하고 있는 다른 것 그리고 아이들·부녀자·노예·자유민·수공업자·지배자 또는 피치자들에서 찾아볼 수 있는 성질의 것들, 즉 다시 말해서 각자가 자신의 일을 하고 이것저것 집적거리지 않을 때에는 승리를 거둘 수 있다는 것인가? 하고 물어 온다면 문제는 간단하지가 않네.」

「그렇겠습니다. 어느 것이라도 말하기 어렵겠습니다.」 하고 그는 대답했다.

「그렇다면 각자가 자기 자신의 일을 한다는 것은 다른 정치적 덕성들인 지혜·절제·용기들과 맞먹는 것같이 보이네.」

「그렇습니다.」 하고 그는 말했다.

「그리고 이에 필적하는 것이 정의가 아니겠나?」

「바로 그렇습니다.」

「이제 다른 각도에서 이 문제를 살펴보세. 그대가 소송을 판결하는 직을 맡기고자 하는 자는 국가에 있어 지배자가 아니겠나?」

「그렇습니다.」

「그리고 소송이라는 것은 남의 것을 취하지 말고 자기 것을 빼앗기지 않는다는 것 이전에 다른 무슨 입장이라도 있어 이에 의거하여 판결되는 것인가?」

「그렇습니다. 다른 근거라고는 없습니다.」

「그것은 정당한 근거이겠지?」

「그렇습니다.」

「그렇다면 이 견해에서 정의는 또한 자기 자신의 것 그리고 그에 속해 있는 것을 갖고 또한 행하는 것으로 인정되겠지?」

「과연 그렇습니다.」

「그러면 이제 잘 생각하여 보게. 그리고 나와 의견이 맞는지 또는 맞지 않는지 말해 보게. 가령 목수(木手)가 화공(靴工) 노릇을 하고 화공(靴工)이 목수(木手) 노릇을 한다면, 그리고 그들이 그들의 도구나 소임을 서로 교환한다면 또는 같은 자가 양쪽 일을 하고 또한 무엇이고 바꿀 수 있다면 그대는 국가에 어떤 큰 해가 미칠 것이라고 생각하나?」

「그다지 큰 해는 미치지 않을 것입니다.」

「그러나 화공이나 또는 천성이 장사꾼인 어떤 자가 재산 또는 힘 또는 그의 추종자들의 수가 많다 하여 또는 어떤 이와 같은 텃세로 해서 의기양양해져서 전사(戰士)계층 속으로 밀고 들어오려 하고 또는 전사가 자격도 없는데 입법자나 수호자계층이 되려 하여 도구나 소임을 서로 교환한다든지, 또는 같은 자가 장사꾼, 입법자, 그리고 전사를 한 몸에 지니려 할 때, 그대도 이 교환이나 또는 서로 남의 일에 끼어든다는 것은 국가의 패망을 자초한다고 생각하겠지?」

「옳은 말씀입니다.」

「그렇다면 세 개의 완연히 구별되는 계층들이 있는데 서로 간섭한다거나 또는 서로 교환한다는 것은 국가에 다시 없는 해(害)이고 또한 비행(非行)이라고 말할 수 있겠지?」

「틀림없습니다.」

「그리고 자기 국가에다 최대의 비행(非行)을 저지른다는 것은 부정의(不正義)라고 말하겠지?」

「물론입니다.」

「그렇다면 이것이 부정의(不正義)이네. 그리고 반면 장사꾼, 보조자, 수호자 이들 각자가 자신의 일에만 힘쓴다면 이것이 정의일 것이고 국가를 바로잡을 것이네.」

「동의합니다.」

「그러나 우리는 아직 지나치게 긍정해 버려서도 안되네. 그러나 만일 시험해 봐서 국가에서는 물론 개인에 있어서도 이 정의의 개념이 진실로서 드러난다면 거기에는 질문의 여지가 없을 것이네. 만일 증명이 되지 않는다면 우리는 새로운 탐구를 하여야만 하겠지. 우선 우리가 시작해 놓은 오래된 조사를 끝내 버리세. 이것은 그대도 기억하겠지만 우리가 정의를 먼저 더 큰 범위에서 검토할 수 있다면 개인에 있어 그것을 알아본다는 것은 더욱 용이하리라는 생각에서 시작하지 않았나.[1] 보다 더 큰 예는 국가로 보여졌고 따라서 선한 국가에 있어 정의가 발견될 것이라고 알고 우리가 할 수 있는 한 이것을 구성하였던 것이네. 이제 우리는 우리가 발견한 것을 가지고 개인에다 적용해 보세. 만일 그들이 맞아 들어간다면 만족할 것이고, 개인에 있어 차이가 있다면 국가로 다시 돌아와 그 이론을 또 다시 검토해 볼 것이네. 이 두 개를 서로 문질러대면 마찰이 생겨 불이 붙고 여기에서 정의가 환하게 비쳐지겠지. 그리고 그 때 나타나는 광경을 우리는 우리의 머리 속에 간직할 것이네.」

「그게 옳은 길이겠습니다. 말씀대로 하십시다.」

나는 다음과 같이 계속해 나갔다.

「크고 또는 작은 두 개의 것들이 같은 이름으로 불리울 때 그들은 같이 불린다는 한에 있어 닮은 것인가 또는 닮지 않은 것인가?」

「닮은 것입니다.」 하고 그는 대답했다.

「그러면 정의로운 사람은 만일 우리가 정의만을 고려한다면 정의로운 국가와 같겠지?」

「그럴 것입니다.」

---

1) 368 참조.

「그리고 국가는 이 세 계층이 각각 그들 자신의 소임을 다할 때 정의롭게 된다고 생각되었지. 그리고 또한 이들이 속해 있는 같은 계층들의 어떤 다른 애착과 성질 때문에 이들은 절제있고 용감하고 현명하다고 생각되었지 않았나?」

「틀림없습니다.」 하고 그는 말했다.

「이것은 개인에 있어서도 마찬가지네. 그도 국가에서 찾아볼 수 있는 세 가지 같은 원리들을 그 자신의 정신에다 간직하고 있다고 할 수 있겠지. 그리고 그도 동일한 방식으로 영향을 받으므로 같은 말로써 올바르게 표현될 수 있지 않겠나?」

「물론입니다.」 하고 그는 대답했다.

「그러면 다시 한번 오, 나의 친구여! 정신은 이들 세 가지 원리들이 있나 없나 하는 평범한 문제로 되돌아왔네.」[1)]

「평범한 문제라고요! 그렇지 않습니다, 소크라테스. 어려운 것이 좋다는 격언도 있지 않습니까?」

「옳은 말이야. 그런데 우리가 취하고 있는 방법이 이 문제해결에는 적절한 것이라는 생각은 하지 않네. 진정한 방법은 또 하나 그리고 더욱 거창한 것이네. 하긴 앞서 탐구한 정도로도 문제는 해결할 수 있겠지!」

「우리는 그것으로 만족해서는 안됩니까? 이 상황에서 저는 제법 만족합니다.」 하고 그는 말했다.

「나도 또한 지극히 만족할 것이네.」 하고 나는 대답했다.

「그렇다면 힘을 내서 계속 탐구해 나가세요.」 하고 그는 말했다.

「우리 각자에게는 국가에 있어서와 같은 원리들이 있다는 것을, 그리고 개인으로부터 국가로 옮겨진다는 것을 확인하여야만 하네. 그렇지 않고서야 그것들이 거기에 올 수 있겠나? 열정이나 또는 용기 같은 성질만 보더라도, 이 성질이 국가에서 발견되었을 때 이를 가졌다고 생각되는 개인으로부터 생겨난 것이 아니라고 상상한다는 것은 좀

---

1) 423 참조.

이상하지 않은가. 이런 성질을 지닌 자들은 트리기아 지방 또는 스큐지아 지방 그리고 대체로 북부지방 사람들이네. 그리하여 이와 같은 것은 지식에 대한 애착심에 관해서도 말할 수 있네. 이것은 우리들 고장 사람들의 뛰어난 특질이지. 또한 돈에 집념하는 것, 이것도 못지 않게 틀림없이 포니키아 또는 이집트인들에게 돌릴 수 있네.」

「틀림없습니다.」 하고 그가 말했다.

「이것을 이해하는 것은 어렵지 않지.」

「물론 어렵지 않습니다.」

「그러나 우리가 이들 원리가 셋인가 또는 하나인가 하고 물어 나갈 때에는 이 문제는 그다지 용이한 것이 아니네. 다시 말해서 우리들의 성질의 일부를 가지고 배우고 또 다른 부분을 가지고 성을 내고, 제 3 부분으로써는 우리들의 천연적인 욕구의 만족을 원하는 것인지 또는 각자 한가지 한가지 이런 행동에 정신 전체가 참여하는 것인지, 여하튼 이것을 결정한다는 것은 곤란하네.」

「그렇겠습니다. 거기에 곤란성이 있겠습니다.」 하고 그가 말했다.

「그러면 그들이 같은 것인지 다른 것인지 이제 결정지어 보세.」

「어떻게 우리가 할 수 있습니까?」

나는 다음과 같이 대답했다. 「동일한 것은 동일한 부분에 있어 또는 동일한 시간에 동일한 것과의 관계에 있어 상반되는 식으로 작용하고 또는 작용당할 수는 없다는 것이 명백하네. 그러므로 표면상 동일한 것들에 있어 이 모순이 생길 때는 언제나 그들은 동일한 것들이 아니고 다른 것들이라는 것을 우리는 알고 있네.」

「좋습니다.」

「예를 들어 동일한 것이 같은 부분에서 동시에 정지하고 그리고 움직일 수 있겠나?」 하고 나는 말했다.

「불가능합니다.」

「그러면 금후 도중에서 떨어져 나가지 않도록 용어에 대한 더욱 정밀한 표현을 해보세. 똑바로 서서 그리고 또한 그의 손과 머리를 움직이고 있는 사람을 상상하고, 그리고 어떤 자가 한 사람이며 같은 자가 동시에 움직이고 그리고 정지하고 있다고 말한다고 생각해 보세. 이런 식의 말에 대하여 우리는 반대할 것이네. 그리고 우리는 오히려 그의 일부는 움직이고 있고 다른 부분은 정지하고 있다고 말할 것이네.」

「옳습니다.」

「또한 그런 묘한 말을 하는 사람이 더욱 기묘하게 생각해 내어 그럴싸한 것에 착안해서, 팽이들도 동일점에다 쐐기못을 고정시키고 돌아갈 때는 팽이의 부분들뿐만 아니라 팽이 전체가 동시에 정지하고 또한 움직이고 있다고 말한다든가, 그리고 그는 동일점에서 돌고 있는 것은 어떤 것이든 이렇게 말할 수 있겠지만, 이와 같이 말한다면 우리로서는 받아들일 수가 없네. 그 이유는 이 경우에 있어서는 그들 자신의 같은 부분들에 있어 그것들이 정지하고 또한 움직이고 있는 것이 아니기 때문이네. 우리는 오히려 그것들은 축과 주변을 갖고 있는데 축은 그대로 정지하고 있네. 수직으로 되어 기울지 않고 있으니까. 그러나 주변은 돌고 있다고 말하겠지. 그러나 만일 돌면서 축이 전후좌우로 기운다면 어느 모로 보나 그것들은 정지하고 있는 것이 아니네.」

「이것이 그것들에 대한 올바른 표현입니다.」 하고 그는 대답했다.

「따라서 누가 무어라 하든간에 우리를 혼란시키지는 못할 것이고 또한 동일한 시점에서 동일한 것이 같은 부분에서 또는 동일한 것과의 관련에서 상반되는 방식으로 움직이고 또한 움직여진다고 한다 하여도 우리는 믿지 않을 것이네.」

「그렇습니다. 저가 생각하는 방식으로도.」

「그러나 우리는 이런 모든 반대론들을 검토하고 그것들이 참말이 아니라는 것을 길다랗게 늘어 놓을 필요는 없지. 그것들의 부당성을 전제로 하고 나가기로 하세. 그리고 다음에 혹시 이 전제가 틀렸다는 것이 밝혀질 때에는 이로부터 나온 결론들은 모두 취소된다는 것을 양해하여야 하네.」

「그렇습니다. 그것이 제일 좋겠습니다.」

「그리고 동의한다 동의하지 않는다, 원하는 것과 혐오하는 것, 끌리는 것과 반발하는 것, 이 모든 것들은 그것들이 적극적이건 또는 소극적인건 간에(사실 그것들의 상반성은 틀림없는 것이니까) 상반된다는 것을 알 수 있지 않겠는가?」

「그렇습니다. 그것들은 상반됩니다.」

「그렇다면 허기와 갈증 그리고 일반적으로 욕망들 그리고 원망(願望)과 욕구, 이 모든 것들을 그대는 지금 말한 긍정적인 것들에다 돌리겠지. 그대는 욕망을 가진 사람의 마음은 그가 욕구하는 대상을 찾을 것이고 또는 그가 갖고 싶은 것을 끌어당길 것이고, 또는 무엇인가 받고 싶어하는 자는 그의 욕구를 충족시키기 위해 마치 물음을 당하여 그렇다고 끄떡거리는 자와도 같이 끄떡임으로써 그의 마음은 그것을 갖겠다는 그의 원망을 넌지시 알린다고 말하겠지. 안 그런가?」

「과연 그렇습니다.」

「그리고 마음이 내키지 않는 것 또는 싫어하는 것 그리고 욕구가 생기지 않는 것들에 관해서는 그대는 무엇이라고 할 것인가. 이것들은 반발과 거부라는 반대되는 것에 돌려져야 할 것이 아닌가?」

「물론입니다.」

「이것이 욕망의 일반적인 사실이라고 인정해 놓고 이제는 특수한 종류의 욕망들을 생각해 보세. 그리고 이것들 가운데서 가장 눈에 띄는 것이 굶주림과 갈증이라는 것이겠지?」

「그런 것이 되겠습니다.」

「한쪽은 음식에 대한, 다른 쪽은 마실 것에 대한 욕망이겠지?」

「그렇습니다.」

「이리하여 여기에 문제가 있는데, 즉 갈증이라는 것은 마음이 음료에 대해 갖고 있는 욕구가 아니겠는가. 그리고 다른 어떤 것으로도 조건이 부여되지 않은 오직 마시는 것에 대한 욕구이겠지. 예를 들면

뜨겁다, 차다, 또는 많다, 적다 등, 한마디로 말해서 어떤 특정한 종류의 음료가 아니라는 것이지.」

「그러나 만일 갈증이 열기를 수반할 때는 그 욕구는 찬 음료이겠고 냉기가 따를 때는 더운 음료가 되네. 그리고 갈증이 심할 때는 욕구되는 음료도 과다할 것이고 심하지 않을 때는 음료의 양도 적을 것이네. 그러나 순수하고 단순한 욕구는 순수하고 단순한 음료를 바랄 것이고, 이것 또한 음식이 굶주림에 있어서와 같이 갈증에 대한 자연스러운 만족이 아니겠는가?」

「그렇습니다. 말씀대로 단순한 욕구라는 것은 모든 대상이 단순한 경우이겠고 그리고 조건이 따르는 욕구는 조건이 지워진 대상에 대한 욕구이겠습니다.」 하고 그는 말했다.

「그런데 여기서 혼돈이 일기 쉽네. 그래서 나는 반대하는 자가 벌떡 일어나 아무도 음료 그 자체만이 아니라 그것은 좋은 음료라야 하겠고 또한 음식만이 아니라 좋은 것이어야 한다고. 좋다는 것은 욕구의 보편적인 대상이며 그리고 갈증은 욕구이므로 이는 필연코 좋은 음료에 대한 욕구일 수밖에 없다고. 그리고 이와 같은 것은 기타 모든 욕구에도 해당된다고 말할까 두려워 미리 대비하여야 하겠네.」

「그렇습니다. 그 반대자도 할 말이 있을 것입니다.」

「그럼에도 불구하고 서로 상관되는 것들의 어떤 것은 그 상관되는 말에 서로 조건이 붙지. 다른 것은 단순하여 그것들의 상관관계도 단순하다는 것을 그대로 나는 주장하겠네.」

「무슨 말씀인지 모르겠습니다.」

「그렇다면 그대는 더욱 크다는 것은 더욱 작다는 것과 상관된다는 것은 알겠지?」

「물론입니다.」

「그러면 무척 크다는 것은 무척 작다는 것에 대(對)한 것이고?」

「그렇습니다.」

「그리고 어느 때는 더 크다는 것은 어느 때는 더 작다는 것이겠고 또한 더욱 크게 될 것이라는 것은 더욱 작게 될 것이라는 것과 상관될 것이 아니겠나?」

「그렇습니다.」 하고 그가 말했다.

「그리하여 이와 같이 더욱 많다는 것은 더욱 적다는 것에 대한 것이겠고, 더 무겁다는 것은 더 가볍다는 것의, 더 빠르다는 것은 더 느리다는 것의, 그리고 덥다는 것은 차다는 것의, 그리고 이와 같이 모든 상관되는 것들은 다 같은 경우가 아니겠나?」

「그렇습니다.」

「그러면 이와 같은 원리는 학문에 있어서도 그대로 통할 것인가? 학문의 목표는 지식이네(이것이 올바른 정의(定義)라 해놓고). 그러나 어떤 특수한 학문의 목표는 어떤 특수한 종류의 지식이네. 예를 들면 집을 짓는 학문은 다른 것들과는 달리 정의되고 또한 구별될 수 있는 지식이므로 건축학이라고 명명되네.」

「과연 그렇습니다.」

「이것은 다른 것이 갖고 있지 않은 어떤 특수한 것을 갖고 있기 때문이겠지?」

「그렇습니다.」

「그리고 이것은 어떤 특수한 종류의 목표를 세워 놓았기 때문에 이 특수한 성질을 지니는 것이네. 그리고 이는 또한 다른 기술들이나 또는 학문에 있어서도 그렇겠지?」

「그렇습니다.」

「그러면 이제 나의 입장을 밝힌 셈이 되었네. 내가 상관되는 것들에 대해 말한 근본적인 뜻을 그대도 이해할 것일세. 나의 뜻은 하나가 관계라는 면만 취한다면 다른 것도 그대로 따라갈 것이고, 만일 하나가 조건이 붙으면 다른 것도 또한 조건이 붙는다는 것을 말하려 한 것이네. 상관되는 것들은 공통점이 다소 있을 수도 있다는 것을, 또한 건강에 관한 학문은 건강하고, 병에 관한 학문은 병들어 있고, 또한 선과 악에 대한 학문은 그대로 선과 악이라고 말할 생각은 없네. 그러나 오직 학문이라는 말이 절대적인 의미에서 사용되지 않고, 이 경우에는 건강과 병에 관한 성질인데 조건이 붙은 대상을 지닐 때 이것은 규정된 것으로 되고 따라서 학문으로만 부를 것이 아니라 의학이라고 하여야 할 것이네.」

「잘 알겠습니다. 저도 그렇게 생각합니다.」

「갈증이라는 것은 명료하게 어떤 관계를 갖고 있는 본질적으로 상대적(相對的)인 말들의 하나라고 할 수 있지 않은가?」

「그렇습니다. 갈증은 마시는 것과 상관(相關)됩니다.」

「그리고 어떤 종류의 갈증은 어떤 종류의 음료와 관련되네. 그러나 갈증만을 취한다면 이것은 많지도 적지도 또한 선한 것도 악한 것도 또한 음료의 어떤 특수한 종류도 아니겠고 마신다는 것뿐이 아니겠나?」

「물론입니다.」

「목마른 자의 마음은 그가 갈증에 관한 한 마실 것만 욕구하네. 이것만을 위해서 그리워하고 애써 얻어내려고 하지 않나?」

「그것은 명백합니다.」

「그리고 만일 목마른 마음을 마시는 데서 다른 데로 돌리는 것이 있다면 이것은 마치 그가 동물인양 그를 잡아다녀서 마시게 하는 갈증의 원리와는 다른 것이어야 하네. 그것은 우리가 말한 바와[1] 같은 것이 그 자체의 같은 부분을 가지고 동시에 같은 일을 가지고 상반되게 행동할 수 없기 때문이다.」

「불가능합니다.」

「궁수(弓手)의 손이 동시에 활을 버티고 또한 잡아당긴다고는 말할 수 없네. 그러나 말할 수 있는 것은 한 손으로는 버티고 또 한 손으로는 잡아당긴다고는 말할 수 있네.」

「틀림없이 그렇습니다.」 하고 그가 대답했다.

「그리고 목이 마른 데도 마시고 싶지 않을 수가 있나?」

---

1) 436 참조.

「그럴 수도 있죠. 가끔 있습니다.」

「이런 경우에 사람은 무엇이라고 말할 것인가? 그 마음에 마시도록 졸라대는 무엇이 있고 또한 금하는 다른 것이 있어 이것이 졸라대는 것보다 더욱 강한 것이 아니겠나?」

「그렇게 말할 수 있겠습니다.」

「그리고 금지하는 기준은 이성에서 나오고, 조르고 끌어당기고 하는 것은 열정과 병에서 나타나는 것이겠지?」

「그렇습니다.」

「그러면 그것들은 두 개가 있고 또한 서로 다르네. 하나는 사람이 그것으로 사유하는 것으로 우리는 정신에 관한 합리적 원칙이라고 부르고 그것으로써 사람이 사랑하고 배고파 하고 목말라 하고, 그리고 기타 모든 욕망을 불러일으키는 또 하나 다른 것은 여러 가지 하찮것없는 쾌락들과 만족들과 결합하는 것이고 비이성적이고 식욕적이라고 명명할 수 있을 것이 아닌가?」

「네, 우리는 그것들이 다르다고 보아야 하겠지요.」 하고 그는 말했다.

「그렇다면 정신에는 두 가지 원리가 있다는 것을 최종적으로 결정짓고 들어가세. 그러면 열정이나 또는 의기를 돋우는 것은 제 3 의 원리인가 또는 앞서 원리의 하나와 비슷한 것인가?」

「욕망과 비슷하다고 말하고 싶습니다.」

「그런데 내가 한번 귀담아 들은 것같이 생각나고 또한 믿고 있는데, 이야기인즉 아고라이온의 아들 레온티오스가 페이라이에우스[1]로부터 어느 날 성벽의 외곽을 따라 이르러 북벽에 닿았을 때 처형장에 동그라져 있는 시체들이 있는 것을 보았다는 것이네. 그는 그것들을 잘 보고 싶다는 욕망을 느꼈으나 또한 두려움과 혐오하는 느낌도 있었네. 잠시 동안 그는 내심 고민하고 눈을 가리고 있었으나 못내 욕망이 득세하여 눈을 바로 뜨고 죽은 시체들이 있는 데로 달려가서 "봐라 이 못된 것들아. 아름다운 광경을 실컷 맛보아라" 하고 외쳤다

1) 아페나이의 외항.

는 것이네.」

「저도 그 이야기를 들었습니다.」 하고 그가 말했다.

「이 이야기의 숨겨진 뜻은 불쾌감이 때로는 욕망과 마치 그것들이 두 개의 서로 다른 것들인 양 다툰다는 것이네.」

「그렇습니다. 그것이 그 뜻입니다.」 하고 그가 말했다.

「인간의 욕망이 난폭하게 그의 이성을 지배할 때에는 그는 자신을 헐뜯고 자신 속에 있는 그 격렬한 욕망에 대해 화를 내버리네. 그리하여 이 투쟁에 있어서는 마치 국가에 있어 당파 싸움과도 같은데, 그의 용기와 기백은 그의 이성의 편을 드네. 그런데 이성이 자기에게 반항하지 말라고 타이르는 데도 불구하고 열정적이고 기백에 찬 요소가 욕망과 결탁할 수도 있는데, 이런 일은 그대 자신 속에서 또는 다른 사람 마음 속에서 일어난다는 것은 그대도 느껴보지 못했을 것이고 아마 다른 사람들도 경험하지 못했을 거야?」

「느껴본 적이 없습니다.」

「누가 남에게 부정한 일을 저질렀다고 상상해 보자. 그가 고상하면 할수록 부정을 당한 자가 자기에게 주는 앙갚음으로서의 굶주림, 추위, 기타 어떤 아픔과 같은 고생도 달갑게 받을 것이네. 이것들을 그는 정당하다고 느끼는 것이고 또한 말하자면 그의 기백과 의기는 이 때에 있어 이런 것들에 의해 흥분되지 않네.」

「진실입니다.」 하고 그는 말했다.

「그러나 부정(不正)을 당했다고 생각할 때는 사람은 피가 끓어오르고 분해서 옳다고 믿은 편에 서게 되는 것이네. 그리고 굶주림, 추위 또는 다른 어떤 쓰라림도 이것 때문이라고 생각하고 더욱 마음을 굳게 먹고 싸워서 이기려고 결심하네. 그의 높은 기백은 그가 죽이든지 또는 죽임을 당하든지 끝장을 볼 때까지는 또는 그의 개에게 더 이상 짖지 말라고 타이르는 양치기의 목소리를 들을 때까지는 진정(鎭靜)할 줄 모르네.」

「완전한 비유입니다. 우리가 말한 대로 우리들의 국가에 있어 보조자들은 개들과 같이 되고 그들의 양치기인 지배자들의 말을 들어야 할 것입니다.」[1)]

「이제 나는 그대가 나를 완전하게 이해했다고 느껴지네. 그러나 그대가 한번 더 고찰해 주었으면 하는 점이 있지.」

「어떤 점입니까?」

「열정이나 기백은 얼른 보기에 일종의 욕망이라고 생각했는데[2)] 이제 와서 보니 그 반대라고 할 수밖에 없지 않은가? 영혼의 투쟁에서 기백은 이성적 원리의 편으로 가담했으니까.」

「확실히 그렇습니다.」

「그러나 문제가 또 있는데, 과연 열정은 이성과는 다른가 또는 오직 이성의 일종인가. 후자의 경우는 정신의 세 가지 원리와는 달리 오직 두 가지만, 즉 사유적인 것과 욕망적인 것만이 있을 뿐이네. 또는 오히려 국가가 세 가지 계층들, 즉 장사꾼들, 보조자들, 정무(政務)를 심의하는 자들로 구성되었듯이 개인의 정신에 있어서도 열정 또는 기백이라는 제 3 의 요소가 있을 수 있지 않겠는가? 그리하여 나쁜 교육에 의해서 부패하지 않는다면 이성의 자연적인 보조자가 되지 않겠는가?」

「그렇습니다. 제 3 의 요소가 있어야 하죠.」 하고 그는 말했다.

「그렇지, 욕망과는 다르다고 증명된 열정이 이성과도 다르다는 것이 명백해진다면.」

「그러나 이것은 쉽게 풀릴 것입니다. 우리는 어린 아이들에게서 그들이 출생하자마자 기백에 차 있는 것을 볼 수 있습니다. 그러나 그들 가운데는 이성을 활용하도록 되는 경지에까지는 도달하지 못하는 자들도 있고, 그리고 대부분은 뒤늦게 가서 겨우 도달하는데 이미 때는 늦습니다.」

「출중하네.」 하고 나는 말했다.

---

1) 416 참조.
2) 439 참조.

「그대는 야수에서도 똑같이 열정을 찾아볼 수 있고, 이것은 그대가 말한 것이 옳다는 또 하나의 증명이 될 것이네. 이리하여 우리들에 의해 일찍이 인용된바[1] 호메로스의 말에 다시 한번 호소하세.

"그는 그의 가슴을 치고 이렇게 그의 영혼을 꾸짖었다."[2]

이 싯구에서 호메로스는 더 좋고 더 나쁜 것을 분간하는 힘이 있다는 것을 예기(豫期)했고, 이 힘은 이 힘에 의해 견책된 분수에 맞지 않는 기백이나 노여움과는 다르다는 것을 알고 있었네.」

「옳습니다.」 하고 그가 말했다.

「이리하여 어지간히 바람에 시달리다 우리는 육지에 닿았네. 그리고 국가에 있어 존재하는 동일한 원리들이 또한 개인에게도 있으며 그것들은 세 가지 원리라는 것에 의견을 모았네.」

「틀림없습니다.」

「그렇다면 우리는 국가를 지혜롭게 하는 것과 같은 방식으로 또한 같은 성질의 힘을 입어 개인도 지혜롭게 된다고 말해야 할 것이 아닌가?」

「물론입니다.」

「국가에 있어 용기를 이루는 같은 성질이 개인에 있어서도 용기를 낳겠지. 그리고 국가나 개인도 이 모든 다른 덕들과 동일한 관계에 놓이겠지?」

「당연합니다.」

「국가가 정의롭다라는 관점에서와 같이 개인도 정의롭다고 인정되는 것이지?」

「이치에 맞습니다.」

「국가의 정의는 각자 이 세 개의 계층들이 각자 자신의 소임을 다하는 데서 이루어진다는 것을 기록할 수밖에 없네.」

---

1) 390 참조.

2) 『오디세이』, xx, 17; 앞의 제 3 권 390 d.

「기억하지 않을 수 없습니다.」 하고 그는 말했다.

「그러면 우리는 누구이든 그의 본성 하나 하나의 질(質)을 살리는 것이 정의가 될 것이고 또한 그 자신의 소임을 해냈다고 할 수 있겠지?」

「그렇습니다. 그것도 기억해야 하겠습니다.」 하고 그는 말했다.

「그러면 지혜롭고 전체 정신을 관할(管轄)하는 이성적 원칙이 지배하여야 하고, 열정적이고 용감한 정신은 지배를 받고 또한 동맹자가 되어야 하겠지?」

「물론입니다.」

「그리고 우리가 말한 그대로[1] 음악과 체육의 통합된 영향은 이성에다 고상한 말과 교훈으로 힘을 주고 북돋고 조화와 율동으로 열정의 야비한 것을 중화(中和)시키고 달래고 개명(開明)시켜서 이들을 화합시킬 것이네.」

「곧이 곧대로입니다.」 하고 그는 말했다.

「그래서 이들 둘은 이처럼 양육되고 교육되어 그들 자신의 기능을 깊이 알고 욕망적인 것을—이것이야말로 우리에 있어 마음 속의 가장 큰 부분이고 또한 원래 끊임없는 욕구인데—지배할 것이네. 그들은 육체적 쾌락을 실컷 맛본 나머지 커지고 강해져서, 본분을 지키지 않고 그의 원래부터의 종도 아닌 자들을 노예로 만들고 남의 일생을 뒤집어놓지 못하도록 감시해야 할 것이 아닌가?」

「진실입니다.」 하고 그는 말했다.

「이 둘이 합쳐서 외부로부터의 공격에 대해 전체 정신과 육체를 막아주는 것들이 아니겠나. 하나는 고찰심의(考察審議)하고 다른 하나는 그의 지도 아래 싸우고 하여 그의 명령과 심의된 구상을 용감하게 집행해 나가는 것이겠지?」

「그렇습니다.」

「그의 기백이 즐거울 때나 고통스러울 때나 의당 두려워해야 하고

1) 411~412.

또는 두려워하지 말아야 할 것에 대해 이성의 명령을 간직하는 자는 용감하다고 볼 수 있겠지?」

「맞습니다.」하고 그는 대답했다.

「그런데 우리는 지배하고 명령을 내리는 그 작은 부분이 자기 속에 있는 자를 지혜로운 자라고 하네. 이 부분은 세 부분 각자의 그리고 전체의 이익이 되는 것에 관한 지식을 갖고 있는 것으로 알려져 있지 않은가?」

「확실히 그렇습니다.」

「이들 세 가지 요소들이 어떤 자에 있어 우호적인 조화를 이루고 있고 기백과 욕망이 이성의 지배를 받아야 하고 이에 반항하여서는 안된다고 합의할 때 그는 절제 있는 사람이라고 하지 않겠는가?」

「그렇습니다. 국가에서나 개인에서나 절제라는 것은 바로 그런 것입니다.」

「그리고 틀림없이 우리는 어떤 성질로 하여 사람은 정의로운가에 대해 되풀이해서 설명하여 왔네.」하고 나는 말했다.

「그것은 확실합니다.」

「정의는 우리가 국가에서 찾아본 것보다도 개인에 있어서는 더욱 분명치 않고 그 형태도 다른 것인가 또는 같은 것인가?」

「저의 견해로는 차이가 없다고 봅니다.」하고 그는 말했다.

「그래도 아직 우리들 마음 속에 석연치 못한 것이 있다면 몇 가지 평범한 사례를 가지고 내가 말하는 것의 진실성을 어김 없이 보여주겠네.」

「어떤 사례를 가지고 말씀하시는 것입니까?」

「정의로운 국가나 또는 이러한 국가의 원리에 있어 훈련받은 자의 사례를 들어보면 이런 자가 혹시 부정(不正)한 자라면 모르되 남이 예치(預置)한 금이나 은을 횡령할 것이라고 생각하는가? 아무도 그렇게 할 것이라고는 하지 못하지?」

「아무도 그렇지 않을 것입니다.」

「정의로운 자 또는 국민이 신성모독(神性冒瀆) 또는 절도 또는 반역(反逆)을 친구나 그의 국가에 대해 저지를 수 있을까?」

「절대로 그럴 수 없습니다.」

「또한 맹세나 합의를 본 마당에 배신하지 않겠지.」

「불가능합니다.」

「이런 자들은 아무도 간통이나 하고 부모를 욕되게 하고 그의 종교상의 의무를 소홀히 하지는 않겠지?」

「아무도 그런 짓은 하지 않을 것입니다.」

「그리고 그 이유는 지배하는 데 있어서나 지배를 당하는 데 있어서나 자기의 각 부분이 각자 자신의 소임을 다하기 때문이겠지?」

「바로 그렇습니다.」

「이러한 자들과 이러한 국가를 만드는 이 성질이야말로 정의라는 데 그대는 만족하겠지. 또는 이 외에 다른 것이라도 발견하려고 하는 것인가?」

「원 천만에 말씀입니다.」

「그렇다면 우리들의 꿈은 이루어졌네. 우리가 구성할 당초에 가졌던 어떤 신적인 힘이 정의의 원초적 형태로 틀림없이 우리를 인도하리라는 생각을 품었는데[1] 이제 그것이 틀림없었다는 것이 밝혀졌지?」

「그렇습니다. 틀림없습니다.」

「목수나 화공(靴工)이나 기타 국민들이 각자 자신의 일을 하고 남의 일에 손대지 않는다는 것이 요청되는 분업이라는 것이 정의의 하나의 그림자였었고 또한 바로 그렇기 때문에 유용하지 않았던가?」

「그렇습니다.」

「사실에 있어 정의라는 것은 우리가 묘사해 낸 것과 같은 것이다. 그러면서도 인간의 외면적인 것이 아니라 내면적인 것이 진정한 자신이고 또한 인간의 관심사인데 정의는 여기에 관련되어 있네. 정의로

1) 432 참조.

운 사람은 자기 내부의 각 요소들이 서로 방해하고 그 어느 하나도 다른 것들의 일을 대신하는 것을 허용치 않네. 그는 그 자신의 내면 생활에다 질서를 주고 자신과 더불어 평화롭네. 그리고 그가 자기 내부에서 음계의 고음, 저음 및 중간음에 비길 수 있는 세 가지 원리들을 결합하였을 때는 그리고 이제 여러 갈래가 아니라 단지 하나의 전적으로 절제 있고 완전하게 조화를 이루게 될 때는 그는 나서서 행동한다. 물론 행동할 여지가 있다면 말이겠지만, 그것이 재산에 관한 것이든 또는 육체를 다루는 것이든 또는 정치에 관여되는 것이거나 사적(私的) 일에 관한 것이거나 상관할 것 없이 나서서 행하게 된다. 언제나 이와 같은 조화를 이룬 상태, 정의롭고 선한 행동, 그리고 이것들을 주관하는 지혜에 관한 지식을 간직하고 협력해 나갈 것을 생각하고, 그리고 언제나 이 상태를 손상케 하는 것에 대하여서는 그는 이것을 부정한 행위라고 할 것이고 이것을 지배하는 의견을 무지라고 부를 것이다.」

「참으로 진실을 갈파하셨습니다, 소크라테스.」

「좋다. 그래서 이제 우리가 정의로운 사람 그리고 정의의 국가를 발견했다고 다짐하여도 과히 어긋나지는 않겠지?」

「천만에, 어긋날 리가 있겠습니까?」

「그러면 그렇다고 해둘까?」

「그렇게 주장해도 무방하겠습니다.」

「이제 우리는 부정(不正)을 고찰해 보아야 하겠네.」

「그렇습니다.」

「부정이라는 것은 이 세 가지 원리들 사이에서 일어나는 투쟁이어야만 하지 않겠는가? 간섭 그리고 방해정신의 일부가 전체에 대해 반항하고 불법적 권위를 주장하고, 이것은 자기가 그의 신하인 진짜 왕에게 반기를 드는 반란하는 신하에 의해 이루어지는 것과 같은데 이 혼란과 기만은 부정의(不正義) 그리고 무절제, 비겁, 무지 그리고 악의 모든 형태가 아니고 무엇이겠는가?」

「틀림없이 그렇습니다.」

「이리하여 정의(正義)와 부정(不正)의 본질이 알려진 이상 부정하게 행동한다, 또한 부정하다, 또는 정의롭게 행동한다는 확신도 명백해지겠지?」

「그것은 어떤 뜻입니까?」하고 그는 말했다.

「이것들은 병이나 건강과도 같은 것이다. 병이나 건강이 육체에 있다면 이것은 정신에 있어서가 아니겠는가?」

「어떻게 그렇습니까?」

「어떻게라니, 건강한 것은 건강을 가져올 것이고 건강치 못한 것은 병을 낳을 것이겠지.」

「그렇습니다.」

「그래서 정당한 행위들은 정의를 낳을 것이고 부정한 행위들은 부정을 유발할 것이겠지?」

「그것은 확실합니다.」

「건강을 낳는다는 것은 육체의 부분들에 있어 자연적 질서의 계열이겠고 또한 어떤 부분에 의해 다른 부분이 다스려지는 것이겠지. 그리고 병의 발생은 이 자연적 질서와 상치(相馳)되는 사태의 소산이 아니겠는가?」

「진실입니다.」

「그렇다면 정의를 낳는다는 것은 정신의 부분들에 있어 자연적 질서의 계열이겠고 또한 어떤 부분에 의해 다른 부분이 다스려지는 것이겠지. 이리하여 부정의 발생은 이 자연적 질서와 상치되는 사태의 소망이 아니겠는가?」

「바로 그렇습니다.」하고 그는 말했다.

「그렇다면 덕은 정신의 건강이고 아름다움이고 건전함이겠고, 악은 정신의 병이고 허약이고 변태이겠지?」

「진실입니다.」

「그리고 선하게 늘 행동하면 덕으로 이끌 것이고 악한 행동은 악으로 나갈 것이 아니겠나?」

「필연적입니다.」

「그렇다 하더라도 정의와 부정에 관한 상대적 이득에 대한 우리들의 낡은 의문은 아직도 해결되지 않았다. 즉 어떤 것이 더욱 유리한 것인지, 신이나 인간들이 보건 말건 정의롭고 정당하게 행동하고 덕을 늘 행하는 것이 유리한 것인지, 또는 오직 벌받지 않고 개과천선(改過遷善)되지 않은 채 그대로 부정하고 부정하게 행동하는 것이 유리한 것인지?」

「나의 판단으로는 소크라테스, 이 문제는 이제 우스꽝스럽게 되었습니다. 육체적 조직이 다 된 마당에 있어 비록 갖가지 음식을 충분하게 섭취하고 모든 부와 권력을 갖는다 해도 아무 소용이 없다는 것을 우리는 알고 있습니다. 그렇다면 그는 정의와 덕은 가져보지도 못하고 부정과 악으로부터는 헤어날 수 없다는 것을 내놓고는 — 이들 정의(正義), 부정의(不正義)의 정의(定義)는 다같이 우리가 묘사한 그대로라 하고 — 그가 즐기는 것은 무엇이고 할 수 있다 한들 중추적 원리(中樞的 原理)가 손상되고 부패된 상황에서 생은 그래도 인간에 있어 가치를 지닌다고 납득이 되어야 하는 것일까요?」

「그렇다. 이 문제는 그대 말대로 우스꽝스럽다. 그렇다 하더라도 진실을 가장 명확하게 볼 수 있는 장소에 우리는 가깝게 와 있으므로 다시는 혼란을 일으켜서는 안되지.」

「물론 안됩니다.」 하고 그는 대답했다.

「이리로 와서 악에 관한 여러 가지 형태를 한번 보게. 이것들은 한번 보아 둘 만하지.」

「따라가겠습니다. 시작하세요.」 하고 그는 대답했다.

「이제 토론은 어지간히 높은 데 이르렀고, 이로부터는 마치 어떤 탐구의 탑에 선 것과 같이 아래로 내려다보고는 덕이라는 것은 오직 하나일 뿐이나 악의 형태들은 수없이 많다는 것을 알 수 있을 것이다. 그런데 특기(特記)할 만한 것은 네 가지가 있다.」 하고 나는 말했다.

「무슨 뜻입니까?」

「그것은 국가의 뚜렷한 형태들이 있듯이 그만큼 정신의 형태들도 많게 보인다는 것이다.」

「얼마나 됩니까?」

「국가에 다섯 가지가 있고 정신에도 다섯 가지가 있지.」 하고 나는 말했다.

「그것은 어떤 것들입니까?」

「그 첫째는 우리가 묘사한 것이고, 이것은 두 가지 명칭 즉 한 사람의 출중한 자에 의해 또는 여러 사람에 의해 통치되느냐에 따라 군주정(君主政)·귀족정(貴族政)이 된다.」

「그렇습니다.」 하고 그는 대답했다.

「그러나 제 생각으로는 이 두 가지 명칭은 오직 하나의 형태를 묘사한다고 본다. 통치권이 1인 또는 다수인의 수중에 있다 하더라도 통치자들이 우리가 기대하는 그런 식으로 훈련되었다면 국가의 근본법은 그대로 유지될 것이니까.」

「그것은 사실입니다.」 하고 그가 대답했다.

제 5 권

「이런 것이 선(善)하고 진정(眞正)한 국가다. 그리고 선하고 진정한 인간도 같은 유형이다. 그리고 만일 이것이 옳은 것이라면 다른 것들은 잘못된 것들이다. 그리고 국가의 질서뿐만 아니라 개인 정신의 통제에도 영향을 끼치는 악은 네 가지 형태로 나타난다.」

「그것들은 어떤 것입니까?」 하고 그가 말했다.

내가 이 네 가지 악의 형태들은 서로 관련되어 계승되어 나가는 것 같이 나에게 생각되는바, 그 질서를 이야기해 나가려 할 때 아데이만토스 너머로 좀 떨어져 앉았던 포레마르코스가 그에게 귀엣말로 속삭였다. 그는 손을 내밀어 웃옷 어깨 자락을 잡고 자기쪽으로 잡아당기고 자기는 그쪽으로 몸을 기대면서 바짝 붙어서 무엇이라 그의 귀에 속삭였는데, "여기서 우리는 그를 놓아줄 것인가, 놓아주어도 무방하다는 건가?" 하는 말만은 나도 엿들을 수 있었다.

「물론 안되지.」 하고 아데이만토스가 언성을 높였다.

「아니, 누구를 놓아주지 못하겠다는 것인가?」 하고 나는 말했다.

「당신말입니다.」 하고 그가 말했다.

「어째서 나만은 놓아줄 수 없다는 것인가?」 하고 나는 되풀이했다.

「어째서라니? 우리는 당신이 게으름을 피우고 이야기의 대단히 중요한 부분을 몽땅 빼먹고 우리를 농락하려 든다는 것을 눈치채고 있습니다. 그러면서도 당신은 여자와 아이들에 관해서는 "친구들은 모든 것을 공유한다."라는 것이 마치 누구에게나 자명한 양 그대로 날치기식의 이야기를 하고, 그것도 우리가 알지 못하고 그대로 지나칠 것같이 망상하고 있단 말입니다.」

「그래, 내가 틀렸다는 것인가 아데이만토스?」

「틀렸지요.」 하고 그가 말했다.

「이 특별한 경우에 있어 무엇이 옳은가는 기타 모든 것과 마찬가지로 설명이 필요한 것입니다. 생활공동체도 여러 종류가 있지 않습니까? 그러므로 어떤 종류의 공동체를 두고 하는 것인지 말 좀 해보세요. 우리는 당신이 당신의 국민들의 가정생활을 말해 줄 것이라고 오랫동안 기다렸습니다. 어떻게 아이들을 출산하고 출생한 다음에는 그들을 어떻게 양육하나. 그리고 일반적으로 여자들과 아이들의 이 공동체의 성질은 어떤 것인가 알아보고 싶었습니다. 그도 그럴 것이 이런 일들의 운영 여하에 따라서는 좋든 나쁘든 국가에 지대한 영향을 끼칠 터이니까. 그런데 이제 문제는 마무리도 짓지 않은 채 당신은 또 다른 국가에 손을 대고 있지 않습니까. 그래서 우리는 당신이 들은 바와 같이 당신이 이 모든 것을 설명해 줄 때까지는 놓아주지 않기로 결의하였습니다.」

「이 결의에 대해 저도 합의하였다고 생각하셔도 무방합니다.」 하고 그라우콘이 말했다.

「더 이상 법석을 떨 것도 없이 우리는 다같이 합의를 보았다는 것을 알아두세요.」 하고 트라시마코스가 말했다.

「이토록 나를 공박함으로써 도대체 어찌하자는 것인지 그대는 모르고 있다. 국가에 관해 도대체 무엇을 논하자는 것인가? 나는 이제 토론을 끝냈다고 내나름으로 생각했고, 그래서 이 문제를 잠들게 한 것만으로도 천만다행으로 생각하고 내가 그 때 말한 것을 그대가 받아 준 것만 해도 얼마나 고마웠나 하고 기뻐했는데 또 다시 처음부터 시작하라는 것인가? 이렇게 함으로써 또 말이 성가시게 오고 가고 할 것은 그대는 전혀 상관도 하지 않고 말일세. 이제 나는 일이 성가시게 될 것을 미리 알았기에 이것을 피한 것일세.」하고 나는 말했다.

「무슨 목적이 있어 우리가 여기에 왔다고 당신은 생각하십니까? 금을 찾아보러 왔습니까 또는 토론에 귀를 기울이려고 왔습니까?」 하고 트라시마코스가 말했다.

「그렇다. 그러나 토론에도 한계가 있어야 하지.」

「알겠습니다, 소크라테스. 그러나 전생애(全生涯)가 유일한 한계입니다. 지혜로운 자는 이런 토론들을 듣기 위해 생애를 바치는 것입니다. 그러나 우리들에 대한 걱정은 마시고 마음을 다시 먹고 당신 나름대로 질문에 대답이나 하세요. 수호자들 사이에 적용될 것으로 되어 있는 이런 부녀자들의 공동체란 어떤 것입니까? 그리고 출생과 교육 사이의 기간을 어떻게 처리하라는 것이죠? 최대의 세심한 주의가 필요한 것같이 느껴지는데, 어떻게 다루어야 할지 가르쳐주십시오.」

「좋소, 나의 순진한 친구여! 그러나 해답은 쉽다는 것과는 정반대야. 우리들의 앞서 결론들보다는 훨씬 많은 의문점들이 야기되지. 우선 이야기된 것의 가능성 자체가 의심스럽다. 그리고 또 다른 각도에서 본다면 가능하다 할지라도 이 계획이 과연 최선의 것인지 또한 의문이다. 그래서 우리들의 포부가 오직 꿈으로 되어버리지 않기 위해 나로서는 이 문제에 접근한다는 것이 마음에 내키지 않는다.」

「두려워하실 것 없습니다. 청중은 그다지 심한 사람들도 아니고 의심을 품거나 적대적으로 나서지도 않을 터이니까.」

「나의 좋은 친구여! 그런 말들을 해서 나를 북돋아주려는 것이겠지?」하고 나는 말했다.

「그렇습니다.」하고 그는 대답한다.

「그러면 내가 말하겠는데, 그대는 정반대의 짓을 하고 있다. 그대가 주는 격려도 내가 무엇을 말하고 있는지 안다고 내 자신 믿는다면 그대로 받아들일 수도 있겠네. 자기를 아껴주는 지혜로운 사람들 가운데 있어 자기가 높이 평가하고 좋아하는바 높은 관심사에 대해 진실을 내세우는 것은 두려워할 것도 없고 주저할 바도 아니겠지만, 자기 자신이 확신을 갖지 못하는 탐구자로서는──바로 이것이 나의 상태인데──토론을 그대로 끌고 나간다는 것은 위험하기도 하고 또한 믿을 수 없는 일이다. 그런데 위험으로 말하면 내가 웃음거리가 된다는 것이 아니라(이것을 두려워한다는 것은 유치한 것이므로) 나의 입장을 다지기 위해 가장 필요한 데 있어 진실을 놓치게 되고 친구들을 내가 함락한 쪽으로 몰고 갈까 두려운 것이다. 그래서 복수의 신에게는 내가 이제부터 말하려는 말에 찾아오지 않도록 기도하지. 사실 본의 아닌 살인은 미(美)나 선(善)이나 또는 법(法)에 있어서의 정의에 관해 속이는 자보다는 오히려 죄가 가볍다고 믿으니까. 바로 이것이 친구들 사이를 누비고 달리는 것보다는 적(敵)들 사이를 달리는 것이 오히려 위험치 않다고 생각하는 것일세. 그래서 나를 좀 봐주고 북돋아주게.」

그라우콘이 웃으면서 말했다.「만일 당신과 당신의 주장이 어떤 중대한 해를 우리에게 끼칠 때는 살인을 저지르기 전에 무죄로 돌려 방면될 것이고 사기친 자로 간주하지는 않을 테니 용기를 내서 말해 보시죠.」

「자, 그러면 다시 되돌아가서 앞서 적당한 데서 말해 두었어야 할 것을 말해 보겠네. 이제 남자들의 역할은 다 해냈으므로 이번에는 여자들의 순번으로 되어도 무방하겠지. 이들에 대해 말해보려는 것이고 또한 그대들에 의해 초대된 바에야 서슴지 않고 해보겠네.」

「우리들의 국민답게 출생하고 교육받은 자들로서는, 나의 의견으로 말하면, 부인이나 자녀를 소유하고 소용하는 데 관한 정당한 결론에 도달하는 오직 하나의 길은 우리가 그 사람들은 수호자들이 되고 무리들을 지키는 개들이 되어야 한다고 말했을 때, 우리가 처음으로 출발한 그 길을 밟아야 한다고 할 수밖에 없네.」

「진실입니다.」

「우리 자녀들의 출생과 교육도 동일한 또는 거의 동일한 규칙들을 지켜야 한다고 한번 가정해 보세. 그 때에는 그 결과가 우리들의 의도와 맞는지 여부를 알 수 있을 것이다.」

「무슨 말씀입니까?」

「내가 무엇을 뜻하는지는 하나의 질문형식으로 만들 수 있네.」 하고 나는 말했다.

「개들은 수컷 또는 암컷으로 구분하는 것인가 또는 사냥하고 집 지키고 기타 개들의 임무를 다같이 평등하게 나누어 갖는가? 또는 수컷에게만 가축들의 전적이고 배타적인 보호를 맡기는 반면 암컷에게는 그들의 강아지를 생산하고 젖을 빨리는 것만도 그들에게는 과다한 일이라는 생각에서 집에다 놓아둘 것인가?」

「아닙니다. 그들은 다같이 분담(分擔)합니다.」

「그들 사이의 차이는 오직 수컷이 더 강하고 암컷이 약하다는 것뿐입니다.」

「그러나 그것들이 같은 방식으로 양육되고 훈련되지 않는다면 성(性)이 틀리는 동물들을 같은 목적에다 쓸 수 있겠는가?」

「쓸 수 없습니다.」

「그렇다면 만일 여자들이 남자들과 같은 의무를 가져야 한다면 그들은 같은 양육과 교육을 받아야 하겠지?」

「그렇습니다.」

「그들 남자에게 주어진 교육이란 음악과 체육이었다.」

「그렇습니다.」

「그러면 여자들은 음악과 체육을 배워야지. 또한 전쟁의 기술도 습득해서 남자들과 같이 할 줄 알아야 하지?」

「그렇게 되겠지요.」

「우리들의 제안들이 만일 실천된다면 이것은 상식 밖의 일들이니까 우스꽝스럽게 보일 것이 틀림없다고 생각하네.」

「틀림없겠습니다.」

「그렇지. 그리고 가장 우스꽝스러운 것은 체육장에서 남자들과 더불어 벌거벗고 운동하는 광경이겠고, 특히 그들이 젊지도 않을 때는 더욱 그렇게 되겠다. 늙은이가 주름살이 잡히고 추하게 된 데도 불구하고 그대로 열심히 체육관을 드나드는 것 못지않게 아름다운 광경과 동떨어진 것은 없을 것이다.」

「그렇겠습니다. 지금 상식으로서는 이러한 제안은 우스꽝스럽겠습니다.」

「그러나 우리가 우리들이 마음을 실토하기로 작정한 이상 이런 새로운 혁신에 퍼부어질 재사(才士)들의 조롱을 두려워할 것은 없다. 여자들이 음악과 체육을 해내고 더욱이 무장하고 말을 타는 것을 그들은 얼마나 조롱할까!」

「틀림없습니다.」 하고 그는 대답했다.

「그러나 일단 내친 걸음에 법이라는 험한 고장에까지 가보아야 하겠지. 동시에 이들 신사(紳士)들에게는 일생에 한번 진지하게 굴어달라고 간청을 드리면서! 그다지 오래되지 않았는데 과거에는 우리가 그들을 회상(回想)시킨다면, 아직도 야만인 사이에서는 그대로 받아들여지고 있는, 벌거벗은 남자의 꼴은 우스꽝스럽고 점잖치 못하다라는 의견을 그리스인들도 갖고 있었다. 그런데 처음에는 크레타인 그 다음에는 스파르타인들이 이 풍습을 도입하자 그 당시 재사(才士)들은 역시 이 새로운 혁신을 조롱했다.」

「그렇습니다.」

「그러나 경험에 의하여, 모든 것을 내보이는 것이 가리는 것보다 한결 낫다는 것이 알려지고 이리하여 이성이 지시하는 바 더 나은 원리 앞에서 외관적인 안목에 주는 기괴망칙한 효과는 사라져버렸던 것이다. 그 때 비로소 어리석고 악한 것은 외면하고 당치도 않은 광경에다 조롱의 화살을 겨냥하고 선한 척도를 내놓고 다른 척도로 아름다움을 계량해 보려고 무진 애쓰는 이런 자를 속물로 받아들이게 되었네.」

「진짜 그렇습니다.」 하고 그는 대답했다.

「그러면 우선 이 소재를 농(弄)으로 받아들일 것인지 또는 정색(正色)하고 검토할 것인지, 여자의 본성부터 알아보기로 하세. 여자는 남자의 하는 일들은 전적으로 또는 부분적으로 분담할 수 있는가? 또는 전혀 할 수 없는 것인가? 그리고 전투하는 기술은 여자로선 전혀 담당할 수 없는 것들 가운데 하나인가? 이것이 탐구를 시작하는 데 있어 가장 좋은 방법이겠고 또한 가장 좋은 결론으로 이끌어갈 것일세.」

「그것이 가장 좋은 방도이겠습니다.」

「우리 자신에 대해 반론을 펴나감으로써 우선 반대편에 서보지 않으려나? 이런 식으로 해서 상대방의 위치는 방어할 수 없게 될 것일세.」

「그거 좋습니다.」 하고 그는 말했다.

「그러면 반대하는 자들의 입을 통해 말을 시켜보세. 그들은 이렇게 말하겠지. "소크라테스 그리고 그라우콘, 우리는 그대들을 공박할 필요조차 없네. 그 이유는 그대 자신들이 국가를 창건하였을 때 모든 자는 자기 본성에 적합한 한 가지 일만을 할 것으로 되어 있었다." 그럼 물론이지. 내 잘못이 아니라면 우리들은 이것은 인정하고 들어갔네. "그렇다면 남자와 여자의 본성은 과연 그게 다른 것이 아니겠나?" 그러면 우리는 이렇게 대답할 것이네. "물론 그렇겠지." 그러면 그들은 이렇게 물어올 것이지. "남자와 여자에게 주어진 임무는 서로 다른 것이 아닌가? 각자 그들의 본성에 합당한 그런 것 말일세?" 암, 달라야 하지. "그렇다면 그들의 본성이 그토록 전적으로 다른 남녀가 같은 일을 해내라는 것은 앞뒤 모순(矛盾)이 아닌가?" 이쯤 되면 여보게, 이런 반대론을 제기하는 자에게 우리는 어떻게 대처했으면 좋겠나?」

「별안간 물어 온다면 대답하기가 쉽지 않을 것입니다. 그러므로 이 사례를 우리 편으로 끌고 나올 것이고, 당신도 그렇게 해주셨으면 하고 간청합니다.」

「이것들이 반대론들이다. 그라우콘, 그리고 이와 비슷한 것들이 많다는 것을 나는 전부터 알고 있었네. 그래서 이것들이 두려워 여자와 아이들을 소유하는 것과 양육하는 데 관한 법에는 좀처럼 손을 대고 싶지 않았지.」

「제우스에게 맹세하여, 이 문제를 해결한다는 것은 참으로 용이하지 않겠습니다.」 하고 그는 말했다.

「그렇지. 그러나 사람이 조그만 수영장에 빠지거나 바다 가운데 떨어지거나 거기서 헤어 나와야 한다는 것은 마찬가지겠지.」

「참으로 그렇습니다.」

「그러면 우리는 해변으로 헤어 나와야 하겠지. 우리는 아리온의 돌고래 또는 어떤 신비로운 구원의 길이라도 기대해 보세.」

「기대해 보겠습니다.」 하고 그가 말했다.

「그러면 탈출하는 묘안(妙案)이라도 있나 알아보세. 우리들은 다른 일을 추구해야 하네. 그리고 남자 및 여자의 본성들은 다르다는 것을 인정했네. 그렇지 않은가? 그러면 이제 와서 어떻게 다른 성질들도 같은 일을 추구해야 할 것이라고 말하겠나. 이것이 우리에게 돌려진 앞뒤가 모순된다는 공박이지.」

「바로 그렇습니다.」

「진실로 그라우콘, 앞뒤 모순되는 묘기(妙技)의 힘이야말로 영광스러운 것이렸다.」 하고 나는 말했다.

「어찌하여 그처럼 말씀하십니까?」

「어찌하여 그런고 하니, 나의 생각으로는 많은 사람들이 그의 의사에 반하여 실행에 옮기네. 그가 사유하고 있다고 생각할 때 실은 그는 정의(定義)하고 분석할 줄 모르므로 논쟁을 벌이고 있지. 이리하여 그는 그가 말하는 것이 무엇인지 모르고 있네. 그는 공정한 토론을 기하는 것이 아니라 다툰다는 정신으로 단순한 언어상의 반대를 일삼고 있네.」

「그렇습니다. 가끔 보는 일입니다.」하고 그는 대답했다.

「그러나 그것이 우리들과 또한 우리들의 토론과는 무슨 상관이 있지요?」

「많이 있지. 우리들이 생각하지도 않은 채 언어상의 반대에 떨어진다는 위험이 틀림없이 있기 때문이네.」

「어떤 식으로 말입니까?」

「우리는 용맹하게 투쟁적으로 서로 다른 성질들은 서로 다른 직책을 가져야 한다고 언어상의 진리에 매달려 고집하네. 그러나 우리는 성질의 동일성과 차이성에 관한 그 뜻이 과연 어떤 것인지에 대해 또는 우리가 다른 성질들에게는 다른 직책들을, 동일한 것에는 동일한 것을 과하는 데 있어 어찌하여 그것들을 구별하였는지 전혀 생각해 보지 못했네.」

「그렇군요. 일찍이 생각해 본 적이 없습니다.」하고 그가 말했다.

「하나 예를 들어, 머리가 벗겨진 사람과 모발이 풍성한 사람 사이에는 성질상 상반되는 것이 없는가 하고 우리가 질문하고 그것이 용인된다면, 그 때에 대머리가 화공(靴工)이라 하여 모발이 풍성한 자가 화공(靴工)이 되는 것을 금해야 할 것인가 또는 그 반대의 경우도 아울러 말일세?」

「그건 농담이겠습니다.」하고 그는 말했다.

「그렇다. 농담이다. 그런데 어찌하여서 그렇게 되지? 그 까닭은 우리가 국가를 창건하였을 당시 성질이 상반된다는 것을 모든 차별들에까지 넓히려는 것이 아니고 개인이 종사하는 직책에 영향을 미치는 그러한 차이들에게만 적용하려고 하였네. 예를 들면 의사와 또한 마음 속에서 의사인 자와는 같은 성질을 가진 자라고 말할 수 있다. 이렇게 논했어야 하였었지.」

「그렇습니다.」

「그런데 의사와 목수는 다른 성질을 갖고 있지?」

「물론입니다.」

「만일 남성과 여성이 어떤 기술이나 직책에 대한 그들의 적응성에 있어 차이가 있는 것으로 보인다면 이런 기술이나 직책은 그들 가운데 하나에게만 주어져야 한다고 말해야 마땅하겠지. 그러나 만일 이 차이가 여자는 자식을 잉태하고 남자는 자식을 낳게 한다는 데에만 있다면 여자가 받아야 하는 교육의 종류에 있어 남자와는 달라야 한다는 증명으로는 될 수 없다. 그러므로 우리들의 수호자들과 그들의 부인들은 같은 직책을 갖도록 그대로 주장할 것이다.」

「옳습니다.」 하고 그는 말했다.

「다음에 우리는 반대하는 자들에게 기술이나 공직생활을 추구해 나가는 데 있어 어느 면에서 여자는 남자와 성질이 다른가를 물어보아야 하겠지?」

「의당 그렇게 하여야죠.」

「그러나 아마 그도 그대와 같이 앉은 자리에서 충분한 대답을 준다는 것은 쉽지 않고 잠시 고찰한 다음에는 어렵지 않을 것이라고 말할 것이네.」

「아마도 그럴 것입니다.」

「그러면 우리가 이 토론에다 그들을 초대해 놓고 여자의 체질에는 국가를 영위해 나가는 데 지장을 주는 아무런 특수한 것이 없다는 것을 보여주었으면 좋겠네.」

「꼭 보여주었으면 좋겠습니다.」

「우리는 그에게 다음과 같이 말하지. 자! 우리는 그대에게 하나 물어보겠네. 즉 그대가 어떤 면에서 천성을 타고났다 또는 천성이 없다고 말할 때, 어떤 사람은 어떤 것을 손쉽게 얻어내고 또 한 사람은 어렵게 얻어낸다는 말인가, 어떤 사람은 조금만 배워도 많은 것을 알게 되는데 또 한 사람은 많이 배우고 경험을 해본 다음에도 배우자마자 잊어 버린다는 것인가, 또는 다시 어떤 사람은 자기 마음의 좋은 종으로서의 육신을 갖고 있는데 또 한 사람에게는 육신이 자기에게 방해가 된다는 것인가? 이것들이 천성을 타고난 자를 자질이 없는 자로부터 구분하는 차이점들이겠는가?」

「아무도 부정 못할 것입니다.」

「그러면 인간의 직책치고 남성이 높은 정도의 자질이나 품성에 있어 여성만 못한 데가 있다고 그대는 말할 수 있겠는가? 물론 옷감을 짓는 기술 또는 떡을 빚고 잼을 만들고 하는 데 있어서는 여성이 과연 뛰어났다고 보는데, 그리고 여기서 남자를 이긴다는 것은 말도 안되는데 이런 것을 가지고 시간을 허비할 필요는 없지?」

「당신께서 여성이 일반적으로 열등하다는 것을 내세우시는 것은 옳다고 생각합니다. 물론 많은 여성이 여러 가지 일에 있어 많은 남성들보다 우월합니다. 그러나 전반적으로는 당신 말씀이 옳습니다.」 하고 그는 대답했다.

「그렇다면 친구여! 국가를 경영해 나가는 데 있어 그가 여자이기 때문에 또는 그가 남자이기 때문에 가진 특별한 능력이라는 것은 없고 천성은 다같이 타고난 것이네. 모든 남자의 직책들은 또한 여자의 직책들이 될 수 있네. 그러나 이들에 있어 여자는 남자보다 떨어지네.」

「틀림없습니다.」

「그렇다면 모든 우리들의 법들은 남자에게만 과하고 여자에게는 과하지 말 것인가?」

「그래서는 안되겠습니다.」

「어떤 여자는 병을 고치는 재질을 갖고 있고 또 하나는 그렇지 못하네. 하나는 음악가고 또 하나는 천품적(天品的)으로 음악에 소질이 없네.」

「틀림이 없습니다.」

「그리고 어떤 여자는 체육과 운동훈련에 적성을 갖고 있고 다른 여자는 군사적도 아니고 체육도 싫어하네.」

「물론입니다.」

「그리고 한 여자는 철학자이고 다른 여자는 철학과는 담을 쌓네.

한 사람은 기백이 있고 다른 사람은 그렇지 못하네.」

「그것도 사실입니다.」

「그렇다면 어떤 여자는 수호자로서의 기질이 있고 다른 여자는 그렇지 못하네. 남성 수호자들의 선정에 있어서도 이와 같은 차별들에 의해 결정되겠지?」

「그렇습니다.」

「남성이나 여성이나 수호자로서의 자격이라는 것을 다같이 가지고 있네. 그들은 상대적인 힘의 강약에 있어 다를 뿐이지.」

「명백합니다.」

「이러한 자격을 가진 여성들은 이와 동일한 자격을 가진 그리고 그들이 능력에 있어서나 성격에 있어서나 닮은 남성들의 반려(伴侶)이고 동료(同僚)들로서 선정되어야 하지?」

「과연 진실입니다.」

「그러면 같은 성질들은 같은 직책들을 가져야만 하지?」

「그래야 합니다.」

「그 때에는 앞서 우리가 말했듯이 수호자들의 처(妻)들에게 음악과 체육을 부과하여도 자연스럽지 못할 것은 없다. 우리들은 다시 이 점으로 되돌아왔네.」

「그렇습니다.」

「그 때 우리가 입법한 법은 자연의 이치에 적합한 것이고, 그럼으로 해서 불가능하다든지 또는 단순한 포부라든지 하는 것에 그치는 것은 아니네. 오히려 현재 이루어지고 있는 이와 상반되는 관례가 사실에 있어서는 자연을 어기는 것이네.」

「진실같이 보입니다.」

「우리는 첫째 우리들의 제의가 가능한 것인지, 그리고 그 다음에는 그것이 가장 유익한 것인지 고찰해 보아야 할 것이네.」

「그렇습니다.」

「그리고 가능성으로 말하면 이것은 인정되었지?」

「인정되었습니다.」

「다음에는 크게 유익하다는 것이 확정되어야 하겠지?」

「옳습니다.」

「그대는 남자로 하여금 선한 수호자로 만드는 그와 같은 교육이 여자도 선한 수호자로 만든다는 것을 인정하겠지? 근원적 성질은 동일한 것이므로 해서?」

「그대에게 하나 물어보겠는데.」

「무엇입니까?」

「모든 사람은 탁월(卓越)한 데 있어 다 같은 것인가 또는 한 사람이 다른 사람보다 뛰어난 것인가?」

「후자입니다.」

「그러면 우리가 창건하였던 공화국에 있어 우리들의 모범적인 조직에서 성장한 수호자가 더욱 완전한 인간이라고 생각하나, 또는 그가 받은 교육이 신발 만드는 것이었던 화공(靴工)이 그렇다고 생각하나?」

「그거 참 우스운 질문입니다!」

「어찌되었든 그대는 대답했다.」 하고 나는 말했다.

「그러면 한발 더 나아가서 우리들의 수호자들은 우리 국민들 사이에서 가장 우수한 자들이겠지, 그렇지 않다고 할 수 있겠나?」

「가장 우수합니다.」

「그러면 그들의 처들도 우수하겠지?」

「그렇습니다. 우수합니다.」

「그렇다면 국가의 이익 가운데 일국의 남자들과 여자들이 가능한 한 최선이 되어야 한다는 것 이상으로 더 좋은 것이 있을 수 있겠는가?」

「더 좋은 것이라곤 있을 수 없습니다.」

「바로 이것이 우리가 묘사한 그런 상태로 현존되어 있을 때 음악이나 체육의 기술이 해낼 수 있는 일이겠지?」

「틀림없습니다.」

「그렇다면 우리들은 입법이 가능할 뿐더러 국가에 최고도로 유용한 법을 마련한 게 되지?」

「사실입니다.」

「그렇다면 우리들의 수호자들의 처들로 하여금 그들 여자의 덕이란 바로 그들의 옷일 것이므로 옷을 벗게 하고 그들 조국의 방어와 전쟁의 힘겨움을 나누어 갖도록 하세. 단지 노동의 배분에 있어 더 가벼운 것을 여자에게는 과할 것이네. 그는 천성이 약하니까. 그러나 다른 면에 있어서는 그들의 임무는 다 같을 것이네. 그들이 고상한 동기에서 그들의 신체를 단련하는 나체(裸體)의 여성을 가지고 웃는 자가 있다면 그는 그의 웃음 속에서 "익지 않은 지혜의 과실"을 따는 자일 것이고, 그가 무엇을 가지고 웃고 있는 것인지 또는 자기가 무엇을 하고 있는지 그 자신 모르고 있네. "유용한 것은 고상한 것이고 유해한 것은 천한 것"이라는 말은 격언 중에서도 최고이고 장래도 그럴 것이네.」

「과연 그렇습니다.」

「여기에 여자에 관한 법의 하나의 어려운 점은 이제 제거되었다고 말할 수 있네. 수호자들은 양성(兩性) 다같이 모든 그들의 직책들을 공유하여야 한다고 법을 정함으로 해서 우리들을 산 채로 잡아 삼키려던 파도는 닥치지 않았네. 이러한 조치의 효용성과 가능성에 대해서는 논의의 일관성 자체가 증인이 되어 주네.」

「그렇습니다. 큰 파도를 면하셨습니다.」

「그렇다. 그러나 더 큰 파도가 몰려오고 있네. 다음에 덮치는 것을 보면 지금 것은 아무것도 아니라고 생각할 것이네.」

「계속하세요. 어디 보여주세요.」

「그 법은, 이것은 앞서 있었던 모든 것들의 계속이겠는데, 다음과 같은 취지여야 할 것이네. 즉 "우리들의 수호자들의 처들은 공유되어야 하고 그들의 아이들도 공유되어야 한다. 그래서 부모도 자기 자식들을 알 수 없고 자식들도 부모를 몰라보아야 한다."고 되어져야 하네.」

「그렇습니다. 그것보다도 더 큰 파도입니다. 그리고 이러한 법의 효용성은 물론 가능성도 더욱 문제이겠습니다.」하고 그는 말했다.

「처자(妻子)들을 공유하는 데서 얻어지는 지극히 큰 효용에 대해서는 문제가 있다고는 생각할 수 없으나 가능성은 전혀 다른 문제이고 크게 토론될 것이네.」

「나는 둘 다 크게 의문시된다고 생각합니다.」

「두 가지 문제가 결합되어야 한다는 말이지.」하고 나는 대답했다.

「그대는 이 효용성은 인정해 주리라고 생각했었는데, 이렇게만 되면 둘 중의 하나는 면할 수 있고 다른 하나는 가능성만 남는다고 기대하였었지.」

「그 잔꾀는 그러나 탄로가 났습니다. 그러니까 제발 둘 다 변호해 보세요.」

「할 수 없지. 내 운명은 감수해야지. 그러나 좀 보아주게. 마치 백일몽을 꿈꾸는 자들이 거닐면서 자신들의 기쁨을 맛보듯이 나도 그 꿈으로 내 마음을 달래게 해주게. 그 까닭은 그들의 소망들이 이루어지는 수단들이 발견도 되기 전에──사실 그들은 수단을 문제도 삼지 않는데──하필 가능성까지 생각함으로써 자신들을 괴롭히고 싶지 않을 것이네. 그러나 그들이 원하는 것들이 그들에게 허락되었다고 치고, 그들은 계획대로 나갈 것이고 그들의 소망이 실현되었을 때 그들이 실천에 옮기려고 생각했던 것을 꼼꼼하게 다짐으로써 희열을 느끼네. 원래 대단치도 않은 능력을 그다지 더 좋게 해주는 것은 못 되겠지만 이제 나도 풀이 죽기 시작했네. 그래서 그대가 허락만 해준다면 현재로선 가능성의 문제는 그대로 넘겨버리고 싶네. 그 제안의 가능성을 인정하고 나서 이제 나는 지배자들이 어떻게 이들 결정된 것들을 실천에 옮기나 알아보고 집행된 마당에 있어 우리의 계획이 국가나 또는 수호자에게나 크나 큰 이득이 될 것이라는 것을 증명하려 하네. 그러므로 만일 그대가 반대만 하지 않는다면, 우선 그대의 도움을 얻어 이 방식의 유리한 점들을 고찰하도록 노력할 것이고 그 다음에 가서 가능성의 문제에 언급하려 하네.」

「반대하지 않습니다. 해보세요.」

「첫째, 내가 생각하기에 만일 우리들의 지배자나 보조자들이 그들이 지니는 이름이 허명(虛名)이 아니라면 한쪽에서는 복종하는 데 서슴지 말아야 하고 또 다른 한쪽은 명령하는 힘을 가져야만 하네. 수호자들은 그 자신 법에 복종하여야 하며 또한 그들의 돌봄에 내맡겨진 여하한 세부사항들에 있어서도 그들 법의 정신을 실현시켜야 할 것이네.」

「그것은 옳습니다.」 하고 그는 말했다.

「그들의 입법자인 그대는 남자를 선택하여 놓았으므로 이제는 여자들을 선택하여 이들을 그들에게 줄 것이네. 이들은 되도록이면 그들과 더불어 같은 성질들어야 하네. 그리고 그들은 같은 집에서 살고 공동식사를 하고. 아무도 특별하게 그의 또는 그녀의 것을 갖지는 않을 것이네. 그들은 같이 있게 될 것이고 같이 자라날 것이고 체육훈련에 같이 참가할 것이네. 그리하여 그들 본성의 필연에 이끌려 서로 교접(交接)하게 될 것이네. 필연이라는 말은 그다지 강하다고는 생각되지 않는데 어떤가?」

「그렇습니다. 필연이라 하여도 기하학적인 것이 아니고 연인들이 알고 또한 인간대중에게는 훨씬 더 확신이 가고 강제성을 띤 그러한 또 하나의 종류인 필연입니다.」 하고 그는 말했다.

「진실이네. 그리고 이것은 그라우콘, 모든 다른 것들과 마찬가지로 질서정연하게 진행되어야 하네. 축복받은 국가에서 방자(放恣)함은 지배자들이 금하는 신성하지 못한 것이니까.」 하고 나는 말했다.

「그렇습니다. 이것이 허용되어서는 안되겠습니다.」 하고 그가 말했다.

「그 다음에는 명백하게 성혼(成婚)은 최고도로 신성하게 이루어져야 하지. 그리고 가장 유익한 것은 신성하다고 여겨질 것이지?」

「틀림없습니다.」

「성혼(成婚)은 어떻게 하면 가장 유익할 것인가? 이것을 그대에게 물어보고 싶네. 그 이유는 그대의 집에는 내가 보건대 사냥개들도 있고 또한 적지 않은 귀한 새들도 있지 않은가? 이제 간청할 터이니 나에게 말해주게. 그대는 교미(交尾)시키고 길러보고 모두 손수 하여 보았나?」

「특히 어떻게 말씀입니까?」

「아니, 뭐 첫째는 비록 그것들이 우수한 종자이기는 하나 어떤 것들은 다른 것들보다 더 나은 것이 아니겠나?」

「그렇습니다.」

「그러면 그대는 모두 구별할 것 없이 새끼를 치게 하나 또는 가장 좋은 것만 새끼를 치도록 마음을 쓰나?」

「가장 좋은 것만입니다.」

「그리고 가장 늙은 것을 취하나 또는 가장 어린 것을 취하나 또는 가장 성숙한 것을 택하나?」

「성숙한 것만 택합니다.」

「그리하여 그대가 만일 새끼를 치는 데 조심하지 않는다면 그대의 개나 새들은 크게 퇴화할 것이겠지?」

「물론입니다.」

「그리고 일반적으로 말들이나 동물들도 같다 하겠지?」

「의심할 여지가 없습니다.」

「맙소사! 나의 친구여.」 하고 나는 말했다.

「만일 이와 동일한 원리가 인간 종자에게도 적용된다면 대체 우리들의 지배자들은 얼마나 철저한 기술을 지녀야 한단 말인가!」

「과연 동일한 원리가 적용됩니다. 그런데 어찌하여 어떤 특별한 기술이 있어야 한다는 것이지요?」

「그 이유는 우리의 지배자는 단체집단에다 약을 써야만 할 때가 가끔 있네. 그대도 알겠지만 환자가 약이 필요없고 식이요법이나 해서 충분할 때는 대단치 않은 의사라도 관계치 않다고 생각되겠지만 투약을 하여야만 할 때는 의사는 보통사람으로는 안될 것이네.」

「그것은 진실입니다. 그런데 무엇에다 비유해서 말씀하시는 것입니까?」 하고 그는 말했다.

「나의 뜻은 우리의 지배자들은 그들의 피치자의 이익을 위해 상당히 많은 허위와 속임수를 투약하여야 한다는 것을 알게 되지. 이 모든 것들을 사용하는 것을 약이라고 간주하면 편리하다는 것을 말하려는 것일세.」

「알겠습니다.」

「이것들의 올바른 행사는 결혼이나 출산을 규제해 나가는 데 때로 필요하다고 생각된다.」

「어찌하여 그렇습니까?」

「어찌해서라니! 남녀간에 가장 우량한 것을 가장 우수한 것과 되도록 많이 교배시키고 열등한 것은 우량한 것과 시키되 되도록 적게 시킨다는 것, 그리고 그 무리들을 가장 좋은 상태로 유지하기 위해서는 다른 것이 아닌 어떤 한 종류의 결합에서 이루어진 자식을 길러야 한다는 원칙은 일찍이 확립되었지. 이제 이런 일들은 비밀에 붙여져야 하고 지배자들만이 알고 있어야 해. 그렇지 못하면 우리들의 무리들은, 여기서는 수호자들을 말하는데, 이들이 반란을 일으킬 위험이 겹치네.」

「사실입니다.」

「어떤 축제들을 마련하고 여기에서 신랑과 신부를 결합시키고 희생을 바치고 우리의 시인들이 작사한 성혼(成婚)의 노래를 부르고 하면 좋지 않겠는가. 성혼의 수로 말하면 지배자들의 양식에 내맡길 것이로되 그들의 목표는 인구수준을 그대로 유지하는 것이 되겠지? 그들이 고려하여야 할 것들, 가령 전쟁이다, 질병이다, 그리고 이와 같은 사고(事故)들이지. 이것은 나라가 너무 커져도 또는 작아져도 안되므로 이를 방지하기 위해서이지.」

「옳습니다.」하고 그는 대답했다.

「우리는 어떤 교묘하게 만들어진 추첨법을 고안해서 우리가 그들을 결합시킬 때마다 시원치 못한 자는 제비를 뽑아 떨어지게 한다면 그들은 자신의 불운을 탓할 것이고 지배자를 원망하지 않을 걸세.」

「틀림없습니다.」하고 그는 말했다.

「그리고 용감하고 탁월한 청년은 그들의 다른 명예나 보상 외에도 그들에게 주어진 여자들과 교접(交接)하는 편의가 더욱 많이 주어져야 한다고 생각하네. 그들의 용맹성이 이유가 될 것이고, 이러한 애비들은 되도록 많은 자식들을 가져야 하지.」

「진실입니다.」

「그리고 소임(所任)된 관리들이 남성이건 여성이건 간에 관리직은 남성은 물론 여성도 가질 수 있으니까—.」

「그렇습니다.」

「그 소임된 관리들이 우월한 부모의 소생들을 그들로부터 데려가 여기에서 떨어져 살고 있는 유모에게 내맡길 것이다. 그러나 열등한 자의 소생들 또는 우월한 자의 소생이되 잘못 태어난 것은 마땅히 신비롭고 알려지지 않은 곳으로 치워버릴 것이다.」

「그렇습니다. 만일 수호자들의 품종이 순결함을 유지하기 위해서 이것은 이루어져야 합니다.」하고 그는 말했다.

「그들은 그들의 양육을 돌볼 것이고, 그들의 어미들의 젖이 퉁퉁하게 부풀어 오를 때에는 그들을 우리에게 데려올 것이로되 어미가 그 자신의 소생을 알아보지 못하도록 특히 조심하여야 한다. 모유가 더 필요할 때는 다른 모유를 댄다. 젖을 빠는 과정이 너무 오래 걸리지 않도록 유의하여야 한다. 그리고 어미들이 밤에 깨지 않게 또는 다른 수고를 하지 않도록, 이런 일들은 유모나 아이에 종사하는 자들에게 내맡기게 될 것이다.」

「우리들의 수호자의 부인들은 아이들을 갖고도 즐겁고 편안한 시간을 가져야 한다고 생각하십니까?」

「그렇고 말고, 마땅히 그래야 하지.」하고 나는 말했다.

「그러나 우리들의 계획을 그대로 진행시키자. 우리는 부모들이 생의 전성기에 처해 있어야 한다고 말했겠다?」

「그렇습니다.」

「그럼 생의 전성기는 어떤 것인가? 이것은 여자의 생에 있어 20년 정도이고 남자에게 있어서는 30년 정도일까?」

「어떤 연령층을 포함시키려고 하십니까?」

「여자는 20세에 국가를 위해 아기를 배기 시작하고 40세까지 그대로 계속시킨다. 남자는 생의 맥박이 가장 빨리 뛸 때, 그 시점인 25세에서 시작해서 그가 55세 되는 해까지 계속한다.」

「그렇습니다. 남녀간에 있어 이 나이가 육체적으로나 지적으로나 가장 활기를 띨 때입니다.」하고 그가 말했다.

「공공적 결합이 이 나이 이하에서 또는 이상에서 이루어진다면 이런 자는 신성스럽지 못하고 부정한 짓을 한 자라는 말을 들을 것이다. 이렇게 결합하여 생명을 얻게 된다면 이것은 성혼식 때마다 여승(女僧) 또는 남승(男僧)들과 국가 전체가 새 세대들은 그들의 훌륭하고 쓸모 있는 부모들보다 더욱 우수하고 쓸모 있게 되라고 바치는 희생(犧牲)이나 기원(祈願)과는 전혀 다르고 동떨어진 징후 아래서 수태되었을 것이다. 그의 자식은 암흑과 기괴한 욕망에서 태어난 것이다.」

「틀림없습니다.」하고 그는 대답했다.

「그리고 지배자의 재인(裁認)을 받지 않고 가장 성숙한 생명을 가진 여성과 교접(交接)하는 남자는 비록 지시된 연령 이내에 머물러 있다 하더라도 같은 법이 적용될 것이다. 그것은 그가 국가에다 누군지 알 수도 없고 축복도 받지 못한 신생아를 길러 내고 있기 때문이다.」

「틀림없습니다.」하고 그는 대답했다.

「그런데 이것은 특정한 연령 이내에 해당된 자들에게만 적용된다. 그 이후에는 남자들은 자기 딸이나 딸의 딸이나 또는 그의 모친이나 모친의 모친과 교접(交接)하는 것을 제외하고서는 마음대로 하도록 내맡긴다. 그리고 여자들은 그들의 자식이나 아비 또는 아들의 아들 또는 아비의 아비, 그리고 이토록 양측 다 이런 방향으로 나가면 이것은 금지된다. 그리고 우리는 이 모든 것을 허락하되 태어나는 태아가 세상 빛을 보지 못하도록 하는 엄명하에서 이를 허용해 주어야 한다. 그리하여 만일 그래도 그대로 출생한다면 이러한 결합에서 얻어지는 소생은 유지될 수 없으며, 따라서 그에 따라 처치되어야 한다는 것을 그 부모들은 이해하여야 한다.」

「그것도 또한 이치에 맞는 제안입니다. 그러나 어떻게 그들은 누가 아비들인지 딸들인지 알 수 있겠습니까?」

「그들은 절대로 알지 못하겠지. 그 방법은 이렇게 될 것이다. 성혼(成婚)한 그 날부터 따져서 그 때 혼사를 치른 신랑은 그 후 7개월에서 10개월 사이에 태어난 남자 아이들을 그의 자식들이라 칭하고, 여자 아이들을 딸들이라 하고, 그들은 그를 아버지라 하고 그는 그들의 아이들을 손자들이라 하고, 또한 그들은 늙은 세대를 조부 및 조모로 부를 것이다. 그들의 아비와 어미가 상봉해서 잉태한 모든 것들은 서로 형제·자매라 하되, 이들은 내가 말한 바와 같이 통혼이 금지될 것이다. 그러나 이것은 형제·자매간의 교접을 절대로 금한다는 것은 아니다. 만일 추첨으로 그들을 원한다면 그리고 그들이 피시아의 신탁의 재가(裁可)를 받는다면 법이 그들을 허용하겠지.」

「옳습니다.」 하고 그는 대답했다.

「이러한 것이 그라우콘, 이에 따라 우리들의 국가의 수호자들이 처들과 가족들을 공유하는 계획이다. 그리고 그대는 이 토의를 이 공동체가 우리들의 기타 정책들과 합치한다는 것 그리고 또한 더할 수 없이 좋다는 것을 보여준다고 하겠지. 안 그런가?」

「참으로 그렇습니다.」

「법을 만들고 국가를 조직하는 데 있어 무엇이 입법자의 주요 목표인가를 우리 자신에게 물어봄으로써 무엇이 최대선(最大善)인가 그리고 무엇이 최대악(最大惡)인가 하는 공통된 기반을 찾아보지 않겠는가. 그리고 그 때 가서 우리들이 한 앞서의 이야기들이 과연 선 또는 악의 특징을 지니고 있는지 알아봄이 어떨까?」

「꼭 해보아야 하겠습니다.」

「통합이 있어야 하는 마당에 불화, 분리, 그리고 다양한 것보다 더한 악이 있겠는가 또는 통합의 통합보다 더한 선이 있겠는가?」

「없습니다.」

「즐거움과 고통이 공생하는 데 있어 모든 국민이 같은 일을 가지고 좋아하고 슬퍼하는 데 있어 통합이 있지?」

「의심할 여지도 없습니다.」

「그렇다. 공통적인 것이 없고 오직 사사로운 감정만이 있을 때 국가의 질서는 어지럽게 된다. 국가나 국민에게 일어난 같은 일들을 놓고 세상의 반쪽은 승리감에 도취되고 다른 반쪽은 슬픔에 떨어진다면 어떻게 되겠는가?」

「과연 그렇습니다.」

「이러한 차이들은 '내 것', '네 것', '그의 것', '그의 것이 아닌 것' 이라는 용어들의 사용에 관한 의견의 일치를 보지 못하는 데 기인한다.」

「틀림없이 그렇습니다.」

「그리고 가장 질서가 잘 잡힌 국가에 있어서는 가장 많은 사람들이 같은 것에 있어 같은 식으로 '내 것' 그리고 '네 것'이라는 용어를 적용하고 있지 않은가?」

「사실입니다.」

「또 다시 이것은 마치 신체에 있어서와 같이 개인의 상태에 거의 비교될 수 있는데, 우리들 중의 어떤 사람이 손가락을 다쳤을 때 전체 기분이 중심부로서의 정신쪽으로 뭉치고 여기에서 지배세력 하에 하나의 왕국을 형성하듯이, 아픔을 느끼고 다같이 다친 부분을 동정하거나 할 때 우리들은 그 사람은 손가락에 통증을 갖고 있다고 말한다. 이와 같은 표현은 신체의 다른 부분에도 다쳐서 통증이 있을 때 또는 아픔이 가라앉아 즐거울 때 적용할 수 있다.」

「진실입니다.」 그가 대답했다.

「가장 질서가 잘 잡힌 국가에서는 당신이 말씀하신 대로 이러한 공통된 감정에 가장 가까운 것이 있습니다.」

「그 때에는 국민 중의 어떤 한 사람이 어떤 좋은 것이나 또는 나쁜 것을 경험했을 때는 전체 국가가 그의 일을 자기 것으로 생각하고 그와 더불어 기뻐하고 또는 슬퍼하겠지?」

「그렇습니다.」 하고 그는 말했다.

「바로 이것이 질서가 잘 잡힌 국가에서 일어나는 일입니다.」

「이제서야 우리는 다시 우리들의 국가로 돌아가서 이것 또는 다른 어떤 형태가 이들 기본적 원리에 가장 일치되는가 한번 볼 수 있는 기회에 이르렀네.」

「대단히 좋습니다.」

「우리들의 국가는 모든 다른 국가와 마찬가지로 지배자들과 피치자들이 있겠지?」

「그렇습니다.」

「다같이 서로 인민이라고 부르겠지?」

「물론입니다.」

「그러나 다른 나라에 있어서는 그들의 지배자들에게 국민들이 주는 또 다른 명칭이 없겠는가?」

「일반적으로 그들은 그들을 군주들이라고 합니다. 그러나 민주국가에 있어서는 그저 그들을 지배자들이라고 합니다.」

「그러면 우리들의 국가에 있어 인민이라는 것 외에 다른 어떤 명칭을 국가들이 지배자들에게 주는가?」

「그들은 구세주 그리고 도움을 주는 사람이라고 불리웁니다.」 하고 그는 대답했다.

「그러면 지배자들은 국민을 무엇이라고 부르는 것인가?」

「그들의 지지자들 그리고 양부(養父)라고 합니다.」

「그러면 다른 국가들에 있어서는 그들을 무엇이라고 부르나?」

「노예라고 합니다.」

「그리고 지배자들은 다른 국가에서는 서로 어떻게 부르나?」

「지배자 동료들이라고 합니다.」

「그러면 우리들 국가에서는?」

「수호자 동지들이라고 합니다.」

「그대는 어떤 다른 국가에 있어 지배자가 항상 그의 동료들을 친구라 하고 그리고 다른 사람을 그의 친구가 아니라고 말하는 예를 알고 있나?」

「압니다. 가끔 그렇습니다.」

「그러면 그가 이득을 얻어내는 자를 친구로 간주해서 말하고 그리고 아무런 이해도 없는 자를 타인이라고 하나?」

「바로 그렇습니다.」

「그러나 그대의 수호자들은 어떤 다른 수호자를 타인이라고 생각하고 또는 말하는가?」

「물론 그렇지 않습니다. 그들이 만나는 모든 사람들은 그들에 의해 형제 또는 자매 또는 아버지 또는 어머니 또는 아들·딸 그리고 자기와 이토록 관련된 자들의 아들 또는 어버이들로서 간주되겠습니다.」

「멋지다!」 하고 나는 말했다.

「그러나 그대에게 다시 한번 물어보세. 그들은 이름에 있어서만 가족들인가 또는 그들은 이름 그대로 그들의 행동에 있어서도 가족들인가? 예를 들면 아버지라는 말을 쓰는 데 있어 아버지로서의 마음가짐을 뜻하고 또한 법이 명하는 자식으로서의 그에 대한 애정에서 우러나오는 존경과 의무도 말하는 것인가. 그리하여 이들 의무를 어긴 자는 신이나 사람에게 환영받을 것 같지는 않으며 불경하고 정의롭지 못한 자로 간주되지 않을 것인가? 이런 것들은 모든 국민들에 의해 그들에게 그들의 부모들이고 또한 그들의 한 족속들이라고 넌지시 알려준 사람들에 관해 아이들이 되풀이 귀담아 들은 가락이 되어야 할 것인가 또는 되어서는 안되는 것일까?」

「바로 이것이고 다른 것은 아닙니다.」 하고 그는 말했다.

「가족이라는 말이 입술에서만 오르내리고 그들의 정신에서 우러나오지 않는다면 이것같이 싱거운 것이 또 있겠습니까?」

「그렇다면 우리들의 국가에 있어서는 조화다, 의견의 일치다 하는 말이 다른 나라에 있어서보다 더 많이 들릴 수 있겠네. 내가 앞서 말했듯이 누가 건강하고 또는 병이 낳을 때에 일반적으로 통하는 말은 "나와 더불어 이것은 좋고 또는 이것은 나쁘다." 이렇게 되겠지?」

「옳습니다.」

「그리고 이렇게 말하고 생각하고 버릇에 어울리도록 우리는 그들과 고락(苦樂)을 같이 한다고 말하지 않았던가?」

「그렇습니다. 그렇게 그들은 할 것입니다.」

「그리하여 그들이 다같이 '내 것'이라고 부르는 것과 같은 일에 있어 그들은 공통된 이해를 가질 것이다. 이 공통된 이해를 가짐으로써 그들은 즐거움과 아픔에 대한 공통된 감정을 가질 것이 아닌가?」

「그렇습니다. 다른 나라들에 있어서보다 훨씬 더 그럴 것입니다.」

「그리고 이에 관한 이유인즉 국가의 일반적인 헌법 그 이상으로 더 나아가 수호자들이 부인들과 아이들을 공유한다는 데 있지 않겠는가?」

「그것이 주요한 이유일 것입니다.」

「그리고 즐거움과 아픔을 느낄 때 질서가 잘 잡힌 국가를 신체나 사지(四肢)에다 비교한 바와 같이 감정의 이 융합이 최대의 선이라고 인정했었지?」

「우리는 그것을 인정했습니다. 그리고 이는 지극히 올바른 것이었습니다.」

「그리하여 우리 국민 사이에서 부인들과 아이들을 공유한다는 것이 국가에 있어 최대의 선의 원천이라는 것이 명백하겠지?」

「물론입니다.」

「그리고 이것은 우리가 확인하는 바 다른 원리와도 합치되지. 즉 수호자들은 집이나 토지나 또는 기타 재산을 갖지 않기로 되어 있지. 그들의 급여는 그들의 식량일 것이고, 이것을 그들은 다른 국민들로부터 받는다. 이리하여 그들은 사적 비용이 필요 없다. 이는 우리가 그들로 하여 그들이 수호자로서의 진정한 성격을 갖추게 하기 위해서이다.」

「옳습니다.」 하고 그는 대답했다.

「재산의 공유 그리고 가족의 공유는 다같이 내가 말한 대로 그들로 하여금 더욱 진정하게 수호자들로 만든다. 그들은 내 것과 네 것을 가리지 않으므로 국가를 분열시키지 않는다. 각자는 그가 얻어낸 소득을 자기의 처와 자식들과 그리고 나만의 즐거움과 고통이 있는 각자의 집으로 끌고 들어오는 것이 아니라, 그들에게 친근한 것 그리고 소중한 것에 대한 마음이 하나고 그러므로 하나의 공통된 목적을 지향하므로 되도록 다같은 즐거움과 아픔을 느낄 것이다.」

「틀림없습니다.」 하고 그는 대답했다.

「그리고 그들은 자기 것이라고 할 수 있는 것은 몸밖에 없으므로 소송이나 불평같은 것은 그들 사이에 있을 수 없다. 금전 또는 아이들 또는 친족관계에서 생기는 분쟁에서 그들은 벗어날 것이다.」

「물론 그렇게 되겠습니다.」

「협박 또는 모욕에 대한 재판도 그들 사이에서는 일어나지 않을 것이다. 그것은 동등한 자들이 동등한 자들에 대해 자신을 방어한다는 것을 우리는 명예롭고 정당한 것으로 주장하기 때문이다. 자기방어는 필연적인 것으로 우리는 정당화할 것이다.」

「좋습니다.」 하고 그가 말했다.

「그렇다. 그리고 그 외에도 그 법에는 더욱 좋은 것이 있다. 즉 만일 어느 누가 남과 싸움을 할 때는 그의 분개는 그 때 그 자리에서 해소할 것이고 그 이상 더 위험하도록 길게 끌어서는 안된다는 것이다.」

「물론입니다.」

「통치자의 의무와 연소자에 대한 훈계는 연장자에게 일임한다.」

「옳습니다.」

「행정장관이 그에게 명령한다면 몰라도 연소자가 이 노년자들을 치고 기타 어떤 폭행을 가하지 않을 것이라는 것은 틀림없다. 또한 어떤 식으로든 경시하지도 않을 것이다. 이는 수치와 두려움이라는 두 수호자들이 있어 못하게 할 것이니까, 수치로 말하면 그와 부모뻘이 되는 사람에게 감히 손을 대지 못하게 할 것이고, 두려움으로 말하면 피해자는 그의 형제들, 자식들, 아버지들에 의해 위협을 받을 때 구조될 것을 예측하기 때문이다.」

「사실 그렇습니다.」 하고 그는 대답했다.

「그렇다면 모든 면에 있어 법은 상호간에 평화를 유지하도록 국민을 돕는다고 할 수 있겠지?」

「그렇습니다. 평화로운 데 있어 부족할 것이 없습니다.」

「그러므로 수호자들이 서로 다투지 않는 데 있어 다른 국민들도 수호자들에 대해 또는 그들 사이에 분열을 일으킬 위험은 없을 것이다.」

「아무런 위험도 없습니다.」

「나는 그들이 이제 하지 않아도 좋을 하잘것 없는 천한 짓들을 입밖에 내는 것조차 꺼리네. 이것들은 사람들이 그다지 주의도 하지 않는 것들인데, 예를 들면 가난한 자가 부자에 대한 아부, 그리고 가족을 먹여살리는 데 누구나 경험하는 고통과 상심, 그리고 그들의 생계를 위해 돈을 얻어내는 데 있어 돈을 빌리고 그리고 나서 채무이행을 거부하고, 어찌되었든 돈을 얻어내어 이 돈을 부인들이나 노예에게 간직하도록 준다. 이런 식으로 사람들이 고생하는 여러 가지 그 많은 악들은 천하고 명백할 따름이고 말할 가치조차 없다.」

「그렇습니다. 이것을 알기 위해서는 눈도 필요치 않습니다.」 하고 그가 말했다.

「이런 모든 악들에서 그들은 벗어나 그들의 생활은 마치 올림픽 우승자들보다도 아니 그보다도 더욱 행복할 것이다.」

「어찌하여 그렇습니까?」

「올림픽 우승자는 더욱 영광스러운 승리를 거두고 국비로 더욱 안전하게 급여되는 우리들의 국민들에 있어 확보된 축복의 일부만을 받고도 행복하게 보인다. 국민이 얻어낸 이 승리는 전국가의 구제(救濟)이겠고, 그들과 그들의 후손들이 머리에 얹을 관들은 생(生)이 필요로 하는 그 모든 것의 충만일 터이니까. 그들은 살아서는 그들 국가로부터 보수를 받을 것이고 죽어서는 명예롭게 묻힐 것이다.」

「그렇습니다. 과연 영광스러운 보상들입니다.」 하고 그가 말했다.

「앞서 우리가 토론하던 중에 굳이 이름은 밝히지 않겠는데, 어떤 자가 우리들의 수호자들을 그들은 모든 것을 소유할 수 있는데도 그들은 아무것도 갖지 못하므로──불행하게 만든다라고 비난하였던 것을 그대는 기억하나? 그에게 우리들은 다음과 같이 대답했었지. 즉 만일 기회만 있으면 추후 이 소재를 생각해 볼 수 있을 것이라고. 그러나 현재로서는 우리들은 수호자들을 진정한 수호자들로 만들 것이고, 따라서 어떤 한 계층이 아니라 전체의 최대행복을 안중에 두고 국가를 이루어 나갈 것이라고 그랬었지?」

「그렇습니다. 기억합니다.」

「이제 우리들의 수호자들의 생활은 올림픽 우승자들보다도 훨씬 좋고 고상하게 되었는데, 화공(靴工)이나 또는 기타 장(匠)이들의 생활을 이것에다 비교할 수 있다고 생각하겠는가?」

「물론 비교할 수 없습니다.」

「동시에 나는 다른 데서 언급한 것을 여기서 되풀이하여야 하겠다. 즉 만일 우리들의 수호자들이 수호자가 될 수 없을 정도로 행복을 맛보려고 한다면 그리고 우리의 판단으로서는 모든 생활 중에 최고인 이 완전하고도 조화 있는 생활에 만족하지 못하고 그의 머리에 떠오른 어떤 어릿광대 같은 행복에 홀딱 반해 전 국가를 제 것으로 만들려 한다면 그 때에는 그는 호메로스가 "반(半)편이 온전한 것보다 낫지." 하고 말했을 때 그가 얼마나 현명하였는가를 알아야 할 것이다.」

「만일 그가 나에게 의논한다면 나는 그대에게 다음과 같이 말할 것입니다. 즉 "그대에게 이와 같은 생활이 주어진 바에야 그 자리에 그대로 머물러 있게." 하고 말해야 하겠습니다.」

「그렇다면 그대는 동의하는 것이지. 남자나 여자나 우리가 말한바 공동교육, 자식들의 공유 같은 공동생활을 할 것으로 되어 있다. 그리고 국가에 남아 있거나 또는 전장터에 나가거나 국민들을 공동으로 감시할 것이다. 그들은 공동으로 감시하고 개들과 같이 수렵한다. 그리고 언제나 모든 것들에 있어 그들이 가능한 한 여자들도 남자와 더불어 몫을 나누어가져야 하지 않겠나. 이렇게 함으로써 그들은 가장 좋은 일을 해낼 수 있을 것이고, 자연적인 성관계(性關係)를 어기는 것이 아니라 보존하는 것이 될 것이다.」

「저도 동감입니다.」하고 그는 대답했다.

「그런데 이와 같은 공동생활체가 가능할 것인지는 더 알아보아야 하겠네. 동물들에 있어서와 마찬가지로 인간에 있어서도 가능한 것인지 그리고 가능하다면 어떤 식으로 가능한지?」

「당신은 제가 제기하려던 질문을 예측하셨습니다.」

「전쟁이 어떻게 그들에 의해 수행되어 나갈 것인지 알아본다는 것은 그다지 어렵지 않네.」

「어떻게 말입니까?」

「물론 그들은 다같이 원정길에 나선다. 충분하게 강한 그들의 아이들도 데려 간다. 그리하여 장(匠)이들의 자식들이 하는 식으로 그들이 자라나서 하여야 할 일을 볼 수 있을 것이다. 그리고 보아둘뿐더러 그들은 전쟁을 도울 것이고 쓸모도 있다. 또한 그들은 부모들의 시중을 든다. 그대는 일찍이 옹기장이의 아이들이 직접 녹로(轆轤)를 만지기에 앞서 보고 돕고 해서 기술을 배우는 것을 본 적이 없나?」

「보았습니다.」

「그러면 옹기장이들이 우리들의 수호자들보다 그들의 아이들을 교육시키고 또한 그들의 할 일들을 보고 실천하는 기회를 주는 데 있어 더욱 세심할 것인가?」

「그렇게 생각하는 것은 우스운 일입니다.」하고 그는 말했다.

「또한 부모들에게 주는 영향도 있다. 그들과 더불어 다른 동물에서나 마찬가지로 그들의 어린 것들이 있다는 것은 싸움터에서 용기를 내는 데 가장 큰 자극이 될 것이다.」

「그것도 진실입니다, 소크라테스. 만일 그들이 패전한다면, 전쟁에서는 항시 있을 수 있는 일인데, 그 위험은 얼마나 크겠습니까. 부모들은 물론 아이들도 죽을 것입니다. 그리고 국가는 다시 일어서지 못할 것입니다.」

「그렇다. 그러면 그대는 그들로 하여금 위험을 무릅쓰는 것을 허용치 않을 것인가?」하고 나는 말했다.

「그렇게 말한 것은 아닙니다.」

「그런데 그들이 위험을 무릅쓰는 것은 만일 그들이 패망만 면할 수 있다면 결국 승자가 될 수 있을 경우에 그렇게 하는 것이 아니겠나?」

「명백합니다.」

「장래의 전사들이 그들이 젊었을 때 전쟁을 보았다 또는 보지 못했다 하는 것은 대단히 중요한 일이다. 이것을 위해서는 위험을 자초할 만도 하지.」

「그렇습니다. 대단히 중요합니다.」

「그러면 이것이 우리들의 제일보(第一步)이어야 하겠지. 즉 우리들의 자손들을 전쟁의 목격자들로 만드는 것이. 그러나 우리는 그들에게 위험이 닥치지 않도록 애를 써야만 한다. 그러면 모든 것이 잘 될 터이니까.」

「사실입니다.」

「그들의 부모들은 전쟁의 위험에 맹목적이 아니라고 치고, 인간이 예견할 수 있는 한 어떤 출정이 안전하고 또한 어떤 것이 위험한 것인지 안다는 것을 전제로 하고 말일세.」

「그렇게 생각할 수 있겠습니다.」

「그러면 그들은 그들을 안전한 출정에 데리고 가고 위험한 것은 경계하겠지?」

「그렇겠습니다.」

「그리고 그들은 그들의 지도자들이고 선생들인 경험 있는 노병들의 명령하에 둘 것이겠지?」

「가히 그럴 것입니다.」

「그래도 전쟁의 위험은 언제나 예견할 수는 없다. 여기에는 많은 모험이 뒤따르겠지?」

「사실입니다.」

「이러한 모험에 대비해서 아이들에게 당장 날개를 달아 주어야지. 필요할 때는 날아서 달아나도록.」

「무슨 말씀입니까?」 하고 그가 말했다.

「우리는 그들이 아주 어릴 때부터 말을 태우고 그리고 탈 줄 알게 되면 말에 태워 전쟁을 구경시키자는 것일세. 이 말들은 기질이 사납고 호전적이어서는 안될 것이고 가장 다루기 좋으면서도 되도록이면 빠른 것이라야 하지. 이런 식으로 이후 그들 자신의 사업들이 될 것을 잘 보아둘 것일세. 그리고 만일 위험이 닥칠 때는 그들은 연로한 지도자들을 따라 달아나면 그만이지.」

「옳다고 믿습니다.」 하고 그는 말했다.

「그 다음 전쟁에 대해서 말한다면, 그대의 병사들의 상호관계와 그들의 적과의 관계는 어떻게 되어져 있어야 하나? 나는 병사로서 대열을 이탈하고 또는 그의 무기들을 버리고 또는 비겁한 어떤 행위를 저지르는 자는 농부나 장(匠)이의 계층으로 지위를 낮추었으면 좋겠다는 생각이 드네. 그대의 생각은 어떤가?」

「꼭 그렇게 해야 한다고 말하겠습니다.」

「그리고 항복한 자는 적들에게 물건을 선사한 꼴이 되겠지. 그는 그들의 정당한 전리품이며, 그들이 그를 어떻게 다루든 상관할 것 없지.」

「물론입니다.」

「그러나 전공(戰功)으로 유명하게 된 영웅은 무엇으로 보답하여야 할 것인가? 그는 군대에서 그의 젊은 동지들로부터 명예가 수여되고 그들 하나 하나 열을 지어서 그에게 관을 씌운다. 어떤가?」

「찬성입니다.」

「그리고 악수를 하게 한다. 어떤가?」

「그것도 좋습니다. 동의합니다.」

「그러나 다음 제안에는 동의하기 힘들 것이네.」

「어떤 제안입니까?」

「그는 그들의 입을 맞추고 또한 그들은 그의 입을 맞춘다.」

「물론 그래야 합니다. 저로서는 한번 더 나아가 이렇게 말하겠습니다. 그가 마음 먹은 자는 원정이 계속되는 동안에는 그의 입맞춤을 거부할 수 없다고. 그리하여 그가 청년이건 처녀이건 상관할 것 없이 군대 내에 그의 애인이 있으면 그는 더할 나위 없이 용감의 상을 타려고 애를 쓸 것입니다.」

「그거 멋있다.」 하고 나는 말했다.

「용감한 자는 다른 사람들보다 더 많은 처를 갖도록 한다는 것은 벌써 결정을 보았다. 그리고 그는 되도록 많은 자식들을 갖기 위해서도 다른 무엇보다도 이런 일에 있어 우선적 선택권을 가져야 하지 않겠는가?」

「동의합니다.」

「또 다시 호메로스에 의하면, 용감한 젊은이들을 명예롭게 하는 또 하나의 방식이 있다. 그는 에이작스[1]가 전투에서 공을 세운 다음에 기다란 등뼈를 받았다고 말하고 있다. 이것은 그의 꽃다운 나이의 영웅에게 적절한 치하인 것이다. 명예의 선물일 뿐만 아니라 또한 대단히 강하게 하는 것이다.」

「진실입니다.」하고 그는 말했다.

「그렇다면 이에 있어 호메로스는 우리들의 교사가 될 것이다. 그리고 우리도 또한 제사를 지내고 기타 이와 같은 때는 남녀간에 그들의 용감성의 정도에 따라 우리가 전에 말했던 찬가와 기타 영예를 가지고, 또한

"윗자리 그리고 고기와 잔에 찬 술"[2]

을 가지고 용감한 자를 명예롭게 하여야지. 그리고 그들을 명예롭게 하는 데 있어 동시에 그들은 훈련할 것이다.」

「그것 훌륭합니다.」하고 그는 대답했다.

「그렇다. 사람이 전장터에서 영광스럽게 죽으면 우리는 우선 그는 금으로 된 씨족 출신이라고 말하지 않겠는가?」

「틀림없습니다.」

「아무렴 그들이 죽었을 때,

"그들은 땅 위에서는 성스런 천사들이었고 선을 만든 자들이었고 악에 적대하는 자들이었고 언변이 뛰어난 자들의 수호자들이었지."[3]

하고 헤시오도스와 더불어 떳떳하게 말할 수 있겠지?」

「그렇습니다. 그의 권위를 받아들이겠습니다.」

「우리는 어떻게 우리가 신성하고 영웅적인 풍채들을 나타내는 조각을 마련할 수 있을까. 그리고 그들이 특히 유별난 것은 무엇인지

1)『일리아드』, vii, 321.
2)『일리아드』, viii, 162.
3)『일과 나날』, 121.

신에게 알아보아야 하지. 그리고 우리는 그가 하라는 그대로 해야지?」

「어떤 일이 있어도 그렇게 하여야 합니다.」

「그리고 두고 두고 우리는 그들을 숭배하고 그들을 매장한 곳을 영웅들의 묘라 하여 그 앞에서 절을 할 것이다. 그리고 그들뿐만 아니라 현저하게 선하다고 여겨지는 자들은 그들이 전사했거나 또는 다른 원인으로 죽었거나 같은 명예를 받아야 할 것이다.」

「옳습니다.」 하고 그가 말했다.

「다음에 어떻게 우리들의 병사들은 적들을 대우할 것인가? 이에 관해서는?」

「어떤 점을 말씀하는 것입니까?」

「무엇보다도 노예에 관해서 그대는 그리스인들이 그리스 국가를 노예화하고 또는 다른 것들이 할 수만 있다면 그들을 예속화해도 좋다는 것인가? 전체 그리스 인종이 어느 때는 야만인들에 의해 멸망한다는 위험을 생각하여 그들의 관습은 그것들을 면하게 하여야 하지 않겠는가?」

「면하도록 하는 것이 한없이 좋을 것입니다.」

「그렇다면 그리스인은 그들에 의해 노예로서 소유되어서는 안되지. 이것이 그들이 지켜야 하고 또한 다른 그리스인에게도 지키도록 하는 규칙이다.」

「물론입니다.」 하고 그는 말했다.

「그들은 이런 식으로 야만인들에 대해 단결하고 그리고 서로 손을 대지 않게 될 것입니다.」

「다음은 전사한 자에 관한 것인데, 정복자는 갑옷 외에는 전사자의 것은 무엇이고 박탈해서 좋다는 것인가? 적을 약탈하는 이 관습이 전투에 직면하지 않은 핑계를 마련해 준다. 비겁한 자들은 그들의 의무를 다하는 것같이 하면서 전사자 사이를 누빈다. 이리하여 시체 약탈을 좋아함으로 해서 자고로 많은 군대가 파멸되었지.」

「틀림없습니다.」

「시체를 약탈한다는 것은 아량도 없고 또한 탐욕한 짓이 아니겠나. 그리고 진짜 적은 멀리 도망을 치고 무기들만 남겨놓았는데 시체를 가지고 적으로 한다는 것은 어느 정도는 천하고 아녀자 같은 행동이 아니겠나. 이런 짓은 마치 개가 저를 공격한 사람에게는 덤비지 못하고 저를 맞힌 돌에 덤벼드는 것과 같은 것이겠지?」

「마치 개와 같습니다.」 하고 그는 말했다.

「그렇다면 우리는 죽은 자를 약탈하지 말아야 하고 그들의 매장을 방해하지 말아야 하겠지?」

「그렇습니다. 우리들은 그래서는 안되겠습니다.」 하고 그는 대답했다.

「우리들은 무기들을 신들을 모신 제전에다 바쳐서는 안된다. 더욱이 다른 그리스 사람들의 호감을 유지하고자 한다면 그리스 사람들의 무기를 바쳐서는 안되지. 우리는 또한 동족으로부터 약탈한 것을 신 자신이 명했다면 몰라도 그대로 바친다면 부정을 탈 것이라는 데는 이유가 있다.」

「사실입니다.」

「또 다시 그리스인의 영토를 황폐케 하고 가옥들을 태워버리는 데 있어 실제로 어떻게 할 것인가?」

「고견(高見)을 들어보았으면 좋겠습니다.」

「다같이 금(禁)해야 하지. 내 의견이지만, 나로서는 일년치 수확만을 취하고 그 이상은 받지 않겠다. 그 이유를 말해 볼까?」

「꼭 듣고 싶습니다.」

「그대도 알다시피 불화라는 말과 전쟁이라는 말과는 차이가 있지. 그리고 내 생각으로는 그 성질도 다르지. 하나는 내부적이고 국내적인 것을 나타내고 또 하나는 외부적이고 대외적인 것을 말하는 것이다. 그리하여 전자를 불화라 하고 후자를 전쟁이라 칭하지.」

「그것 참 적절한 구별입니다.」 하고 대답했다.

「그리스 민족은 다같이 피와 우의(友誼)의 유대로 결속되었고 야만인들과는 남이고 다르다고 해도 지나쳤다고는 말하지 않겠지?」

「진실입니다.」 하고 그는 말했다.

「그러므로 그리스인들이 야만인들과 싸우고 야만인들이 그리스인과 싸울 때는 전쟁상태에 있다고 말할 수 있고 또한 성질상 적이다. 이런 류의 적대는 전쟁이라고 불러야 마땅하지. 그러나 그리스인들끼리 서로 싸울 때는 우리들은 그리스가 난리와 불화상태에 있으나 그들은 본질상 친구들이라고 말한다. 그리하여 이러한 적대감을 불화라고 부르는 것이다.」

「동감입니다.」

「그러면 생각해 보세.」 하고 나는 말했다.

「우리가 인정한바 불화가 생기고 국가가 분열될 때, 만일 양편이 서로 토지를 황폐시키고 집들을 태운다면 이 투쟁은 얼마나 악독하겠는가. 진정한 애국자라면 그 자신의 유모나 모친을 갈기갈기 찢어버리지는 않을 것이다. 정복자가 피정복자들의 추수를 수탈하는 데는 이유가 있을 것이다. 그러나 그래도 그들은 마음 속으로는 평화를 염원하고 영구히 싸움을 계속하려 하지는 않을 것이다.」

「그렇습니다. 이것이 다른 것보다는 온화한 심정이겠습니다.」 하고 그는 말했다.

「그리고 그대가 창건하고 있는 국가는 그리스 국가가 아니겠는가?」

「그래야 마땅합니다.」 하고 그는 대답했다.

「그렇다면 그 국민들은 선량하고 문화화되어 있겠지?」

「그렇습니다. 극히 문화화되어 있습니다.」

「그러면 그들은 그리스를 사랑하고 그리스를 그들 자신의 땅으로 생각하고 같은 신들을 나누어 갖고 있지 않은가?」

「틀림없이 그렇습니다.」

「그리고 그들 사이에서 일어나는 충돌은 불화로만 간주되지. 친구들 사이의 다툼, 이것을 전쟁이라고 하지 않겠지?」

「물론입니다.」

「그렇다면 그들은 어느 때는 화해를 의도하는 자들과 같이 다투겠지?」

「그렇습니다.」

「그들은 상대를 우정으로 바로잡으려는 것이겠고, 노예로 만들거나 또는 파멸시키지 않는다. 그들은 바로잡는 자들이고 적은 아니겠지?」

「바로 그렇습니다.」

「그리고 그들은 그리스인들 자신들이므로 그리스를 황폐하게 하지 않을 것이고, 전체 인민, 남자, 여자, 아이들을 그들의 적이라고 생각지는 않을 것이다. 하긴 그들은 전쟁의 범죄는 언제나 극히 소수에게만 국한된 것이고 대부분 사람들이 그들의 친구들임을 알고 있다. 그러므로 이들 이유로 하여 그들은 자신들의 국토를 황폐하게 하고 남김 없이 집들을 파괴하려 들지 않는다. 그들의 그들에 대한 적대감은 무고한 피해자들이 죄를 진 소수자들을 강제하여 만족을 얻어내는 데 그칠 것이 아니겠는가?」

「동의합니다.」하고 그는 말했다.

「우리 국민들은 그들 그리스의 적들을 이토록 다루어야 하겠습니다. 그리고 야만인에 대해서는 지금 그리스인 상호간에서 다루듯이 하여야 하겠습니다.」

「그러면 우리들의 수호자들을 위해 이 법을 제정하지. 즉 그들은 그리스인들의 땅을 황폐시키지 말 것이며, 그들의 집들을 불지르지 못한다고.」

「동의합니다. 그리고 이것들은 앞서 제정한 법들과 같이 대단히 좋다고 생각할 수 있겠습니다.」

「그러나 그건 그렇고, 소크라테스. 이런 식으로 이야기를 해나가다가는 이 토론의 시초에서 당신께서 옆으로 밀어놓으신 다른 문제를 전혀 잊어버리시겠습니다.[1] 이러한 일들의 질서가 가능한지 그렇다면

1) 466 참조.

어떻게 실현될 것인지 말입니다. 사실 저는 당신이 제안한 계획이, 만일 실현성이 있다면 국가에는 더할 나위 없이 좋다는 것을 인정하는 데 서슴지 않습니다. 당신께서 빼버리신 것을 보충해드려도 좋을 정도입니다. 즉 그런 나라 국민들은 전사로서도 가장 용감할 것이고 대열을 벗어나지도 않을 것입니다. 하긴 그들은 서로 구면일 것이고 서로 아버지, 형제, 아들로 부를 터이니까요. 그리고 여자들도 그들의 군대에 참여한다고 한다면 같은 대열에 끼든 또는 적에게 공포심을 주기 위해 또는 필요할 때 보충병으로 후방에 배치되었다 하더라도 그들은 무적일 것입니다. 그리고 이것들도 언급되었어야 할 터인데, 여러 가지 가정적(家庭的) 이점들도 있습니다. 이것 역시 나는 확신합니다. 그러나 당신들의 국가가 실현된다고 한다면야 저로서도 이 모든 이점들을 그리고 또한 원하신다면 얼마든지 받아들이겠습니다. 이제 이 이상 더 이점들에 관해서는 말할 필요가 없습니다. 이제 우리는 가능성과 그 방법이라는 소재로 돌아갑시다. 그 나머지는 그대로 남겨둔 채.」

「내가 잠시 한눈을 팔았다 해서 그대는 당장 공격해 온다. 그리고 조금도 용서치 않는다.」 하고 나는 말했다.

「내가 겨우 첫번째와 두번째 파도를 피하자마자[1] 그대는 세번째 파도를 몰아왔다. 그것도 가장 크고 무거운 것을. 그대가 그 세번째 파도를 보고 들었다면 그대는 나를 좀 보아줄 것이고, 이제 내가 말하고 조사하려는 그 엄청난 제안을 생각해서도 내가 두려워하고 주저하는 것은 오히려 당연하다고 인정할 것이다.」

「당신이 이런 식의 호소를 하면 할수록 당신이 이러한 국가가 어떻게 가능한지 우리들에게 이야기하도록 더욱 조를 작정입니다. 말해보세요. 그리고 당장에.」 하고 그는 말했다.

「우리는 정의와 부정을 찾다가 그쪽으로 갔다는 것을 상기함으로써 시작하세.」

---

1) 제 5 권 권두 참조.

「그렇습니다. 그러나 그게 어찌되었다는 것입니까?」 하고 그는 대답했다.

「아니 단지 이것만 물어보면 된다. 만일 우리가 그것을 발견했다면 정의의 사람은 모든 일에 있어 절대적으로 정의로워야 한다고 그에게 요구할 것인가 또는 우리는 정의에 가까운 것으로 그리고 그에 있어 다른 자에서보다 일층 높은 정도의 정의에 도달하는 것으로 만족할 것인가?」

「접근하는 것으로 충분하다고 생각합니다.」

「우리들은 절대정의를 그리고 완전하게 정의로운 것의 성격, 또한 부정과 완전부정을 탐구하여 왔다. 이리하여 이상적인 것을 갖기 위해서 우리는 그들이 보여주는 표준과 그리고 우리가 그들과 닮은 정도에 따라 우리 자신의 행복과 불행을 판단하기 위해 이것들을 알아보기로 했던 것이고, 그들이 사실상 존재할 수 있다는 견해에서 그런 것은 아니었다.」

「사실입니다.」 하고 그는 말했다.

「여기에 화가가 있어 완전하게 아름다운 이상적인 인물을 흠잡을 수 없는 기술로써 묘사한 연후에, 이런 사람이 일찍이 있을 수 없었다는 것을 증명할 수 없다 하여 그만큼 화가로서의 가치가 떨어지는 것인가?」

「그는 조금도 화가로서 손색이 없을 것입니다.」

「그렇다면 우리는 완전한 국가에 관한 하나의 이상을 창조하고 있지 않았던가?」

「확실히 그렇습니다.」

「그러면 우리가 말한바 그대로의 국가의 가능성을 증명할 수 없다해서 우리의 이론은 그만큼 가치가 없다 할 것인가?」

「결코 그렇지 않습니다.」 하고 그는 대답했다.

「그것이 진실이다.」 하고 나는 말했다.

「그러나 만일 그대의 요구대로 어떻게 그리고 어떤 조건하에서 그가능성이 최고인가를 애써 보여주려 한다면 그대에게 이것을 안중에 다 두고 그대가 전에 확인하였던 것을[1] 되풀이하도록 요구하여야 하겠네.」

「무슨 확인 말씀입니까?」

「이상들이라는 것이 말로써 충분하게 실현된 적이 과연 있었는지 알고 싶다. 말이라는 것은 사실 이상을 표현하는 것이 아니겠나. 그리고 현실은 사람이 어떻게 생각하든간에[2] 언제나 일의 성질상 진실에는 미치지 못하지? 그대는 무엇이라고 말하겠나?」

「동의합니다.」

「그렇다면 그대는 실제 국가가 모든 면에서 이상과 일치될 것이라는 나의 증명을 그대로 고집하지 말아야 한다. 만일 우리가 우리들이 말한 대로 비슷하게 어떻게 국가는 통치될 수 있는가? 발견할 수만 있다면 그대가 요구한 가능성을 발견한 것이 된다는 것을 인정하겠지. 그리고 만족하겠지. 나는 확실히 만족하리라고 생각하는데, 그대는 어떤가?」

「만족할 것입니다.」

「그 다음에 그들의 현재 결합된 통치의 원인인 국가에 있어서의 잘못은 무엇인지, 그리고 국가로 하여금 더욱 진정한 형태로 나갈 수 있게 할 수 있는 최소의 변혁은 무엇인지 노력해서 보여주도록 하지. 그리고 변혁은 가능하다면 한 가지만, 그렇지 못하다면 두 가지만 하여, 어찌되었든 변혁은 되도록 적고 가볍게 되어져야 한다.」

「틀림없습니다.」 하고 그는 대답했다.

「어느 한 가지만 변혁한다면 국가가 개혁될 수 있다고 나는 생각한다. 물론 적고 용이한 일은 아니지만 그래도 가능한 것이다.」

「그것은 어떤 것입니까?」

1) 472 참조.

2) 실천(프락시스), 행동(에르곤)이 이론(레그시스), 언설(로고스)보다도 우위(優位)하다고 생각하는 것이 일반통념인데, Platon은 여기서 이러한 통념에 대한 수정을 요청하고 있다.

「그러면 이제 내가 최대의 파도로 비유한 것을 나아가 맞아들이기로 하지. 파도가 조소와 경멸(輕蔑)로 나를 때려 눕히고 질식시킨다 하더라도 할 말은 다해야지, 정신차려 들어주게.」

「말씀해 보십시오.」

「철학자들이 왕이 되고 또는 이 세상의 왕이나 권력자들이 철학하는 정신과 힘을 얻고, 정치적으로 위대함과 그리고 지혜가 일체화하고 또한 하나만을 알고 다른 것을 무시하는 속된 성질이 강제적으로 물러나고 하지 않는 한 국가에서는 악(惡)이 그칠 날이 없고 또한 인류도 마찬가지라고 나는 믿는다. 이 때 비로소 우리들의 국가는 생명의 가능성을 갖게 되고 햇빛을 볼 것이다. 만일 이것이 지나치게 기발하고 엄청난 것만 아니었던들 서슴지 않고 즐겁게 말해버렸을 터인데. 그라우콘, 대체로 이것이 나의 생각이다.[1] 이 외에 다른 국가에서 사적 또는 공적인 행복이 있을 수 있다고는 도저히 생각조차 할 수 없지.」

「소크라테스, 무슨 말씀입니까? 당신께서 입 밖에 내신 말을 듣고는 많은 사람들이, 그것도 결코 녹녹치 않은 사람들이, 당장에 옷을 걷어 붙이고 그저 손에 닿는 대로 아무것이나 무기를 들고 죽어라 하고 달려들 것이고, 그 때에는 몸둘 바도 모르는 사이에 무슨 짓을 할는지 알 수도 없다는 것을 좀 생각해 보십시오. 그리고 대답을 마련하지 못하고 어떤 조치를 하지 않는다면 여지없이 놀림감이 된다는 것만은 틀림없습니다.」

「이토록 나를 쓰레기로 만든 것은 자네가 아닌가.」 하고 나는 말했다.

「제가 잘못한 것은 없습니다. 어쨌든 이 일은 면하게 하여 드리도록 애써 보겠습니다. 그러나 저로서는 호의로서 대하는 것과 충고를 드리는 수밖에는 없습니다. 그리고 당신의 질문에 대해 남보다는 적절하게 대답을 해드릴 수 있을 것입니다. 그것뿐입니다. 자! 이제 이

1) 소위 철인왕(哲人王)의 선언으로서 플라톤에 있어 가장 유명한 구절.

런 보조자도 있고 하니 당신이 옳다는 것을 믿지 않는 자들에게 최선을 다해서 보여주셔야 합니다.」

「마땅히 해야지. 그대도 이런 값있는 도움을 준다니까. 만일 우리가 난(難)을 피할 수만 있다면 국가에 있어 철인(哲人)들이 지배하여야 할 때 누구를 가지고 말하는 것인지 그들에게 설명하여야만 한다. 그렇게 되면 우리를 방어할 수 있을 터이니까. 마땅히 철학을 배워 국가의 지도자들이 되어야 할 사람이 있는가 하면 철인(哲人)으로는 태어나지 않고 지도자보다는 추종자로 되어진 사람들도 있다는 것을 알게 될 것이다.」

「그러면 이제 정의(定義)나 하여 보시지요.」

「자! 따라오게. 어찌되었든 그대에게 만족스러운 설명을 줄 수 있을 것이라고 기대하네.」

「하여 보십시오.」

「그대는 기억한다고 감히 말하겠는데 그래서 기억을 새롭게 할 필요가 없겠지만, 연인이 제대로 그 이름값을 하려면 그의 사랑을 그가 사랑하는 것의 어떤 부분만이 아니라 전체를 사랑하다는 것을 보여 주어야 한다.」

「정말 이해할 수 없습니다. 나의 기억을 도와주시도록 부탁하겠습니다.」

「다른 사람이 그런 대답을 한다면 몰라도 그대와 같이 연애를 좋아하는 사람은 꽃다운 청춘에는 누구나 어떻게 해서든지 사랑하는 사람의 가슴에 아픔과 감정을 불러일으키고 그에 의해 그의 애정을 줄 만하다고 생각하도록 하게 한다는 것을 알아야 할 것이 아닌가? 그대는 미소년(美少年)을 이런 식으로 다루겠지. 상대가 들창코면 그대는 애교가 있다고 칭찬하고, 매부리코면 왕자의 품위가 있다 할 것이고, 쌍방의 중간이면 우아하고 알맞다고 한다. 얼굴이 검으면 남자답다고 하고, 하야면 하얀 대로 신의 후손이라 한다. 그들이 부르듯이 달콤한 '꿀같은 파랑색'도 애칭으로 말하고 청년의 볼에 나타난다 하더라도 청색을 덮어두려는 애인에게 주는 근사한 형용사가 아니겠나? 한마디로 말해서 그대는 청춘의 꽃 한송이라도 놓칠 새라 안하는 변명이 없고 안하는 말이 없지 않은가?」

「저를 연애의 권위(權威)로 말씀하신다 하더라도 토론을 생각해서 이것을 감수하겠습니다.」

「그러면 수호자에 대해서는 무엇이라 하겠는가? 그들도 같은 짓을 한다는 것을 모르나? 어떤 술이든 닥치는 대로 마시는 구실을 즐겨 마련한다.」

「좋습니다.」

「그리고 이것은 야심가에 있어서도 같다. 군대를 지휘할 수 없을 때는 소부대라도 명령하려 한다. 그들은 거물이고 중요한 사람에 의해 존경을 받지 못할 때는 그만 못한 시원치 못한 자들의 존경이라도 받으려 한다. 어찌되었든 어떤 명예를 가져야만 한다.」

「바로 그렇습니다.」

「다시 한번 묻겠는데, 어떤 종류의 선(善)들을 요구할 때 사람들은 전체를 원하는가 또는 어떤 부분만을 원하는가?」

「전체입니다.」

「철학자에 관해서도 그는 지혜의 일부가 아니라 전체를 사랑하는 자라고 말할 수 있지?」

「그렇습니다. 전체입니다.」

「따라서 배우기를 싫어하는 자, 특히 무엇을 좋고 나쁜지 판단할 역량이 없는 젊은 시절에 이런 태도를 보이는 자는 철학자 또는 애지자(愛知者)라고 내세울 수는 없겠지. 마치 식사를 거부하는 자는 배가 고프지 않은 것이고 식욕이 없고 왕성하지 못하다고 말할 수 있겠지?」

「진실입니다.」하고 그는 말했다.

「그에 반해서 모든 종류의 지식에 대한 맛을 알고 배우고 싶어 못 견디고 그래도 만족하지 못한 자를 철학자로 호칭하여서 마땅하지.

내가 틀렸나?」

이에 대해 그라우콘이 말했다.

「만일 호기심이 철학자를 만든다면 여러 이상한 것들이 그 이름을 차지하게 될 것입니다. 구경을 좋아하는 모든 자들은 배우는 데 즐거움을 느끼는 자들이겠고 따라서 여기에 포함되어야 합니다. 음악 애호가만 하더라도 철학자들 사이에서는 이상하게 어울리지 않는 자들입니다. 그들은 할 수만 있다면 철학적 토론과 같은 것은 아예 외면하고 마치 모든 합창대의 노래를 듣기 위해 자기 귀를 내놓은 듯이 디오니소스 축제에는 빠짐없이 쫓아다닙니다. 공연이 도시에서 열리든 또는 시골에서 상연되건 상관할 것 없이 꼭 끼어듭니다. 그래, 우리들은 이제 이 모든 것을 그리고 같은 취미를 가진 자들 또는 자질구레한 예능(藝能)을 가진 재주꾼들을 철학자들이라고 주장할 것입니까?」

「절대로 안되겠지. 그들은 오직 모방자일 뿐일세.」하고 나는 대답했다.

「그렇다면 누가 진정한 철학자들입니까?」

「진실한 모습을 사랑하는 자들이다.」

「그것도 또한 좋습니다. 그러나 그것이 무슨 뜻인지 알고 싶습니다.」

「다른 사람에게는 설명하기 곤란할 것이다. 그러나 그대는 내가 이제 만들고자 하는 전제를 승인해 줄 것이라고 확언한다.」[1)]

「전제는 어떤 것입니까?」

「미(美)는 추(醜)의 반대이니까 그들은 두 개지?」

「물론입니다.」

「그들이 두 개인 이상 각자는 하나지?」

「그 점도 맞습니다.」

1) 이하 〈이데아론〉이라고 불리우는 플라톤 철학의 중심사상이 본권에 있어 처음으로 정식표현되고 있다.

「정과 부정, 선과 악, 그리고 모든 다른 것들에게도 같은 말이 통용된다. 하나만 취한다면 각자는 하나다. 그런데 행동들이나 또는 사물들과 그리고 서로 여러 가지로 그들이 결합될 때 여러 가지 광채에서 볼 때 여러 개로 보이겠지?」

「사실입니다.」

「여기서 나는 이것으로서 구경을 좋아하고 예술을 애호하고 실천하는 자들과 내가 말하고 있는 자들과 구별하는 것이고 이들만이 철학자라는 명칭에 해당된다.」

「그들을 어떻게 구분하는 것입니까?」 하고 그는 말했다.

「음향이나 구경거리를 좋아하는 자들은 내가 보기에는 아름다운 소리, 색깔 또는 형태들과 같은 것을 좋아하는데, 이들은 모두 이런 것들로 이루어진 인위적 소산들이다. 그런데 그들의 정신은 절대적인 미(美)를 보지도 사랑하지도 못한다.」

「말씀 그대로입니다.」

「이것을 볼 수 있는 경지에까지 도달하는 자는 아주 드물지.」

「확실히 드뭅니다.」

「그러면 아름다운 것들에 관한 감각은 있지만 절대적 미에 관한 감각은 갖지 못한 자 또는 그 미의 인식에까지 이끌어주는 자가 있다 하여도 이에 따라갈 수 없는 자, 이런 자를 가지고 물어보려는데, 그는 깨어 있는 것인가 또는 꿈만 꾸고 있는 것인가? 좀 생각해 보게. 꿈꾸는 자는 자고 있을 때나 깨어 있을 때나 틀리는 것들을 같은 것으로 하고 실물 대신에 묘사한 것을 갖다 놓는 사람이 아니겠나?」

「이런 자는 꿈을 꾸고 있다고 하겠습니다.」

「그러나 이와 반대로 절대적 미가 실존한다는 것을 인식하고 관념 속에 참여하는 객체들로부터 관념을 분리하고 관념 대신에 객체를 갖다 놓지 않고 또는 객체 대신에 관념을 갖다 놓지 않을 수 있다면 그는 몽상가인가 또는 깨어 있는 사람인가?」

「그는 정신 차리고 깨어 있습니다.」

「그러면 알고 있는 자의 정신은 지식을 갖고 있고 아는 척하는 자의 마음은 의견만을 갖고 있다고 말할 수 있겠지?」

「물론입니다.」

「그러나 아는 척하는 자가 우리들과 싸우고 우리들의 주장을 반론하고 덤빌 때 그의 정신상태는 말할 수 없이 혼란되어 있다는 것을 그에게 내놓고 말하지 않고서도 점잖게 타이르고 충고할 수 있을까?」

「어떤 좋은 충고를 하여야만 합니다.」

「그렇다면 그에게 말할 것을 생각하여 보세. 우리는 그가 갖고 있는 지식이라면 무엇이건 좋다. 그리고 그가 이것을 갖고 있는 것을 기쁘게 여긴다 하여 달래가면서 시작할 것인가? 그러나 우리는 그에게 꼭 하나 물어보았으면 좋겠다. 즉 지식을 가진 자는 무엇을 아는 자인가 또는 아무것도 모르는 자인가? 그대가 대신 대답해 보게.」

「무엇을 아는 자라고 대답하겠습니다.」

「있는 것에 대한 그 무엇인가 또는 없는 것에 대한 것인가?」

「있는 것에 대한 그 무엇입니다. 없는 것을 어떻게 알 수 있겠습니까?」

「이 소재를 여러 각도에서 검토한 끝에 우리는 절대존재(絶對存在)는 절대적으로 알 수 있으나 전혀 존재하지 않는 것은 전혀 알 수 없다는 것을 확신하게 되었지?」

「이 이상 더 확실한 것도 없습니다.」

「좋다. 그런데 만일 있고도 없는 그런 성질의 것이 혹 있다면 이것은 순수존재(純粹存在)와 존재의 절대부정(絶對否定) 중간에 위치하겠지?」

「그렇습니다. 중간입니다.」

「그러면 지식이 존재와 상응하고 무지는 필연적으로 비존재와 상응하듯이 존재와 비존재 중간에 이와 상응하는 무지와 지식에 관한 중간적인 것이 발견되어야만 한다. 물론 그런 것이 있다면 말일세.」

「그렇습니다.」

「우리는 의견의 존재를 인정하나?」

「물론입니다.」

「그것은 지식과 같은 기능인가 또는 다른 또 하나의 기능인가?」

「다른 기능입니다.」

「그렇다면 의견과 지식은 이 기능의 차이에 상응하는, 종류가 다른 것들과 관련되겠지?」

「그렇습니다.」

「그러면 지식은 존재와 관련되고 또한 존재를 안다는 것이다. 그러나 더 나아가기 전에 구별을 해야 할 것이 있다.」

「무슨 구별입니까?」

「우선 기능 그 자체를 제 나름대로 존재하는 것으로 인식하고 들어가자. 이것은, 이것으로써 우리가 행동하는바 우리들 속에 있어 또한 다른 모든 것들 속에 있어서의 힘이라고 말할 수 있다. 예를 들어 시각이나 청각을 나는 기능이라고 부르겠다. 내가 뜻하는바 어떤 종류의 것인지 알 수 있도록 설명이 되었을까?」

「잘 알겠습니다.」

「그러면 그들에 대한 나의 견해를 말해보겠네. 나는 이것들을 보지 못한다. 그러므로 나로 하여금 어떤 것들의 차이를 알아볼 수 있게 하는 형태, 색채, 그리고 이와 유사한 것에 관한 차별은 그것들에게는 적용이 안된다. 기능을 말할 때 나는 그것이 미치는 한계와 결과만을 생각한다. 같은 한계와 같은 결과를 초래할 때 동일한 기능이라 하고 다른 한계와 다른 결과가 나타날 때 다른 것이라고 한다. 그대도 이런 식으로 말할 것인가?」

「그렇습니다.」

「그리고 하나만 더 대답해 줄 수 없겠나? 그대는 지식을 하나의 기능으로 보나? 즉 어떤 종류에다 이것을 분류할 것인가?」

「물론 지식은 하나의 기능입니다. 그것도 모든 것 중에서도 가장 강한 기능입니다.」

「그러면 의견도 하나의 기능인가?」

「물론입니다. 의견은 이것으로써 우리가 하나의 의견을 형성하는 것입니다.」

「그런데 그대는 조금 전에 지식은 의견과는 같지 않다고 인정하고 있었지?」

「그랬습니다. 이성이 있는 자로서 어떻게 틀림이 없는 것을 틀림이 있는 것과 동일시할 수 있겠습니까?」

「훌륭한 대답이다. 우리는 그들 사이의 구별을 의식하고 있다는 것을 증명한 것이 되었다.」

「그렇습니다.」

「그러면 지식과 의견은 각자 다른 능력을 갖고 있으므로 또한 다른 분야 또는 주제들을 갖고 있겠지?」

「그건 확실합니다.」

「존재 이것이 지식이 관여하는 분야 또는 주제이겠고, 따라서 지식은 존재의 본질을 인식한다는 것이겠지?」

「그렇습니다.」

「그리고 의견은 의견을 갖는다는 것이고?」

「그리고 우리는 무엇을 가지고 의견을 말하는 것인지 아나? 또는 의견의 주제는 동일한 것인가?」

「아닙니다. 그것은 틀리는 것으로 벌써 증명되었습니다. 만일 기능의 차이가 분야 또는 주제에 있어서의 차이를 뜻한다면 그리고 우리가 말했듯이 의견과 지식이 서로 다른 기능이라면 지식과 의견의 분야는 같을 수가 없습니다.」

「그렇다면 존재가 지식의 주제인 이상 의견의 주제는 어떤 다른 것이어야만 하겠지?」

「그렇습니다. 다른 것입니다.」

「자 그러면 비존재(非存在)가 의견의 주제인가? 또는 오히려 비존재에 관하여 의견이 성립할 수 있을까? 한번 생각해 보세. 사람이 하나의 의견을 가질 때에는 어떤 것에 대한 의견을 갖는다는 것이 아닌가? 아무것도 아닌 것에 대한 의견을 가질 수 있겠는가?」[1)]

「불가능합니다.」

「의견을 가진 자는 어떤 하나의 것에 대해 의견을 갖는 것이지?」

「그렇습니다.」

「비존재는 어떤 하나가 아니고 적절하게 말하면 아무것도 아니지?」

「진실입니다.」

「그렇다면 의견은 존재에도 비존재에도 다같이 관련되지 않는 것이지?」

「그렇습니다.」

「그러므로 무지(無知)도 지식도 될 수 없지 않은가?」

「그렇게 생각됩니다.」

「그렇다면 의견은 그들 어느 것이건 그 바깥에서 그리고 그들을 넘어서서 찾아야 한다는 것인가? 지식보다도 더욱 밝고 또는 무지보다도 더욱 캄캄한 데서?」

「그 어느 쪽도 아닙니다.」

「그러면 그대는 의견은 지식보다는 컴컴하고 무지보다는 밝다는 말인가?」

「양쪽입니다. 그것도 적지 않게.」

「그리고 양자 사이에 또한 자리잡고 있겠지?」

「그렇습니다.」

「그렇다면 의견은 중간적인 것이라는 말일세 그려?」

「의문의 여지도 없습니다.」

「그런데 우리들은 앞서[2)] 이렇게 말하지 않았던가? 만일 어느 것이든 존재인 동시에 비존재로 보인다면 이런 것은 순수존재(純粹存在)

---

1) 476의 경우와 대응하고 있다.

2) 477 참조.

와 절대적 비존재(絶對的 非存在) 중간에 있을 것같이 보일 것이고 따라서 이와 대응하는 기능은 지식도 무지도 아니고 오히려 그들 사이에서 찾아볼 수 있지 않을 것인가 하고.」

「사실 그랬습니다.」

「그래서 그 중간지대에서 우리가 의견이라고 부르는 어떤 것을 발견했다는 것이지?」

「그렇습니다.」

「그렇다면 우리에게 남겨진 일은 존재와 비존재에 다같이 관련되고 그러면서도 진작 순수하다고도 할 수 없는 대상을 찾아야 한다는 것이다. 이 알려지지 않은 명칭은 발견만 된다면 마땅히 의견의 주제라고 부를 수 있고 각자 그들에게 적절한 기능이 주어질 것이다. 극한적인 것들에게는 극한적인 기능들이, 중간적인 것에는 중간적인 기능이.」

「진실입니다.」

「자 그러면 이것을 전제로 하고 그 멋있는 친구들에게 물어보겠다. 그들의 의견으로 말하면 절대적이고 변치 않는 미에 관한 이념은 없다는 것이다. 그의 생각으로는 아름다움은 여러 가지인데——그는 다름아닌 아름다움은 하나고 정의도 하나고 무엇이건 하나밖에 없다는 것을 듣고는 참을 수 없는 아름다운 경치를 좋아하는 자 말일세——그에게 다음과 같이 말해보고 졸라야지. 이 모든 아름다운 것들 가운데서 추하게 나타날 수 없는 것이 있고 또한 부정으로 될 수 없는 정의 또는 신성하지 못한 것으로 될 수 없는 신성한 것이 과연 있는지 말 좀 하여 달라고.」

「아닙니다. 아름다운 것도 어떤 점에서는 추하게 보일 것이고 또한 다른 것도 이에 해당합니다.」

「그리고 많은 것들이 두 배이면서도 반이 되는 때도 있지?——배(倍)는 어떤 것의 배(倍)고, 반(半)은 또 다른 것의 반(半)이겠는데.」

「과연 사실입니다.」

「그리고 크고 작은 것, 무겁고 가벼운 것, 이렇게 말할 때 그 반대로 말할 수 없듯이 이렇게만 지칭할 수도 없겠지?」

「사실입니다. 이와 같은 그리고 반대되는 명칭은 다같이 이것들에 언제나 붙어 있습니다.」

「어떤 특수한 명칭들로 불리우는 여러 가지 가운데 하나를 가지고 이것이 아니다고 하기보다는 이것이다고 말할 수 있겠는가?」

「그것들은 마치 연회석상에서 물어보는 어느 편의 의미로도 취할 수 있는 수수께끼 또는 아이들이 하는 고자에 관한 문제와 비슷합니다.[1] 즉 고자가 박쥐를 노리고 무엇으로 갈겼나 하는 수수께끼에서 말하듯이 말입니다. 그리고 박쥐는 어디 앉아 있었나 하는 것입니다. 내가 지금 말하고 있는 하나 하나가 또한 수수께끼여서 어느 편이든지 취할 수 있는 성격의 것들입니다. 있다, 없다, 양쪽이다, 아무쪽도 아니다고 결정할 수가 없습니다.」

「그렇다면 그대는 이것들을 어떻게 다룰 것인가? 이것들은 존재와 비존재 중간보다도 더 좋은 위치를 차지할 수 있을 것인가? 즉 비존재보다는 그것들은 틀림없이 더 캄캄하지도 부정적도 아니고, 존재보다는 더욱 밝고 또한 더욱 존재하는 것이므로.」

「옳은 말씀입니다.」하고 그는 말했다.

「이리하여 우리는 아름다움 그리고 기타 모든 것에 대해 갖고 있는 여러 가지 생각들이 존재와 비존재 중간지점에 걸려 있다는 것을 발견한 것같이 생각된다.」

「그렇습니다.」

「그렇다. 우리가 찾아낼 수 있는 이러한 종류의 것은 어느 것이나 의견이라고 할 수 있고 지식이라고는 할 수 없다. 중간적인 기능으로서 포착할 수 있는 중간에서 방황하는 것이다.」

---

1) 이 수수께끼는 다음과 같은 것이다.「남자이되 남자가 아닌(고자) 자가, 나무로되 나무가 아닌(갈대) 것에 앉아 있는, 새로되 새가 아닌(박쥐) 것을, 보되 보지 않고(잘 보지 않고), 돌이면서 돌이 아닌 것(輕石)을, 던지되 던지지 않았다(던졌지만 맞지 않았다).」

「옳습니다.」

「여러 가지 아름다운 것을 보되 절대적인 미는 보지도 못하고 또한 그쪽으로 가는 길을 가르쳐 주는 안내자도 따르지 못하는 자, 여러 가지 올바른 것은 알되 절대정의(絶對正義)는 알지 못하는 자, 그리고 이와 같은 자들은 의견은 갖고 있으되 지식은 갖고 있지 않다고 말할 수 있겠지?」

「확실합니다.」

「그러면 절대적이고 영구적이고 불변하는 것을 아는 자는 참으로 아는 것이고 의견만을 갖고 있는 것이 아니겠지?」

「둘 다 옳습니다.」

「하나는 지식의 대상들을 애호하고 포용하는 자이고 또 하나는 의견의 대상들을 가지고 그렇겠지? 후자는 그대도 기억하리라고 생각하는데, 그는 감미로운 소리를 듣고 아름다운 색깔을 볼 수 있으나 절대적인 미가 존재한다는 것은 용납하려 들지 않는다.」

「네, 기억합니다.」

「그렇다면 그들은 지혜를 사랑하는 사람들이기보다는 오히려 의견을 사랑하는 사람들이라고 한다 하여 어떤 온당치 못한 일을 저지르는 게 될 것인가. 그리고 그들은 이렇게 말했다 해서 몹시 화를 내겠지?」

「화를 내지 말라고 그들에게 말하겠습니다. 진실인 것에 대해 역정을 내어서는 안되는 것이니까요.」

「그러나 만사에 있어 진실을 사랑하는 사람들은 마땅히 지식을 사랑하는 사람들이고 의견을 좋아하는 사람들이라고 해서는 안되겠다.」

「틀림없습니다.」

제 6 권

이리하여 그라우콘 이야기가 지겹게 끈 후에 진정한 그리고 가짜 철학자들이 드디어 나타났다.

「그 지겨운 것을 줄일 수 있었다고는 생각지 않습니다.」

「나도 그렇게 생각한다.」고 나는 말했다.

「그러나 나로서는 토론이 이 하나의 문제로만 국한되었고 정의로운 자의 생은 부정한 자의 생과 다르다는 것에 관해 알고 싶어하는 자의 많은 질문들만 없었더라면 그것들에 대해 좀더 명료하게 알아볼 수도 있었으리라고 확신한다.」

「그건 그렇고 그 다음 문제는 무엇입니까?」 하고 그는 물었다.

「물론 순서를 따라가는 수밖에 없네. 철학자만이 영구적이고 불변한 것을 파악할 수 있지. 그러나 잘 변하고 잡다한 것들에서 방황하는 자는 철하자가 아닌 이상, 이제 나는 그대에게 물어보겠는데 둘 중 어떤 종류의 인사가 우리들 국가의 지배자가 되어야 하겠는가?」

「어떻게 하면 올바르게 대답할 수 있을까요?」

「둘 중 누구이든 우리들 국가의 법과 제도를 가장 잘 수호하는 자들을 수호자로 하지.」

「대단히 좋습니다.」

「무엇이고 지키는 수호자로서, 눈이 없는 것보다는 눈이 있어야 한다는 것은 의문의 여지도 없겠지?」

「물론입니다.」

「그렇다면 사물의 실재에 대한 지식이 완전히 결여되어 있고 정신 속에는 아무런 명확한 형태를 갖지는 못하면서, 화가의 눈과 같이 절대진리를 보지도 못하고, 원형에다 비교해서 질서가 잡히지 않는 것은 이것을 바로 잡고, 미·선·정의에 관한 법들을 타계(他界)의 완전한 관조로 바로 보고, 그리고 이들에 관한 질서를 유지해 나가는 그런 능력도 없는 자들은, 과연 내가 묻겠는데 장님이 아니겠나?」

「그렇습니다. 장님과 별로 다를 것이 없습니다.」

「그들과 경험에 있어 못지 않을 뿐더러 어떤 특수한 기능에도 그들에게 떨어지지 않고 또한 사물의 진짜 실재를 아는 인물이 있을 때 이를 제쳐놓고 그들이 우리들의 수호자가 될 것인가?」

「최고 최대의 품성들을 갖춘 자들을 거부할 아무런 이유도 없습니다. 다른 힘이 없다면 그들이 으뜸가는 자리를 차지하여야 합니다.」

「그러면 그들이 어느 정도 이것과 다른 우수한 성질들을 결합하는가? 우리는 이것을 결정한다고 치세.」

「꼭 해보아야 하겠습니다.」

「그러면 우선 토론 시초에[1] 우리가 말했듯이 철학자의 본성부터 밝혀야 할 것이다. 그에 관해서 완전하게 알아야 하고, 우리가 그렇게 하였을 때 그리고 또한 내 잘못이 아니라면 이러한 품성의 결합은 가능한 것이고, 이렇게 결합된 자 그리고 그들만이 국가에 있어 지배자이어야 한다는 것도 알게 될 것이지.」

「무슨 말씀이십니까?」

「철학적인 정신은 생성 및 부패로부터 변화되지 않는 영구적인 성질을 나타내는 그런 종류의 지식을 언제나 사랑한다고 생각해 두세.」

「동의합니다.」

「그리고 더 나아가서 그들은 모든 진정한 실재를 사랑한다는 점, 그리고 그러한 실재의 일부를 형성하는 한 대소(大小)나 귀천을 가리

---

1) 474 참조.

지 않고 자진해서 멸시하지 않는다는 점, 이것은 호색가나 야심가들에 대해서 앞서 말한 것인데[1] 아무튼 그들은 모든 실재를 사랑한다는 데 우리는 또한 동의하여야 하네.」

「그렇겠습니다.」

「그리고 만일 그들이 우리가 말한 그대로라 하더라도 그들이 또한 가져야 하는 다른 소질이란 것은 없을는지?」

「무슨 소질 말씀입니까?」

「진실성일세. 그들은 의식적으로 허위를 그들 마음 속에 받아들이지 않고 이것을 증오하네. 그리고 진실을 사랑할 것일세.」

「그렇습니다. 그것은 그들에게 있어 보증할 수도 있습니다.」

「할 수도 있을 정도가 아니네. 보증하여야만 한다고 말하게. 무엇에나 열정을 품는 자는 그의 애정의 대상에 속하는 것들 또는 그것과 동류인 것은 사랑하지 않고는 못 배기는 것이지.」

「옳습니다.」

「진실보다도 지혜에 더 친근(親近)한 것이 또 어디 있겠나?」

「어떻게 또 있겠습니까?」

「같은 소질로써 지혜도 사랑하고 허위도 사랑할 수 있나?」

「그럴 수 없습니다.」

「배움을 진정으로 사랑하는 자는 아주 어릴 때부터 모든 진실을 되도록 원하게 되지?」

「틀림없습니다.」

「그리고 다시 경험을 통해 우리들은 알겠는데, 욕망이 한쪽으로 강하면 다른 것에 대한 욕망은 약해지기 마련이네. 그것들은 또 하나의 골짜기로 빠져나가는 개울과도 같네.」

「사실입니다.」

「그의 욕망이 모든 형태의 지식에 빠져들게 되면 정신적인 쾌락에 홀려서 육체적 쾌락은 돌보지도 않네. 물론 진정한 철학자를 가지고

1) 474~475 참조.

말하는 것이지 가짜는 아니네.」

「틀림없이 그렇습니다.」

「이런 자는 절제가 있고 남의 것을 몹시 탐내는 자와는 정반대지. 다른 사람이 가져보고 써보고 싶어하는 충동은 그의 성격상 맞지 않네.」

「진실입니다.」

「철학적 소질의 또 하나의 기준이 있는데, 이것도 또한 고찰되어야 하겠네.」

「그것은 어떤 것입니까?」

「구두쇠 근성이 조금도 있어서는 안되네. 신적인 것이건 인간적인 것이건 다같이 사물들의 전체를 추구하여 마지않는 정신에 있어 치사한 것같이 상반되는 것도 없을 것이네.」

「옳습니다.」 하고 그는 대답했다.

「장대한 기개와 도량, 모든 시대와 모든 존재를 관조하는 자로서 어떻게 인간의 생에다 그다지 많은 관심을 가질 수 있겠나?」

「가질 수 없습니다.」

「이런 사람이 죽음을 두려워할까?」

「조금도 두려워하지 않을 것입니다.」

「그렇다면 비겁하고 치사한 성질은 진정한 철학과는 상관이 없겠지?」

「물론입니다.」

「또 다시 인격이 조화를 이루고 탐내지 않고 천하지 않고 풍을 떨지 않고 비겁하지도 않은 자가 과연 부정하고 인간관계가 고약할 수 있을까?」

「불가능합니다.」

「사람이 공정하고 유순한가 또는 거칠고 비사교적인가를 곧 알게 될 것이다. 이것들이 비록 상대가 어리다 하더라도 비철학적인 것으로부터 철학적 성질을 구별하는 표식들이지.」

「진실입니다.」

「또 하나 언급할 것이 있네.」

「그건 또 어떤 것입니까?」

「배움에 기쁨을 느끼는지의 여부이지. 고통을 주는 것을 사랑하는 자는 없을 터이니까. 그리고 이 때에는 애를 많이 써봐야 별로 진전하지도 못하네.」

「그렇습니다.」

「그리고 또 다시 만일 그가 기억력이 없고 배운 것을 아무것도 간직하지 못한다면 그는 빈 그릇이 아니겠는가?」

「물론이겠습니다.」

「고생만 하고 결국 자신과 그리고 성과 없는 일만 원망하는 게 고작이겠지?」

「그렇습니다.」

「잘 잊어버리는 사람은 순수한 철학적 성질을 갖춘 자들 속에는 끼어들 수 없지. 철학자는 좋은 기억력을 지녀야만 한다고 주장하여야 하네.」

「확실히 그렇습니다.」

「그리고 다시 한번 조화를 이루지 못하고 볼품이 없는 성질은 점점 균형이 잡히지 않게 되겠지?」

「의심할 여지도 없습니다.」

「진리는 균형 또는 불균형 어느 쪽에 가깝다고 생각하나?」

「균형쪽입니다.」

「그렇다면 다른 성질들은 고사하고 우리들은 천성적으로 균형이 잘 잡히고 우아한 마음씨를 찾아야만 하겠네. 이것이야말로 저절로 모든 것의 진정한 실재로 이끌어갈 것이네.」

「틀림없습니다.」

「그러면 여지껏 우리들이 거론한 이 모든 성질들은 서로 갖추어져 나가는 것이 아니겠나. 그리고 실재에 충분하고 완전한 참여를 해야 할 정신에 필요한 것들이 아닌가?」

「그것들은 절대로 필요합니다.」

「철학은 좋은 기억력이라는 자질을 갖고 빨리 배우고 고상하고 우아하고 그와 동족인 진리 · 정의 · 용기 · 절제와는 친구인 그런 자만이 추구할 수 있는 나무랄 데 없는 공부가 아니겠는가?」

「질투의 신[1]이라 할지라도 이런 공부에 대해서는 잘못을 찾아내지 못할 것입니다.」

「그와 같은 사람이 연륜과 교육으로 완전하게 되었을 때 국가를 내맡겨야 하지.」

여기서 아데이만토스가 참견해서 말했다. 「이런 말들에 대해, 소크라테스, 아무도 반론하지 못할 것입니다. 그러나 당신께서 이런 식으로 말씀한다면 듣는 자들의 마음에 이상한 감이 듭니다. 문답하는 기술이 모자라 토론이 거듭될 때마다 조금씩 빗나가지나 않았나 하고 의심을 품게 됩니다. 이들 조그마한 것들이 쌓여서 토론이 끝날 때쯤 되면 한대 크게 맞아 넘어간 것을 깨닫고 그들이 전에 가졌던 생각들은 뒤집어진 것같이 됩니다. 그래서 마치 바둑에서 하수(下手)들이 상수(上手)들에게 드디어 꼼짝도 못하게 되고 더 둘 여지도 없이 되듯이 그들도 꼼짝 못하게 된 것을 깨닫게 됩니다. 여기에서는 돌 대신 말로 된 새로운 놀이에 그들은 할 말이 없습니다. 그러나 언제나 그들은 옳은 것입니다. 실제로 일어나고 있는 것을 보고 나는 이 말을 하는 것입니다. 우리들 가운데 한 사람이 비록 말로는 당신을 당할 수 없을지언정 마음 속으로는 실지 철학신봉자들이라는 것들은 젊었을 때 교양으로서뿐만 아니라 나이가 들어서도 이것을 계속할 때에는 그들 대부분은 건달까지는 안 간다 해도 이상한 괴물이 될 것이고 그들 중에 촉망된 자들도 당신께서 추켜세운 공부 바로 그것 때문에

1) 모모스 신을 말하는데, 그는 신들이 하는 것을 비롯하여 모든 것을 타박하고 조소하는 신이다.
헤시오도스, 『신통기(神統記)』, 214행에서 〈밤〉의 아들들 중의 하나로 되어 있다.

이 세상에서는 쓸모 없는 사람들이 되어버릴 것이라는 사실을 알고 있습니다.」

「그래 그러면 그렇게 말하는 자들을 잘못이라고 그대는 생각하나?」

「모르겠습니다. 그것보다 당신의 생각을 들려주셨으면 좋겠습니다.」

「내 말을 들어보게. 나는 그들이 옳다고 생각하지.」

「그렇다면 철학자가, 우리들에 의하면, 국가에는 소용도 없다고 인정되는데, 그들이 정작 국가를 지배할 때까지는 국가에 화(禍)가 그칠 날이 없을 것이라는 말은 어떻게 정당화될 수 있겠습니까?」

「그대의 질문에 대해서는 오직 비유로써 대답할 수 있네.」

「그런데 비유해서 말씀하시는 것은 원래 서투르시다고 생각되는군요.」

「알겠어. 그대는 나를 이런 절망적인 토론에다 끌어넣고 대단히 재미있는 모양이지. 그러나 이 비유를 들어보게. 그러면 그대는 나의 빈약한 상상력에 더욱 재미가 날 것이네. 가장 좋은 사람들이 국가로부터 받는 대우는 어찌나 가혹한 것인지 이 세상 어느 것 한가지로써 이에 비교할 수도 없네. 그래서 그들을 위해 호소하려면 이야기를 꾸며서 할 수밖에 없고 여러 가지 것들을 빚어서 하나의 형태로 만들어야 하네. 마치 그림에 나오는 산양과 숫사슴을 합친 기묘한 것같이. 자, 이제 선단(船團) 또는 한 척의 배가 있는데 선장은 선원들보다 키도 크고 힘도 세지만 좀 잔귀가 먹고 눈도 잘 안 보이고 또한 항해에 관한 지식도 별로 나을 것이 없다고 상상하게. 선원들은 서로 키를 잡겠다고 다투네. 각자 모두가 자기만이 키를 잡아야 한다는 것이네. 그러면서도 그들은 일찍이 항해술을 배운 일도 없고, 따라서 누가 그에게 가르쳐주고 또는 언제 배웠는지 말할 처지에 있지 않네. 그리고는 한술 더 떠서 이것은 가르쳐줄 수도 없는 것이라고 내세우네. 만일 누가 이에 반대라도 한다면 갈기 갈기 찢어 죽여도 시원치 않다고 생각하지. 그들은 선장을 둘러싸고 그들에게 키를 내맡기도록 졸라대고 설득하네. 이리하여 만일 그들의 설득이 통하지 않고 선장이 다른 사람들의 말에 귀를 기울이게 되면 그들은 이들을 죽이거나 배에서 던져버리네. 그리고 우선 술이나 마약으로 고상한 선장의 감각을 마비시켜 꼼짝 못하게 해놓고 반란을 일으키고 배를 점령하고 물자도 마구 쓰네. 이리하여 먹고 마시고 하면서 그들 나름대로 항해해 나가네. 그들의 편을 들어 힘에 의했거나 설득에 의했거나 선장에게서 배를 뺏어 그들 자신들의 것으로 하는 음모를 약삭빠르게 도와준 자를 수부(水夫)다, 항해 안내자다, 유능한 뱃사공이다 하고 치켜세우고 다른 종류의 사람들을 무용지물이라고 욕하네. 그러나 진짜 항해가는 해와 계절, 하늘과 별, 바람 그리고 무엇이건 그의 기술에 속하는 것을 상세하게 알아야 하네. 이래야 비로소 배를 움직일 자격이 있고 남이야 무엇이라고 하든 자기가 키를 잡아야 할 것이네. 이러한 권위와 키를 조종하는 기술의 결합가능성을 그들은 심각하게 생각하지 않았고 또한 이 결합의 가능성은 그들 직책의 일부로 되어 있지도 않았네. 이제 반란상태에 놓인 배에서 그리고 반란자들인 수부들에 의해 움직이는 배에서 진짜 항해 안내자는 어떻게 취급될 것인가? 쓸데없는 말이나 하는 자, 별이나 쳐다보는 자, 소용없는 자라고 그들에 의해 불리어지지 않을는지?」

「물론입니다.」 아데이만토스가 말했다.

「그렇다면 국가에 대한 진정한 철학자의 관계를 묘사한 이 비유에 대한 해석을 들어볼 필요는 전혀 없겠지. 벌써 그대는 알고 있을 터이니까.」

「그렇습니다.」

「철학자들은 그들 나라에 있어서는 명예롭지 못하다는 것을 알고 놀란 인사에게 이 비유를 그대가 전하고 그들이 명예롭게 된다는 것이 오히려 더욱 이상하다고 설명하고 설득해 보게.」

「철학을 가장 신봉하는 자들도 이 세상에서는 소용없는 자들이라고 생각하는 것은 옳다고 그에게 말하게. 그러나 그들의 무용성은 그들을 이용하지 않는 자들의 잘못이고 그들 자신들의 잘못은 아니라는 것도 말해 두게. 선장은 자기가 통솔하여 보겠다고 수부에게 애원해서는 안되겠지. 그것은 자연의 질서가 아니야. 현인(賢人)이 부잣집을 찾아간다라고 한 약삭 빠른 친구가 있었는데, 이것은 거짓이고 그럴 수가 없네.[1] 그러나 사실은 사람은 병이 나면 부자건 가난한 자건 의사를 찾기 마련이고, 일반적으로 지배받기를 원하는 자는 지배할 수 있는 자를 찾아야 할 것이네. 적어도 유능한 지배자라면 피지배자들을 향해 지배하여 보겠다고 애원하고 나서지는 않네. 그러나 현재 실제로 인류를 통치하고 있는 지배자들은 원래 씨가 다르네. 그들은 그들에 의해 무해 무득하다고 별이나 쳐다보는 자라고 불리운 진정한 키잡이들로서 이들에 비할 것이 아니라 반란을 일으킨 수부들에 비교하는 것이 마땅하네.」

「틀림없이 그렇습니다.」하고 그는 말했다.

「이러한 이유들 때문에 그리고 이러한 자들 때문에 모든 것 중에서도 가장 고상한 철학이 이를 반대하는 자들에게는 좋은 평가를 받을 것 같지 않네. 철학에 대한 최대의 그리고 가장 끈질긴 타격은 철학에 반대하는 자에 의해 가해지는 것이 아니고 자칭 철학자라는 자들에 의해서 이루어지고 있네. 바로 이들을 비난하는 자들은 이들 대부분이 거만한 협잡배들이고 그 중에서 가장 낫다는 자도 무용지물이라고 말하는 것을 그대는 알겠지. 나도 그렇게 생각하네.」

「그렇습니다.」

「어찌하여 우수한 자가 무용지물로 되어버렸는지 그 이유는 이만하면 설명되었겠지?」

「충분합니다.」

「그러면 이제 우리는 대다수가 부패한다는 것은 피할 수 없다는 것, 그리고 이것도 그 비난을 철학에다 돌려서는 안된다는 것을 설명

---

1) 시인 시모니데스라고 전해지고 있다(아리스토텔레스, 『레토리가(辯論術)』, 제 2 권 16장). 시모니데스는 왕비로부터 「부자가 되는 것과 현자가 되는 것 어느 쪽을 택하겠는가」라고 질문을 받고, 「부자가 되는 것을 택하겠습니다. 현자들은 부잣집을 찾아가는 것입니다.」하고 대답했다고 한다.

하기로 하지.」

「좋습니다.」

「그러면 우리는 서로 질문을 주고 받고 해 나가세. 우선 온화하고 고상한 성질에 관한 이야기로 되돌아가자.[1] 진리는 그대도 기억하겠지만, 그의 지도자이고 그는 언제나 모든 일에 있어 이것을 따라가네. 이 일에 실패하면 그는 협잡꾼일 것이고, 진정한 철학과는 아무런 인연도 없네.」

「그렇습니다. 그렇게 말했습니다.」

「그렇다면 다른 것들은 말할 것도 없고, 이 한 가지 성질만 하여도 철학자에 관한 현재 가지고 있는 생각과는 크게 상반되지 않는가?」

「확실히 그렇습니다.」 하고 그는 말했다.

「그리고 그를 위해 이렇게 말해 두는 것이 옳지 않을까? 즉 지식을 진정으로 사랑하는 자는 언제나 실제를 탐구하려고 노력하는 자이고, 이것이 그의 본질이네. 그는 외관에 불과한 개개의 잡다한 것들에 머무르는 것이 아니고 그대로 탐구해 나가네. 날카로운 칼날은 둔해지지도 않을 것이고, 그의 욕망도 정신 속의 진실재(眞實在)와 통하고 또한 같은 줄기의 힘[2]에 의해 모든 요소의 본성에 관한 지식에 도달할 때까지는 식지 않을 것이네. 그리하여 정신과 진리를 잉태하여 모든 존재와 일체가 되네. 그는 지식을 갖게 될 것이고 생생하게 진정하게 자라날 것이네. 그 때 비로소 그의 진통은 머물 것이네.」

「그에 관해 이 이상 더 정당한 묘사도 있을 수 없겠습니다.」 하고 그는 말했다.

「그러면 거짓말을 좋아하는 것은 철학자의 성질의 일부일까? 그는 전혀 거짓말을 미워하지 않을 수 없겠지.」

「미워할 것입니다.」

「진실이 대장(隊長)이라면 여러 가지 악들이 대열을 지어 따라간

1) 485, 487 참조.
2) 누우스(지성・이성)를 가리킴.

다고 볼 수는 없겠지.」

「불가능합니다.」

「정의와 건전한 마음이 대열을 짓고 절제가 뒤따르겠지.」

「그렇습니다.」

「철학자의 미덕들을 다시 한번 대열로 정비하여야 할 이유는 없네. 앞서 용기·관용·체득·기억들이 그의 자연적인 소질들이라고 한 것은[1] 그대도 기억하고 있을 터이니까. 그런데 그 때 그대는 이의를 제기하고 이렇게 말했네. 비록 내가 그 때 말한 것을 아무도 거부할 수는 없으나 말을 떠나서 사실에 입각한다면 이렇게 묘사된 사람들의 일부는 무용지물이고 그들 많은 것들은 결함 투성이의 보잘것 없는 자들이라고 반대하지 않았나? 그리하여 우리는 이 비방의 원인들을 찾게 되었고, 이제 어찌하여 대다수가 악한가 검토하는 데까지 도착하였네. 그리고 이 문제를 검토하기 위해 필연적으로 진정한 철학자를 탐구하고 규정하게 되었지.」

「틀림없습니다.」

「그러면 철학적 소질의 타락의 원인들을 생각하여 보아야겠네. 어찌해서 그 많은 사람들이 나쁘게 되고 여기서 벗어나는 사람들은 극소수라는 것을――나는 이 쓸모는 없으되 악하지 않다는 사람들을 말하고 있는 것일세――그리하여 이것이 끝나면 철학을 흉내내는 자들에 관해서 말해 보겠네. 대체 어떻게 된 자들이기에 그들에게는 벅찬 그리고 그들로서는 해낼 수 없는 직업을 쫓아서 열을 올리나? 그렇기 때문에 그들의 여러 가지 결함으로 인하여 철학에다 그리고 철학자들에다 우리가 말하는 세상 일반의 비난을 가져오게 하였나 알아보기로 하세.」

「이들 타락이라는 것은 어떤 것입니까?」

「글쎄, 내가 설명할 수 있을지 두고 보세. 우리가 철학자에게 요구한 자질들을 완전하게 갖춘 성질은 인간사에서 절대로 볼 수 없는 희

1) 487 참조.

귀한 꽃이라는 것은 누구나 인정하네.」

「과연 희귀합니다.」

「그런데 얼마나 많고 힘찬 원인들이 있어 이들 희귀한 성질을 파괴하려 들고 있는지 아는가?」

「어떤 원인들입니까?」

「우선 그들 자신의 미덕들이 있네. 그들이 용기·절제 기타 이에 준하는 것들, 그 하나 하나가 칭찬받을 만한 소질들인데(그리고 이것은 가장 특이한 경우인데), 이것들이 이 소질들의 소유자인 정신을 파괴하고 철학으로부터 떼어놓네.」

「그것 참 대단히 특이합니다.」 하고 그는 대답했다.

「그런데 일상생활에서 좋은 것들, 아름다움, 부, 힘, 지위, 그리고 국가의 큰 유력자들과의 연고 같은 것이 있네. 이것들도 또한 타락시키고 떼어놓는 효과를 지니지.」

「이해하겠습니다. 그러나 무엇을 말씀하시는 것인지 좀더 알고 싶습니다.」

「진실을 하나의 전체로서 파악하게, 그리고 올바르게. 그렇게 하면 앞서 한 말을 이해하는 데 곤란을 느끼지 않을 것이고 이상하게 보이지도 않을 것이네.」

「어떻게 그렇게 할 수 있습니까?」

「그건 이렇지 않은가. 식물이거나 동물이거나 종자들은 그것들의 생명력에 비례해서 적당한 양분, 일기, 토양의 혜택을 받지 못할 때 그만큼 더 적절한 환경의 부족함을 아쉬워하지 않는가. 원래 악이라는 것은 악한 것보다 선한 것에 대해 더 상극이 된단 말이야.」

「과연 진실입니다.」

「최량(最良)의 성질이 맞지 않은 조건하에 놓일 때 그 대조가 더 두드러지기 때문에 열등한 것보다도 더욱 피해를 입는다는 것일세.」

「물론입니다.」

「그러면 아데이만토스, 가장 천질(天質)을 타고난 정신은 잘못 교육될 때에는 더욱 눈에 띄게 악화되지 않나? 크나큰 범죄나 순수한 악의 정신은 어떤 열등한 것으로부터라기보다도 교육에 의해 잘못 충만된 본성 속에서 튀어나오는 것이겠지? 하기는 약한 성질들은 어떤 크나큰 선이나 악을 결코 저지르지 못하는 것이니까.」

「옳은 말씀입니다.」

「이리하여 우리들의 철학자도 같은 길을 밟아 나가네. 그는 하나의 식물이나 마찬가지야. 적절한 양분을 받게 되면 틀림없이 자라서 모든 미덕을 갖추어 성숙하겠지만, 만일 잘못된 토양에 뿌려지고 심어지면 잡초 가운데서도 가장 고약한 것이 되네. 혹 신의 가호가 있어 보존되면 또 모른다 해도, 사람들이 즐겨서 말하듯이 우리들의 젊은이들은 소피스트에 의해서 타락된다 하는데 그대는 이것을 그대로 믿나, 또는 이 기술에 관한 개인적 교사들이 이렇다할 정도로 그들을 타락시킬 수 있다고 생각하나? 이러한 말을 퍼뜨리는 대중들이 실은 소피스트 중에서도 최대의 소피스트이겠지? 사실 그들이 젊은이나 늙은이나 남자나 여자나 다같이 철저하게 교육시켜 그들 자신들의 마음대로 그들을 빚어놓은 것이지?」

「어떤 경우에 이것이 이루어집니까?」

「그들이 서로 만날 때인데, 그들 대중이 국민의회 또는 법정 또는 극장 또는 병영 또는 기타 유흥장 등에 모이게 되면 큰 소란이 일어나고 거기서 이야기되고 이루어지는 일들을 혹은 찬양하고 혹은 비난하네. 그것도 소리를 지르고 손뼉을 치고 하면서 다같이 적극적으로 과장하면서, 그리하여 그들이 모인 바위 또는 장소에 산울림이 되어서 찬양과 비방의 효과가 배가하네. 이럴 때 젊은이의 가슴은 그들이 말하듯이 뛰지 않겠는가? 개인적으로 받은 훈련을 가지고 대중들의 의견의 압도적인 홍수에 맞서서 굳건하게 대항할 수 있을까? 그는 대중일반과 같은 선악에 관한 생각을 가질 것이 아닌가. 그는 그들이 하는 것과 같이 행동하고 그들과 같은 인간이 되지 않겠나?」

「그렇습니다. 소크라테스, 그것은 불가피합니다.」

「그러나 불가피한 것은 그것뿐만 아니네. 더 큰 것이 있네. 아직 말은 안했지만.」

「그것은 어떤 것입니까?」

「여기에서 대중이라는 새로운 소피스트들 그리고 교육가들이, 그대도 알다시피 그들의 말이 힘을 상실할 때 적용하는, 시민권박탈(市民權剝奪), 재산 몰수 또는 사형(死刑)이라는 점잖은 강권을 발동하네.」

「과연 그렇습니다. 그것도 철저하게 하지요.」

「이제 그러면 그 외에 다른 소피스트 또는 어떤 개인이 대체 어떠한 의견을 가지고 이러한 불공평한 승부에서 이겨낼 것같이 생각하는가?」

「아무도 승리할 수 없습니다.」 하고 그는 대답했다.

「그렇지, 아무도 이기지 못하네. 그렇게 시도해 본다는 것 자체가 어지간히 못난 짓이지. 다른 교육과 훈련은 받지 못하고 오직 일반의견에서 공급받은 것만으로 훈련된 자로서 다른 어떤 형태의 인격을 가진 자는 없을 것이고 있어 보지도 못했고 장래 있을 것 같지도 않네. 나는 인간의 미덕에 관해서만 말하고 있네. 인간 이상의 것, 말씀에 있는 덕과 같은 것은 여기에 포함되어 있지 않다. 그리고 그대도 잘 알아 둘 것은 현재의 이 악한 정치상태에서 그래도 남아나서 선에 이르렀다면 이는 신의 힘에 의해 구제되었다고 말할 수밖에 없네.」

「동의합니다.」 하고 그는 대답했다.

「그렇다면 하나 더 그대의 동의를 요청하겠는데.」

「무슨 말씀을 하시려는 것입니까?」

「이들 모든 보수만을 목적으로 하는 개인들, 이들을 많은 사람이 소피스트라 하고 또한 그들과는 적대되는 자들이라고 여기는데, 사실 이들은 그저 많은 사람의 의견 외에는 아무것도 가르치는 게 없네. 즉 그들 집회의 의견 말일세. 그리고 이것이 그들의 지혜라는 것이지. 나는 그들을 힘이 굉장히 강한 동물을 사육하여 그 기질과 욕망을 연구하여야 하는 사람에다 비기네. 그는 그것에 어떻게 접근하고 또 다루어야 하는지, 언제 또 무슨 원인으로 그것은 위험하고 또는 온순해지는지, 그것의 하나 하나의 절규가 무엇을 뜻하는지, 그리고 다른 것이 그것에 소리치면 어떤 때에는 조용해지고 어떤 때에는 사나워지는지 배우게 될 것이네. 그리고 계속해서 그것을 돌봄으로써 이 모든 일에 익숙해지면 그는 그의 지식을 지혜라고 부르고 이것을 체계화 또는 기술화하네. 이것을 가지고 가르치는 것이네. 그가 말하는 원리다, 정열이다 하는 것이 과연 무엇을 뜻하는 것인지 실제는 알지도 못하면서, 이 거대한 동물의 구미나 기질에 따라 이것은 명예롭고 저것은 명예롭지 못하고, 또는 선이다 악이다, 정의다 부정이다 하는 말을 하네. 동물이 좋아하는 것은 좋다 하고 싫어하는 것을 나쁘다고 발음하네. 그가 할 수 있는 설명이란 고작해서 정의 및 고상한 것은 필요불가결한 것이라고 말하네. 사실 자신으로서는 본 적도 없고, 남에게 선악의 본질 또는 그 사이의 차이는 막중한데 이것을 설명할 역량조차 없네. 참으로 이런 것들은 희귀한 교육가들이 아니겠나?」

「사실 묘한 자들입니다.」

「회화에 있어서나 음악에 있어서나 또는 극한적으로 정치에 있어서나 잡다한 대중들의 기질과 구미를 알아맞히는 것을 지혜라고 생각하는 자는 내가 지금 묘사하고 있는 자와 다를 것이 무엇이겠는가? 많은 사람과 부화뇌동하고 그들에게 자작시 또는 다른 예술작품 또는 국가를 위한 공로들을 드러내고, 그렇게 안하여도 좋을 때에도 그들로 하여금 그를 평가해 달라고 이른바 디오메데스적 필연성[1]으로 그는 무엇이고 그들이 칭찬하는 것을 해낼 것이네. 그리고 명예롭고 선한 것에 관한 그들 자신의 생각을 확인하기 위해 내놓은 이치들이라는

---

1) 디오메데스는 아이도리아의 왕. 트로이를 공략할 때 그리스군 최대의 용장(勇將) 오뎃세이우스와 더불어 트로이의 아데나 신전에서 신상을 훔쳐내서 돌아오는 도중 자기를 죽이려고 덤빈 오뎃세이우스를 포박하여 칼로 치면서 진영까지 끌고 갔다. 그 때 그를 꼼짝도 못하게 한 강제(強制)가 즉 디오메데스적 필연이다.

게 우습기 짝이 없는 것이네. 그렇지 않은 것을 들어본 적이 있나?」

「없습니다. 이제부터라도 들을 것 같지 않습니다.」

「그대는 내가 말하는 진실을 인정하는 것이지? 이 세상 사람들은 여러 가지 아름다운 것들보다는 절대적인 미의 존재를, 또는 많은 데 있어 갖가지가 아니라 한 가지 것의 절대적이 존재를 믿도록 되어져 있다. 한번 생각해 보게.」[1]

「그렇게 되어 있지 않습니다.」

「그렇다면 대중은 철학자가 될래야 될 수 없겠지?」

「불가능합니다.」

「그러므로 철학자들은 불가피하게 대중의 비난을 받아야 마땅하겠지?」

「그렇습니다.」

「그리고 군중과 친숙(親熟)하고 그들의 인기를 끄는 그러한 개인들로부터도 비난을 받아야 마땅하겠지?」

「명백합니다.」

「그렇다면 철학가가 끝내 자기 천직을 유지할 수 있는 방도라도 있는가? 우리가 이에 관해 이야기하였던 것을 상기하게. 그들은 머리가 빨리 돌고 기억력이 좋고 용감하고 훌륭한 자들로 되어 있었지. 이것들이 우리들에 의해 진정한 철학자의 자질들로 인정되었지.」[2]

「그렇습니다.」

「이런 자는 아주 어릴 때부터 모든 일에 제일인자가 될 것이 아니겠는가. 특히 육체적 소질이 그의 정신적인 것에 못지 않는다면?」

「틀림없습니다.」

「그러면 그의 친구들이나 또는 같은 시민들이 그가 나이를 먹으면 그들 자신의 목적을 위해 그를 써 먹으려고 하겠지?」

「의문의 여지도 없습니다.」

---

1) 475 참조.

2) 485~487 참조.

「그들은 이 젊은이가 어느 땐가는 가질 힘을 지금 수중에 넣어두고자 원하므로 그의 발 아래 엎드려 간청하고 받들고 아양을 떨 것이네.」

「가끔 있는 일입니다.」하고 그는 말했다.

「그러면 그와 같은 자가 더구나 큰 나라의 시민이고 부자이고 집안 좋고 키가 크고 아름다운 젊은이라면 이러한 환경에서 어떻게 행동하리라고 생각하나? 그는 끝없는 야심을 품게 되고 그리스인이나 야만인들의 일들을 처리할 수 있다고 환상하고 이러한 생각이 머리에 떠오르기 때문에 헛된 위엄과 까닭없는 자존심에 차서 우쭐하고 오만해지지 않을는지?」

「틀림없이 그렇게 될 것입니다.」

「그런데 그가 이와 같은 심리상태에 있을 때 누가 점잖게 그에게 다가와서 그는 바보고 오직 노예와 같이 애를 써서 인식에 도달하여야만 한다고 말한다면 이러한 반대되는 환경하에서 그가 손쉽게 그 말을 들을 것이라고 그대는 생각하나?」

「천만에요.」

「그리고 만일 어떤 자가 있어 타고난 소질과 생득적(生得的)인 이성판단(理性判斷)으로 그의 눈이 좀 트이고 솔직하게 받아들여 철학에 몰두한다 하여도 그의 지기(知己)가 됨으로써 얻어지는 이점을 상실하기 쉽다고 그들이 생각할 때 그의 친구들은 어떻게 나올 것인가? 그들은 그가 행여나 그의 더 좋은 성질에 기울어질까 별짓을 다하고 방해하겠지. 이를 위해서는 공적으로 법정에 고발할 것은 물론 사적 음모도 서슴지 않겠지?」

「틀림없이 그럴 것입니다.」

「그러면 이러한 처지에서 그는 철학자가 될 수 있겠는가?」

「불가능합니다.」

「그렇다면 사람을 철학자로 만드는 바로 그 기질도 그가 잘못 교육되면 인생의 좋은 것들이라는 부나 또는 이에 따르는 여러 가지 것들 못지않게 그로 하여금 철학에서 떨어져 나가게 한다고 말해서 잘못될 것은 없지?」

「틀림없습니다.」

「이리하여 친구여. 우리가 말하는 모든 직업 가운데서도 가장 좋은 직업에 가장 적합한 성질들이 황폐되고 실패로 돌아가는 것을 알아보았네. 이들 성질들은 어느 때나 희귀한 것이라고 우리는 말했네.[1] 국가나 개인들에게 가장 큰 해악을 끼치는 자들도 이러한 계층에서 나오네. 그리고 또한 운 좋게 그쪽으로 흘러가면 최대의 선도 행할 수 있네. 그러나 소인은 개인이나 국가에 어떤 일이고 큰 일은 하지 못하네.」

「그것 참 진실입니다.」 하고 그는 말했다.

「그리하여 이렇게 되어 철학은 고독하게 되네. 그녀[2]의 결혼은 성혼(成婚)되지 못한 채 그녀의 짝은 떨어져 나가고 그녀를 버렸네. 그리하여 그들이 잘못되고 어울리지 않는 생활을 영위할 때 다른 하잘것 없는 자들이 그녀를 보호해주는 일가친척이 없는 것을 눈치채고 들이닥쳐 욕을 보이네. 그리고 그대가 말하는 오명(汚名)을 씌우네. 그것은 철학을 욕하는 자들의 말이겠고, 그들은 그녀와 같이 있는 자들은 어떤 자들은 쓸모없는 자들이고 나머지 대부분은 죽어서 마땅하다는 것이다고 말하네.」

「과연 사람들은 그렇게 말하고 있군요.」

「그렇게 말해도 마땅하지. 이 땅으로 말하면 아름다운 이름들과 멋있는 칭호로 가득 찬 곳인데, 이 땅이 그들에게 개방되어 있다는 것을 알고 마치 감옥에서 뛰어나온 죄수들과 같이 그들의 직업에서 일약 철학으로 피난처를 찾아 뛰어드네. 이렇게 하는 자들은 그래도 그들 자신의 비참한 동업자 중에서는 아마도 가장 약삭 빠른 자들이겠

1) 491 참조.
2) 철학 즉 필로소피아라는 말은 문법상 여성명사. 이하 비유적으로 이야기되고 있다.

지. 그도 그럴 것이, 이 경우 처지가 딱하기는 하나 그래도 철학은 다른 직업적 기술들에서는 찾아볼 수 없는 위엄을 아직도 간직하고 있으니까. 그래서 많은 사람들이 매혹되는데, 그들의 소질은 완전하지 못하고 그들의 정신은 마치 그들의 신체가 직업과 장(匠)이 노릇 때문에 천하게 삐뚤어지고 병신이 되어 있듯이 그렇게 잘못되어 있네. 이는 피할 수 없는 것이 아닌가?」

「그렇습니다.」

「이들은 마치 막 감금된 데서 풀려나와 돈도 조금 생긴 작달막한 대머리 대장장이가 목욕을 한바탕 하고 새 옷으로 갈아입고 신랑같이 멋을 내고 그의 주인의 딸이 가난하고 고독한 틈을 타서 결혼하려고 찾아가는 자와 아주 흡사하네.」

「가장 적절한 비유입니다.」

「이러한 결합에서 나오는 소생(所生)은 어떤 것일까? 고약한 후레자식이겠지?」

「의심할 여지도 없습니다.」

「이리하여 교육을 받을 자격이 없는 자들이 철학에 접근하고 그들보다는 지체가 높은 그녀와 결합할 때에는 어떤 사상과 의견이 생겨날 것 같은가? 그 속에는 순수한 것 또는 값있는 것, 진정한 지혜에 가까운 것은 찾아볼 수 없고, 그저 귀에 솔깃한 궤변(詭辯, 스피스마)밖에 될 것이 없지 않은가?」

「틀림없습니다.」 하고 그는 말했다.

「이리하여, 아데이만토스, 철학의 수제자는 별로 남아나지 못하네. 혹 어떤 고귀하고 잘 교육된 자가 있어 국외로 추방된 덕택으로 그녀를 돌보는 가운데 타락하게 하는 영향을 면해서 그녀 곁에서 헌신(獻身)할 수도 있고, 또는 시원치 못한 나라에 태어난 높은 정신을 지닌 자로서 정치를 멸시하고 등한히 하는 수도 있을 것이고, 또한 직업적 기술들을 멸시하고 그녀한테로 오는 타고난 재질을 지닌 몇몇 안되는 자들도 있을 것이고, 또는 예기치 않게 우리들의 친구 데아게스의 제어(制御)에[1] 의해 그대로 잡혀 있는 자들도 있네. 그 이유는 데아게스 생애의 모든 조건들은 그를 철학에서 떼어놓으려고 무진 애를 썼지만 오직 건강이 좋지 않아 정치를 멀리하였네. 내 자신의 내부로부터의 징조는 말할 것도 없겠지.[2] 이런 경고는 혹 있었다 해도 다른 사람에게는 극히 드문 일이니까. 이 작은 계층에 속하는 자들은 철학을 갖는다는 것이 얼마나 감미롭고 축복받은 것인가를 알고 대중의 광기를 신물이 나도록 보아온 자들이네. 그리고 이들은 어떤 정치인도 정직하지 않다는 것, 정의를 지키기 위해 서로 도와 싸우고 이겨나갈 동지도 없다는 것도 알고 있네. 이런 자는 야수들 속에 빠져들어간 사람에다 비길 수 있지. 그는 사람들의 악한 짓에 가담치 않을 것이로되, 단신으로 그들의 사나운 성질에 맞서 싸울 수도 없네. 이리하여 그는 국가에도 그의 친구에도 도움이 될 수 없다는 것을 알고 또한 자신이나 친구들에게 무슨 좋은 일도 하지 못하고 생명만 내동댕이칠 것을 염려하여 몸을 보존하고 자기 길을 갈 수밖에 없네. 그는 마치 강풍이 몰아치는 먼지와 눈보라 속에서 이를 피해 담장에 비켜 선 사람과 같네. 그리하여 온 세상이 악으로 차 있다는 것을 알고서는 오직 그 자신의 생을 살고 악이나 불의에 물들지 않고 순수하기만 하다면 족하다고 생각하네. 그리고 밝은 희망을 갖고 조용하게 선한 마음을 지니고 이 세상을 하직하면 그만이네.」

「그렇습니다. 그는 떠나기 전에 큰 일을 해놓고 갈 것입니다.」 하고 그는 말했다.

「큰 일이라니. 그래 그렇지만 국가가 그에 맞지 않는다면 가장 큰 일은 하지 못하겠지. 그에게 적합한 나라에 있어 그는 크게 자라날 수 있고 자신뿐만 아니라 그의 나라도 건지는 사람이 될 수 있지. 어찌하여 철학이 이런 고약한 평판을 듣게 되었는지 그 원인들도 이제

---

1) 『소크라테스의 변명(辯明)』에서 소크라테스와 친하게 교제한 사람 가운데 하나.

2) 『소크라테스의 변명』, 31d에 있어 그의 정치참여를 금한 목소리로 이야기되어 있다.

충분하게 설명되었네. 그녀에 대한 까닭없는 비난도 밝혀졌지. 뭐 더 첨가해서 할 말이라도 있나?」

「이 점에 관해서는 더 할 말이 없습니다. 그러나 현존하는 정부로서 그녀에게 알맞은 것은 어떤 것이 있는지 알고 싶습니다.」

「하나도 없지.」 하고 나는 말했다. 「바로 이것이 내가 그들을 비난하는 점이네. 단 하나도 철학적인 것과는 합당치 않고 따라서 철학적 성질은 삐뚤어지고 변질되었네. 마치 외국산 종자가 낯설은 땅에 뿌려질 때 그 원래의 성질이 변하고 압도되어 새로운 토양에서 자신이 사라져버리듯이 되네. 철학의 성장도 다를 바 없네. 굳건하게 이겨나가지 못하고 퇴화하고 다른 성격의 것으로 되어버리네. 그러나 만일 철학이 그 자체의 모습인 완결성을 국가에서 발견할 수만 있다면 그때는 과연 그것은 신적인 존재로 나타날 것이고, 그 나머지 모든 것들은 인간의 본성이건 제도건 인간들의 것에 불과하다는 것을 알게 될 것이네. 그러면 그대는 그 국가는 어떤 것인가 하고 틀림없이 물어 온다는 것을 나는 알고 있네.」

「틀리셨습니다.」 하고 그는 말했다.

「나는 또 다른 질문을 하려고 하고 있었으니까 말입니다. 즉 이것은 우리가 창건하고 발견한 것으로 된 국가입니다. 또는 어떤 다른 것입니까?」

「그렇네. 어느 면으로나 우리들의 것이네. 그러나 내가 말한 것을 그대도 기억하겠지만, 입법가들로서 그대가 법을 입법할 때 그대를 이끌어간 국헌에 관한 사상과 같은 사상을 가진 어떤 살아 있는 권위가 국가에는 꼭 필요하다는 것이네.」[1)]

「그렇게 말씀하셨습니다.」 하고 그는 대답했다.

「그렇네. 그러나 만족하게 설명되지는 못하였네. 그대가 반대하고 중단시켰기 때문에 놀랐고, 이제 토론도 길게 끌게 되고 어렵게 되리라고 생각되었네. 그런데 설명되지 않고 그대로 남아 있는 부분도 쉽

1) 414, 423 등 참조.

다는 것과는 정반대일세.」

「어떤 것이 남아 있습니까?」

「문제는 국가가 패망하지 않도록 철학의 탐구를 어떻게 질서잡느냐 하는 것이네. 모든 크나큰 일들은 남이 말하듯이 힘이 들어야 맛이 난다고 위험이 따르게 마련이네.」

「그렇다 하여도 이 점을 명백하게 하여야 하겠습니다. 그래야만 논증이 완전해질 터이니까요.」

「무슨 생각이 모자라서가 아니라 나로서는 힘이 모자라 지장이 있을까 두렵네. 나의 열성은 그대도 봐서 알겠지. 그리고 국가는 지금과 같이 할 것이 아니라 다른 정신에서 철학을 추구하도록 얼마나 내가 대담하게 그리고 주저하지 않고 말하고자 하는지 눈여겨 보게.」

「어떤 식으로 말입니까?」

「현재 철학도들은 제법 젊다. 유년기를 벗어날까 말까 할 때 시작해서 돈벌어 집안 돌보는 여가에만 공부를 하네.[1] 그리고 가장 철학적 정신을 많이 가졌다고 하는 자도 문제의 가장 어려운 것이 눈에 띄게 될 때, 이것은 변증법을 뜻하는데, 걷어 치우네. 그 후는 누구에게서 초대를 받을 때에는 그들은 가서 강연을 듣겠지. 그리고 이것을 가지고 법석을 떠네. 철학은 그들의 참 직업이 될 수 없다고 간주되고 있으니까, 드디어 나이가 들면 대부분의 경우 헤라클레이토스의 태양보다도 더욱 캄캄하게 그들은 꺼져버리지. 그리고 다시는 불어 켜지지 않네.」

「그렇다면 그들은 본래 어떻게 하였어야 합니까?」

「정반대로 했어야 하지. 어렸을 때 그리고 청년기에 있어 그들의 공부 그리고 철학은 그들 나이에 적절한 것으로 충당해야 하네. 어른으로 자라나는 이 기간중에 철학에 도움이 되도록 쓸 수 있게 특별한 배려가 그들 신체에 주어져야 하네. 나이가 많아지고 지능이 성숙하기 시작하면 지적 훈련을 강화하네. 그러나 우리 국민들의 힘이 쇠퇴

1) 21세까지를 말한다.

하고 정치나 병역의 의무가 면제되면 그들로 하여금 마음대로 돌아다니게 하고 힘드는 일은 하지 말고, 우리가 뜻한 바와 같이 그들로 하여금 이 세상에서 행복하게 살고 저 세상에서의 행복과 같은 것으로 이 생의 마지막을 장식하도록 하여야 하네.」

「정말 진심으로 말씀하고 계십니다. 소크라테스!」하고 그는 말했다.「그건 그렇다 하고 내 생각이 잘못이 아니라면 대부분 선생님의 말씀을 듣는 자들은 선생님에게 더욱 더 진심으로 반대할 것입니다. 그리고 다시는 납득하지 않을 것입니다. 누구보다도 트라시마코스가 으뜸이겠지요.」

「트라시마코스와 나 사이에 싸움을 붙이지 말게.」하고 나는 말했다.

「우리는 서로를 적으로 대한 일도 일찍이 없었지만 근래에는 친구가 되었네. 여하튼 그와 다른 사람들을 설득하든지 또는 그들이 다시 살아나서 또 하나 다른 생존의 상태에 대비해서 같은 토론을 벌일 때 그들에게 도움이 되도록 어떻게든지 하려고 힘을 다할 작정이네.」

「그다지 가깝지 않은 장래에 대해 말씀하는 것이지요?」

「아니, 오히려 영겁에다 비하면 그 장래라는 것은 무(無)에 가까운 것이지. 그럼에도 불구하고 많은 사람들이 믿는 것을 거부한다 해도 나는 이상하게 여기지 않네. 우리가 지금 말하고 있는 것이 실제로 나타난 것을 보지 못했을 터이니까. 그들은 우리들의 말과 같이 자연적으로 통합된 것이 아니라 인위적으로 억지로 갖다 붙인 말로 구성된 철학에 관한 재래식 흉내만 보아 왔으므로[1]로 무리가 아니네. 그러나 덕에 관한 균형과 근사성에 있어, 말에 있어, 또는 일에 있어, 되도록 완전하게 인간이 형성되고 이러한 인간이 이와 동일한 형상을 지닌 국가를 통치하는 것을 그들은 한 사람이건 여러 사람이건 본 일이 없네. 그대는 그들이 이것을 보았다고 생각하나?」

1) 고르기아스의 변론술(辯論術)의 유파인 이소크라데스(플라톤이 설립한 아카데미아와 병립된 학교 설립자) 등 수사가들은「논(論)하고 있다」(레고메논)와「행하였다」(게노메논) 같은 유사음을 갖다 맞추어 기교를 부리고 가르쳤다.

「결코 보지 못했습니다.」

「그렇지. 나의 친구여! 그들은 일찍이 자유롭고 고상한 기분을 나타내는 말을 들어본 일이 없지. 이런 말들은 사람들이 지식을 위해 힘이 닿는 데까지 성실하게 진실을 찾을 때 비로소 나오는 것이네. 이 때에 있어 이들은 법정에서나 사회에서나 흔히 들을 수 있는, 그리고 끝에 가서는 고작 의견과 싸움으로 되어버리는 그러한 교묘하게 엮어져 나가는 논쟁에는 관여하는 바가 아니네.」

「그들은 우리들과는 상관없는 자들입니다.」

「그리고 우리는 일찍이 이것을 예견하였네. 그리하여 우리는 두려워하면서도 진실의 힘을 빌려 다음과 같이 말했었지. 즉 우리가 무용지물이라고 이름을 붙였지만 부패하지 않은 철학가들의 소수계층이 자의건 타의건 국사를 돌보도록 어떤 섭리에 의하여 강요되기 전에는 그리고 이와 같은 필연성에서 국가는 그들에게 순종하도록 될 때까지는 또는 왕들이나 왕이 아니라도 왕과 권력가들의 아들들이 진정한 철학에 대한 사랑에 빠지기 전에는 국가도 개인도 완성될 수 없다고. 이들 가운데 어느 한쪽 또는 양쪽이 다같이 실제로 실현이 불가능하다고 생각할 근거는 없네. 만일 그렇다면 우리는 몽상가 그리고 환상가라고 조롱을 받아서 오히려 마땅하지. 왜 내가 틀렸나?」

「옳습니다.」

「만일 과거에 또는 멀리 떨어져 있고 우리의 안계(眼界)를 넘어서는 어느 생소한 나라에서, 완성된 철학자가 현재 또는 여지껏 또는 장래 어떤 초월한 힘에 의해 강제당하여 국사를 맡아본다면, 우리는 이것이 우리들의 국헌(國憲)이었고 그리고 국헌이고 또한 철학의 여신[1]이 여왕으로 군림할 때 우리의 국헌이 될 것이라고 한사코 주장할 용의가 되어 있네. 여기에는 불가능이란 없네. 곤란성은 있겠지. 이것은 우리도 인정하네.」

「저의 의견도 같습니다.」하고 그는 말했다.

1) 므사 여신.

「그러나 이것은 대중들의 의견은 아니라는 뜻인가?」

「그렇다고 생각됩니다.」

「여보게 대중을 공격하지 말게. 그들도 그대가 싸우려 덤비지 않고 조용하게 타이르는 기분으로 학문편중(學問偏重)에 대한 혐오감을 풀어주고, 그대가 말하는 철학가라는 것은 실제 어떤 것인가를 보여주고, 그대가 지금 묘사하듯이 그들의 성격과 직책을 말해 준다면 사람들도 그대가 말하고 있는 자가 상상한 것과는 다르다는 것을 알게 될 것이네. 그래서 만일 그들이 새로운 빛 속에서 그를 보면 그들의 철학가에 대한 생각은 달라질 것이고 다른 취지에서 댓구할 것이네. 사랑하는 자에게 적의를 품는 자가 어디 있으며, 자신이 온화하고 시기하지 않는 자가 투기를 하지 않는 자를 투기할 자가 어디 있겠는가? 아니, 내가 대신 대답하겠는데, 이토록 독한 기질은 소수인에게 국한되고 대중들 사이에선 찾아볼 수 없네.」

「전적으로 찬성합니다.」하고 그는 말했다.

「그대도 내가 생각하듯이 철학에 대해 많은 사람들이 품는 악감정은 부르지도 않았는데, 뛰어들고 그들을 욕하고 잘못을 그들에게 돌리고 그들의 대화는 사물을 가지고 논하는 것이 아니라 사람들을 가지고 하는 자로부터 비롯되었다고 생각하나? 사실 철학가들에게 이보다 더 어울리지 않는 것도 없지.」

「가장 어울리지 않습니다.」

「실재, 아데이만토스. 진실한 실재에 마음이 쏠린 자가 세상사에 관심을 두고 사람들과 다투어가면서 악의와 질투에 차는 그런 한가한 시간은 없지. 그의 눈은 언제나 서로 해치지도 않고 해를 받지도 않은 정연하고 영구불변하고 이성에 따라 움직이는 것을 응시하고 있네. 그는 이것들을 흉내내고 되도록이면 자신을 이것들과 동화하려고 하네. 사람이 존경하는 마음으로 통하는 것들을 흉내내지 않고 배기는가?」

「불가능합니다.」

「그런데 철학자들은 신적 질서와 소통하는 것이고 인간본성이 허용하는 한 질서정연하고 신적인 것으로 되려고 하네. 그러나 그들도 다른 사람들과 같이 비난을 받지.」

「물론입니다.」

「그리하여 만일 철학가가 자기 자신뿐만 아니라 인간성 일반을 국가이건 개인이건 그가 다른 데서 목격하는 것과 마찬가지로 어떤 강제에 의해 만들어내야 하는 경우에 처한다면 정의, 절제, 그리고 모든 시민적 미덕의 서투른 고안자가 되리라고 그대는 생각하나?」

「적어도 서투르지는 않을 것입니다.」

「일반 사람들이 우리가 그에 대해 말하고 있는 것이 진실이라고 느낀다면 그래도 철학에 대해 성을 낼 것인가? 천상적(天上的) 형태를 본따서 기술자들에 의해 설계된 것이 아니면 어떤 국가도 행복할 수 없다고 우리가 말한다 하더라도 그들은 우리를 불신하지 않겠지?」

「그들이 이해만 한다면야 성을 내지 않겠지요.」 하고 그는 말했다.

「그러나 당신께서 말씀하시는 계획을 어떻게 마련할 것입니까?」

「그들은 우선 국가와 인간들의 품성을 캔버스에다 받아들인 것같이 생각하고 거기에 그려진 광경을 닦아내서 캔버스 면을 깨끗이 해 놓네. 이것이 쉬운 일이 아니지. 그러나 쉽고 또는 쉽지 않다는 것은 문제가 아니고 바로 여기에 그들과 기타 모든 입법자들과의 차이가 있지. 그들이 깨끗한 캔버스 면을 발견하고 그들 자신이 깨끗해지기 전에는 개인이나 국가를 다룰 수 없고 법도 입법할 수 없네.」

「그들의 태도는 옳은 것입니다.」 하고 그는 말했다.

「이것을 효과 있게 한 다음 그들은 국헌(國憲)의 윤곽을 잡아 나갈 것이네.」

「틀림없습니다.」

「그들은 이 일을 해 나가면서, 내가 생각하기에는, 그들의 눈을 치떴다 내려깔았다 하겠지. 즉 그들은 우선 절대적 정의 그리고 아름다움 그리고 절제를 치켜다보고, 그리고는 다시 인간적 복사체(人間的

複寫體)에다 눈을 돌린다는 말일세. 그리고 생의 여러 가지 요소를 혼합시키고 조화시켜서 인간의 영상으로 만들어 나가네. 이리하여 이것이 인간 사이에 존재할 때에는 호메로스가 신의 형상이고 신과 같다고 말한 그런 형상에 따라 만들어 나갈 것이네.」

「진실입니다.」 하고 그가 말했다.

「그리하여 어떤 생김새는 지워버리고 다른 것은 살려서 가능한 한 신의 마음에 들게 사람들의 품성을 만들어 나갈 것이 아닌가?」

「과연 이 이상 더 아름다운 그림은 그릴 수 없을 것입니다.」

「그러면 이제 화를 내고 우리에게 덤벼들 것이라고. 그대가 말한 자들에게 국헌(國憲)을 그려내는 자는 우리가 칭찬하는 그러한 자라는 것을 알리고 설득하려고 하네. 그들에게 국가를 내맡기었다 해서 그들은 무척 불쾌해 했었는데, 그래서 이제 우리가 말하는 것을 듣고 좀 조용해질까?」

「아주 조용해질 것입니다. 그들도 감각이 있다면.」

「반대하는 근거를 아직도 찾고 있겠지? 철학가라는 것은 진실과 실재를 사랑한다는 것을 그들은 의심할까?」

「그들은 그렇게 불합리하지는 않습니다.」

「또는 그의 본성인데, 우리가 묘사한 것과 같은 것으로 최고선이라는 데 대해 그들은 반대할 것인가?」

「그들은 이것도 의심하지 않습니다.」

「그리고 다시 그들은 이러한 소질이 좋은 환경하에 놓인다 하더라도, 어림짐작으로 있을 수 있다 해도 완전하게 선하고 현명하게는 되지 않을 것이라고 우리에게 말할 것인가. 또는 그들은 우리가 거부하여 버린 자들을 좋아서 택할 것인가?」

「그렇게 하지는 않을 것입니다.」

「그러면 철학가가 지배할 때까지는 국가나 개인에 있어 악이 멎을 날이 없고 또한 우리가 상상한 국가도 실현되지 않을 것이라고 말한 데 대해 화를 낼 것인가?」

「그들은 그다지 화를 내지는 않을 것입니다.」

「그들이 그다지 화를 내지 않을 뿐만 아니라 아주 온순해져서 우리 편으로 돌아서고, 다른 이유라도 있다면 몰라도 부끄럽게 생각하고 화해하지 않을 수 없게 될 것이라고 생각해도 무방하겠지?」

「틀림없습니다.」 하고 그는 말했다.

「그렇다면 화해가 이루어졌다고 생각해 두세. 그런데 왕이나 권력자의 자식들로서 본성적으로 철학가가 될 수 없는 자들이 있을 수 있다는 것을 누가 거부하겠나?」

「확실히 아무도 거부할 자는 없습니다.」 하고 그는 말했다.

「그리하여 만일 그들이 이 세상에 나타나게 되면 그들은 필연코 파괴되어 버려야 한다고 어느 누군가가 말할 것이겠지. 그들이 구제되어야 한다고는 우리도 말하지 않겠지만. 그러나 오랜 시간을 두고 볼 때 그들 가운데 단 한 사람도 타락에서 벗어날 수 없다고는 말할 수 없겠지. 누가 감히 이를 말하겠나?」

「감히 누가 말하겠습니까!」

「그러나 한 사람이면 족할 것이네. 국가를 자기 의사에 순종케 하는 한 사람이 나타나게 하라. 그러면 온 세상이 믿을 수 없다는 이상국(理想國)을 창달할 수 있을 것이네.」

「그렇습니다. 한 사람으로 충분합니다.」

「지배자는 우리가 묘사한 바 있는 법과 제도를 과하겠지. 그리고 국민들은 기꺼이 이들에 복종하겠지?」

「물론이겠습니다.」

「그리고 우리가 동의한 것을 남들이 동의한다는 것은 기적도 불가능한 것도 아니네.」

「그렇습니다.」

「그런데 이 모든 것은 가능만 하다면 틀림없이 최선이라는 것이 여지껏 충분하게 언급되었지.」

「그렇습니다.」

「우리들의 법은 입법만 된다면 최선이 될 것이고, 법의 입법만 하더라도 어렵기는 하지만 불가능하지는 않다고 말할 수 있네.」

「좋습니다.」

「자, 이리하여 애쓴 보람이 있어 한 가지 문제가 해결되었네. 그러나 아직도 토론해야 할 것이 남아 있네. 즉 어떻게 무엇을 탐구하고 또한 추구함으로써 국헌의 수호자들은 육성될 것인가. 그리고 몇 살 때부터 갖가지 공부를 시작할 것인가 하는 문제들이네.」

「그렇겠습니다.」

「완전한 국가는 시기를 받고 또한 달성되기도 곤란하므로, 여자를 갖는 일, 자식을 만드는 일, 지배자를 임명하는 일들은 빼먹었지. 그러나 약삭빠르게 해보아도 별로 도움이 되지 않는 마당에서 결국 다 이야기하여야만 하겠네. 여자와 아이들에 관한 것는 제쳐놓는다 해도 지배자들에 대한 문제는 처음부터 검토하여야만 하겠네. 그대도 알다시피 그들은 여러 가지 쾌락과 고통의 시험을 거친 애국자이어야 한다는 것, 그리고 그 충성은 비록 어떤 고생과 위험 그리고 위기에 처해서도 상실하여서는 안된다는 것을, 그리고 실패한 자는 제거될 것이지만 연금사의 불길 속에서 시험된 금과 같이 언제나 순수성을 지니는 자는 지배자로 될 것이고 살아 생전에 또한 사후에도 명예를 받을 것이라고 우리들은 말했었지. 대충 이러한 것이 그 때 이야기였는데 그리고는 그만 치워져 버려지고 자태를 나타내지 않았네. 지금 일어나고 있는 문제를 불러일으킬까 두려워서.」

「잘 알겠습니다.」하고 그는 말했다.

「그렇지. 대담한 말을 감히 꺼내는 것을 주저해서 그랬는데 이제 말해 보겠네. 즉 완전한 수호자란 철학가라야만 한다고.」

「알겠습니다. 그것을 확인하여 두겠습니다.」

「그런 자들이 많이 있다고 그대는 생각하는가. 긴요하다고 생각되는 자질들은 다같이 한번에 자란다는 것은 극히 드물지. 그것들은 대개 제각기 단편적으로 나타나네.」

「무슨 말씀이십니까?」 하고 그는 말했다.

「그대도 알다시피 명석한 두뇌, 기억력, 총명하고 예민한 것, 그리고 이와 유사한 성품들은 같이 한꺼번에 성장하는 일이 드물지. 그리고 이러한 자질들을 갖고 거기에다 더구나 기개와 도량이 장대하고 큰 사람은 자연의 섭리에 의해 질서있고 평화롭게 그리고 안락하게 살게 되어 있지 않네. 그들은 여하튼 충동에 지배될 것이고 견실하다는 것과는 동떨어지게 되네.」

「과연 그렇습니다.」 하고 그는 말했다.

「또한 일면 착실한 성격은 신뢰할 만하고 전쟁터에서는 공포에 사로잡히지도 않고 동요하지도 않네. 그런데 배운다는 데 있어서도 요지부동이지. 그들은 일종의 마비상태에 있어 지적 작업에 있어서는 하품이나 하고 잠들어버리기 일쑤지.」

「사실 그렇습니다.」

「그러나 이 두 가지 성품은 고등교육을 받고 국사에 종사하고 명령하는 자들에게는 필요 불가결한 것이라고 우리는 말했네.」

「그랬습니다.」

「그래 그들은 참으로 찾아보기 어려운 계층의 사람들이지?」

「참말로 그렇습니다.」

「그렇다면 명예를 열망하는 자는 우리가 앞서 말한 노고, 위험 그리고 쾌락에 있어 우열이 가리워질 뿐더러 우리가 여지껏 언급하지 않은 다른 종류의 시련이 있네. 즉 정신이 최고의 탐구에서도 배겨날 것인지 또는 다른 어떤 학업과 훈련들에 있어서와 같이 이것을 배겨내지 못하고 기운이 빠지지나 않을지 알아보기 위해 여러 가지 지적 훈련을 받아야 할 것이네.」

「옳습니다. 그를 시험하여야 합니다. 그러나 모든 지식 가운데 최고의 지식이란 어떤 것을 말하는 것입니까?」

「그대도 알다시피 우리는 정신을 세 가지 부분으로 나누었지. 그리고 정의, 절제, 용기, 그리고 지혜의 본질을 하나 하나 구별하였지?」

「그렇습니다. 만일 내가 잊었다면 더 이상 들어볼 자격은 없겠습니다.」 하고 그는 말했다.

「그러면 그대는 그것을 토론하기에 앞서 조심하라는 말을 기억하나?」

「무엇을 말씀하시는 것이죠?」

「내가 잘못 생각한 것이 아니라면 그들의 완전무결한 아름다움을 알아보기 위해서는 길고 돌아가는 길을 택해야 하고, 그 끝에 그것들이 나타날 것이라고 우리는 말했지. 그러나 앞서 말해 온 방식 정도로 그것들을 알기 좋게 설명할 수도 있다고 하지 않았겠나. 그런데 그대들은 그런 설명은 그것으로 충분하다 하였으므로 탐구는 그대로 계속되었으나 나에게는 극히 정확하지 못한 것으로 느껴졌네. 그대들이 만족했는지의 여부는 그대들 생각에 달려 있네.」

「그렇습니다. 나도 그렇고 다른 사람들도 당신이 상당히 진실에 가깝게 말씀하셨다고 생각했습니다.」

「그러나 여보게 완전한 진리에 미흡한 이런 것들의 척도는 상당한 것 가지고는 안되네. 불완전한 것은 어떤 것의 척도도 될 수 없으니까. 하기야 사람들은 그 정도로 만족하고 더 이상 찾아볼 필요가 없다고 생각하겠지만.」

「사람들이 태만할 때에는 이 정도가 고작입니다.」

「그렇네. 그러나 국가나 법의 수호자에 있어서는 용서될 수 없는 잘못이네.」

「진실입니다.」

「그렇다면 수호자는 체육에서는 물론 학업에 있어서도 길고 우회하는 길을 택해야 하네. 그렇지 못하다면 그는 방금 우리가 말하는 그의 적합한 천직(天職)인 모든 지식 가운데서도 최고의 경지에 도달하지 못할 것이네.」

「이보다도 정의 그리고 다른 미덕들보다도 더 높은 지식이라는 것이 있습니까?」 하고 그는 말했다.

「그렇지. 있다고 하겠지.」 하고 나는 말했다.

「그리고 미덕들만 하더라도 지금과 같이 윤곽만 찾아서는 안되네. 완성된 그림에 조금이라도 미치지 못하는 것은 우리들을 만족하게 하지 못할 것이네. 그들의 충만한 미와 극한적 명확성을 들추어내기 위해 대단치 않은 것을 가지고도 무한히 애를 쓰는데, 최고의 진리가 최대의 정확성을 기할 가치가 없다고 생각한다면 얼마나 우스운 일인가!」

「올바르고도 고상한 생각이십니다. 그러나 무엇이 최고의 지식인지 당신에게 물어보지 않고 우리가 참을 수 있다고 생각하십니까?」

「물론 참을 수 없겠지. 물어보고 싶다면 물어보게. 그런데 그대는 그 대답을 여러 번 들었을 터인데, 이제 그대는 나를 이해하지 못하는 것인지 또는 나에게 고생을 끼치려는 것인지 알 수가 없네. 그대는 선에 관한 실상(이데아)이 최고의 지식이라고 가끔 들어 왔지 않나. 그리하여 기타 모든 것들은 이 선이 첨가되어야 비로소 유용하고 유익하게 된다는 것도 알고 있지 않은가. 바로 이것을 내가 말하려는 것도 알고 있을 것이네. 이것에 관해서는 그대도 내가 말하는 것을 가끔 들었겠지만 우리가 알고 있는 것은 별로 없네. 그러나 이것이 결여되어서는 다른 어떤 지식이건 또는 어떤 것을 소유한다는 것도 우리에게 이로울 게 하나도 없지. 그대는 우리가 선을 갖지 못하는데 있어 다른 모든 것을 소유한다 해서 또한 우리가 미와 선에 대한 아무런 지식도 갖지 못하는데 다른 모든 지식을 갖고 있다 해서 무슨 가치가 있다고 생각하나?」

「결코 그렇게 생각하지는 않습니다.」

「그리고 그대는 대부분 사람들은 쾌락을 선이라고 확신하지만 좀 생각이 있는 자들은 그것은 지식이라고 하는 것도 알고 있지.」

「그렇습니다.」

「그리고 또한 그대는 후자가 지식이 무엇을 뜻하는 것인지 설명할 수는 없으나 결국 할 수 없이 선에 관한 지식이라고 말하는 것도 알고 있지?」

「그거 참 우스운 일입니다.」

「그렇네. 그들은 우선 우리가 선에 관해 무지하다는 것을 들어 비난하면서 시작하네. 그래 놓고는 이에 관해 우리들이 지식을 갖고 있다는 전제 하에 토론하네. 즉 그들이 선이라는 말을 쓸 때 우리가 그것을 벌써 이해한 양 그들이 규정한 선을 선에 대한 지식으로 알고 있네. 물론 앞뒤 모순(矛盾)도 이만저만이 아니네.」

「그리하여 쾌락을 선이라고 한 자들은 또한 못지않게 당혹하네. 선한 것도 있지만 악한 쾌락들도 있다는 것을 인정하여야만 하니까.」

「물론입니다.」

「그리하여 악과 선이 동일하다는 것을 인정하는 것이니까.」

「사실입니다.」

「이 문제가 내포하고 있는 곤란성들은 틀림없이 많을 것이네.」

「의심할 여지가 없습니다.」

「많은 사람들이 현실성이 없이 정의와 명예로운 것을 하려 하고 가지려 하고 또는 그렇게 보이려 한다는 것을 우리는 알지 않나? 그러나 아무도 선의 외모만 가지고 만족하는 자는 없네. 그들이 찾는 것은 현실적인 것이네. 선의 경우 외양은 모든 자들에 의해 멸시되네.」

「사실입니다.」 하고 그는 말했다.

「그러면 이에 관해서 모든 사람들이 어떤 목표가 있다는 예감을 갖고 추구하고 또한 그의 행동의 신조로 삼는 것이지만 그러면서도 그 본질은 모르고 또한 다른 것에 있어서와 같이 확신도 없어 주저하게 되지. 그리하여 다른 데서 발견하는 것과 같은 선은 있다 해도 여기서는 발견하지 못하네. 그런데 이와 같은 중대한 원칙을 국가에 있어 모든 일이 맡겨질 최고의 선량에게 무식의 어둠 속에서 그대로 알지 못한 채 내맡겨야 하는 것인가?」

「그래서는 절대로 안되겠습니다.」

「아름다운 것과 정의로운 것이 다같이 선이라는 것을 모르는 자는 그것들에 대한 형편없는 수호자가 될 것이 틀림없네. 그러므로 나는 선에 관해 무식한 자는 그것들에 대한 진정한 지식을 갖고 있다고 생각하지 않네.」

「그것은 예리한 통찰입니다.」

「그러므로 만일 우리가 이 지식을 갖고 있는 수호자만 얻을 수 있다면 우리들의 국가는 완전하게 질서가 잡히겠지?」

「물론입니다.」 하고 그는 대답했다.

「그러나 이 최고의 선에 관한 원칙을 지식 혹은 쾌락이라고 생각하십니까? 또는 이들과는 다른 어떤 것으로 보십니까? 말씀해 주셨으면 좋겠습니다.」

「그래 나는 그대와 같은 까다로운 사람이 이들 문제에 있어 남이 생각하는 것에 만족하지 않으리라는 것은 벌써 알고 있었네.」

「사실입니다, 소크라테스. 그러나 당신과 같이 일생을 철학을 연구하면서 지내신 분이 남의 의견만을 되풀이 말하고 자신의 생각을 말씀하지 않으신다는 것은 있을 수 없다고 말씀드려야 하겠습니다.」

「그렇지만 자기도 모르는 것을 안다고 말할 수 있겠나?」

「안됩니다. 아는 척하는 것은 안됩니다. 그러나 하나의 의견으로서 그가 생각하는 것은 말할 수 있지 않습니까.」

「그러면 단순한 의견이라는 것은 나쁜 것이고 좋다 해서 맹목적인 것이라는 것을 그대는 모르는 것인가? 지식도 없이 진실한 사고를 가질 수 있는 자는 눈이 먼 자가 혼자서 길을 틀리지 않고 제대로 걸어가는 것과 다를 것이 없겠지?」

「옳습니다.」

「그러면 그대는 다른 사람들은 그대에게 밝고 아름다운 것을 말해 줄 터인데, 하필이면 눈이 멀고 꼽추고 천한 내 모습을 보려는 것인가?」

「그러나 소크라테스, 이제 목표에 도달이나 한 듯이 끝장을 내고 돌아서시면 안되겠습니다. 우리들로서는 당신이 정의와 절제 그리고 기타 미덕들을 설명하셨듯이 선에 대해서도 이러한 설명을 해주셨으면 만족하겠습니다.」 하고 그라우콘이 말했다.

「여보게 나도 그랬으면 오죽이나 좋겠나. 그러나 그렇지 못하고 실패하여 주책없이 열의만 보이다가 놀림감이 될까 두려워하네. 아냐, 지금으로서는 내 생각 속에 있는 것을 찾아낸다는 것만도 나에게는 지나치게 힘이 드는데, 선의 본질이 무엇인가에 대해서는 물어보지 않기로 하세. 그러나 그것과 가장 닮은 선의 아이들에 관해서는 한 번 말해보고 싶네. 그것도 여러분이 듣기를 원한다는 것이 확실하다면, 그러나 그렇지도 못하다면 그만 두겠네.」

「꼭 들어야겠습니다. 그 아이들에 관해 말씀해 보세요. 그러나 부모는 빚으로 그대로 남을 것입니다.」

「나도 사실 부모의 빚도 치르고 그대도 받아주었으면 얼마나 좋겠나. 지금같이 자식들의 빚만이 아니고. 그러나 이자로 알고 받아두게. 내가 그대들을 속일 의도는 없지만 혹 잘못 설명을 할지도 모르니까 조심을 하게.」

「그렇겠습니다. 되도록 조심하겠습니다. 자 시작해 보세요.」

「그러지. 그러나 미리 양해해 두어야 할 것이 있네. 이 토론을 하는 가운데 그리고 다른 데서도 내가 여러 번 언급한 것들을 상기해 주기 바라네.」

「무엇 말씀입니까?」

「낡은 이야기인데, 아름다운 것도 또한 선한 것도 여러 가지 있고 그리고 우리가 묘사하고 규정한 다른 것들도 여러 가지야. 이 모든 것들에게 '여러 가지'라는 말이 적용되네.」

「사실입니다.」 하고 그는 말했다.

「절대적인 아름다움, 절대선 그리고 '여러 가지'라는 말이 적용된 그 외의 것들도 절대적인 것이 있네. 그것들은 각자의 요소라고 할 수 있는 단일실상(이데아) 하에 종합되네.」

「옳습니다.」

「여러 가지 것들은 볼 수는 있으되 알 수 없고, 실상들은 알 수는 있지만 보이지 않네.」

「틀림없습니다.」

「우리가 볼 수 있는 것들을 보는 기관은 어떤 것이지?」

「시각입니다.」

「그러면 청각으로써 듣고 그리고 다른 감각들로써는 다른 대상들을 알아보는 것이지?」

「그렇습니다.」

「그대는 시각이라는 것이 감각을 만들어 낸 기술자가 가장 고심해서 만든 걸작이며 가장 값지고 복잡한 것이라는 것을 한번 생각해 본 일이 있나?」

「없습니다. 한번도.」 하고 그는 말했다.

「그렇다면 다시 생각해 보게. 귀 또는 성대가 하나는 듣고 또 하나는 들려주기 위해 어떤 제 3의 부가적 성질을 필요로 하는지?」

「그런 것은 없습니다.」

「그렇지. 다른 감각들은 그런 것이 필요없네. 그런 것들이 그런 것이 필요하다고는 말하지 않겠지?」

「물론 필요치 않습니다.」

「그러나 다른 어떤 성질이 첨가되지 않고서는 볼 수도 또한 보이지도 않는다는 것을 알겠지?」

「어떻게 되었다는 것입니까?」

「내가 생각하기에는 시각은 눈 속에 있고 따라서 눈을 가진 자는 보고 싶어하지. 색채도 또한 눈 속에 있네. 그러나 특별하게 이 목적에 적응하는 제 3의 성질이 없다면 눈을 가진 자도 아무것도 볼 수 없을 것이고 색채들도 보이지 않을 것이네.」

「무슨 성질을 말씀하시는 것입니까?」

「그것은 그대가 빛이라고 하는 것일세.」 하고 나는 대답했다.

「그렇습니다.」

「본다는 것과 볼 수 있다는 것의 결합은 고상하기만 하네. 다른 결합에다 비하면 본질에 있어 적지 않게 귀중하네. 빛이 그들의 결합이고 또한 빛은 천한 것이 아니지 않은가?」

「아닙니다. 천한 것과는 반대입니다.」

「하늘에 있는 신들 가운데서 어떤 신이 이 요소를 다루는 신으로 생각할 수 있는가? 눈으로 하여 완전하게 보게 하고 볼 수 있는 것이 나타나게 하는 빛은 누구의 것인가?」

「당신이나 세상 사람들이 말하는 태양이겠습니다.」

「시각과 이 신과의 관계는 다음과 같이 풀이되지 않을까?」

「어떻게 말씀입니까?」

「시각도, 시각이 내재하는 눈도 태양은 아니겠지?」

「아닙니다.」

「그러나 모든 감각기관 가운데 눈이 가장 태양을 닮았지?」

「가장 잘 닮았습니다.」

「그리고 눈은 태양으로부터 흘러나오는 유출물(流出物) 같은 것을 갖고 있지?」

「바로 그렇습니다.」

「그렇다면 태양은 시각은 아니겠지만 시각의 주관자로서 시각에 의해 알아볼 수 있지.」

「진실입니다.」하고 그는 말했다.

「그리고 이것을 나는 선의 아들이라고 부르네. 선이 가시계(可視界)에 있어 자기 자신에 비겨 같은 모양새로 만든 것이네. 선이 지적 세계에 있어 정신과 정신으로 인식할 수 있는 것과의 관계와 흡사하게 가시계에 있어 시각과 눈으로 볼 수 있는 관계를 정립하였다는 걸세.」

「좀더 명백하게 말씀하여 주실 수는 없습니까?」하고 그는 말했다.

「그대도 알다시피 눈이 백주(白晝)의 빛은 사라지고 달이나 별의 빛을 받은 대상들을 바라볼 때는 희미하게 보이고 장님이나 다름없네. 밝은 시각 같은 것은 찾아볼 수 없지?」

「그렇습니다.」

「그러나 태양이 비치는 대상물을 눈으로 볼 때 거기에는 시각이 있다는 것을 명백하게 알 수 있지?」

「확실합니다.」

「그리고 정신은 눈과 같네. 진실과 실재가 빛나는 것에 놓여질 때에는 정신은 인식하고 사리를 판단하고 지성으로 눈이 부시게 찬란하지. 그러나 생성되어지고 있거나 소멸해가고 있는 데로 향하게 되면 정신은 의견만 가질 뿐이고 눈을 깜박이며 이쪽 의견에 기울었다가 저쪽 의견으로 옮아가고 전혀 지성이 없는 것 같지 않은가?」

「바로 그렇습니다.」

「인식대상에다 진실을 심어주고 인식주체에다 인식하는 힘을 주는 것을 그대가 선이라고 불러주었으면 좋겠네. 이것이 학문의 근원일 것이고 진실이 지식의 주제가 되는 한에 있어 진실의 원천이기도 하네. 진실과 지식은 또한 다같이 아름답네. 그러나 이들보다는 또 하나 다른 성질 즉 선이 더욱 아름답다고 생각해야 옳을 것이네. 그리하여 앞서 예에서와 같이 빛과 시각은 과연 태양과도 같다고 할 수 있겠지. 그러면서도 태양이 될 수는 없네. 그렇듯이 이 다른 분야에 있어서도 학문과 진실은 선과 같다고 생각할 수 있으나 선 자체는 아니네. 선은 더 높은 명예로운 자리를 차지하고 있네.」

「학문과 진실의 주관자이며 미에 있어 이것들을 초월하는 그것은 아름다운 것들 가운데도 아름다울 것이겠습니다. 쾌락이 선이라고는 말하지 않으실 테니까요?」

「원 천만에! 그러나 그 영상(映像)을 또 하나 다른 관점에서 보도록 그대에게 요청해 볼까?」

「어떤 관점에서 말입니까?」

「태양은 모든 볼 수 있는 것들에 있어 가시성(可視性)의 주관자일 뿐더러 그 자체는 생성이 아니겠지만 생성과 영양과 성장의 주관이기도 하네. 그렇지 않은가?」

「그렇습니다.」

「이와 같은 식으로 선은 모든 알려진 것들의 주관자일뿐더러 그들의 존재와 본질을 창조한 자이기도 하네. 그러면서도 선은 자체 본질도 아니고 위엄과 힘에 있어 본질을 크게 초월하네.」

어릿광대 같은 태도를 보이면서도 성실하게 그라우콘은 「하늘의 빛에 맹세해서 이거 얼마나 놀랍습니까?」 하고 말했다.

「그렇지. 그리고 과장(誇張)의 책임은 그대에게 있지. 그대가 나의 환상을 말하게 하였으니까.」

「그대로 말해주세요. 간청합니다. 태양의 유사점에 관해 하실 말이 더 있다면 어찌되었든 듣고 싶습니다.」

「그래, 할 말은 많지.」 하고 나는 말했다.

「그렇다면 하잘것 없는 것도 빼놓으시면 안됩니다.」

「최선을 다해보지. 그러나 상당히 많이 빼놓아야만 한다고 생각해야겠지.」 하고 나는 말했다. 「그러면 그대는 두 가지 지배적인 힘들이 있다고 상상해야 하네. 하나는 지적 세계를, 또 하나는 가시계를 위해 마련되어 있네. 내가 천공(우라노스)이라 하지 않은 것은 낱말인 가시계(호라토스)와 천공(天空)을 가지고 장난하는 것같이 행여 그대가 생각할까 두려워서일세. 가시계와 지적 세계의 구별이 그대에게는 확실하다고 생각해도 좋은가?」

「확실합니다.」

「그러면 이제 여기에 선분(線分)같은 것이 있고 이것이 두 개의 비등하지 않은 부분으로 양분되어 있다 하고 그 하나 하나를 다시 같은 비율로 나누었다 하고, 앞에서 주된 분할로 하여 하나는 가시적인 것 그리고 다른 것은 지적인 것을 맡아보게 하고, 다시 그 때에 있어 세 부분할을 그들의 명확성과 불명확성이란 점에서 비교한다면 그대는 가시적인 것의 첫번째 선부분은 영상(映像)들로 구성되어 있다는 것을 알 수 있을 것이네. 그리고 영상이라는 것은 첫째는 그림자, 그 다음에는 단단하고 매끄럽고 딱딱한 물체 및 물에 반사된 것을 말하네. 이해할 수 있겠나?」

「알겠습니다.」

「그리고 나머지 선분, 이것은 영상을 나타내는데, 우리가 보는 동물들 그리고 자라나고 만들어진 모든 것을 포함한다고 가정하세.」

「좋습니다.」

「이 분할의 양쪽 부분이 다같이 정도가 다른 진리를 갖고 있고 원형에 대한 복사의 관계는 지식의 영역에 대한 의견의 영역과도 같다는 것을 인정하나?」

「의심치 않고 인정합니다.」

「다음에는 지적 영역이 분할되는 양식을 고찰해 보기로 하세.」

「어떤 양식으로 분할됩니까?」

「다음과 같이 하네. 두 개의 세부분할이 있는데, 그 중 아래쪽 선분에서 정신은 앞서 분할에 의해 영상으로 주어진 형상을 사용하네. 그 탐구는 오직 가설적이겠고 따라서 원칙 쪽으로 상승하는 것이 아니라 다른 방향으로 하강하네. 둘 중에 높은 데서 정신은 가설에서 탈피하고 가설 이상인 원칙으로 올라간다. 앞에서와 같이 영상을 사용함이 없이 실상(이데아) 자체들 속으로 그리고 이것을 관통해서 전진하네.」

「말씀을 잘 이해할 수가 없습니다.」 하고 그는 말했다.

「그러면 다시 한번 해보지. 내가 이에 관해 예비적인 지식을 말해보면 좀더 이해가 될 것이네. 기하나 산술 그리고 이와 같은 학문들은 기수 또는 우수 그리고 도형이나 삼각 등 학문의 각 분야에 있어 이와 같은 것들을 전제로 하고 있다는 것을 알고 있지. 이것들이 그들의 가설들이겠고, 그들과 그리고 누구나 알고 있는 것으로 여겨지고 있네. 그러므로 그들은 그들 자신들에게나 또는 다른 사람들에게 애써 그것들을 설명하려 하지 않네. 그리고 거기서부터 출발해서 그들의 결론에 도달할 때까지 꾸준하게 탐구해 나가는 것이 아니겠나?」

「그렇습니다. 알고 있습니다.」

「그리고 비록 그들은 눈에 보이는 형태들을 사용해서 그것들에 관해 논증해 나가겠지만, 그들은 이것들을 고찰하는 것이 아니라 그들이 닮은 실상들을 생각하는 것이네. 그들이 그리는 형상이 아니라 절대적인 사각(四角), 그리고 순수 대각선 같은 것을 염두에 두겠지. 그들이 묘사하고 만드는 영상(影像) 또한 그들 자신 속의 물에 반사되는 영상들은 그들에 의해 실상으로 전환되고, 이리하여 그들은 사물 자체들을 통찰하려는 것이고 심안(心眼)으로써만 오직 볼 수 있는 것이네. 그대도 알고 있지 않은가?」

「사실 그렇습니다.」

「이런 종류를 가시적이라고 나는 말하네. 비록 이것을 탐구하기 위해 정신은 가설을 부득이 사용해야 하겠지만 정신은 가설의 영역 위로 올라갈 수는 없으니까. 이 때에 있어 정신은 제 1 원칙쪽으로 상승하는 것이 아니고 그들 나름대로 영상(映像)으로서 닮은 것들인 아래쪽으로 그림자가 비치는 대상물을 취급하게 되는데, 그것의 그림자 또는 반사된 관계로 이들은 더욱 뚜렷하고 따라서 더 높은 가치가 있네.」

「알겠습니다. 당신은 기하학 그리고 이것의 자매관계에 있는 학술영역에 관해 말씀하고 계십니다.」

「그리고 내가 가지계(可知界)의 다른 한계부분을 말할 때에는 가설들을 제 1 원리로서가 아니라 오직 가설들로서 사용하면서, 다시 말해서 이성이 이것들을 뛰어넘어 제 1 원리쪽으로 비상할 수 있도록 가설을 넘어선 세계로의 도약대(跳躍臺) 그리고 출발점으로서 사용하면서, 변증법적 힘으로서 이성 자신이 도달하는 다른 종류의 지식에 관해 내가 이야기한다는 것을 이해할 것일세. 이것에 그리고 여기에 의존하면서 실상으로부터 실상을 통해 그리고 실상에서 종결하는 데 아무런 감각적인 것의 도움 없이 이번에는 다시 순서를 밟아 하강하게 되네.」

「알겠습니다. 그러나 완전하다고는 할 수 없습니다. 무시무시하게 중대한 과업을 말씀하고 계시는 것 같은 느낌입니다. 그러나 어쨌되었든 변증법으로 사유되어 나가는 지식과 존재는 오직 가설에서만 출발하는 이른바 기술에 관한 관념들보다는 더욱 명백하다는 말씀은 알아 듣겠습니다. 이들은 오성(悟性)으로 사유되는 것이고 감각으로 사유되는 것이 아닙니다. 그러나 그들은 가설에서 출발하는 것이고 원리에까지 올라가는 것은 아니므로 그들은 당신에게는 더 높은 이성을 적용한다고는 생각되지 않으시겠습니다. 하기는 그래도 그것들에게 제 1 원리가 첨가된다면 그 때에는 더 높은 이성으로 인식할 수 있겠습니다. 그리고 기하학과 이와 유사한 학문들의 고찰방식을 당신은 오성이라고 명명하시고 이성이라고는 하시지 않을 것으로 생각합니다. 즉 의견과 이성의 중간적인 오성으로 말입니다.」

「그대는 어지간히 내 뜻을 이해하였네. 그러면 이제 이들 네 가지 분할된 선분에다 정신의 네 가지 기능을 대치시켜 보세. 이성이 가장 높은데, 오성이 그다음, 신념 또는 확신이 세번째, 그리고 영상(影像)의 감각을 맨끝에 대응케 하세. 그 다음 그것들에 기준을 정하고 그들의 인식대상들이 같은 진실의 밀도에 따라 같은 정도의 명백성을 각자 기능이 갖고 있다고 상상하세.」

「이해하겠습니다. 그리고 동의하겠습니다. 당신의 말씀대로 배치하겠습니다.」

제 7 권

「그러면 이제 우리들의 본질이 어느 정도 계발될 수 있고 또는 몽매할 수 있는지 알아보기로 하세. 자! 인간이 지하 동굴 속에서 살고 있다고 하세. 이 동굴은 입구쪽으로 광선을 받고 그대로 쭉 뻗어 있네. 그런데 그들은 어려서부터 발과 목이 묶여 움직일 수도 없고 목도 돌릴 수 없어 앞만 바라보고 있네. 그들의 머리 위와 뒤에는 좀 떨어져 불이 달아오르고, 불과 죄수들 사이에는 조금 높게 길이 나 있고, 잘 보면 나지막한 성벽이 이 길을 따라 인형놀이하는 자들이 인형극을 벌이도록 자기들 앞에 설치하는 것과 같은 막같이 길을 따라 붙어 있네.」

「알겠습니다.」

「그리고 사람들이 성벽 같은 것에 따라 여러 가지 기구들과 인형, 그리고 돌과 나무로 된 동물들의 형상들을 가지고 이것을 받쳐들고 지나가네. 어떤 것들은 지껄이면서 그리고 다른 것들은 침묵을 지키면서…….」

「이상한 영상(映像)에다 이상한 죄수들을 보여주시는군요.」

「우리들과 같지.」 하고 나는 말했다. 「그래서 그들은 오직 불이 동굴의 반대편 벽에다 투영하는 그들 자신의 그림자 또는 그들 서로의 그림자만을 보고 있는 것이겠지?」

「그렇겠습니다. 그들이 목을 돌릴 수 없는 바에야 그림자 외에 무엇을 볼 수 있겠습니까.」 하고 그는 말했다.

「그리고 이같은 식으로 움직이는 것들도 그림자들만 보이겠지?」

「그렇습니다.」 하고 그는 말했다.

「그리고 만일 서로 대화를 나눌 수 있다면 그들 앞에 실제로 있는 것을 가리켜 말한다고 생각하겠지?」

「사실입니다.」

「그리고 더 나아가 그 감방은 반대편에서 오는 산울림을 받을 때 여기를 지나가는 자가 말을 하게 되면 그들이 듣는 그 소리는 지나가는 그림자로부터 울려나온다고 환상(幻想)하지 않겠는가?」

「그럴 것입니다.」 하고 그는 대답했다.

「그들에게는 진실이라는 것은 문자 그대로 영상(映像)의 그림자 이외에 어떤 것도 아니야.」 하고 나는 말했다.

「확실히 그렇습니다.」

「그러면 만일 죄수가 풀려나 잘못을 깨달을 때에는 어떤 일이 자연적으로 일어날 것인가 알아보세. 우선 그들 가운데 누구이든 해방되어 급히 일어나게 되어 목을 돌리고 걸어가 빛쪽을 본다면 심한 고통을 느낄 것이네. 눈이 부시어 곤란을 겪을 것이고, 그의 앞서 상태에서 그가 그림자로 보았던 실물을 보고도 식별할 수 없을 것이네. 그리고 누가 자기에게 말을 걸어오는 것 같은 생각이 드네. 즉 그가 눈 앞에 보고 있었던 것은 환각이었으나 이제 그가 실재에 접근함에 따라 더욱 진실한 존재로 눈을 돌리게 되어 더욱 명료한 시각을 갖게 되었다고 말한다면 그의 대답은 어떤 것일까? 그리고 나아가 그의 교사가 지나가는 것들을 가리키며 그것들의 이름을 대라고 한다면 그는 당황해 하지 않을 것인가? 그는 그가 앞서 본 그림자들이 그가 지금 보고 있는 물건들보다도 진실한 것이라고 망상할 것이 아니겠는가?」

「전혀 옳습니다.」

「그리고 만일 그가 빛을 주시하도록 강요되면 눈이 아파지고 그가 볼 수 있는 물건쪽으로 도피하겠지? 그리고 그가 지금 보고 있는 것보다도 이것들이 더욱 실재적이고 명백하다고 생각할 것이 아닌가?」

「사실입니다.」하고 그는 말했다.

「그리고 다시 한번 상상해 보세. 그가 싫어해도 강제로 가파르고 험한 길로 끌려가서 태양 앞에 서도록 그 때까지 놓아주지 않는다면 그는 고통을 받고 어찌할 바를 모르겠지? 광선에 접근할 때에는 눈이 부셔 이제 현실적인 실재들을 하나도 볼 수 없을 것이네.」

「당분간은 하나도 볼 수 없을 것입니다.」하고 그는 말했다.

「그는 지상의 세계 광경에 익숙해지도록 되어져야 하겠지. 그래서 처음에는 그림자를 가장 잘 보고, 다음에는 수중에 반사되는 사람들과 기타 물건들을 보게 되고, 그리고 나서 사물 자체를 알게 되지. 그 때에는 달과 별들 그리고 반짝이는 하늘을 응시(凝視)하네. 그러면서도 백주(白晝)의 태양보다는 밤 하늘이나 별들을 더 잘 보겠지?」

「틀림없습니다.」

「마지막에 그는 태양을 볼 수 있게 되겠지. 수중에 반사된 것뿐만 아니라 제 자리, 제 고장에 있는 태양을 보게 되네. 그리하여 제 모습 그대로의 태양을 생각하게 되네.」

「확실합니다.」

「그리고 계절과 해를 거듭시키는 것도 태양이고, 모든 가시적인 세계의 수호자이고 어떤 의미로는 그와 그의 동료들이 낯익혀 보는 모든 것들의 근원이라고 이제는 말하게 될 것이네.」

「명백합니다. 그는 우선 태양을 보고 그 다음에는 태양에 관한 이치를 알게 될 것입니다.」

「그가 예전에 살던 고장을, 그리고 동굴의 지혜와 동료 죄수들을 기억할 때 그는 이 변화를 고맙게 생각할 것이고 그들을 불쌍히 여기지 않을 것인가?」

「물론입니다. 불쌍하게 여길 것입니다.」

「그리고 만일 지나가는 그림자를 가장 빨리 알아보고 누가 그들보다 앞서 갔는지, 누가 뒤따라 갔는지, 그리고 같이들 갔는지 알아맞추고, 그럼으로 하여 미래에 관해 결론을 내릴 수 있는 자에게 명예를 수여하는 관례가 그들 사이에 있다면 그는 그러한 명예나 영광에 관심을 갖고 그것들을 가진 자들을 시샘할 것으로 그대는 생각하나? 오히려 그는 호메로스와 더불어

"아예 가난한 주인의 가난한 종이 되는 편이 낫겠다."[1]

하지 않겠는가? 그리고 그들이 하는 식으로 하고 사는 것보다는 무슨 짓이든 견디어 낼 것이 아니겠는가?」

「그렇습니다. 그는 이들 잘못된 생각들을 품고 이렇게 비참하게 살기보다는 어떤 고생이고 배겨 나가리라고 생각할 것입니다.」

「그러면 다시 한번 상상해 보세. 이런 자가 별안간 태양에서 벗어나서 그의 예전 동굴로 들어가게 되었다고 하세. 그의 눈은 암흑으로 가득 차겠지?」

「틀림없습니다.」 하고 그는 말했다.

「그리고 거기에서는 경기가 벌어지고 있다면, 그리고 시력은 아직 약하고 그의 눈이 제대로 회복되기 이전에(이 새로운 시각의 반응을 되찾는 데는 상당한 시간이 걸린다.) 한번도 동굴 밖으로 나가보지 못한 죄수들과 그림자의 장단을 가리는 장기를 가지고 시합해야만 한다면 그는 웃음거리가 될 수밖에 없지 않겠는가? 사람들은 그가 올라갔다 내려오더니 눈을 빼놓고 왔다고 그러겠지? 그리고 아예 올라갈 생각을 말라고 하겠지? 그리하여 누가 어떤 자를 풀어주고 빛이 있는 곳으로 그를 인도해 나간다면 그런 범법자들을 그들은 잡아야 하고 그들은 그를 죽일 것일세.」

「의심할 여지도 없습니다.」 하고 그는 말했다.

「이 비유 전체를, 친애하는 그라우콘! 앞서 있었던 토론에다 접속시킬 수 있네. 감옥은 가시계일 것이고 불빛은 태양이지. 그대의 소

1) 호메로스, 『오디세이』, 제11권, 489행.

망에 못 이겨 내가 표명한——옳고 그른 것은 신만이 아시겠지만——나의 시원치 않은 소견에 따른다면 그대가 위쪽으로의 여행을 지적 세계로 가는 정신의 승화라고 해석한다 해서 과히 틀릴 것이 없네. 그러나 진실이고 또는 잘못이고 간에 지식의 세계에 있어서는 선에 관한 실상(이데아)은 맨 마지막에 나타나고, 그것도 애를 써야 비로소 볼 수 있네. 그리고 일단 눈으로 본다면 이것은 모든 아름답고 옳은 것들의 우주적인 주관자라고 말할 수 있고, 빛의 어버이이고, 이 가시계에 있어서는 광선의 주인이고, 가지계(可知界 ; 知的領域)에 있어서는 이성과 진실의 직접적인 원천이네. 그리하여 공적이건 사적이건 이성적으로 행동하는 자라면 항상 눈을 똑바로 뜨고 응시하여야 하는 하나의 힘이네.」

「동의합니다. 내가 이해하는 한.」하고 그는 말했다.

「이와 같은 축복된 투시를 할 수 있는 경지에 도달한 자들이 인간이 악한 상태로 내려오려 하지 않는다 해서 이상할 것은 없네. 그들의 정신은 언제나 그들이 살고 싶어하는 천상계를 향해 줄달음질칠 터이니까. 만일 우리들의 비유를 신뢰할 수 있다면 그들의 소망은 극히 자연스러운 것일세.」

「그렇습니다. 극히 자연스럽습니다.」

「어떤 자가 신적인 명상에 잠기었다가 인간의 악한 고장으로 옮겨와서 어릿광대같이 행동했다 해서 별로 놀라울 것이 있겠나. 만일 아직도 그의 눈이 부시고 둘러싸여 있는 암흑에 순응되지도 않은 채 정의의 영상(映像) 또는 정의의 영상에 관한 그림자를 가지고 법정에서 또는 서투른 장소에서 싸워야만 한다면 그리고 아직도 절대적인 정의라고 한번도 본 적이 없는 자들의 생각과 맞추려고 애를 쓴다면 그 행동은 우습겠지? 놀라울 것이 있겠는가?」

「놀랍지 않습니다.」하고 그는 대답했다.

「상식이 있는 자라면 눈이 어지러워지는 것은 두 가지 종류 그리고 두 가지 원인, 즉 빛이 있는 데서 나와버리든가 또는 빛이 있는 데로 나간다든가 ── 이것은 육안 못지않게 심안에도 적용되는데 ── 하기 때문이라는 것을 기억할 것이네. 그리고 이것을 기억하는 사람은 시력이 혼란되고 약화된 자를 보아도 그대로 웃어 넘기지 않을 것이네. 그는 우선 그에게 정신이 밝은 생활로부터 나와서 암흑에는 익숙하지 못하여 볼 수 없는 것인지 또는 암흑으로부터 나와 햇빛을 보아 눈이 부신 것인지 물어보아야 할 것이네. 그리하여 그는 하나는 그의 존재의 상태와 조건이 행복하고 또 하나는 불쌍하다고 간주할 것이네. 만일 지하로부터 광명으로 나온 정신을 비웃을 마음이 생긴다면 이것은 광명으로부터 나와 동굴로 복귀한 자를 맞이하는 웃음보다는 이치에 맞을 것이네.」

「그것은 정당한 구별입니다.」 하고 그는 말했다.

「그런데 만일 내가 옳다면 어떤 교육학의 교수들이 정신에다 원래 거기에는 없었던 지식을 마치 눈이 먼 눈에다 시각을 주듯이 집어넣는다고 말하는 것은 잘못이라고 생각하네.」

「그들은 틀림없이 그렇게 말하고 있습니다.」 하고 그는 대답했다.

「그런데 우리들의 논의에 따르면 학문하는 힘과 능력은 이미 정신 속에 있네. 그리하여 몸 전체를 움직이지 않고서는 눈도 암흑에서 빛으로 돌아갈 수 없듯이 지식의 기관도 전체 정신의 움직임에 따라서만 생성하는 세계로부터 실존하는 세계로 옮아갈 것이네. 그리고 점차적으로 실존의 광경 그리고 가장 밝고 최고인 존재, 다시 말해 선의 모습을 찾아 터득할 수 있을 것이네.」

「진실입니다.」

「그러면 이 전환을 가장 손쉽게 빨라 성취시키는 어떤 기술이 없는 것일까? 시각의 기능을 심어주는 것이 아니라 그 기능은 이미 있는 것이니까 잘못된 방향으로 돌아서고 진실로부터 눈을 돌려버린 그것을 바로 잡는 방도는 없을까?」

「그렇습니다. 그런 기술은 있을 법합니다.」

「그런데 소위 정신의 미덕이라는 것은 육체적인 성질들과 비슷하네. 그것들이 처음부터 내재하지 않더라도 후에 습성과 연습으로써 이식될 수도 있는 것이니까. 그런데 지혜의 미덕은 무엇보다도 신적 요소를 내포하고 있어 그대로 남아 있는 것이고, 이 전환에 의해서 유용하고 유익하게 될 수 있는 반면 해롭고 무용하게 될 수도 있네. 그대는 약삭빠른 부랑자의 날카로운 눈에서 번뜩이는 폭이 좁은 지능을 관찰한 일이 없나? 그는 얼마나 진지하고 얼마나 그의 잘못된 정신은 그의 목적을 위해 수단을 가려내는가? 그는 맹인과는 정반대지. 그의 예리한 시각은 악에 봉사하도록 강요되고 그는 그의 약삭빠름에 비례해서 해롭게 되네.」

「진실입니다.」 하고 그는 말했다.

「그러나 그들이 젊었을 때 심신을 깨끗이 하였다면 어떻게 될까? 그리하여 먹는다 마신다 하는 이런 것들은 납으로 된 종과 같이 그들이 출생할 때부터 매달려 있는데 그리하여 그들을 아래로 끌고가 그 아래에 놓여 있는 것들 쪽으로 정신을 팔게 하는 것인데, 이러한 감각적 쾌락들이 그들로부터 분리된다면 어떻게 될까? 만일 그들이 이들 장애로부터 해방되고 그 반대방향으로 전환된다면 그들 속에 있는 같은 기능도 그들의 눈이 눈 앞의 것을 지금 보는 것과 같이 예리하게 진리를 볼 것이 아니겠는가?」

「틀림없이 그럴 것입니다.」

「그렇지.」 하고 나는 말했다.

「그리고 앞서 말한 것과 관련해서 있을 법한 오히려 필연적인 것이 또 하나 있네. 즉 진리에 관해서 배우지 못하고 알지 못하는 자나 또는 그들 교육의 목표를 내걸지 못한 자는 국가를 통치할 수 없을 것이네. 전자는 모든 공적이건 사적이건 그들 행동의 기준인 의무에 관한 목적을 갖지 못하기 때문이고, 후자는 축복받은 자들의 섬에[1] 유리되어 있는 것같이 환상하고 강제 이외에는 전혀 행동하려 들지

---

1) 헤시오도스, 『일과 나날』, 171행. 영웅 가운데 어떤 자들은 바다 끝에 있는 섬에 보내져 행복하게 살고 있다는 전설이 있다.

않기 때문이네.」

「사실입니다.」 하고 그는 대답했다.

「그렇다면 국가 창건자들로서 우리들이 할 일은 가장 우수한 자로 하여금 우리가 이미 모든 것들 가운데 최대의 것이라고 증명한 지식[1]에 도달하도록 강제하는 것이겠지. 그들은 선에 이를 때까지 계속 올라가야만 하네. 그러나 그들이 다 올라가고 충분하게 보았을 때에는 우리는 그들이 현재 하고 있는 것과 같은 것을 하도록 허용해서는 안 되네.」

「무슨 말씀입니까?」

「그들이 상층 세계에 머물러 있다는 말일세. 그러나 이것이 허용되어서는 안되네. 그들은 동굴의 죄수들 사이로 다시 내려와 가치가 있든 없든 간에 그들의 노고와 명예에 참여하도록 되어야 하지.」

「그러나 이것은 부당하지 않겠습니까? 그들이 더 좋은 생활을 할 수 있는데 그들에게 더 나쁜 생활을 안긴다는 것은?」

「그대는 또 다시 잊었네 그려!」 하고 나는 말했다.

「국가에 있어 어느 한 계층을 다른 계층보다 행복하게 만드는 것을 목표로 하는 것이 아닌 입법자의 의도를 잊었군. 행복은 전체 국가 속에 있어야 하였고,[2] 설득과 강제로써 국민을 결속시키고 각자가 국가에 기여함으로써 서로 덕을 보는 것이었지. 이 목적을 위해 그들을 만들어 내었지 그들 자신을 즐겁게 하기 위해서가 아닐세. 그들은 국가를 이룩하는 데 있어 도구들이네.」

「그렇습니다. 잊었습니다.」 하고 그는 말했다.

「그러면 그라우콘, 잘 유의해 두게. 우리들의 철학가들이 다른 사람들을 돌보도록 강요당한다 해서 억울할 것은 없네. 우리들은 그들에게 다른 나라에서는 그들 계층의 사람들이 정치라는 노고를 맡지 않아도 강제당하지 않는다고 설명할 것이다. 그리고 이것은 합당한

1) 505 참조.
2) 466 참조.

것이지. 그들은 자기 나름으로 자기 뜻대로 성장하였을 터이니까.」

「그리하여 정부로서도 그들을 오히려 기피하겠지. 혼자서 배웠으므로 그들이 받은 일도 없는 양육에 대해 고마워할 이유가 없지. 그러나 우리들은 그대들을 벌집의 지배자로서 자신과 또한 다른 국민들의 왕들이 되라고 키워 왔네. 그들이 교육된 것보다 더욱 좋고 더욱 완전하게 그대들 교육시켰네. 그러므로 이 이중의 임무를 담당하는 데 더욱 적합할 것이네. 그러므로 그대들 각자는 순번이 돌아오면 일반적인 지하 거주지로 내려와서 암흑 속에서 보는 습관을 붙여야 하네. 그 습관을 얻으면 그대들은 동굴의 주민들보다 천 번이나 낫게 볼 것이네. 그대들은 그들의 진실에 있어 미와 정의와 선을 보았으므로 하나하나의 영상이 무엇인지 무엇을 나타내는지 알 것이네. 이리하여 또한 그대들의 것이기도 한 우리들의 국가는 하나의 현실이고 꿈만은 아니네.[1] 그리고 그림자들만 가지고 서로 싸우고 그들의 눈에는 커다란 선으로 비치는 권력을 가지고 투쟁함으로써 분열되는 다른 국가와는 다른 정신으로 통치될 것이네. 그런데 사실에 있어 지배자들이 가장 마지못해 통치하는 국가가 언제나 최선이고 평화롭게 통치되는 반면에 그들이 몸이 달아 통치하는 국가는 최악의 국가이다라고, 이상과 같이 설명하겠네.」

「진실로 옳습니다.」 하고 그는 대답했다.

「그러면 우리들의 제자들은 이것을 들었을 때 그들이 대부분의 여가를 천상의 빛 속에서 보낼 수 있게 허용되어 있는데 국가에 대한 순번에 따른 노고를 거절할 것인가?」

「불가능합니다. 그들은 올바른 사람들이고 우리가 그들에게 부과하는 명령들은 정당한 것들입니다. 그들 모든 자들이 엄격하고 불가피한 것으로 관직을 취할 것이고, 오늘날 우리들 국가의 지배자들이 취하는 것과는 다를 것입니다.」

「그렇지. 나의 친구여!」 하고 나는 말했다.

---

1) 476 참조.

「거기에 요점이 있네. 그대는 그대의 미래의 지배자들에게 보통지배자보다는 다른 그리고 더 좋은 생을 보장해야지. 그래야 비로소 질서가 잘 잡힌 국가를 가질 수 있을 터이니까. 이것을 제공하는 국가에 있어서만 진정으로 은이나 금에 있어서가 아니라 생의 참다운 축복인 덕과 지혜에 있어 풍요한 자의 지배를 받을 수 있지. 그런데 만일 그들이 그들 자신의 사적 이익만을 목말라 추구하고 좋은 소득을 빼먹으려고만 한다면 질서는 잡히지 않을 것이네. 그들은 관직을 놓고 싸우고, 이렇게 해서 일어나는 소란으로 지배자들 자신과 국가 전체는 파괴될 것이네.」

「틀림없습니다.」 하고 그는 대답했다.

「그리고 정치적 야심을 멸시하는 생만이 진정한 철학적인 생이지. 그 외에 다른 것이라도 있나?」

「과연 다른 어떤 것이 있다고는 생각지 않습니다.」 하고 그는 말했다.

「통치하는 자들은 그 일에 애착을 느끼는 자들이어서는 안되겠지? 만일 그렇게 된다면 그들은 사랑의 원수들이 될 것이고 서로 싸우게 되겠지?」

「물론입니다.」

「그렇다면 우리가 강요하면서까지 수호자가 되기를 원하는 자들은 어떤 자들인가? 틀림없이 그들은 국사에 가장 현명한 자들이겠고, 그들에 의해 국가는 가장 잘 통치될 것이고, 그리고 동시에 정치가와는 다른 명예와 더 좋은 생활을 가진 자들이겠지?」

「그들이 바로 그런 사람들입니다. 저는 그들을 택하겠습니다.」 하고 그는 대답했다.

「그러면 이제 우리는 어떤 방식으로 이들 수호자들이 생산되고 어떻게 암흑에서 광명으로 인도될 것인가? 누가 말했듯이 저 아래 세상에서 신들의 세계로 올라오게 되는 것인가? 한번 생각해 보세.」

「꼭 생각해 보아야 하겠습니다.」

「그 과정은 조개껍질을 뒤집어놓는 것[1]과는 이야기가 다르네. 이것은 정신을 밤과 별로 다를 바 없는 낮에서부터 돌려 진정한 대낮으로 바꾸어놓는 것이겠지. 즉 우리가 진정한 철학이라고 확인하는 하계로부터의 상승이 아니겠는가?」

「정말 그렇습니다.」

「그러면 우리는 어떤 지식이 이러한 변화를 가져오는지 알아보아야 할 것이 아닌가?」

「물론입니다.」

「정신을 생성과정에서부터 실재로 끌어내는 지식은 어떤 종류의 것이겠는가? 그런데 또 하나 다른 생각이 지금 떠올랐네. 우리들의 젊은이들은 전사체육인(戰士體育人)들로 되어야 한다는 것을 그대도 기억하겠지?」

「그렇습니다.」하고 그는 말했다.

「그렇다면 이 새로운 지식은 또 하나 다른 성질을 지녀야만 하겠네.」

「어떤 성질입니까?」

「전쟁에 유용한 것이지.」

「그렇겠습니다. 가능만 하다면.」

「우리들의 교육계획에서는 두 가지 부문이 있었지. 그렇지 않은가?」

「그렇습니다.」

「성장과 쇠퇴를 주관하는 체육이 있었네. 그러므로 이것은 생성과 부패로 직결되는 것으로 간주되었었지?」

「사실입니다.」

「그렇다면 그것은 우리가 찾고 있는 지식은 아니겠지?」

「아닙니다.」

1) 가운데다 선을 긋고 두 패로 편을 짠 아이들이 던진 조개껍질의 안팎(黑白)을 가려 쫓고 쫓기고 하여 승부하는 유희에서 나온 비유 또한 변한다는 뜻도 된다.

「그러나 우리들의 앞서서의 계획에 어느 정도 언급되었던 음악에 대해서는 어떻게 생각되나?」

「음악은 당신께서 기억하시다시피 체육과 대비되는 것으로 습관을 들여 그 영향으로 화음으로서 조화를 이루게 음율에 의해 율동적으로 수호자들을 훈련시키는 데 목적이 있었지, 학문을 가르치는 것은 아니었습니다. 그리고 가사도 전설적인 것이건 또는 비교적 사실에 가까운 것이건 그 속에는 음율과 화음적인 유사한 요소들을 갖고 있습니다. 그러나 음악에는 당신께서 찾고 계시는 선(善)을 기르는 그런 것은 하나도 없습니다.」

「정확하게 말했네. 음악에는 과연 그런 종류의 것이 없지. 그러나 모든 유용한 기술들은 우리들에 의해 하잘것 없는 것들로 여겨진 이상, 친애하는 그라우콘! 우리가 갈망하는 성질을 갖춘 어떤 지식의 분야가 있을 것인가?」

「그렇겠습니다. 만일 음악과 체육이 제거되고 또한 기술들이 제외된다면 무엇이 남겠습니까?」

「그래. 우리들의 특별한 목표에 관한 것으로서는 하나도 남아난 것이 없네. 그렇다면 특수한 것이 아니고 보편적으로 적용될 수 있는 어떤 것을 취하여야만 하겠네.」

「그것은 어떤 것일까요?」

「모든 기술들과 학문들과 지능이 공통으로 사용하는, 그리고 모든 자들이 교육적 요소들 가운데서는 우선 배워야 하는 그런 어떤 것이지.」

「그것은 무엇입니까?」

「하나 둘 셋을 구별하는 하잘것 없는 것일세. 한마디로 수이고 계산이네. 모든 기술과 학문들이 필연적으로 이들에 관여하고 있지 않은가?」

「그렇습니다.」

「그러면 전쟁의 기술도 이들에 관여하겠지?」

「물론입니다.」

「비극작품에 나타나는 파라메데스[1]는 언제나 아가멤논이 사령관으로서는 적합지 못하다고 폭로하고 있네. 그가 수를 발견한 자라고 주장하고 트로이에서는 군단편제(軍團編制)의 조직을 확립하고 함선(艦船) 기타 모든 것을 계산했다고 말하고 있는데, 만일 그렇다면 그 이전에는 이들은 계산되지 않았었고 아가멤논은 자기의 발이 몇 개인지도 모르고 있었다는 것이 된다는 것을 생각해 본 적이 있나? 수를 몰랐다고 할 수 없었겠지. 그리고 이것이 진실이라면 대체 그는 어떤 종류의 군사령관이었을까?」

「당신이 말씀하신 그대로라면 과연 기묘한 사령관이었겠습니다.」

「군인도 산술의 지식을 가져야만 한다는 것은 부인할 수 없겠지?」

「물론입니다. 전술에 관해 조금이라도 이해하려면, 사실 인간이라면 하고 오히려 말하고 싶습니다.」

「그러면 그대는 이 연구에 있어 내가 갖고 있는 생각과 같은 생각을 하는 것인지 알고 싶네.」

「당신의 생각은 어떤 것입니까?」

「우리가 찾고 있고 또한 자연적으로 사유로 이끄는 그러한 종류의 연구같이 나에게는 보이는데, 여지껏 한번도 제대로 씌여진 적이 없는 것이네. 그 진정한 행사로 말하면 정신을 실재쪽으로 이끌어가는 것이지.」

「당신께서 뜻하시는 것을 설명해 주실 수는 없습니까?」 하고 그는 말했다.

「하여보지. 그런데 그대도 나와 더불어 이 탐구에 가담해서 산술이 내가 생각하는 바와 같이 그들 가운데 하나라도 명확한 증거를 잡기 위해 지식의 어떤 부문이 이같은 견인력(牽引力)을 가지고 있는지 구

1) 트로이정벌에 참가한 영웅. 오디세우스와는 사이가 좋지 않았다. 수의 발명에 관해서는 아이스큐로스, 소포클레스, 에우리피데스의 작품 속에서 이야기되고 있다.

별하고자 할 때 옳다 또는 그르다고 말해 주게.」

「설명해 보십시오.」하고 그는 말했다.

「감각의 대상들에는 두 가지 종류가 있다고 말하고 싶네. 그 중 어느 것은 감각이 그들의 적절한 판단자이므로 사유를 불러올 필요가 없네. 그런데 다른 대상들의 경우에는 감각은 전혀 믿을 만한 것이 못 되고 더욱 깊은 탐구가 긴요하게 되네.」

「거리가 감각에 주는 음영(陰影) 또는 빛과 음향을 주어서 그린 그림에 비유해서 말씀하시는 것이겠죠?」

「아니, 그것은 전혀 내 뜻과는 어긋나네.」하고 나는 말했다.

「그러면 무슨 뜻입니까?」

「지성의 활동의 도움을 요청하지 않은 대상들을 말할 때 나는 하나의 감각으로부터 정반대의 감각으로 옮아가지 않은 것들을 말하는 것이네. 요청하는 대상들은 옮아가는 것들이네. 이 후자의 경우 멀고 또는 가깝고 간에 감각이 어떤 대상을 포착했을 때 그 반대되는 것보다 무슨 특별한 것에 대한 싱싱한 관념을 주지 못하네. 하나의 예를 들면 내 뜻이 더욱 명료해질 것이네. 여기 세 개의 손가락이 있네. 새끼, 둘째, 그리고 가운데 손가락들.」

「좋습니다.」

「내가 가까운 데서 이것들을 보고 있다고 생각하게. 이제 여기에 문제가 있네.」

「어떤 것입니까?」

「다같이 하나 하나가 가운데 있든 끝에 있든 하얗든 까맣든 굵든 가늘든 상관할 것 없이 손가락으로 보이네. 손가락은 손가락이니까 이들 경우에 사람들은 지성에다 대고 손가락은 무엇이냐고 물어보아야만 하는 것이 아니야. 그 이유는 시각은 이 경우에 손가락은 손가락과는 다른 것이라고 속삭이는 일은 없기 때문이네.」

「사실입니다.」

「그러므로 우리들이 예기한 그대로 지성의 활동을 초대하고 불러

일으킬 필요는 없네.」

「그렇습니다.」 하고 그는 말했다.

「그러나 손가락의 크고 작은 것에도 똑같이 적용되는 것일까? 과연 시각은 적절하게 그것들을 볼 수 있을까? 손가락의 하나는 가운데 있고 하나는 끝에 있을 때 이러한 여건 때문에 생기는 차이는 없는 것인가? 이와 마찬가지로 촉감은 두껍고 또는 얇팍한 것, 연하고 또는 단단한 것들을 적절하게 느낄 수 있는 것인가? 그리고 다른 감각들은 어떻게 될 것인가? 과연 그것들이 이런 것들의 완전한 반응을 나타낼 수 있을까? 그것들의 작용양식은 이런 식으로 되는 것이 아닐까? 즉 단단한 것에 관련되는 감각이 또한 필연적으로 연한 성질과도 관련되고, 그런 데서 정신에다 동일물체가 동시에 단단하고 또한 연하다고 전달하는 것이 아닌가?」[1)]

「대단히 옳은 말씀입니다.」 하고 그는 말했다.

「그러면 단단하고 또한 동시에 연한 것에 대해 감각이 불러일으키는 이 전달 때문에 정신은 얼이 빠지지 않겠는가? 그리고 만일 가벼운 것이 또한 무겁고 무거운 것이 가볍다면 가볍고 무겁다는 것은 대체 무엇일까?」

「그렇습니다. 정신이 받아들이는 이들 전달들은 대단히 기묘한 것이고 설명이 필요하겠습니다.」

「그렇지. 이러한 당혹과 혼란에서 정신은 자연적으로 계산과 지능의 도움을 요청함으로써 거기에 전달된 각 대상자들이 정신에 있어 하나인지 또는 둘인지 판단하려는 것이네.」

「그렇게 할 수밖에 없습니다.」

「그리고 만일 둘이라고 나타난다면 그 하나 하나는 하나일 것이고 서로 다르겠지?」

---

1) 『파이돈』, 102, 『데아이데도스』, 155 등의 예에서 보면 같은 것도 비교되는 상대가 다름으로써 크게도 작게도 경(硬)하게도 연(軟)하게도 느껴진다는 것이다.

「물론입니다.」

「그리고 만일 각자가 하나고 양자가 합쳐서 둘이라면 정신은 이 두 개를 구별된 상태에서 알아보겠지. 그렇지 못하다면 하나로밖에 인식할 수 없지 않은가?」

「그렇습니다.」

「눈은 확실히 작고 큰 것을 다같이 보네. 그러나 오직 혼란된 상태에서 보는 것이네. 그것들은 구별되지 않지.」

「그렇습니다.」

「그런데 사유하는 정신이 이 혼란을 거두어버리려고 의도하고 이 과정을 반대로 뒤집어놓을 수밖에 없고 작은 것과 큰 것을 분리된 것으로 그리고 혼돈되지 않은 것으로 직시하는 것이네.」

「과연 그렇습니다.」

「그렇다면 이것이, 크다는 것은 무엇이고 작다는 것은 무엇인가 하는 탐구의 시초가 아니겠는가?」

「맞습니다.」

「이리하여 시각적인 것과 지능적인 것의 구별이 생겼지.」

「틀림없습니다.」

「지능을 불러일으키는 인상을 내가 말했을 때 뜻한 바가 바로 이것일세. 즉 바꾸어 말하면 반대의 인상들이 동시적인 것은 사유를 요청하며 동시적이 아닌 것은 사유를 필요로 하지 않는다는 것일세.」

「알겠습니다. 동의합니다.」 하고 그는 말했다.

「그러면 하나와 그리고 여럿(多)은 어떤 계층에 속하는 것인가?」

「모르겠습니다.」 하고 그는 말했다.

「조금만 생각해 보세. 그러면 앞서 말한 것으로 해답이 될 것일세. 즉 만일 단순한 통합으로 이루어진 것이 시각이나 기타 감각에 의해 적절하게 감지되면 우리가 손가락의 경우에 말했듯이 실재(實在)쪽으로 이끌어가는 것이라고는 아무것도 없네. 그러나 어떤 모순이 항상 개재(介在)할 때에는 그리고 하나가 하나 그 자체의 반대이고 다(多)

의 개념을 지닐 때에는 사유가 발생하게 되네. 그리하여 정신은 혼돈되고 "무엇이 절대적 통합인가?"하는 결정을 내리려고 하네. 이런 식으로 하나를 탐구함으로써 정신을 진존재(眞存在)를 관조하는 데로 돌리는 힘이 생기게 되네.」

「그리고 확실하게 하나의 경우에 현저하게 이것이 나타납니다. 우리는 같은 것을 가지고 하나인 동시에 무한한 다수라고 생각하니까요.」

「그렇지. 하나에 관해 이것이 진실인 바에야 모든 수에 있어 한결같이 진실이어야만 되겠지?」

「확실합니다.」

「그리고 모든 산술적이고 계산적인 것은 수와 관련되겠지?」

「그렇습니다.」

「그리고 그들은 정신을 진리쪽으로 이끌어가는 것같이 나타나네.」

「그렇습니다. 그것도 극히 현저하게 그렇다고 생각됩니다.」

「그렇다면 이것이 우리가 찾고 있는 종류의 지식이라고 할 수 있지. 즉 이중으로 소용이 되는데 군사적인 것과 철학적인 것이네. 군인은 수에 관한 기술을 배워야 하지. 그렇지 못하다면 군대를 어떻게 편성하여야 하는지 알 수 없을 것이네. 그리고 철학가도 또한 변화의 바다 속에서 헤어나야 하고 실재를 파악해야 하므로 따라서 산술에 숙달한 자라야 하겠네.」

「옳은 말씀입니다.」

「그리고 우리들의 수호자는 전사이고 동시에 철학가이네.」

「그렇습니다.」

「그러면 이것을 입법자가 적절하게 만들어내어야 할 종류의 지식이네. 그리고 우리들 국가의 중요인물이 될 사람들을 설득해서 수학을 배우도록 하여야만 하지. 그것도 취미로 하는 것이 아니라 정신만 가지고도 수의 성질을 알 수 있는 정도로 학업을 수행하여야 되지. 또한 상인들 또는 무역상같이 사고 팔고 하는 목적으로서가 아니라 군사적 용도와 정신 자체를 위해서 연구해야만 하지. 그리고 이렇게 함으로써 정신으로서는 가장 용이하게 생성되는 것으로부터 진실과 실존재로 전환할 수 있는 것이니까.」

「그거 참 훌륭합니다.」 하고 그는 말했다.

「그렇지. 이제 말이 나온 이상 얼마나 이것이 매력있는 학문인지 한마디 해야지. 그리고 상인의 정신이 아니라 철학가의 정신으로 추구한다면 이것이 여러 모로 우리들이 원하는 목적에 도움이 될 것일세.」

「무슨 말씀이십니까?」

「내가 말했듯이 수학은 정신으로 하여 추상된 수학에 관한 사유를 부득이하게 하고 또한 토론에 있어 가시적 또는 구체적인 대상의 도입을 받아들이지 않도록 반항함으로써 대단히 크고 또한 높이는 효과를 갖고 있지. 수학의 전문가들은 절대적으로 통합된 것을 계산을 한다고 분할해 보려는 자들을 반대하고 조롱한다는 것을 그대도 알고 있다. 그리하여 분할하는 대신 그들은 이것을 곱하네. 그것도 하나는 어디까지나 하나로 지속되어야지, 이것이 행여나 부분들로 분할되어 버릴까 두려워하면서.」

「과연 진실입니다.」

「오, 나의 친구들이여. 이제 누가 거기에 있어서는 그대들 말대로 그대들이 요청하는 통합이 있고 그리하여 각자 단위는 평등하고 불변하고 분할할 수 없네. 그대들이 사유하는 수라는 것은 참으로 굉장한 것이 아닌가 하고 말한다면 그들은 무엇이라고 대답하겠나?」

「그들은, 내 생각으로는, 사유에 있어서만 오직 실현될 수 있는 그러한 수를 말하고 있는 것이라고 대답할 것입니다.」

「그렇다면 이 지식이야말로 진실로 필요한 것이라고 말할 수 있다는 것을 그대도 알겠네. 순수한 진실에 도달하는 데 있어 순수한 지능을 틀림없이 적용하고 있으니까…….」

「그렇습니다. 그것이 뛰어난 특색입니다.」

「그리고 계산에 뛰어난 재능을 지닌 자들은 대개 모든 종류의 지식을 터득하는 데 빠르다는 것을 그대도 알고 있지? 그래서 사람이 좀 둔하더라도 계산하는 훈련을 받게 되면 비록 이로부터 별로 직접적인 이득을 보지 못한다 하더라도 안 받은 것보다는 똑똑해지네.」

「사실 그렇습니다.」 하고 그는 말했다.

「그리고 사실 이 이상 어려운 공부도 별로 없을 것이고, 있다 해도 그다지 많지도 않네.」

「있지도 않을 것입니다.」

「그리고 이 모든 이유들 때문에 수학은 가장 우수한 자들이 훈련을 받아야 할 성질의 학문이고 중도에서 그만 두어서는 안되네.」

「동감입니다.」

「그러면 이것을 우리들의 교육과목의 하나로 결정하세. 그 다음 이와 관련된 학문이 또 있는지 생각해 보세.」

「기하학 말씀입니까?」

「바로 그것일세.」

「틀림없이 전쟁과 관련되는 기하학 부문에 우리는 관심을 갖고 있습니다. 진영을 정비하고 진지를 구축하고 대열의 집합 또는 전개, 기타 실제 전투에서나 행군할 때 군을 지휘하는 장군이 기하학을 안다는 것과 모른다는 것은 큰 차이가 날 테이니까요.」

「그렇지. 그러나 그 목적을 위해서는 기하학이나 수학의 극히 작은 지식으로써도 충분하지. 기하학의 더 크고 높은 분야가 사실은 문제이지. 즉 이 분야가 선(善)의 실상을 어느 정도 용이하게 찾아볼 수 있게 하느냐, 그리고 이로부터 내가 말했듯이 모든 것이 이와 관련되어 정신으로 하여금 마땅히 직시하여야만 하는 실재(實在)의 완전한 모습으로 충만해 있는 고장으로 눈을 돌리게 하네.」

「진실입니다.」 하고 그는 말했다.

「이 때에 있어 기하학이 실재를 보도록 우리를 강요한다면 이것은 우리에게 관련되겠지만, 생성만 보게 한다면 이것은 우리들과는 상관되는 바 없겠지?」

「그렇습니다. 그것이 우리의 주장입니다.」

「그러나 기하학을 조금이라도 아는 자는, 이 과학에 관한 이러한 개념이 기하학의 상투적 관념과는 완전히 모순된다는 것을 부정하지 못할 것이네.」

「어찌해서 그렇습니까?」

「그들은 실제적 입장에만 관심을 갖고 있지. 그리고 늘 사각으로 한다, 평방으로 한다, 확장한다, 적용한다, 아무튼 이러한 아주 개념이 좁고 하잘것 없는 식으로 말하고 있어 기하학의 필연성들과 일상생활에서의 그것들과 혼동하고 있네. 그런데 지식이라는 것은 전체 학문의 진실한 목적이네.」

「옳은 말씀입니다.」 하고 그는 말했다.

「그러면 하나 더 알아둘 것이 있는데.」

「무엇입니까?」

「기하학이 목적하는바 지식은 영구한 것에 관한 지식이지 행여나 소멸되고 과도적인 것은 아니네.」

「그것은 손쉽게 알 수 있을 것입니다. 그리고 또한 진실입니다.」

「그렇다면 나의 고귀한 친구여, 기하학은 영혼을 진실로 이끌어가고 철학에 관한 정신을 창조하네. 그리하여 현재 불행하게도 땅에 떨어져버린 것을 다시 일으켜 세우네.」

「다른 어떤 것도 이런 효과는 내지 못할 것입니다.」

「그러면 그대의 아름다운 국가의 주민들은 어떤 일이 있어도 기하학을 배우도록 무엇보다도 엄격하게 규정되어야 하겠지. 더군다나 그 학문은 간접적 효과도 있는데 이것 역시 적지 않네.」

「어떤 효과입니까?」 하고 그는 말했다.

「그대가 말한 군사적 이점들이 있네.」 하고 나는 말했다.

「그대의 경험에 의하면 모든 분야의 지식 중에서도 기하학을 배운 자는 배우지 못한 자보다 말할 수 없이 사물을 이해하는 데 빠르고 예민하네.」

「그렇습니다. 천지 차이입니다.」

「그러면 우리들의 젊은이들이 배울 지식의 제2의 부문으로 이것을 천거하는 게 어떨까?」

「그렇게 하죠.」하고 그는 대답했다.

「그리고 제3의 부문으로는 천문학을 천거한다면 그대는 어떻게 생각하나?」

「그렇지 않아도 꼭 그렇게 하고 싶었습니다. 계절과 달과 해를 알고 정통한다는 것은 농부나 항해사에만 아니라 장군에게도 필요 불가결한 것입니다.」

「그대가 세상을 두려워하는 것을 보니 참 재미있네.」하고 나는 말했다.

「바로 이것 때문에 행여나 소용 없는 공부를 주장한다고 보일까 두려워하고 있지. 하기는 누구나 심안(心眼)이라는 것을 갖고 있는데 다른 일들에 쫓기다 보니 이것을 놓치고 눈이 흐려지는데, 이러한 다른 일들로 하여 오히려 순수하게 되고 다시 불이 켜질 수도 있네. 좀 믿기 어려운 이야기지만. 그리고 심안은 만 개의 육안(肉眼)보다도 더욱 더 귀중한 것이지. 오직 이것만으로 진실을 볼 수 있으니까. 자 이제 여기 두 가지 계층의 사람들이 있다고 하자. 한 사람은 그대의 말에 동의를 표명하고 이것을 무슨 계시같이 받아들이네. 또 한 사람에게는 그대의 말은 전혀 무의미하고 따라서 쓸데 없는 소리같이 여길 것이네. 그것에서 얻은 이익이란 없다고 생각할 테이니까. 그러므로 그대는 지금 당장 이들 두 사람 중의 누구와 토론할 것인지 결정하는 게 좋을 것일세. 그대는 아마도 아무와도 토론하지 않겠다고 할 것 같아. 그리고 그대는 자기 자신의 향상개선(向上改善)을 위해 토론해 나간다는 것이 주된 목적일 거야. 그러나 동시에 그들이 받을 수도 있는 이득을 그들에게 나누어준다는 데 있어 그대는 인색하지 않네.」

「그렇습니다. 주로 나를 위해 토론해 나가는 것을 택해야 하겠습니다.」

「그렇다면 좀 뒤로 물러나게. 우리들은 학문의 순서에 있어 좀 잘못되었네」

「무엇이 잘못되었습니까?」 하고 그는 말했다.

「평면기하의 뒤를 이어받아 입방체 그 자체를 취급하지 않고 그대로 회전하는 입방체들을 취했다는 점이네. 그런데 2차원 다음에는 입방체 그리고 깊이의 차원과 관련되는 3차원이 따라야 했을 거야.」

「옳습니다, 소크라테스. 그러나 이들 문제들은 아직 별로 알려져 있는 것같이 생각되지 않습니다.」[1)]

「그야 그렇지, 여기에는 두 가지 원인이 있네. 우선 어떤 정부도 이것들을 후원하지 않네. 이 때문에 이것들을 연구하려는 열의가 식어버리고 어려워지네. 둘째로는 그들의 선생 없이는 학생들은 배울 수가 없네. 그런데 선생은 찾기 어려운 데다가 찾았다 하더라도 지금 형편으로는 자만심이 대단히 강한 이들 학생은 선생한테 복종하지 않을 것이네. 그러나 만일 국가 전체가 이런 연구를 지도 편달하고 이들에게 명예를 안기고 한다면 사태는 달라지겠지. 그러면 제자들도 모여들 것이고 지속적이고 진지한 연구가 있을 수 있고 발견들도 이루어질 걸세. 지금도 비록 세상에서는 무시당하고 그들의 아름다운 균형은 깨지고 또한 이를 좋아하는 자들도 그것들의 용도를 설명하지 못하고 있지만, 그래도 그것들의 본래의 매력 때문에 이들 연구는 득세할 거야. 그래서 만일 국가의 도움만 얻는다면 어느 때고 햇빛을 보기 쉽다고 생각하네.」

「그렇습니다. 굉장한 매력이 있습니다. 그러나 순서가 바뀌었다는 것은 알 수가 없습니다. 우선 평면기하에서부터 시작하셨죠?」

---

1) 입체기하학은 플라톤 시대에는, 예컨대 데아이에도스 등에 의해 크게 진전되었지만, 이 대화가 있었던 5세기 말에는 아직 충분하지 못하였던 것 같다. 또한 그 시대 다른 수학자들의 연구에 대해서도 플라톤은 만족하고 있지 않은 것 같다.

「그렇지.」 하고 나는 말했다.

「그리고 다음에 천문학을 말하셨습니다. 그리고는 한 발 뒤로 물러서셨습니다.」

「그렇지. 빨리 가려다 오히려 늦어졌네. 입체기하학의 연구가 형편없기 때문에 자연적인 순서를 따른다면 이것이 그 다음에 와야 했었지만 나는 이것을 제켜놓고 그대로 천문학으로 와버렸지. 즉 입체의 운동으로 말일세.」

「그랬습니다.」 하고 그는 말했다.

「그렇다면 지금 제외해 버린 이 학문이 국가의 도움을 얻어 다시 살아날 것이라고 치고 우리는 제 4 번이 되는 천문학으로 들어가세.」

「그 순서가 옳습니다.」 하고 그는 대답했다.

「그런데 지금, 소크라테스. 제가 전에 천문학을 찬양하는 그 방식이 속되다고 하여 저를 나무라셨는데, 이제 당신의 비위(脾胃)에 맞게 천문학을 찬양해 보겠습니다. 누구나 천문학이란 것은 정신으로 하여금 위를 쳐다보고 이 세상에서 저 세상으로 이끌어간다는 것을 알아야 한다고 말합니다.」

「나만은 그렇게 생각하지 않네. 모든 사람에게는 이것이 명료하겠지만 나만은 그렇지 못해.」 하고 나는 말했다.

「그러면 무엇이라고 말씀하시겠습니까?」

「나는 오히려 천문학을 높여 철학으로 하려는 자들은 위가 아니라 아래를 내려다보게 하는 자들같이 느껴진단 말이야.」

「무슨 뜻입니까?」 하고 그는 물었다.

「그대는 천상에 있는 사물들에 대한 진실로 승화된 개념을 갖고 있네. 그리고 내가 감히 말하겠는데, 만일 어떤 자가 있어 머리를 뒤로 떨어뜨리고 줄무늬 모양의 천정을 살피고 있다면 그대는 그의 마음이 지각하고 있고 그의 눈이 알아보고 있는 것이 아니라고 생각할 것이네. 그렇다면 그대가 옳고 나는 바보일지도 몰라. 그러나 나의 의견으로는 실재에 관한 그리고 보이지 않는 것에 관한 지식만이 정신으로 하여금 위를 쳐다보게 하는 것이고, 어떤 특수한 감각을 찾아 배우려고 하늘을 쳐다보고 입을 딱 벌리고 또는 아래를 내려다보고 눈을 깜박거린다 해서 그가 배울 수 있다고는 생각하지 않네. 이런 것은 학문이 아니니까. 그의 혹은 위가 아니라 아래를 보고 있고 그의 지식의 방도가 지상이건 해상이건 떠 있건 누워 있건 상관할 것이 없네.」

「당신의 견책(譴責)은 그대로 정당하다고 인정합니다.」하고 그는 대답했다.

「그래도 우리가 말하고 있는 지식에 더욱 도움이 되려면 천문학을 어떤 방식으로 배울 것인지 확실히 하고 싶습니다.」

「말해 주지. 우리가 보고 있는 별이 총총한 하늘은 가시적인 바탕에서 정교하게 이루어지고 있네. 그러므로 비록 볼 수 있는 것들 가운데 가장 아름답고 가장 완전하다 하더라도 절대속도(絶對速度) 및 절대완만(絶對緩慢)이라는 진정한 움직임에 비하면 아무것도 아니라는 것을 필연코 알아두어야 하네. 이것들은 서로 상대적이고 그것들과 더불어 그것들이 내포하고 있는 것을 진정한 수에 있어 그리고 진정한 형태에 있어, 지니고 다니는 것도 이제 이것들은 이성과 지성으로 알아볼 수 있지. 시각으로는 되지 않네.」

「진실입니다.」하고 그는 대답했다.

「반짝이는 천공은 하나의 모형으로 그리고 더 높은 지식에다 관심을 갖고 이용해야 하네. 그들의 아름다움은 우리가 혹시 볼 수 있는 다이다로스[1] 또는 어떤 위대한 예술가의 손에 의해 정교하게 이루어진 조각이나 그림의 아름다움 같은 것이네, 이것을 보는 기하학자는 그들의 제작(製作)의 그 아름다움을 감상할 것이네. 그러나 이들 속에서 진정한 평균 또는 진정한 제곱 또는 기타 어떤 비례 등에 관한 진실을 찾아내리라고는 꿈에도 생각하지 않을 것이네.」

---

1) 전설적인 장인(匠人). 하도 솜씨가 능숙해서 그의 작품이 움직이게 되었다는 것이다.

「그렇지 않을 것입니다. 그런 생각은 우스꽝스럽습니다.」

「그러면 진정한 천문학자라면 그가 성진(星辰)의 움직임을 볼 때 같은 느낌을 가질 것이 아니겠는가? 그는 천공(天空)이나 천공에 실린 것들은 그들의 창조주에 의해 가장 완전한 방식으로 꾸며진 것으로 생각하지 않겠는가? 그러나 물질적이고 가시적인 밤과 낮, 또는 이것들과 달, 또한 달과 해, 또는 별들과 이것들과 그리고 상호간의 비율 같은 것은 그는 영구적이고 또한 아무런 변동의 영향도 받지 않는다고는 아예 상상도 하지 않을 것이네. 그것은 허망한 것이지. 따라서 그들의 정확한 진실을 탐구하는 데 심혈을 기울인다는 것도 못지않게 허망한 일이네.」

「전적으로 동의합니다. 비록 전에는 미처 생각하지도 못했습니다만.」

「그렇다면 기하학에 있어서와 같이 천문학에 있어서도 예제로서 이것을 들고 추구하기로 하세. 그리고 우리가 주제를 올바른 방식으로 접근하려 한다면 하늘은 하늘에 그대로 내맡기는 것이 옳겠다. 이리하여 이성의 천성적인 은사(恩賜)가 그대로 자기의 소재를 다하기 위해서.」

「그것은 우리들의 현재의 천문학자들에게는 한없이 힘에 겨운 일입니다.」 하고 그는 말했다.

「그렇지. 만일 우리들의 입법(立法)이 어떤 가치를 지녀야만 한다면 그들에게 주어진 것과 같은 확장이 여러 다른 것들에 있어서도 행하여져야 할 것이네. 그런데 그대는 무슨 다른 적절한 공부에 관해 말해 줄 수 있겠나?」

「없습니다. 지금 당장 생각해 보지 않고서는.」 하고 그는 말했다.

「운동에는 여러 가지 형태가 있고 하나의 형태만이 아니네. 그들 가운데 두 가지는 우리와 다름없는 지능을 가진 자에게도 가능하네. 그러나 내가 상상하기에는 더욱 현명한 자 아니고서는 알 수 없는 다른 것들이 있네.」

「그 두 가지 것은 어디 있습니까?」

「앞서 말한 것에 대치되는 제 2의 것이 있지.」

「대체 그것은 어떤 것이 될 것입니까?」

「첫째 것이 눈에 관한 것과 같이 둘째 것은 귀에 관련되는 것으로 생각되네. 눈은 별들을 쳐다보도록 되어졌다고 생각되는 바와 같이 귀는 조화를 이룬 운동을 듣기 위해 마련된 것이네. 이것은 피타고라스파 사람들이 말하는 것인데, 그러면 그라우콘, 우리도 그들이 옳다고 찬성하나?」

「찬성합니다.」 하고 그는 말했다.

「그런데 이것은 힘이 드는 일이므로 우리들은 그들로부터 배우는 것이 좋을 것이네. 그러면 그들은 이들 학문들이 다른 어떤 적용분야가 있는 것인지 말해 줄 것이네. 동시에 우리 자신의 더 높은 목표를 놓쳐서는 안되네.」

「그것은 어떤 것입니까?」

「모든 지식이 도달해야만 하는, 그리고 우리들의 제자들이 내가 이야기하였던바 그들이 천문학에 있어서 하였던 것과 같이 미흡하지 않도록 달성해야 하는 하나의 완성된 것이 있네. 음률(音律)에 관해서도 그대도 알다시피 같은 일이 반복되네. 음률교사(音律教師)들은 그저 귀에 들리는 음들과 협화음(協和音)들만 가지고 비교하는데, 이런 노고는 천문학자의 그것과 마찬가지로 헛된 것이네.」

「그렇습니다. 그것이 참으로 희한합니다. 그들이 부르는바 그들이 농축(濃縮)된 간결한 음계에 대한 이야기를 듣고 있노라면 어느 연극 못지않게 가관입니다. 그들은 마치 그들의 옆집 담장에서 흘러나오는 소리를 잡으려는 사람과도 같이 현에다 그들의 귀를 바짝 갖다 댑니다. 그 중 어떤 자들은 중간음을 구별했다 하고, 다른 음을 재기 위해서는 이것을 단위로 하여야 하는 최소음정(最小音程)을 발견하였다고 주장합니다. 그리고 다른 자들은 두 가지 음색이 같은 음색으로 되어버렸다고 합니다. 다같이 오성(悟性)과 이해(理解)에 앞서 귀를 앞세우고 있습니다.」

「그대는 현들을 가지고 놀리고 못살게 굴고 그것을 악기꼭지에다 잔뜩 잡아매고 하는 그들 신사들을 가리키고 있는 것이겠지. 나로서는 이 비유를 그대로 늘려잡고, 채로 치고, 저음이다 고음이다 하고 현을 나무래는 그들의 꼴을 더 이야기했으면 좋겠지만 재미도 없고 싫증도 나고 또한 이들은 내게 말하려는 자들도 아니고 하여 이쯤해 두고, 실은 피타고라스파 사람들, 이들에게 화음에 관해 알아보려는 것이니까 이들에 관해서만 언급하려는 것이네. 그들도 역시 천문학자와 같이 잘못을 저지르고 있네. 그들은 귀로 듣는 화음의 수를 조사하는 데 문제의 핵심을 찌르지 못하고 있네. 다시 말해서 그들은 수의 자연적 조화에 미치지 못하고 또한 어찌해서 어떤 수는 화음적이고 다른 것은 아닌지 생각하지 않네.」

「그것은 인간의 지식으로서는 해낼 수 없는 것입니다.」하고 그는 말했다.

「나는 오히려 유용한 것이라고 하겠네.」하고 나는 대답했다.

「즉 선(善)과 미(美)를 안중에다 두고 추구해 나간다면. 그러나 만일 다른 생각을 갖고 한다면 소용이 없겠지?」

「그렇습니다.」하고 그는 말했다.

「이제 이 모든 연구들이 상호간에 융합되고 인연을 맺게 되고 그들 사이에 친근성(親近性)이 고려될 수 있게 되었을 때, 그리고 내 생각으로는 그 때 가서야 그것들을 추구한다는 것이 가치가 있을 것이고 그렇지 못하다면 거기에는 아무런 이득도 없을 것이네.」

「그런 생각이 듭니다. 그러나 소크라테스, 그것은 참으로 대단한 일입니다.」

「무슨 뜻인가?」하고 나는 말했다.

「전주곡이란 말인가? 이 모든 것이 우리가 배워야만 하는 본악장의 전주곡이라는 것을 그대는 모른다는 것인가? 숙련된 수학자를 설마 변증법을 익혀야 하는 자라고는 간주하지 않겠지?」

「그렇게 보지 않습니다. 수학자로서 이성적 사유를 할 수 있는 자를 일찍이 본 일이 없습니다.」 하고 그는 말했다.

「그러나 이성적인 문답을 주고 받을 수 없는 자가 우리가 그들에게 요구하는 지식을 가질 것이라고 그대는 생각하는가?」

「도저히 그렇게 생각할 수 없습니다.」

「자! 이래서 그라우콘, 우리는 변증이라는 악장에 기어이 도달했네. 이것은 지성으로만 이루어진 곡이지. 그러나 시각의 능력은 그럼에도 불구하고 이 가락을 흉내내는 것 같을 것이네. 시각은 그대도 기억하겠지만 우리들에 의해 조금 전에 실제 동물들, 별들, 그리고 종내는 태양 자체를 볼 수 있는 것으로 상상되었으니까, 변증문답에 있어서도 이것은 마찬가지네. 이성의 빛에만 의지하여 절대진리를 찾아 출발할 때, 아무런 감각의 도움을 받지 않을 때, 그리고 순수지성으로 절대선에 도달할 때까지 노력하였을 때, 그는 드디어 지적 세계의 끝에 도달했다는 것을 알게 될 것이네. 마치 시각이 가시계의 끝에 이른 것같이.」

「바로 그렇습니다.」 하고 그는 말했다.

「그렇다면 그대가 변증이라고 부르는 과정이 바로 이것이겠지?」

「그렇습니다.」

「죄수들이 사슬에서 풀려나고 그들이 그림자로부터 영상으로, 그리고 빛으로 옮아가고, 눈 앞에 있는 동물이나 식물들 그리고 태양광선은 볼래야 잘 보지도 못하면서 지하동굴에서 태양빛이 있는 곳으로 올라오면서, 그래도 그들의 약한 시력을 가지고도 물에 비친 영상(映像, 이것은 실재의 영상이다.), 진존재(眞存在)의 그림자(태양에 비하면 영상에 불과한 불빛에 의해 생기는 영상의 그림자는 아닌)를 알아볼 수 있네. 정신의 최고의 원리가 존재에 있어 최선의 것을 관조하는 대로 상승하는 이 힘, 이것으로써 우리는 육신의 진정한 빛인 이 능력이 물질적이고 가시적 세계에 있어 가장 찬란한 것을 찾아 높아가는 데 비할 수 있을 것이네. 이 힘은 내가 말했듯이 여지껏 그려낸 학식들을 연구하고 추구함으로써 얻어지는 것이지.」

「말씀에 동의합니다. 그러나 그대로 믿기는 어렵고 또한 어떤 면에서 보면 부인한다는 것은 더욱 어렵습니다. 이 문제는 일시적으로 취급되어서는 안되고 두고 두고 토론해 보아야지요. 우리들의 결론이 옳거나 글렀거나 일단 이 모든 것을 받아들이기로 하고 이제는 전주곡 또는 서곡에서 주제로 들어갑시다. 그리고 같은 방식으로 이야기해 보시죠. 변증대화의 성질은 어떤 것인지, 어떻게 분류되는 것인지, 그쪽으로 나가는 길들은 어떤 것인지, 이들 길이야말로 우리들 최종의 안식처로 이끌어가는 것이 아니겠습니까?」

「친애하는 그라우콘!」 하고 나는 말했다.

「내가 최선을 다한다 해도 영상뿐만 아니라 내 생각에 따르는 절대진리를 볼 수 있도록 여기까지 나를 쫓아올 수는 없을 것이네. 내가 그대에게 이야기한 것이 진실인지 아닌지는 나도 감히 말할 수 없네. 그러나 어떤 진실 같은 것을 그대는 보았겠지. 그것도 또한 자신은 없지만.」

「틀림없이 보았습니다.」 하고 그는 대답했다.

「그러나 변증대화의 힘만이 이것을 나타낼 수 있고, 앞서의 학문들에 훈련받은 제자만이 이것을 인식할 수 있다는 것을 그대에게 상기시켜 두어야만 하겠네.」

「앞서 증명하신 것과 못지않게 자신 있게 말씀하시는군요.」

「모든 진실한 존재를 어떤 정규적인 과정을 거쳐 이해할 수 있고 또는 사물 하나 하나가 그 본성에 있어 어떤 것이라고 내세울 수 있는 무슨 특별한 방식이 있다고 주장할 사람은 틀림없이 없을 것이네. 일반적으로 기술들은 인간의 원망과 의견에 관련되고, 생산과 건설이라는 견지에서 또는 생산과 건설의 보존을 위해 개발되네. 그리고 수학으로 말하면 기하학 그리고 이와 유사한 것같은 진존재(眞存在)에 대해 몽상만 하고 있지. 그들이 사용하는 가설들을 검토하지 않은 채 그대로 방치하고 있네. 그것들에 대한 설명이 이루어지지 않는 한 각성된 현실을 그들은 볼 수 없는 것이네. 하기는 그 자신의 제 1 원리를 모르고 그가 무엇인지 모르는 것을 가지고 결론과 중간적 방도들이 이루어질 때 이러한 단편적인 약속이 감히 어떻게 학문이 될 수 있다고 상상할 수 있을까?」

「불가능합니다.」 하고 그는 말했다.

「그렇다면 변증문답만이 직접적으로 제 1 원리로 들어가는 것이고 그 입장을 확보하기 위해 가설 없이 해나갈 수 있는 유일한 학문이네. 문자 그대로 이상한 편견에 젖어 있는 정신의 눈이 변증문답의 조용한 도움을 얻어 위로 높여지네. 그러면 변증문답은 우리가 토론한바 학문들을 이러한 전환상승(轉換上昇)시키는 데 있어 하녀 또는 보조자로 사용할 것이네. 관습적으로 이들을 학문들이라고 명명하는데, 그들은 어떤 다른 이름을 가져야 할 것이네. 즉 의견보다는 훨씬 명확하고 학문보다는 덜 명백한 어떤 명칭 말이지. 그리하여 이것을 우리들의 앞에서의 묘사에서는 오성(悟性)이라고 불렀네. 그런데 이토록 중요한 실존재들을 고찰해야 할 이 마당에서 명칭을 가지고 토론할 필요가 있을까?」

「마음에 간직한 사상을 명백하게 표명할 수만 있다면 어떤 명칭이든 상관할 것 없지 않겠습니까?」

「여하튼 네 가지 부문을 가짐으로써 전과 같이 만족할 수 있네. 둘은 지식을 위한 것이고, 둘은 의견과 관련되네. 그래서 첫째 부문을 학문이라 하고, 둘째를 오성이라 하고, 셋째를 소신, 넷째를 환각이라고 하세. 의견은 생성과 관련되고, 지식은 존재를 다루게 되네. 그리하여 이들 사이에 비율은 존재의 생성에 대한 관계는 순수지식의 의견에 대한, 그리고 지식의 의견에 대한 것은 학문의 소신에 대한, 그리고 오성의 환각에 대한 관계와 같네. 그러나 의견과 지식에 관한 이 이상의 세부분류는 그만 두기로 하세. 이것은 이야기가 길어질 것이고 몇 배나 시간이 더 걸릴 터이니까.」

「내가 이해한 한에 있어 찬성하겠습니다.」 하고 그는 말했다.

「그리고 변증문답가를 각 사물의 본질에 관한 개념을 파악한 자라고 할 때 그대는 이에 동의하는가? 그리고 이 개념을 갖지 못하고, 따라서 이것을 나누어줄 수 없을 때 그 정도에 따라 실패하는 만큼 지식에 있어서도 부족한 것이겠지? 이것도 인정하겠나?」

「인정하겠습니다. 어떻게 부정할 수 있겠습니까?」하고 그는 말했다.

「선에 관한 개념에 대해서도 같은 말을 할 수 있겠지? 선(善)의 실상을 추상하고 이성적으로 정의할 수 있을 때까지는 그리고 모든 혹독한 반대비판을 받아가면서도 그것도 의견이 아니라 절대진리에 호소하면서 토론에 어떤 단계에서도 거침 없이 이것을 반증하지 못한다면, 이 모든 것을 해내지 못한다면 그는 선의 그리고 기타 여하한 선의 실상에 관한 개념도 알고 있지 못하다고 말할 수 있을 것이네. 지식이 아니라 의견으로 주어진 그 무엇이 그래도 있다면 그는 그림자만을 이해하고 있는 것이네. 이 세상에서 꿈꾸고 졸고 있다가 채 깨어나기도 전에 하계에 이르러 마지막 조용한 잠에 드는 것이네.」

「이 모든 것에 전적으로 동의합니다.」

「그리고 그대는 그대가 양육하고 교육하는 이상국가의 청년들을 이들 장래의 지배자들을 이상이 현실화하는 데 있어 그대로 경기출발점(競技出發點)의 선(線)들같이 —— 그들에게는 이성은 없으나 중대한 문제들에 있어서는 그래도 권위를 갖고 군림하는 —— 그런 선(線)들과 같이 내버려두지는 않겠지?」

「절대로 그렇게 하지 않겠습니다.」

「그렇다면 그대는 그대들로 하여금 문제들을 질의하고 대답하는 데 있어 최고의 기술에 도달할 수 있는 그러한 교육을 받을 수 있게 법을 제정하겠지?」

「네, 당신과 더불어 제정할 것입니다.」

「변증문답은 그대도 동의하듯이 학문들의 머릿돌이어서 그것들 위에 놓여지는 것이네. 다른 어떤 학문도 더 높은 위치를 차지할 수는 없네. 학문은 그 성질상 여기에서 완결하네.」

「동의합니다.」 하고 그는 말했다.

「그러나 누구에게 이들 공부를 시킬 것이고, 어떤 방식으로 부여하여야 할 것인지. 이 문제는 고찰해 보아야 할 것이다.」

「그렇습니다.」

「앞서 어떻게 지배자들이 선발되었는지 그대는 기억하겠지?」

「물론입니다.」 하고 그는 말했다.

「같은 성질을 지닌 자들이 선발될 것이네. 되도록이면 확실하고 용감한 자를. 택해야 하겠지. 그리고 만일 가능하다면 생김새도 아름다운 자를. 이들은 고귀하고 너그러운 기질을 지녔으므로 이들은 또한 그들의 교육을 촉진케 하는 자연적 기질도 갖고 있어야 하네.」

「그것은 어떤 것입니까?」

「학문에 대해 준민(俊敏)하고 배우고자 하는 욕심이 왕성하여야 하네. 심성은 체육적인 것보다는 학문연구의 가혹한 데서 돌아서기 쉬운 것이네. 이 노고야말로 심성 자체에 전적으로 국한된 것이고, 육체와는 아무런 관계가 없네.」

「진실입니다.」 하고 그는 대답했다.

「그 외에도 우리가 찾고 있는 자는 기억력도 좋고 무슨 일이든 닥치는 대로 서슴지 않고 해내는 슬기롭고 단단한 자라야 하네. 그렇지 않고서는 그 많은 육체적 훈련을 배겨내고 그러고도 지적 단련을 이겨내며 우리가 그에게 과하는 학습을 해낼 도리가 없지.」

「그렇겠습니다. 그는 천부적인 기질을 가져야만 하겠습니다.」 하고 그는 대답했다.

「현재 잘못은 철학을 공부하겠다는 자들이 적합한 소질을 갖추고 있지 못하다는 점이네. 이것은 전에도 내가 말했지만 어찌해서 철학이 욕을 보게 되었는가 하는 이유인 것이네. 철학의 진정한 아들들은 이를 받들어 모시겠지만 후레자식들은 그렇지 못하네.」

「무슨 말씀이십니까?」

「첫째는 철학을 하겠다는 자는 엉거주춤하게 해서는 안된다는 말일세. 때로는 열심히 하고 때로는 게으름을 피는 자여서는 안된다는 말이세. 예를 들면 체육이나 수렵이나 또는 기타 육체적 운동을 좋아하는데, 배우는 것, 듣는 것, 탐구하는 것은 아예 싫어하는 사람이 있네. 또는 자기의 생을 바쳐 종사하는 직업이라는 것이 이와는 반대적인 것이어서 철학을 한다는 게 절름발이 식으로 되는 것이네.」

「그렇겠습니다.」 하고 그는 말했다.

「그리고 진실성으로 말하면, 고의적인 거짓을 미워하고, 그들이 거짓말을 할 때에는 자신이나 남을 용서하지 않지만 고의적이 아닌 거짓은 그대로 받아들이고 무지의 수렁 속의 돼지같이 꿀꿀거리고 남이 알아차려도 상관치 않는 그런 정신도 또한 절름발이 병신이라고 하겠지.」

「틀림없습니다.」

「그리고 다시 절제, 용기, 고매한 정신 기타 모든 덕에 있어서도 우리는 적자(嫡子)와 서자(庶子)를 구별해야 하지 않겠는가? 이러한 질(質)에 대한 구별을 찾아보지 못한다면 국가나 개인이나 잘못된단 말이야. 그리하여 국가나 개인은 어떤 덕에 있어 결여된 자를 지배자 또는 친구로 삼는데, 이것들도 이를테면 절름발이이고 후레자식들이지.」

「과연 옳습니다.」 하고 그는 말했다.

「이 모든 것들은 우리들에 의해 세심하게 고찰되어야만 할 것들이네. 이 방대한 교육제도에 우리가 끌어들이는 자들이 오직 신체적으로나 정신적으로 건전하다면 정의의 여신도 우리들에 대해 할 말이 없을 것이네. 그리고 우리는 국헌(國憲)과 국가의 구세주가 될 것이네. 그러나 만일 우리들의 제자들이 이와 다른 종류의 인간들이라면 정반대의 일들이 일어날 것이네. 철학에 대해서도 현재보다도 더 많은 욕을 보이게 될 것이네.」

「대체 그런 일이 있을 수 있겠습니까?」

「물론 있을 수 없지. 그런데 아마도 농(弄)을 부리다 그만 정색을 하고 열변을 토했네. 나도 우습게 되었지.」

「어떤 점에서 말씀입니까?」

「우리가 문제를 정면으로 다루려는 것이 아니었다는 것을 까맣게 잊어버리고 지나치게 흥분해서 말했나 보네. 철학이 당치 않게 사람 발에 짓밟히는 것을 보고 철학에 욕을 보인 자들에 불만을 터트리지 않을 수가 없었네. 그래서 화가 나서 격(激)해 버렸어.」

「그러셨습니까? 나는 듣고 있었는데 그렇게 생각하지는 않았습니다.」

「그러나 이야기를 한 나로서는 그랬다고 느꼈네. 그리고 잊어서는 안될 것은 앞서 선발에서는 노인을 택했는데 여기에서는 그렇게 하여서는 안되겠네. 소론이 사람이 나이가 들면 많은 것을 배운다고 말했을 때 그는 잘못 짚은 것이네. 그는 잘 뛰지도 못하듯이 잘 배우지도 못하네. 힘들고 어려운 일들은 바로 젊었을 때 해내야지.」

「물론입니다.」

「그러므로 수학, 천문학, 그리고 변증문답의 준비로서의 교과의 기타 모든 과목들은 어렸을 때 마음에다 심어주어야 하네. 그것도 강압해서는 안되지.」

「어째서 안됩니까?」

「자유인은 여하한 지식이건 이것을 얻는 데 있어 노예일 수는 없네. 육체훈련은 강제적으로 한다 해도 육체에 해롭지 않네. 그러나 강압하에서 받은 교육은 마음 속에 남지 않네.」

「정말입니다.」

「자, 그렇다면 나의 좋은 친구여! 강제로 시킬 것이 아니라 초기 교육은 장난삼아 즐겁게 시켜야지. 그러면 그대는 그들의 적성도 더 잘 찾아낼 것일세.」

「그것 참 합리적인 생각입니다.」 하고 그는 말했다.

「아이들도 또한 말에 태워서 전쟁터에 나가보도록 해야 한다는 것을 그대는 기억하나? 그래서 만일 위험치 않다면 가까이 데려가서 어린 사냥개같이 피맛을 봐야지.」

「기억하고 있습니다.」

「이와 같은 방식이 노동이다, 학습이다, 위험이다 하는 이 모든 일에도 따라야 하네. 그리하여 그들 가운데서도 이 일들을 서슴지 않고 해내는 자는 선발된 자로서 이름이 올라가야 하네.」

「나이는 어떻게 됩니까?」

「그 나이는 필요 불가결한 체육훈련을 마쳤을 때지. 이러한 훈련기간 2~3년 동안은 어떤 다른 목적을 위해서는 소용이 없네. 잠자는 것과 운동은 학습과는 맞지 않는다. 그래서 체육훈련을 우선 받은 자를 시험해 본다는 것은 우리 젊은이들이 받아야 할 가장 중요한 심사의 하나가 되네.」

「확실히 그렇습니다.」하고 그는 대답했다.

「이 이후 20세 정도에서 선발된 자들은 더 높은 명예를 받게 되고 그들의 초기교육에 있어 어떤 순서 없이 배운 학문들은 이제 일괄되고 체계화되어 그들 상호간의 그리고 실존재(實存在)와의 관계를 알 수 있게 될 것이네.」

「그렇습니다. 그것이 오래 가도록 뿌리가 박히는 유일한 지식입니다.」

「그렇지. 이러한 지식에 대한 능력이 변증법적 재능의 위대한 시금석이네. 포용성이 있는 이해력은 언제나 변증법적이지.」

「동의합니다.」하고 그는 말했다.

「바로 이것들이 그대가 성찰하여야 할 요점들이네. 그리하여 이러한 이해력을 가장 많이 가진 자들, 그리고 그들의 학습에 있어 군사 및 기타 부가된 임무에 있어 더욱 꾸준한 자들은 나이 30이 되면 이 선발된 계층에서 다시 선택을 받아 더 높은 명예를 받아야 할 것이네. 그대는 그들 가운데 어떤 자가 시각과 기타 감각들의 도움을 받지 않고 질을 벗삼아 절대존재에 도달할 수 있는지 알기 위해 변증문답으로 그들을 시험하여 보아야 할 것이네. 여기에 아주 세심한 주의가 필요하네.」

「어떤 주의가 필요한 것입니까?」

「그대는 변증문답이 가져오는 악이 얼마나 크다는 것을 모르나?」

「무슨 악(惡) 말씀이십니까?」 하고 그는 말했다.

「이 기술에 젖은 자들이 무법(無法)을 자행하고 있다는 것일세.」

「참 그렇습니다.」 하고 그는 말했다.

「그대는 그들의 경우가 무엇인지 크게 잘못되고 변명의 여지도 없이 되어 있다고 생각하나? 또는 그들의 입장을 좀 고려해 주어야 할 것이라고 생각하나?」

「어떻게 고려해 준다는 것입니까?」

「예컨대 큰 부잣집에서 개구멍받이 자식이 대가(大家)에서 가족들도 많고 추종자들에 둘러싸여 자라났다고 상상해 보게. 성년이 되었을 때 그의 부모가 진짜 부모가 아니라는 것을 알았지. 그리고도 누가 진짜 부모인지도 알 수 없게 되었네. 이런 경우에 그가 거짓된 관계를 몰랐을 때와 그 다음 알았을 때 그의 추종자들에게나 양부모한테 어떤 태도를 취할는지 그대는 알 수 있겠나? 대신 내가 말해 볼까?」

「말씀해 보십시오.」

「그러면 말해보지. 그가 그 사실을 몰랐을 때에는 추종자들보다도 더욱 부모를 공경하고 필요에 따라 보살피게 될 것이네. 그리고 집안 대사(大事)에 있어 부모를 거역하려 들지 않을 것이네.」

「그럴 것입니다.」

「그러나 그가 알고 난 연후에는 부모에 대한 공경도 보살핌도 사라지고 추종자들에게만 많이 쏠리겠지. 따라서 그들의 그에 대한 영향력은 크게 늘어날 것이고, 그는 그들이 사는 식으로 살 것이고, 내놓고 그들과 교제할 것이네. 그리하여 그가 천성적으로 비상하게 좋은 성품을 타고 낫다면 또 몰라도 그렇지 않다면 그는 다시는 부모나 일가친척을 돌보지 않을 것이네.」

「아마 틀림없이 그럴 것입니다. 그런데 이런 비유는 철학도들에게는 어떻게 적용이 되는 것입니까?」

「이렇게 비교될 수 있지. 즉 정의와 명예에 관한 어떤 원칙들이라는 것이 있지. 우리는 어려서 이것들을 배웠고 그들 부모 같은 권위하에서 복종하고 존경하면서 우리는 자라났지.」

「사실 그렇습니다.」

「그런데 또한 이와 반대되는 쾌락에 관한 격률(格率)과 관습도 있어 사람의 얼을 빼고 매혹도 하지. 그러나 이것은 어떤 정의에 관한 감각을 지닌 자들에게는 영향을 주지 못하는 것이고, 그들은 그대로 그들 부모의 가르침에 복종하고 이것을 받들어 나가네.」

「그렇습니다.」

「이와 같은 상태에 놓여 있을 때 의문에 찬 생각이 생겨 무엇이 공정하고 명예로운 것인가 물어 왔지. 그 때 그는 입법자가 그에게 가르쳐준 것과 같은 것이라고 대답하네. 그 때 여러 가지 논의들과 갖가지 의견이 그의 말을 반박하여, 드디어 불명예스러운 것은 하나도 없듯이 명예로운 것은 아무것도 없고 또는 부정이 없듯이 정의로운 것도 선한 것도 없고 그리고 그가 소중하게 여기던 모든 생각들도 잘못된 것이다 하고 믿을 수밖에 없게 된다면 그대는 그가 여전히 그들을 떠받들고 복종하리라고 생각하는가?」

「불가능합니다.」

「그리하여 그가 전과 같이 그것들을 명예롭고 자연스럽다 생각하지 않게 되고 진실한 것을 찾지 못한다면 그가 그의 욕망을 부채질하는 생활 외에 다른 어떤 생활을 추구하리라고 그대는 기대하는가?」

「그는 다른 어떤 생활도 추구할 수 없을 것입니다.」

「그러한 그는 준법자로부터 범법자로 되어버리겠지?」

「의문의 여지도 없습니다.」

「자! 그러면 이것이 모두 내가 묘사한 대로 철학도들에 있어서는 극히 자연스러운 일들이고 또한 내가 말한 대로 너그럽게 보아주어야 하지.」

「네, 알겠습니다. 그런데 한마디 불쌍하다는 말을 첨가해 두죠.」

「그러므로 서른 살이나 된 우리 국민들에 대한 그대의 기분이 동정으로 기울어지지 않도록 그들에게 변증법을 지도하는 데 있어서는 세심한 주의를 베풀어야 하네.」

「물론이겠습니다.」

「너무 일찍이 그들이 그 맛을 알아서는 위험하네. 그대도 보다시피 젊은 것들은 처음으로 맛을 들이면 장난삼아 토론하고 그들을 반박하는 자들을 흉내내어 언제나 남의 말꼬리를 잡고 통박하네. 마치 귀염둥이 강아지같이 제 가까이 오는 사람들을 잡아당기고 물어뜯고 하네.」

「그렇겠습니다. 그들에게는 이 이상 더 즐거운 것도 없습니다.」

「그리하여 많은 사람들을 때려 눕히고 또한 많은 사람들로부터 패배(敗北)를 당했을 때, 여지껏 신봉했던 것을 이제는 아무것도 믿지 않는 길로 난폭하게 줄달음치겠지. 그 뒤로 그들뿐만 아니라 철학과 이에 관련되는 것은 세상에서 욕을 먹게 되네.」

「참으로 옳은 말씀이십니다.」 하고 그는 말했다.

「그러나 사람이 나이가 들기 시작하면서 이런 주책 없는 짓을 하지 않게 될 것이네. 그는 진리를 찾고 있는 변증문답하는 사람을 모방할 것이고, 그저 재미를 보기 위해 반대하는 논객을 흉내내지 않을 것이네. 이리하여 그의 성격이 크게 원만해지고 철학의 명예를 손상하지 않고 대신 높일 것이네.」

「진실입니다.」 하고 그는 말했다.

「그리하여 우리는 철학도들은 질서 있고 착실해야 하고 지금과 같이 호기심에서 뛰어들어서는 안된다고 말했을 때 우리는 이에 대한 특별한 대책을 마련하였던 것이 아니겠나?」

「그렇습니다.」

「철학연구가 이제 체육을 대신해서 그 자리를 차지하였다 하고 육체운동으로 보낸 세월의 두 배 동안 열심히 성실하게 지속한다면 이것으로 충분하지 않을까?」

「6년 또는 4년을 말씀하시는 것입니까?」하고 그는 물었다.

「5년이라고 하여 두지.」하고 나는 대답했다.

「그 때 가서 다시 동굴에 보내져서 젊은이들이 맡을 자격이 있는 군대 및 기타 부서를 맡도록 하여야 하네. 이렇게 하여 그들의 인생 경험을 얻고 그들이 갖가지 유혹을 받았을 때 꿋꿋하게 버티는지 굴복하는지 시험할 기회가 생길 것이네.」

「그러면 그들 생활의 이 단계는 얼마나 오래 끌 것입니까?」

「15년이다.」하고 나는 대답했다.

「그리하여 50세가 되면 그 때에 그들 생활의 모든 행위에 있어 그리고 지식의 모든 부문에 있어서 이겨내고 자신을 빛낸 자들로 하여금 그들을 완성케 하는 단계로 나가게 하세. 이 때 그들은 정신의 눈을 떠서 모든 것을 비추는 우주적인 광선에다 돌리게 하고 절대선(絶對善)을 목격하여야 하네. 그래야만 할 것이 이것은 그들이 국가와 개인생활을 그리고 자기들의 여생에다 질서를 마련하는 모형이기 때문이네. 철학을 그들의 주된 탐구목표로 하되 때가 이르면 마치 무슨 영웅적인 행동을 수행하듯이 하는 것이 아니라 단지 의무로서 정치에 노심 초사하고 공공선(公共善)을 위해 일하게 되네. 그리고 자기들과 같은 각 세대들을 양육했을 때 그들을 대치시켜 국가를 통치하게 하고, 그때 가서 그들은 행복의 섬으로 가서 살게 되네. 그리고 국가는 그들의 기념비를 세우고 희생과 명예를 바치겠지만, 만일 피우치아의 신탁이 있을 때에는 신격화된 영웅으로, 그렇지 못하다 하더라도 여하튼 축복받고 비범한 사람으로 대우될 것이네.」

「참으로 당신은 조각가이십니다, 소크라데스. 그리하여 우리들의 통치자들의 모습을 어김 없이 아름답게 만드셨습니다.」

「그런데, 그라우콘. 우리들의 여성통치자도 또한 빼서는 안되지. 내가 오직 남성들만 가지고 말한다고는 생각하지 말아 주게. 여성도 그 천품(天品) 여하에 따라서는 남성 못지않게 대우를 받아야 해.」

「옳습니다. 우리는 그들로 하여금 남성 못지않게 모든 일에 참여하도록 하였으니까요.」

「그렇다면 그대는 국가와 정부에 관해서 말한 것이 단순한 하나의 꿈이 아니고 또한 어렵다 하더라도 불가능한 것도 아니면서도 오직 우리가 구상한 대로 가능하다는 것을 인정하겠지. 안 그런가? 다시 말해서 국가에 철인왕(哲人王)들이 탄생하여 ── 하나이든 또는 여럿이든 ─ 그들을 천하고 무가치하다고 생각하는 이 현세의 소위 명예라는 것들을 멸시하고 정의로부터 솟아나오는 모든 올바르고 명예로운 것들을 높이 평가하고 모든 것 가운데서도 정의를 최대로 그리고 가장 긴요한 것으로 받들고 이것을 실천하여 나가네. 그리하여 가장 긴요한 것으로 받들고 이것을 실천하고 완성하였을 때에는 이러한 원칙들이 그들에 의해 높여져서 제구실을 할 것이네. 그렇지 않은가?」

「어떻게 그들이 해낸다는 것입니까?」

「그들은 10세 이상의 아이들을 우선 교외로 내보내고 그들 부모들의 습성에 젖지 않도록 확보하네. 이들은 물론 우리들이 그들에게 준 것이겠지만 그들 자신의 풍습과 법으로 훈련시킬 것이네. 이런 식으로 하여 우리가 이야기한바 국가 및 국헌(國憲)은 가장 빠른 시일에 가장 용이하게 행복한 상태를 가져올 것이고, 이러한 국헌을 가진 국민들은 가장 많은 이득을 얻어낼 것이네.」

「그것이 최선의 길이겠습니다. 그리고 소크라테스, 당신은 만일 이러한 국헌이 존재할 수만 있다면 어떻게 실현되어야 할 것인지 참으로 잘 표현하셨습니다.」

「그렇다면 완전한 국가 그리고 이 모습을 지니고 담당해 나가는 자에 대해서는 이만 해 두네. 그를 어떻게 그려낸다는 것은 어려울 것이 없으니까.」

「어렵지 않습니다.」 하고 그는 대답했다.

「이 이상 더 이야기할 필요가 없다고 생각하시는 데 나도 동의하겠습니다.」

제 8 권

「이리하여 그라우콘. 우리는 완전한 국가에 있어서는 처자를 공유할 것이라는 결론에 이르렀네. 그리고 모든 교육 및 전쟁과 평화를 추구하는 것도 또한 공동으로 하고, 또한 가장 우수한 철학자들과 가장 용감한 전사들이 그들의 왕들로 될 것이지?」

「그것은 벌써 인정했습니다.」하고 그라우콘이 대답하였다.

「그리고 또한 그들 자신들이 임명되었을 때 통치자들은 그들의 병사들을 모든 것이 공유되어 있고 사유(私有)라는 것은 하나도 없는 우리들이 묘사한 것과 같은 집에다 살게 한다는 것, 그리고 그들의 재산 등에 관해서도 동의하지 않았던가?」

「아무도 사람들이 보통 갖고 있는 소유물들은 하나도 갖지 않기로 되어 있다는 것을 기억합니다. 그들은 연금으로 오직 그들의 생활을 유지할 정도로 다른 국민들로부터 급여를 받고 그들 자신과 국가를 돌본다는 것도 알고 있습니다.」

「그렇지. 자! 이제 우리들의 과업의 일부분은 매듭을 지었으니까. 다시 오던 길로 되돌아가 어디서 길이 갈렸나 그 지점을 찾아보세.」

「돌아가는 것은 어렵지 않습니다. 그 때도 지금과 같이 국가에 대해서는 거의 다 이야기하였다는 뜻으로 말하셨으니까요. 당신은 이러한 국가가 좋고 또 거기에 알맞은 사람이 선하다고 말씀하셨습니다. 하기야 지금 생각해 보면 국가나 사람에 걸쳐 그 이상 더 훌륭하게 말씀하실 수도 있었지만 그리고 더 나아가 만일 이것이 진정한 형태라고 한다면 다른 것들은 허위일 것이라고 말씀하셨고 그리고 허위적인 국가형태에 대해서 내가 기억하기로는 네 가지 중요한 종류가 있고 그들의 결함과 개인들의 결함들은 여기에 상응하는 것이고 따라서 검토할 만하다고 말하셨습니다.[1] 그리하여 우리가 모든 개인들을 검토하고 최종적으로 그들 중에 누가 최선이고 누가 최악인가에 합의를 본 다음에는 과연 최선(最善)의 인간이 가장 행복하고 최악(最惡)의 인간이 가장 비참한지를 알아보기로 되어 있었습니다. 나는 당신에게, 말씀하신 네 가지 통치형태들이 어떤 것인지 질문했는데, 그 때 포레마르코스와 아데이만토스가 끼어들었습니다.[2] 그리하여 당신께서는 또 다시 되풀이하시고 지금 우리가 도달한 이 지점을 가리키는 고장으로 길을 찾으셨습니다.」

「그대의 기억은 정확하네.」하고 나는 말했다.

「그러면 씨름꾼같이 같은 위치에 다시 자리를 잡으세요. 그리고 내가 질문을 하게 되면 그 때 나에게 주려던 것과 같은 대답을 해보세요.」하고 그는 대답했다.

「할 수만 있다면 그렇게 하지.」하고 말했다.

「특히 당신께서 말씀하시던 네 가지 국헌(國憲)들이라는 것은 어떤 것들인지 듣고 싶습니다.」

「그 질문은 쉽게 대답할 수 있네. 내가 말한 네 가지 국헌은 그것들이 명칭으로 구별되는 한 우선은 크레테 및 스파르타의 국헌들일 것이고, 일반적으로 찬양을 받고 있네. 그 다음에 과두제(寡頭制)인데 이것은 그다지 인기가 없네. 그리고 많은 결함을 갖고 있는 국가형태이지. 셋째로 민주제(民主制)인데 이것은 비록 과두제와는 다르지만 자연 과두제 다음으로 발생하지. 그리고 끝으로 참주제(僭主制)가 있네. 이들 모든 것들과 다르고 악명이 높지. 이것이 넷째 번이고 국가

1) 이 네 가지 종류는 제 4 권 445 참조.
2) 제 5 권 449 참조.

의 최악의 형태이지. 이 이외에 다른 어떤 뚜렷한 국제(國制)가 있다고는 생각하지 않는데, 그대는 어떤가? 물론 예컨대 세습주권제(世襲主權制)라든가 또는 돈으로 매매(賣買)되는 왕제(王制)[1] 같은 것이 있었고 또한 중간적 형태도 있네. 그러나 이들은 체재(體裁)를 갖추지 못한 것들로서 그리스인 그리고 야만인들 사이에서 다같이 볼 수 있네.」

「그렇습니다. 여러 가지 기묘한 통치형태에 관해 들어 왔습니다.」

「국제(國制)도 인간들의 성격이 다르듯이 서로 상이하다는 것을 그리고 같은 것도 여러 가지라는 것을 알고 있나? 물론 국가는 '참나무 및 돌'로 만들어졌고,[2] 국가들 속에 있는, 이를테면 저울과 같이 한쪽으로 기울게 하여 그들을 따라 다른 것들을 잡아끄는 것과 같은, 그 나라 주민들의 성격에 의해 만들어진다는 것은 아니라고 상상할 수는 없겠지?」

「그렇습니다. 국가는 인간과 같은 것입니다. 그것은 인간 성격에서 자라나온 것입니다.」

「그렇다면 만일 국헌의 종류가 다섯 개 있다면 개인의 성격 같은 것도 다섯 가지가 있겠지?」

「물론입니다.」

「귀족제(貴族制)에 어울리는 자, 그를 우리는 올바르게 정의롭고 선한 자라고 불렀는데 이들에 대해서 우리는 이미 자세하게 말했네.」

「그랬습니다.」

「그러면 다투기 좋아하고 야심적이어서 스파르타 국가에 적합한 이만 못한 종류의 성질들과 또한 과두제, 민주제, 그리고 참주제의 성질들을 묘사해 나가기로 하세. 가장 정의로운 자를 가장 부정한 자 옆에다 자리잡게 하세. 그러면 우리들이 그들을 관찰할 때 순수정의

---

1) 세습주권제는 예컨대 텟사리아 또는 테바이 등에서, 금전으로 매매되는 왕은 가르타고에서 볼 수 있었다.

2) 『오디세이』, 제19권, 162~163행.

(純粹正義) 또는 순수부정(純粹不正)한 생을 사는 자들의 상대적 행복과 불행을 비교할 수 있을 것이네. 그 때 탐구는 종결되네. 그러면 트라시마코스의 말대로 우리는 부정을 추구할 것인지 또는 토론의 결론에 따라 정의를 택할 것인지 알게 될 것이네.」

「그렇습니다. 말씀대로 해야 하겠습니다.」 하고 그는 대답했다.

「그러면 우리는 명확성을 기하기 위해 택한바, 우선 국가를 검토하고 그 다음 개인으로 옮아가는 우리들의 익숙한 방법에 따라 명예를 존중하는 국제(國制)에서부터 시작하여 볼까? 나는 이러한 국제에 대해서는 '티모크라티아' 즉 명예존중(名譽尊重)의 국제 또는 '티마르키아' 즉 명예지배제(名譽支配制)라고나 할까? 그 외에 별다른 명칭을 모르고 있네. 우리는 이것을 개인에 있어서의 같은 성격과 더불어 비교해 보세. 그리고 나서 과두적 성격의 사람, 그리고 다시 민주제와 민주적 인간에다, 그리고 또 다시 참주적 기질을 관찰하고 나서 만족할 만한 결론에 도달하려는 것이네.」

「그것을 그런 식으로 보고 또한 판단한다는 것이 대단히 적합하다고 여겨집니다.」

「그러면 우선 명예를 존중하는 '티모크라티아'라는 국제는 어떻게 귀족제 즉 최우수자의 통치에서부터 일어났는가 탐구해 보세. 틀림없이 모든 정치적 변화는 실제 통치권력의 분열로부터 발생하지. 통일된 정부는 아무리 적다 하더라도 변동하지 않는 것이니까.」

「사실 그렇습니다.」하고 그는 말했다.

「그렇다면 어떤 식으로 우리들의 국가는 변동되고 또한 보조자들과 지배자들의 두 계층들은 그들 자신 또는 그들 사이에서 반목을 하게 되는 것일까? 오히려 호메로스를 흉내내서 뮤즈의 여신들에게 "어찌해서 애당초 불화가 생겼나?"[1] 가르쳐 달라고 기도나 하여 볼까? 그들이 장중(莊重)하게 그러나 냉소(冷笑)하는 가운데 마치 우리들을 어린아이들

1) 호메로스, 『일리아드』, 제16권, 112~113행에서 나온 것을 흉내낸 것.

같이 취급해서 장난치고 놀리면서도 우리가 곧이 곧대로 믿도록 격조 높게 비극조로 우리들에게 말을 걸어 왔다고 상상하여 볼까?」

「어떻게 말을 걸어올 것입니까?」

「이런 식으로 말할 것이네. —— 이토록 조직된 국가는 결코 흔들리지 않을 것이네. 그러나 만사가 시작이 있으면 끝이 있기 마련이니까. 그대들 것과 같은 국헌(國憲)이라 할지라도 영구적으로 지속되는 것은 아니겠고 언젠가는 분해될 것이네. 그리고 분해되는 것은 이런 것이네. 대지에서 자라나는 식물, 지상을 배회하는 동물들에게도 각자 주기가 완료될 때 얼과 육체의 풍요와 불모(不毛)가 따르게 되네. 단명하는 것은 짧은 궤도를, 장수하는 것은 긴 궤도를 돌 것이네. 그러나 인간의 풍요와 불모에 관한 지식에 대해서는 그대들의 지배자들의 지혜나 교육을 가지고는 알 수 없을 것이네. 그것들을 규제하는 법칙들은 감각으로 합성되어버린 지능을 가지고서는 발견되지 않을 것이고 그들을 스치고 지나가네. 이리하여 그들은 마땅히 그래서는 안될 때 아이들을 생산하네. 신적인 것의 탄생에는 완전수(完全數)[1]에 포함된 주기라는 것이 있네. 그러나 인간탄생의 주기도 수로써 이해할 수 있네. 여기에 있어서는 첫번째 수는 서로 닮고 또는 닮지 않고 증감에 생기는 수(3, 4, 5)의 평방수(平方數)[2]에다 각자수(各者數)를 곱한 수를 가산한 것($3^3+4^3+5^3=216$)으로 세 방향으로 퍼져 길이, 폭, 깊이와 네 개의 경계점(境界點)을 받아들이면서 서로 약분도 되고 조화를 이루네.[3] 그리고 그들 기본수인 4와 3이 5와 결합된 다음

1) 완전수라는 것은 그 약수의 합계가 그 전체와 동일한 것. 예컨대 6=1+2+3 또는 28=1+2+4+7+14 같은 것을 말한다. 플라톤이 의미한 것은 또한 항성(恒星), 토성, 목성, 화성, 수성, 금성, 태양, 달의 팔천체(八天體)가 지구회전에 소요하는 기간을 의미하는 것 같기도 하다.

2) 피타고라스파에서 '생성을 낳은 삼각형'의 삼변으로서 생각된 수. 또한 이 부분의 원문은 플라톤의 저술 중에서도 가장 난해한 곳이다. 수수께끼에 찬 문장과 문의(文意)를 갖고 있고, 고래(古來)로부터 많은 학자가 이것을 해명하려고 노력해 왔다.

3) 피타고라스파에 의하면 태생(胎生)에 요하는 기간은 6일, 8일, 9일, 12일 사이의 조화적 단계를 생각할 수 있고 이 총계 35는 조화수로 간주된다.

(3×4×5=60) 다시 세 번 곱하면(60×60×60×60=12,960,000) 두 개의 조화를 가져오네. 그 첫번째 것은 등수(等數)를 등수배(等數倍)한 것(3,600×3,600=12,960,000), 즉 100의 어떤 배수(100×36)를 한 변(邊)의 길이로 하고[1] 옆으로 또 하나 더 길다란 변(邊)을 갖는 장방형(長方形)인데, 그 변은 각각 5의 유리수적인 대각선수(對角線數) 7의 제곱을 100배한 것(7^2×100=4900)보다는 100이 부족한 것이지(4,900−100=4,800). 다시 말해 5의 무리수적인 대각선수 $\sqrt{50}$의 자승(自乘)을 100배한 것[2] 〔$(\sqrt{50})^2$×100=5000 〕보다는 200이 부족한 것(5,000−200=4,800)이라고 하여도 좋지. 이에 대해 또 하나의 변(邊)은 3의 세제곱을 100배한 것(3^3×100=2,700)이네. 이들 수의 총체가 대지를 측정하는 수(게에메도리코스), 즉 기하학적 수(게오메도리코스)네. 이것이 우월한 또는 열등한 탄생을 지배하네. 그런데 그대들의 수호자들은 탄생의 법칙에 대해 무식하므로 신랑과 신부를 때 아닌 때 결합시켜 거기서 출생한 아이들은 우수하지도 못하고 운수도 좋지 못하네. 그리고 비록 그들 가운데 가장 우수한 자가 그들 전임자들에 의해 선임되겠지만, 그래도 그들 조상의 권좌를 차지하기에는 부족하네. 그리고 그들이 수호자로서 권력을 장악했을 때 곧 우리들 문예와 음악의 여신들을 경시하고, 첫번에는 음악을, 다음에는 체육을 폄가(貶價)하네. 그 후 그대들 국가의 젊은이들은 문화적으로 되지 못하네. 그 후 계승되어 나가는 세대에 있어서는 지배자들은 헤시오도스가 말하는 금, 은, 동, 그리고 철로 만들어진 그대들의 서로 다른 종족들의 금속을 검사하는 수호자로서의 능력마저 상실하네. 이리하여 철이 은과 섞이고 동이 금과 섞여 언제나 어느 고장에 있어서나

그러면 216=35×6+6으로 되니까 그것은 조화수의 6배에다 6을 가산한 것이 된다. 그런데 6은 또한 남성수(男性數)의 기본인 3과 여성수(女性數)의 기본인 2를 곱한 것으로 결혼수(結婚數)이므로 216 속에는 탄생하는 것들에 대한 모든 조화가 포함되어 있다.

1) 3,600을 한 변(邊)으로 하는 정방형.

2) 5의 실제 대각선수(對角線數)는 $\sqrt{50}$인데, 이것은 무리수. 따라서 이것에 가장 가까운 유근수적(有近數的)인 대각선수(對角線數)는 $\sqrt{49}$=7이 된다.

증오와 전쟁의 원인이 되는 부동성과 불평등 그리고 불균형을 가져오네. 이것을 여신들은 불화가 언제나 이로부터 발생하는 원인[1]이라고 확언하네. 이것이 우리들에 대한 그들의 대답이네.」

「그렇습니다. 여신(女神)들은 진정하게 대답했다고 생각해도 좋겠습니다.」

「그렇고 말고. 그들은 진정하게 답하네. 어떻게 여신들이 거짓말을 하겠는가?」

「그러면 그 다음에 여신들은 무엇을 말했습니까?」

「알력이 생겼지. 이 두 종족들은 서로 다른 길을 택하게 되었네. 즉 철과 동의 종족은 돈과 토지 그리고 집들과 금은을 탐냈지. 그러나 금과 은의 종족은 원래 그들 자신의 본성에 있어 부유하므로 돈은 탐내지 않고 덕과 고래(古來)로부터의 사물의 질서 쪽으로 기울어졌네. 그들 사이에는 투쟁이 벌어졌고, 끝내 그들의 토지와 집들을 분배하여 사유하도록 합의하였네. 그리하여 그들은 친구들을 여지껏 자유인의 자격을 가진 자로 보호하여 왔고 가사를 보살피는 자들을 노예화하여 신하 및 종복(從僕)으로 삼았네. 그리고 그들 자신들도 전쟁을 하고 노예들을 감시하게 되었네.」

「변혁의 근원을 참으로 잘 파악하셨다고 생각합니다.」

「그러면 이와 같이 하여 생기게 된 새로운 통치체는 과두제와 우수자지배제(아리스도크라티아)의 중간적인 하나의 형태이겠지?」

「과연 그렇습니다.」

「변혁은 대체로 이런 것이 될 것이고, 그러면 변혁이 일어난 다음 그들은 어떻게 해나갈 것인가? 틀림없이 새 국가는 과두제와 완전한 국제(國制)의 중간적인 것이므로, 일부는 한쪽을 모방하고 일부는 다른 쪽을 따를 것이로되, 어떤 독자적인 것도 가질 것이네.」

「그렇겠습니다.」 하고 그는 말했다.

「지배자들에게는 명예를 안기고, 전사계급(戰士階級)은 농경, 수공

1) 호메로스, 『일리아드』, 제 6 권, 211 행.

업, 장사 일반에 손을 대지 않고 또한 공동식사제도(共同食事制度)[1] 그리고 체육과 군사훈련에 유의한다는 점들에 있어 이 국제(國制)는 전자와 흡사하네.」

「그렇습니다.」

「이제 철학자들은 전과 같이 순진하고 고지식하지 않고 혼합된 요소들로 되어버렸으므로 이들을 권좌에 앉히는 것을 두려워하고 그들을 외면한 채 본래 평화보다는 전쟁에 적합한 열정적이고 더욱 단순한 자들을 환영한다는 데 있어 또한 그들이 만들어낸 전략과 책동을 높이 평가하고 영구적인 전쟁을 일으킨다는 점들에 있어 이 국제(國制)는 그나름대로 특이하지.」

「그렇습니다.」

「그러나 이런 자들은 과두제(寡頭制)하에서 사는 자들과 같이 돈을 탐내지. 그들은 금은에 대해 남모르게 불타는 욕망에 사로잡혀 있네. 이것들을 저장하고 감추기 위한 그들나름의 보고(寶庫)나 장롱을 장치한 비밀장소가 있네. 또한 그들의 알을 위한 새 집이 있고 또한 거기에서 처들과 그들이 좋아하는 자들에게 돈을 물쓰듯 하는 성(城)도 가지고 있지.」

「틀림없습니다.」하고 그는 말했다.

「그리고 그들은 공공연하게 돈을 버는 수단을 갖추고 있지 못하므로 인색하네. 그들은 남의 것을 가지고 자기 욕심을 채우네. 그것도 원래 법과 부모를 피해 달아나는 아이들같이 쾌락을 즐기면서, 이렇게 된 것도 온화한 영향을 받아서가 아니라 마구잡이로 강제에 의한 교육을 받았기 때문이네. 그들은 이성과 철학의 동반자인 진짜 뮤즈(문예·음악의 여신)를 등한히 하고 음악보다는 체육에 치중했지.」

「틀림없이 당신이 그려내신 국제(國制)는 선과 악의 혼합물입니다.」

「그렇지. 혼합물이지.」하고 나는 말했다.

1) 여기서는 스파르타 또는 크레타의 국제(國制)를 참고하였을 것이다.

「그러나 한 가지 그리고 단 한 가지만이 현저하게 눈에 띄네. 투쟁하는 그리고 야욕에 찬 정신일 것이네. 이것들은 열정적이고 기백에 찬 정신이 우수한 데 원인이 있네.」

「확실히 그렇습니다.」 하고 그는 말했다.

「이러한 것이 윤곽만 그려낸 이 국제(國制)의 기원이고 또한 성격이네. 이 이상 더 완전한 그림은 필요치 않네. 소묘로서도 가장 완전하게 정의롭고 또는 가장 부정한 국가의 형태를 나타내는 데 충분할 터이니까. 모든 국가들 그리고 인간의 모든 성격들을 하나도 빠짐 없이 검토한다는 것은 끝없는 수고만 하는 것이 되네.」

「그렇겠습니다.」 하고 그는 대답했다.

「자, 그러면 이 형태의 국제(國制)에 알맞은 사람은 어떤 사람이고 어떻게 태어나고 또한 어떤 성질의 사람일까?」[1)]

「생각컨대.」 아데이만토스가 말했다.

「그 자의 특색으로 되어 있는 투쟁정신에 있어서는 우리들의 친구 그라우콘과 닮지 않았다고 할 수 없습니다.」

「아마도 그렇겠지.」 하고 나는 말했다.

「어떠한 점에 있어서는 그라우콘은 그를 닮았다고 할 수 있을 것이네. 그러나 다른 점들에 있어서는 전혀 다르네.」

「어떤 점들에서 말입니까?」

「그는 더욱 자기를 내세우는 자일 것이고, 문예・음악 같은 것을 좋아하면서도 이것에 대한 조예는 깊지 못하네. 남의 말을 듣는 것은 좋아하나 능변(能辯)은 아니네. 이런 자는 교양 있는 자와는 달리 노예에 대해 가혹하네. 교양 있는 자는 가혹하기에는 지나치게 자존심이 강하니까. 그리고 그는 자유인에 대해서는 정중하고 또한 권위에 대해서는 눈에 띄게 양순하네. 그는 권력을 사랑하고 또한 명예를 소

1) 이상(以上)에서 〈최우수자지배제(아리스도크라티아)〉로부터 〈명예지배제)로의 전락(轉落)에 관해 이야기되었으므로 이하(以下)에서는 명예지배제에 대응하는 인간에 대해 대화가 이루어져 나간다.

중하게 여기네. 그가 웅변(雄辯)이고 또한 이러한 종류의 재능이 있어서가 아니라 그가 군인이고 무훈이 있다 하여 지배자가 되는 것을 주장하네. 그는 또한 운동과 수렵을 사랑하네.」

「그렇습니다. 명예지배자체제(名譽支配者體制)에 알맞은 성격입니다.」

「그러한 자는 젊었을 때에는 금전을 경멸하지만 나이를 먹게 되면 더욱 더 금전에 끌리게 되네. 그렇게 되는 것도 그에게 탐욕한 성질이 있기 때문이고, 그의 가장 훌륭한 수호자를 놓치고 이제 덕에 대해서 전혀 관심이 없기 때문이네.」

「덕의 수호자는 누구를 말씀하시는 것입니까?」하고 아데이만토스가 말했다.

「음악으로 조절된 철학을 말하네. 이것이 인간 심성에 들어와 자리잡고 일생을 통해 덕의 구세주가 되네.」

「좋습니다.」하고 그는 말했다.

「이런 것이 명예지배제적인 청년이지. 그리고 그는 명예지배국제를 닮았네.」

「틀림없습니다.」

「그의 기원은 다음과 같네. 가끔 있는 일이지만 그는 용감한 아비의 젊은 자식이지. 그 부친은 통치가 잘 되어 있지 않은 국가에 살고 여기에서 그는 명예나 관직을 사양하고 법에 호소도 하지 않고 어느 모로나 자신을 내세우지 않고 시끄러움을 피해 언제나 자기 권리를 서슴지 않고 포기해 버리네.」

「그렇다면 아들이 어떻게 그렇게 됩니까?」

「그의 남편은 정부 요직도 차지하지 못하고, 따라서 자신은 다른 여자들에 비해 앞서지도 못한다고 불평을 하는 모친의 말을 듣고 아들의 성격이 형성되기 시작하네. 그 외에도 모친이 남편은 거의 돈에 대해서도 무심하고 따라서 법정이나 의회에서 싸우거나 욕지거리도 하지 않고 무슨 일이 있든 귀찮아서 조용하게 받아들인다고 말하는 것을 목격할 때 또는 모친이 남편은 늘 자신의 일에는 마음을 쓰지만 처에 대해서는 전혀 무관심하다고 말하면서 아들 보고는 너의 아버지는 남자로서 반편(半片)이고 책임을 회피한다고 말하면서 여하튼 여자들이 그렇게도 즐겨서 되풀이하는 불평을 늘어놓네.」[1]

「그렇습니다.」 하고 아데이만토스가 말했다.

「여자들은 그들 자신과 꼭 닮은 불평을 수다스럽게 늘어놓는 것입니다.」

「그리고 그대들도 알겠지만 집안 일을 돌보는 하인들도 때때로 은근하게 같은 이야기를 아들에게 들려주네. 그리하여 만일 자기 부친에게 어느 누가 돈을 빌려쓰고 갚지 않고 부정한 짓을 했는데도 부친이 고소도 하지 않는 것을 볼 때 그들은 젊은이에게 그가 자라면 이런 자들을 보복하고 그의 부친보다 좀더 남자답게 되라고 타이르네. 그는 바깥에 나가서도 같은 것을 듣고 보고 하네. 사람들은 나라에서 그들 자신의 일을 힘내어 하는 자를 우둔한 자라 하고 존경도 하지 않는 반면, 이일 저일로 바쁘게 돌아가는 자들에게는 명예와 박수를 보내지. 이렇게 되면 젊은이는 한쪽으로는 이 모든 것을 듣고 보고 또 한쪽으로는 부친의 말을 듣고 그의 일상생활방식을 가까이서 보게 되곤 해서 양쪽을 비교하게 되네. 그리하여 젊은이는 서로 반대되는 방향으로 끌리게 되네. 즉 그의 부친은 자신의 정신 속에 이성적 원리·원칙이 자라도록 물을 주고 시비(施肥)도 하는데 남들은 열정적이고 욕망적인 것을 자극하네. 그런데 그는 원래 성품이 악하지 않았으나 친구를 잘못 만나 드디어 그들의 합동영향으로 중간지점에 다다르네. 이리하여 자신 속에 있는 왕국을 버리고 투쟁적이고 정열적인 중간원리를 택하고 거만하고 야욕에 찬 인간이 되네.」

「그의 성장을 그리다시피 잘 표현하셨습니다.」

「그렇다면 우리는 이제 제2의 통치형태와 제2의 인간형을 그려낸 것이지?」

1) 소크라테스의 처 크산티페를 연상하면서 기술하였다고 추정하는 학자도 있다.

「그렇습니다.」

「다음에는 아이스킬로스가 말하듯이[1] 또 하나의 국가에 대치하는 또 하나 다른 인간형을 찾아보세. 그리고 이번에도 우리 계획대로 국제(國制)부터 다루어보세.」[2]

「어떤 일이 있어도 해야겠습니다.」

「그러면 앞에서의 국제(國制)에 다음가는 것은 과두제(寡頭制)라고 생각되지.」

「과두제를 어떻게 규정하시려는 것입니까?」

「재산평가에 의존하는 통치체제이지. 여기서는 부자만이 권력을 쥐고 가난한 자는 이것이 박탈당해 있네.」

「알겠습니다.」 하고 아데이만토스가 대답했다.

「그러면 우선 명예지배제로부터 어떻게 과두제로 옮아갔는지 말해 보아야 할 것이 아닌가?」[3]

「그렇습니다.」

「어떻게 이렇게 변하는지는 눈뜬 장님도 알지.」 하고 나는 말했다.

「어떻게 말씀입니까?」

「사사로운 개인금고에 금이 축척되면 명예지배제는 망하지. 그들은 비합법적으로 지출하는 방법을 마련하는데, 그들이나 처들이나 누구 하나 법을 두려워하겠는가?」

「과연 그렇습니다.」

「그렇게 되면 남이 더욱 더 부자가 되는 것을 보고 그와 맞서게 되고, 이러는 가운데 국민 대부분이 금전애호가로 되어버리네.」

---

1) 아이스킬로스, 「테바이로 향하는 7장(將)」의 451행 및 570행의 시구를 따온 것이다.

2) 이하에서는 〈명예지배제〉로부터 〈과두제〉가 생겨나는 이유에 대해 이야기되고 있다.

3) 플라톤의 염두에 있었던 역사적 사실로서는 그의 시대에 같은 변혁을 경험한 스파르타의 국제(國制)가 있었지 않은가 추정된다. 또는 솔론시대의 국제(國制) 또는 기원전 410-404년간에 아테네에 있어 정체(政體)의 변화가 있었지 않았나 하는 추측도 있다.

「그도 그럴 것입니다.」

「그렇게 하여 부(富)하면 부(富)할수록 재산에만 욕심이 생기고 그만큼 덕은 생각하지 않지. 부와 덕을 저울질한다면 언제나 한쪽이 올라가면 다른 한쪽은 내려가니까 말일세.」

「진실입니다.」

「그리하여 부와 부자들이 국가에서 명예롭게 되는 그 비율만큼 덕과 덕행 있는 자들은 멸시되네.」

「틀림없습니다.」

「그러므로 명예로운 것은 개발될 것이고 명예롭지 못한 것은 등한시되네.」

「그것은 틀림없습니다.」

「드디어 그들은 승리와 영광을 사랑하는 대신에 장사와 돈을 즐기게 되네. 그들은 부자를 존경하고 우러러보고 그를 지배자로 삼고 가난한 자를 멸시하네.」

「그들은 그렇게 합니다.」

「그 다음에 그들은 시민권의 자격으로 일정한 금액을 설정하는 입법을 하네. 과두제의 강약에 따라 그 금액은 많고 또는 적게 설정되겠지. 그리고 그들은 설정된 금액 이하로 떨어지는 자에게는 통치참여를 거부하네. 이들 헌법상의 변혁은 위협으로써 이루어지지 않을 때에는 무력에 의해 효과를 거두네.」

「과연 그렇습니다.」

「그리하여 과두제는 일반적으로 이렇게 해서 성립되네.」

「그렇습니다.」 하고 그는 말했다.

「이 통치형태의 특색은 어떤 것이고 또한 우리가 말하고 있는 결함은 무엇입니까?」

「우선 그 자격제한의 성질을 고찰해 보게. 만일 선장들이 그들 재산에 따라 선발된다면 그리고 가난한 자는 비록 숙달된 자라 하더라도 키를 잡지 못하게 한다면 어떤 일이 생기는지 생각만 해보게.」

「파선(破船)시킨다는 뜻입니까?」

「그렇지. 그러면 어떤 통치체에 관해서도 이것은 해당되는 것이 아닐까?」

「그렇게 상상해 보아야 하지요.」

「국가는 제외하는 것인가? 또는 국가도 포함시키려는 것인가?」

「천만에 국가를 통치하는 것이 가장 위대하고 어려운 만치 그만큼 국가의 경우는 특히 이에 해당됩니다.」

「그렇다면 바로 이것이 과두체제의 첫번째 가장 큰 결함이겠지?」

「명백합니다.」

「그리고 이에 못지않은 또 하나 결함이 있네.」

「어떤 결함입니까?」

「불가피한 분열이네. 이러한 국가는 하나가 아니고 둘로 나뉘어져 있네. 하나는 가난한 자의 국가이고 또 하나는 부자의 국가이지. 그들은 같은 고장에 살면서 언제나 서로 음모하네.」

「그것은 참으로 앞서 결함에 못지 않습니다.」

「또 하나 바람직하지 못한 현상은 같은 이유로 하여 그들은 전쟁을 수행할 수 없게 되어 있네. 그들이 대중들을 무장한다 하여도 그들은 그들을 적보다도 더 두려워하네. 그렇다고 해서 그들을 전시에 불러내지 않는다면 그들은 과연 과두에 불과할 것이고 몇이서 지배하는 것과 마찬가지로 단 몇이서 전쟁하여야 할 것이네. 그리고 동시에 그들은 돈을 좋아하므로 세금을 내려들지 않네.」

「그거 참 창피한 노릇입니다.」

「그리고 우리가 앞서 말했듯이 이러한 국제(國制)하에서는 같은 자가 너무 많은 직업을 갖고 있네. 그들은 농경도 하고 상인도 되고 또한 전사이지. 모두 혼자서 해치우네. 이것이 과연 꼴이 좋은 것인가?」

「다른 것은 몰라도 꼴만은 좋지 않습니다.」

「아마도 가장 큰 또 하나의 결함이 있지. 그리고 이 국제(國制)가 거기에 첫번째로 걸려드네.」

「어떤 결함입니까?」

「어떤 자가 그가 갖고 있는 모든 것을 팔고 다른 자가 그의 재산을 획득했다고 하세. 그러나 매도(賣渡)한 후에도 그는 이제 상인도 장인도 기병도 보병도 아닌 채 자기와는 관련없는 그 국가에 그대로 오직 가난뱅이로, 고립무원(孤立無援)한 존재로 살아남네.」

「그렇습니다. 이것 또한 이 국가에서 비롯되는 하나의 악입니다.」

「이 악은 여기서는 막을 수 없지. 과두체제들은 동시에 부익부(富益富) 빈익빈(貧益貧)이니까.」

「진실입니다.」

「그러나 다시 생각해 보게. 즉 그가 돈이 있어 돈을 썼을 때 이런 자는 시민자격의 목적들에 비추어 볼때 조금이라도 국가의 도움이 되었는지? 또는 비록 사실에 있어서는 지배자도 아니고 피치자도 아닌 채 돈만 낭비했는데 그저 지배자로 보이기만 한 것인가?」

「말씀대로 지배자로 보이기만 했었지. 실은 돈을 낭비한 자에 불과했습니다.」

「이는 마치 꿀통 속에 있는 게으름쟁이 수펄같이 집안에 있는 수펄이고, 하나는 국가의, 다른 하나는 꿀통의 재앙이라고 할 수 있지 않겠는가?」

「마치 그렇습니다, 소크라테스.」

「그리고 신은 날으는 수펄은 침 없이 만드셨는데, 걸어다니는 수펄은 어떤 것은 침 없이 그러나 다른 어떤 것은 무서운 침을 갖도록 만드셨네. 이 침이 없는 종족은 늙어서 거지로 끝나버리네. 그러나 침을 가진 것들로부터는 온통 범죄자라는 말을 듣는 것들이 쏟아져 나오지.」

「어김 없이 진실입니다.」하고 그는 말했다.

「그렇다면 그대가 어떤 국가에 있어 거지들을 목격할 때면 언제나 틀림없이 그 언저리에 눈에 띄지 않는 도적, 소매치기, 사원강도(寺院強盜)들, 그리고 이와 유사한 악인들이 있다는 것을 알아두게.」

「틀림이 없습니다.」

「자, 그런데 그대는 과두체제에서 거지들을 보지 못하는가?」

「봅니다. 지배자들 이외에는 모두 다 거지입니다.」

「그리고 그들 가운데는 침을 갖춘 허다한 범죄자 악당들이 있고, 권력층은 이들을 힘으로 억제하려고 세심한 주의를 베풀고 있다고 감히 말할 수 있겠지?」

「물론입니다. 그렇게 감히 말할 수 있습니다.」

「이러한 자들이 존재한다는 것은 교육의 결함, 잘못된 훈육(訓育) 그리고 국가의 나쁜 헌법 탓이겠지?」

「진실입니다.」

「그러면 이런 것이 과두체제의 형태들이고 결함들이네. 그리고 이외에도 많은 결함들이 있네.」

「그렇겠습니다.」

「그러면 과두정 즉 그들의 부로써 지배자가 선출되는 통치형태는 이제 이만해 두기로 하지. 다음에는 이 국가에 흡사한 인간의 성질과 자라남을 고찰해 보기로 하세.」

「꼭 하여보아야 하겠습니다.」

「명예지배제적인 인물이 가령 이런 식으로 과두체제적인 사람으로 되어가는 것이 아니겠나?」[1)]

「어떻게 말씀입니까?」

「명예지배제의 대표적 인물에게 아들이 하나 있었는데, 이 아들은 처음에는 부친을 공경하고 그 뒤를 그대로 밟아나갔지. 그런데 얼마 안 가 부친이 마치 암초에 걸리듯이 국가에 부딪쳐 침몰하게 되었단 말야. 그래서 그와 그가 가진 것은 일시에 상실되었네. 그는 장군이라도 좋고 또는 어떤 고위층일 수도 있네. 여하튼 중상(中傷)하는 고발자에 의해 재판을 받게 되고, 사형이나 추방이나 공권박탈이 된 후에 재산은 전부 몰수되었다고 생각할 수 있지.」

1) 이하에서 〈명예지배제적인 인간〉에서 〈과두제적인 인간〉으로 변화되어 간다.

「있을 수 있습니다.」

「그리하여 아들은 이 모든 것을 보고 아네. 그는 이제 몰락했고, 또한 그는 두려움에 못 이겨 그의 가슴 속의 왕좌(王座)로부터 야심과 열정을 황급히 추방하여 버리네. 가난에 시달려 돈벌이를 시작하고, 치사하게 인색하게 저축하고 몸을 아끼지 않고 일을 해서 재산을 모으네. 자 이렇게 되면 자기 가슴 속의 텅빈 왕좌에다 정욕과 물욕으로 그 자리를 채우고 왕관과 목걸이 그리고 반달칼로 장식해서 페르시아의 대왕으로 만들어 받들겠지?」

「그렇게 해낼 것입니다.」 하고 그는 대답했다.

「그리고 그는 이성과 기백으로 하여금 그들 대왕왕좌(大王王座) 양편에 정중히 시립(侍立)하게 하고 그들의 위치를 자각하라 타이르고, 하나에게는 작은 금액을 가지고 큰 금액으로 만드는 것만, 그리고 다른 것에게는 부와 부자만을 존경하여야 하지 다른 어떤 것도 존경하지 말 것이며 또한 오직 부의 획득과 그 수단에 몰두해서 야심적이어야 한다고 가르치게 되네.」

「모든 변화 중에서도 야심적인 청년을 탐욕적인 것으로 만드는 만큼 빠르고 확실한 것도 없겠습니다.」

「그러면 탐욕한 것이 바로 과두제적 청년이겠지?」 하고 나는 말했다.

「그렇습니다. 여하튼 그가 그로부터 나온 개인은 그로부터 과두제가 나타난 그 국가와 같은 것입니다.」

「그러면 그들 사이에 어떤 유사성이 있는지 생각해 보세.」

「대단히 좋습니다.」

「그러면 우선 그들이 부에다 설정하는 가치관에 있어 서로 비슷한 것들인가?」

「물론입니다.」

「또한 인색하고 그대로 일만 열중하는 성격도 서로 같겠지. 그들 개인은 오직 그의 불가피한 식욕만을 만족시키고 용돈은 거기에다만 쓰네. 그리고 다른 욕망은 이것들이 이득이 없다 하여 억제하네.」

「진실입니다.」

「그는 천한 자이고 닥치는 대로 무엇이건 얻어내어 자신을 위해 저축하네. 이런 자들에게 속된 자들은 찬사를 보내지. 이것이 그가 대표하는 국가의 참모습이 아니겠는가?」

「그렇게 보입니다. 어찌되었든 돈은 국가에 의해서는 물론 그에 의해 높이 평가됩니다.」

「그는 교양이 없는 자라는 것이 틀림없지?」

「그렇습니다. 만일 그가 교육을 받았다면 맹인신(盲人神)을 그의 합창대의 지휘자로 삼지는 않았을 것이고 또한 으뜸가는 명예도 주지 않았을 것입니다.」

「멋있다.」하고 나는 말했다.

「그러나 생각해 보게. 바로 이 교육이 결여되었다는 데 있어 거지 같은 또는 불한당(不汗黨) 같은, 하기는 그의 일상 생활습관으로 마지못해 억제되어 있기는 하지만, 그러한 수펄같은 욕망이 그에게 있다고 우리는 인정하여야만 하지 않겠나?」

「사실입니다.」

「만일 그대가 그의 부정을 찾아내고 싶다면 어디에서 찾아보아야 하는지 아는가?」

「어디를 찾아보아야 합니까?」

「그가 고아를 후견하는 경우와 같이 부정을 행하는 데 크나큰 자유를 가질 때 볼 수 있을 것이네.」

「그렇군요.」

「그 때 가서는 그가 정직하다는 평판을 받는 일상 장사 속에 있어서는 무리하게 덕을 가장하여 자기의 나쁜 열정을 억누를 것이네. 이것은 그 열정들이 악하다는 것을 알아서가 아니고 또한 이성으로 그것을 다스려서도 아니고, 그저 필요해서 그리고 두려워서 자제할 따름이며 또한 그저 재산을 위해 떨기 때문이네.」

「그렇습니다.」

「그렇고 말고. 나의 친구여! 그러나 그대는 그가 남의 것을 쓴다 할 때에는 언제나 수펄같은 자연적 욕망이 그의 마음 속에 있다는 것을 깨닫게 될 것이네.」

「그렇습니다. 그것도 강하게 말입니다.」

「이쯤되면 그 사람은 자신과 싸우게 되지. 그는 한 사람이 아니라 두 사람이 되는 거야. 그리하여 그의 우세한 욕망들이 열세로 몰린 것들을 타도하네.」

「진실입니다.」

「이러한 이유들로 하여 이러한 자는 다른 대부분 사람들보다는 더욱 우러러보이지. 그러나 일치되고 조화된 정신은 멀리 달아나 다시는 그에게 돌아오지 않을 것이네.」

「저도 그렇게 생각합니다.」

「그리고 틀림없이 이 구두쇠는 개인적으로는 국가에 있어 어떤 승리 또는 명예로운 대망을 이루는 데 있어서는 하잘것 없는 경쟁자에 불과하네. 영광을 위한 경쟁에서 자기 돈은 한푼도 쓰지 않을 것이네. 혹시 그의 소비성 욕망들을 깨워서 그것들을 불러들여 전투에 참가시킬까봐 그렇게도 두려워하네. 진실로 과두체제답게 그는 그의 자력의 극히 일부만을 가지고 싸우네. 그 결과 일반적으로 상은 타지 못해도 돈은 그대로 남게 되지.」

「진실입니다.」

「그렇다면 구두쇠 그리고 돈벌이하는 자들이 과두정국가에 대응하는 인물들이라는 데 다시는 의심할 여지가 없겠지?」

「의심할 수 없습니다.」

「다음에 민주제가 나타나네. 이에 관해 그 기원과 성질을 고찰해 보아야 하지. 그 다음에 민주적 인간의 태도를 탐구하여 시비를 가려 보세.」

「바로 그것이 우리들의 방법입니다.」 하고 그는 말하였다.

「자, 그러면 과두정으로부터 민주정으로 어떻게 옮아가지? 이런 식이 아닐까? 즉 이러한 국가가 노리는 선(善)이라는 것은 가능한 한 부자가 되려는 것이고, 이 욕망은 또한 한이 없는 것이지?」

「그리고 어떻게 되는 것입니까?」

「지배자들은 그들의 권력이 부에 의존한다는 것을 알고 있기 때문에 젊은 건달들이 마구 돈을 뿌리는 것을 법으로써 금지하려 들지 않네. 그들이 망해야 덕분에 이득을 볼 터이니까. 그들은 이들로부터 이자를 받고 이들의 재산을 사버리고, 이리하여 그들 자신의 부와 위신을 갖추네.」

「확실히 그렇습니다.」

「같은 국가의 국민 사이에 있어 부에 대한 애착심과 중용의 정신이 공존할 수 없다는 것은 의심할 여지도 없네. 어느 것이고 하나는 버려야 하지.」

「그렇겠습니다.」

「그리하여 과두체제국가에 있어서는 무절제와 낭비가 만연하고 좋은 집안 사람들도 가끔 걸인이 되어버리지 않나?」

「그래도 그들은 그대로 국가 속에 남아 있네. 여기서 그들은 언제나 찌르려고 준비를 갖추고 무장하고 있네. 그들의 어떤 자는 빚을 지고, 어떤 자는 그들의 시민권을 박탈당하고, 제삼자는 양쪽 다같이 곤경을 치르고 있네. 그들은 그들의 재산을 취한 자들과 기타 모든 자들을 증오하고 이에 대하여 모반(謀反)하고 혁명에 열을 올리네.」

「그거 사실입니다.」

「한편 장사꾼들은 꾸부정하게 걸으면서 이미 망쳐놓은 자들을 본체만체하면서 그들의 침을, 즉 이것은 돈인데 그들에 대해 아직 경계심이 부족한 그 외의 다른 자들에게 깊숙하게 찔러넣지. 그리고는 자식들을 줄줄이 달은 아비의 본전(本錢)을 몇 배로 하여 받아내네. 이렇게 하여 그들은 국가를 수펄들과 걸인들로 충만케 하네.」

「그렇습니다. 그런 자들은 참으로 많습니다. 틀림없습니다.」

「악은 불같이 퍼지네. 그들은 남이 그들 자신의 재산을 낭비하는 것을 제한하든지 또는 다른 어떤 대책을 세워 이 불을 끄려고 하지 않네.」

「다른 대책이라는 것은 어떤 것입니까?」

「이것은 차선적 대책인데 국민으로 하여금 그들의 성격을 돌보게 하는 이점이 있네. 즉 국민들로 하여금 자기 자신의 위험부담에 있어 각자가 자발적 의사로 계약을 맺게 한다는 일반적 규칙을 마련하세.[1] 그러면 우리가 말하고 있는 악들은 많이 소멸될 것이네.」

「그렇습니다. 많이 소멸될 것입니다.」

「현재 지배자들은 내가 지적한 동기에 의해 그들의 피치자들을 고약하게 취급하네. 그런데 그들과 그들의 추종자들 특히 통치계층의 젊은이들은 사치에 젖어 심신이 다같이 나태한 생활을 보내지. 아무 일도 하지 않고 쾌락이건 고통이건 참아내지를 못하네.」

「진실입니다.」

「그들 자신들은 돈을 모으는 데만 열중하고 걸인과도 같이 덕을 쌓는 데는 무관심하네.」

「그렇습니다. 그들은 참으로 무관심합니다.」

「그들 사이에서는 이러한 것이 사실로 되어버렸네. 그런데 지배자와 그들의 피치자들은 가끔 순찰(巡察) 또는 행군 같은 데서 전우로서 또는 동료해군병사로서 맞부딪치는 일이 있지. 그래서 위험한 고비에서 서로 상대방의 태도를 관찰하게 되네.—적어도 위험이 개재하는 데 있어 가난한 자가 멸시를 당할 우려는 없네.—그리하여 강인하고 햇빛에 그을린 가난한 자가 햇빛에 그을려 본 일이라고는 없는 하얀 얼굴을 하고 군살이 찐 부자와 어깨를 나란히 하여 전투에 임할 수도 있지. 그가 숨이 차고 또 어찌할 바를 몰라 허덕이는 꼴을 볼 때, 저런 자가 부자인 것은 오직 그를 약탈하는 사람이 없기 때문

1) 신용할 수 없는 상대와 국가가 지정하는 방식 이외의 자발적으로 계약을 맺어 부당하게 당했다 해도 그것은 자초한 위험이라는 뜻.

이라는 결론을 어떻게 모면할 수 있겠는가? 그리고 그들이 사사롭게 만났을 때 "우리들의 전사들은 아무 소용도 없다."고 서로 말하지 않겠는가?」

「그렇습니다. 나는 그들의 이야기하는 버릇을 잘 알고 있습니다.」

「그리하여 마치 병약한 신체가 외부로부터의 자극으로 병에 걸려 버리듯이 그리고 때로는 외부로부터의 자극도 받지 않았는데 내부로부터 소동이 일어나듯이 국가 내에 약점이 있을 때에는 여기서도 병에 걸리기 쉽네. 이 경우에도 유인은 대단치도 않네. 한쪽 편은 외부로부터 과두적인 그리고 다른 한편은 민주적 동맹군을 불러들이게 되면 국가는 병드는 것이고, 그렇게 되면 내란이 일어나네. 그리고 때로는 아무런 외부원인이 없어도 혼란에 빠지네.」

「틀림없이 그렇게 됩니다.」

「이렇게 되면 민주제는 가난한 자들이 그들의 적을 정복하여 어떤 자들은 죽이고 어떤 자들은 추방하고 그 나머지에게는 평등한 자유와 권력을 나누어 주었을 때 생기게 되네. 여기에 있어서는 행정관들이 추첨으로 선출되는 통치형태지.」

「그렇습니다. 혁명이 무장봉기에 의해 이루어지든 또는 공포에 사로잡혀 상대방이 자진해서 퇴진하든, 이것이 민주제의 본질입니다.」

「그러면 그들의 생활양식은 어떤 것이고, 그들은 어떤 통치체제를 가질 것인가? 하기는 통치체제 여하에 따라 인간의 모습도 결정될 것이니까.」

「명백합니다.」

「우선 그들은 자유롭지 않은가, 그리하여 국가는 자유와 솔직한 것으로 차 있어 사람은 하고 싶은 대로 말하고 행동하겠지?」[1]

「그렇게들 말들 합니다.」 하고 그는 대답했다.

---

1) 이하 민주제의 묘사는 당시의 아테네 국가를 그대로 그린 것으로 보인다. 민주제의 〈자유〉로서 플라톤은 지배자 · 피지배자 교체의 자유와 원하는 대로 사는 자유, 이 두 가지에 관해 말하고 있다.

「그러면 자유가 있는 곳에 개인은 자기가 뜻하는 대로 그의 생활을 질서잡을 수 있겠지?」

「틀림없습니다.」

「그렇다면 이러한 국가에 있어서는 인간 성질들의 종류도 가장 많겠지?」

「그렇겠습니다.」

「그렇다면 온갖 꽃들이 반짝이게 수놓아진 옷과도 같이 이것은 가장 아름다운 국가로 보이네. 그리하여 마치 부녀자들이 무엇보다도 가지 각색의 색깔을 좋아하듯이 인간의 태도들과 성격들이 어울려 수놓아진 이 국가를 가장 아름다운 국가라고 생각하는 사람들도 많네.」

「그렇습니다.」

「그렇고 말고. 그런데 여보게 국제(國制)를 찾아보기에는 그만한 곳도 없지.」

「어찌하여 그렇습니까?」

「거기에는 자유가 주관하고 있단 말이네. 그들은 하나의 완전한 배합된 국헌(國憲)들을 갖고 있네. 그리하여 우리가 하듯이 하나의 국가를 창건하고자 마음먹은 자는 마치 그들이 그것을 파는 시장에 가듯이 민주제국가를 찾아가 보아야 하네. 그리고 거기서 맘에 드는 것을 하나 골라야지. 여기서 선택된 것을 가지고 국가를 창건할 수 있네.」

「모형들은 얼마든지 있을 것입니다.」

「이 나라에서는 그대가 지배할 만한 충분한 능력을 갖추고 있다 하더라도 지배할 필요도 없고 반대로 그대가 원치 않는다면 지배를 받을 필요도 없네. 또한 남들이 싸우고 있다 하여 싸울 필요도 없거니와 남이 평화롭게 지낸다 하여 그대가 평화를 원치 않는다면 역시 평화롭게 지낼 필요조차 없네. 또한 어떤 법률로써 그대가 관직을 얻거나 재판한다거나 하는 것을 금한다 하더라도 그대 맘에 들지 않는다면 꼭 그대로 지킬 필요는 없는 것이네. 이러한 식의 생활은 어찌되었든 당장은 더없이 즐거울 것이 아니겠나?」

「당장은 좋을 것입니다.」

「어떤 경우에 형이 선고된 자에 대한 그들의 인간성도 또한 멋이 있지 않나? 그대도 보았겠지만 민주제에 있어서는 많은 사람들이 비록 사형선고를 받고 또는 추방명령을 받았다 할지라도 그들이 있는 고장에 그대로 머물러 있고 그대로 돌아다니네. 이들 신사는 영웅같이 행렬(行列)하는 데 또한 아무도 본 척도 하지 않고 상관도 하지 않네.」

「그렇습니다. 그런 자가 허다합니다.」

「또한 이것 보게.」하고 나는 말했다.

「민주제의 관용성, 사소한 것들에 대한 무관심, 우리가 국가를 일으켜 세우는 데 있어 소중하게 설정하였던 훌륭한 원칙들에 대한 멸시 등도 볼 만하지. 그 때 우리는 이렇게 말했지. 아주 비범한 자질을 가지고 태어난 자를 제외하고는 어릴 때부터 훌륭한 일들 속에 싸여서 놀고, 이것들로 약을 삼고 배우고 하지 않고서는 훌륭한 사람이 될 수 없다고 말했지. 그런데 민주제는 얼마나 당당하게 우리들의 좋은 생각들을 짓밟고 정치가로 되기 위해 종사할 일들에 대해서는 돌아다보지도 않고 그저 인민의 친구라고 언명만 한다면 누구이건 상관할 것 없이 명예를 주어 떠받드네.」

「참으로 고상한 정신입니다.」

「이와 같은 그리고 다른 이와 유사한 특징들이 민주제에는 적합한 것이고, 이는 참으로 매력이 있는 정체이지. 다양하고 무질서하고 평등한 자들에게나 평등하지 않은 자들에게나 한결같이 일종의 평등을 베푸네.」

「우리들은 민주제를 잘 알고 있습니다.」

「이제 생각해 보세.」하고 나는 말했다.

「이에 대응하는 인간형은 어떤 것인지. 오히려 국가의 경우에 있어서와 같이 어떻게 그는 생기게 되었는지 고찰하여 보기로 하세.」

「좋습니다.」하고 그는 말했다.

「이렇게 되어진 것이 아닐까. 즉 그는 자기 자신의 습성에 따라 그를 훈련한 인색하고 과두제적인 아비의 자식일 것이네.」

「바로 그렇습니다.」

「그리하여 그의 부친이나 마찬가지로 쓰는 것이고, 벌어들이는 것은 못되는 쾌락들을 불필요한 것이라고 말하면서 강제로 억제하네.」

「명백합니다.」

「선명하게 하기 위해 필요한 쾌락과 불필요한 것들을 아예 구별하는 게 어떠할까?」

「그게 좋겠습니다.」

「필요한 쾌락이라는 것은 없어서는 안되는 것이고 또한 만족함으로써 우리에게 유익한 것이 아니겠나? 암 그렇지. 우리는 자연적으로 유익한 것과 필요한 것을 다같이 원하도록 되어져 있고 그렇게 되지 않을 수 없으니까.」

「진실입니다.」

「그러므로 이것들을 필요한 것이라고 불러도 무방하겠지?」

「무방합니다.」

「만일 젊어서부터 애써 습관을 붙여 그것 없이도 지낼 수 있는 욕망들은, 더욱이 있어 보았자 소용없는 것들, 어떤 경우에는 선(善)과는 반대되는 것들, 이런 것들은 불필요한 것들이라고 하여도 잘못은 아니지?」

「물론입니다.」

「그러면 그들에 관한 개념을 얻기 위해 각자 하나씩 예를 들어보면 어떠한가?」

「대단히 좋습니다.」

「식욕, 이것도 단순한 음식과 양념으로 된 것이 되겠는데, 건강과 힘의 원천으로 요구되는 것은 필요한 종류이겠지?」

「그렇게 생각해야 하겠지요.」

「먹는 데 대한 쾌락은 두 가지 일에 있어, 즉 이것은 우리에게 좋고 또한 생명을 유지하는 데 긴요한 것이지?」

「그렇습니다.」

「그러나 조미료는 건강에 필요한 한에 있어 오직 필요한 것이겠지?」

「물론입니다.」

「이 이상으로 되는 욕망, 즉 더욱 맛있는 음식 또는 기타 사치들은 젊었을 때 잘만 훈련된다면 통제할 수 있고 일반적으로 제거할 수 있네. 이런 욕망들은 사실 몸에도 해롭고 또한 지혜와 덕을 추구하는 정신에도 좋지 못하네. 이러한 것들은 불필요한 것이라 하여도 무방하겠지?」

「틀림없습니다.」

「이들 욕망을 소비적이라고 하고 앞의 것들은 생산에 보탬이 되므로 생산적이라고 말할 수 없을까?」

「말할 수 있습니다.」

「성욕 그리고 기타 모든 쾌락들도 여기에 적용이 되겠지.」

「그렇습니다.」

「그리고 내가 말한 수펄은 이런 종류의 쾌락과 욕망에 젖은 자이겠고 불필요한 욕망의 노예이고 또한 반대로 필요한 것에만 집착하는 자는 구두쇠이고 과두제적인 자지.」

「진실입니다.」

「다시 그럼 어떻게 민주형인 인간이 과두형에서부터 자라났는지 알아볼까? 다음과 같은 것이 그 과정이라고 생각하는데.」

「어떤 과정입니까?」

「마침 우리가 묘사한 바와 같은 청년이 천하고 인색하게 자라났을 때 수펄의 꿀맛을 보고 그에게 쾌락의 모든 맛과 종류들을 제공할 수 있는 사납고 약삭빠른 자와 교제하게 되면 그 때 가서는 상상 그대로 그 속에 있는 과두제적 원칙이 민주제적인 것으로 변하기 시작할 것이 아닌가?」

「틀림없습니다.」

「그리고 국가에 있어서와 같이 같은 것이 같은 것을 돕네. 그리하여 국민의 일부층을 돕는 외부로부터의 동맹군에 의해 변혁이 일어나듯이 청년에 있어서도 또한 자기 속에 있는 욕망들을 돕기 위해 외부로부터 들어온 어떤 비슷한 욕망에 의해 변화가 생기네. 이리하여 동류가 다시 동류를 돕게 되지.」

「그렇습니다.」

「그리고 만일 동맹군이 있어 자신 속에 있는 과두제적 원칙을 돕는다고 하세. 부친이든 일가문중이든 충고하고 나무라고 할 때에는 그의 마음 속에 갈등이 생기고 그는 자기 자신과 싸우게 되네.」

「틀림없이 그렇게 됩니다.」

「그리고 민주제적 원칙이 과두제적인 것에 압도당할 때가 있네. 그러면 그의 욕망은 식고 또한 다른 것들도 퇴색하지. 다시 두려워하는 마음이 젊은이에게 생기고 질서는 회복되네.」

「그렇습니다. 때로 그런 일이 있습니다.」

「그리고 그 때 다시 낡은 욕망들이 추방된 다음 그것들과 같은 새로운 욕망들이 일고, 이들을 어떻게 교육시켜야 할지 그들 부친들은 아는 바 없으므로 점점 더 사납고 수도 많아지네.」

「그렇습니다. 그렇게 되기 쉽습니다.」

「이들 욕망들은 그로 하여금 그의 옛친구들에게 다시 접근시키고 그들과 비밀리 교제하면서 자라나고 늘어나네.」

「진실입니다.」

「드디어 이들 욕망이 젊은이의 정신의 성새(城塞)를 점령하네. 신들이 아끼는 자들의 마음 속에 자리잡고 그들의 최선의 수호자 및 감시자가 되는 모든 업적, 아름다움 추구, 진실한 말들이 이제 여기서는 찾아볼 수 없게 되네.」

「수호자로선 더할 나위 없이 최선일 것입니다.」

「거짓과 자만과 억견(臆見)이 올라와서 자리잡네.」

「틀림없이 그럴 것입니다.」

「그리하여 젊은이는 연꽃 열매를 먹고 모든 시름을 잊은 사람들의 나라로 돌아오고, 만인 앞에서 거기에다 주거를 잡지. 그리고 그의 친구들에 의해 그의 과두제적 부분에다 원군이 보내진다 하더라도 앞서 말한 허망한 자만심이 왕의 성새(城塞)의 문을 닫아버리네. 그리하여 사절단의 입성도 허용하지 않고 또한 사적 입장에서 부친같이 노련한 충고를 한다 하더라도 듣지도 받아들이지도 않네. 이렇게 되면 싸움이 일어나고 자기 마음먹은 대로 정복해 버리네. 어리석음이라고 그들이 부르는 겸손은 그들에 의해 욕되게 추방되고, 그들이 남자답지 못하다고 별명짓는 절제는 진흙 바닥에서 밟히고 버려지네. 그들은 사람들에게 분을 지킬 줄 안다는 것, 그리고 요령있는 출비(出費)들을 야비하고 천하다고 설득하고, 악한 욕망들의 힘을 빌려 이것들을 성벽 밖으로 쫓아내 버리네.」

「그렇습니다. 한사코 그러할 것입니다.」

「그리고 이제 그는 그들의 힘에 사로잡히고 그들의 비방을 전수받아 그의 혼을 텅 비우게 하고 말끔하게 하였을 때, 그 다음에 할 일은 이들의 집에다 오만, 무정부, 낭비, 그리고 무례에 꽃관을 화려하게 씌우고 합창대를 데리고 그들을 찬양하면서 감미로운 이름으로 부르게 하네. 그들은 오만을 훈육이 잘 되었다 하고, 무정부를 자유라 하고, 낭비를 멋지다 하고, 무례한 것을 용기라고 부르네. 이리하여 젊은이는 필요한 것만 따지는 학파에 의해 훈육된 그의 본래의 성질에서 벗어나 쓸모 없고 불필요한 쾌락에 대한 자유를 누리고 난봉꾼으로 되어버리네.」

「그렇습니다. 그에 있어서의 변화가 눈에 보이는 듯합니다.」

「그 후 그는 필요한 것들에 못지않게 돈과 정력과 시간을 소비해가면서 살아가네. 그러나 그가 다행히도 시일이 경과함에 따라 아주 돌아버리지 않고 또한 열정의 한창 때가 지나 그 때에 가서 그 나라에 추방된 덕의 일부를 다시 받아들이고 그들 후계자들에게 자신을 전적으로 내맡기지 않았다면 이런 경우에는 그는 그의 쾌락을 균형잡고 일종의 평형상태에서 살게 되네. 자신에 관한 통치를 우선 먼저 찾아온 것에 내맡기고 실컷 맛을 본 다음 또 다른 것에 내맡기는 것이네. 그들을 다같이 멸시하지 않고 평등하게 북돋아가면서.」

「옳습니다.」 하고 그는 말했다.

「그는 어떤 진실한 충고도 받아들이지 않고 성새(城塞)를 통과시키지 않네. 만일 누가 어떤 쾌락들은 선하고 고상한 욕망을 그리고 다른 것들은 악한 욕망을 만족시키는 것이므로, 전자들을 활용하고 명예롭게 할 것을 권하거나 후자들은 견책하고 극복해야 한다고 타일러도, 그는 머리를 좌우로 흔들고 그것들은 다같은 것이고 하나가 선한 만큼 다른 것도 선하다고 말하네.」

「그렇습니다.」 하고 그는 말했다. 「그에 있어서는 그렇게 될 수밖에 없습니다.」

「그는 그때 그때의 욕망에 사로잡혀 지내게 되네. 그리하여 어떤 때에는 술에 대취(大醉)되어 피리소리에 귀를 기울이는가 하면, 때로는 물만 마시고 몸을 야위게 하려고 하네. 그리고는 체육으로 돌아서네. 어떤 때에는 모든 것이 귀찮아서 게으름을 피우고 그리고 다시 한번 철학가로서의 생을 살아보네. 가끔 그는 심심치 않게 정치에 손을 대고 벌떡 일어나서 자기 머리에 떠오르는 말을 지껄이고 또한 행동으로 옮기네. 그리고 만일 전사가 부러우면 그 방향으로 나가고, 상인이 부러우면 또 그렇게 하네. 그의 생에는 법도 질서도 없네. 그리고 이러한 산란한 생활을 희열, 행복, 그리고 자유라고 이름 짓고 그대로 계속하네.」[1)]

「그렇습니다. 그는 만사에 자유롭고 평등합니다.」 하고 그는 대답했다.

「그렇지. 그의 생은 다채 다양하고 여러 생들의 축도지. 그는 우리

1) 이상의 묘사에 있어서는 『향연』에서 등장하는 아르기피아데스를 염두에 두고 있다고 생각된다.

가 아름답고 다채롭다는 국가에 대응하네. 많은 남녀가 그들의 모형으로 그를 택할 것이고 그에게는 많은 국제(國制) 그리고 많은 거동과 예절이 담겨져 있네.」

「바로 그렇습니다.」

「그러면 그를 민주제에 대응하게 하세. 그러면 그는 과연 민주적 인간이라고 할 수 있네.」

「그의 고장으로 정해 두죠.」 하고 그는 말했다.

「맨 끝에 사람과 국가 다같이 가장 멋있는 참주제와 참주가 나타나네. 이들을 우리는 이제 고찰하여 보아야 하지.」

「옳습니다.」 하고 그는 말했다.

「자, 그러면 참주제는 어떻게 생겨나지? 이것이 민주제적 기원을 갖고 있다는 것은 명백하지.」[1)]

「명백합니다.」

「그러면 민주제가 과두제에서 튀어나왔다니 참주제는 민주제로부터 발생한 것이 아닐까. 물론 어떤 의미에서 말일세?」

「어떻게 말씀입니까?」

「과두제가 그 자체에게 선한 것으로 권하고 또한 이것으로 그것이 유지되는 것이 바로 지나친 부(富)가 아닌가. 내가 틀렸나?」

「그렇습니다.」

「그리고 부에 대한 끊일줄 모르는 욕망, 오직 돈을 벌기 위해 기타 모든 것을 소홀히 한다는 것이 과두제의 멸망으로 직결되었지?」

「진실입니다.」

「그런데 민주제도 그 자체의 선(善)이라는 것이 있네. 이것을 갈망하다가 자체 그대로 망해버리지.」

「어떤 선을 말씀하시는 것입니까?」

---

1) 이하에 있어 국제(國制)의 변화는 하나의 국제가 선(善)이라고 하는 것(과두제에서는 부, 민주제에서는 자유)에 대한 지나친 탐욕과 그 이외 것들에 대한 무시가 원인이다라는 일반원칙을 말한 다음, 민주제가 지나치면 무정부 상태로 되고 이로부터 참주제가 발생한다는 것을 말하고 있다.

「자유말이네.」 하고 나는 대답했다.

「민주제에서 그들이 말하듯이 이것이 국가의 영광이 되네. 그러므로 민주제에 있어 오직 자유인은 살 만하다는 것이지.」

「그렇습니다. 모두들 그렇게 말합니다.」

「바로 이런 끊일줄 모르는 욕망과 기타 모든 것을 소홀히 한다는데 있어 민주제에 변혁이 생기게 되는데, 이번에는 참주제에 대한 요청으로 되어버렸다는 것을 말해 보려는 것이네.」

「어찌해서 그렇게 됩니까?」

「자유를 갈망하는 민주제가 이 연회에서 술 따라 주는 자로서는 좋지 못한 자를 만났을 때 그리고 자유라는 강한 술에 지나치게 취하였을 때, 민주제의 지배자가 대단히 말을 잘 듣고 넉넉하게 통에서 술을 기울여 준다면 몰라도 그렇지 못하면 민주제는 지배자들에게 책임지라 하고 그들에게 죄를 과하고 과두제적 인물들이라고 욕을 퍼붓네.」

「그렇습니다. 이런 일이 가끔 있습니다.」 하고 그는 대답했다.

「그렇지. 그리고 충직한 국민들은 민주제적인 자에 의해 노예상태를 좋아하는 자들, 하잘것 없는 자들이라는 말을 듣네. 그들은 지배자 같은 피치자 그리고 피치자 같은 지배자를 원하네. 이들이 그들의 맘에 드는 것이고 이들을 찬양하고 사적 또는 공적으로 명예를 베푸네. 이쯤 되면 이러한 국가에 있어 자유라는 게 한계가 있겠는가?」

「한계라는 것이 없을 것입니다.」

「점차로 무정부상태가 개인집에도 찾아들고 동물들 사이에도 스며들어 전염시키고 끝장을 볼 것이네.」

「어떻게 말씀입니까?」

「다름이 아니라 아비가 아들의 위치로 떨어지게 되고 아들을 두려워하게 되네. 아들은 아비의 위치에 올라가고 부모를 공경하고 존경하지 않네. 이것이 바로 그들의 자유인 것이고, 이제 거류외인(居留外人)은 국민과 다를 바 없고 국민은 거류외인과 다를 바 없게 되네.

이리하여 이방인도 이들과 다를 바 없네.」

「그렇습니다. 이렇게 되어 있습니다.」

「그런데 악은 이것만이 아니네. 그 밖에도 여러 가지 이만은 못하지만 악한 것들이 있지. 이러한 사회상태에서는 선생들이 그의 제자들을 두려워하여 아부하고, 제자는 제자대로 그의 선생들을 멸시하네. 노유(老幼)가 한결같이 같고, 젊은 것이 나이먹은 자의 행세를 하고, 아들과 더불어 말에 있어서나 행동에 있어 맞서려고 하네. 그리고 나이먹은 자는 젊은 것들과 어울려 노소동락(老少同樂)하네. 그들은 완고하고 권위를 지니는 것같이 남이 생각하는 것을 두려워하네. 그래서 일부러 젊은이들을 모방하네.」

「사실 그렇습니다.」 하고 그는 말했다.

「국민대중의 자유의 극한에 있어서는 노예가 금전으로 남자건 여자건 매매되고, 그러면서도 매수자(買收者)와 마찬가지로 자유롭다는 것이네. 또한 남녀간의 성관계에 있어 자유와 평등을 말하는 것을 잊어서는 안되겠지.」

「아이스킬로스가 말한 대로 일단 말이 났으니 한번 이야기해 봄직도 하지 않습니까?」

「그렇지. 내가 지금 하려는 것도 바로 그것일세.」 하고 나는 대답했다.

「어떤 나라에서보다도 민주제국가에 있어 인간의 지배 하에 있는 동물들이 누리는 자유가 얼마나 큰 것인지는 보지 못한 사람은 믿지도 않을 것이네. 사실 옛말 그대로 암캐는 여주인을 그대로 닮았지. 그리고 말과 당나귀는 자유인과 같은 권리와 존엄을 모두 갖추고 걸어 나가네. 그리고 길을 비켜주지 않으면 걸리는 대로 걷어차 버리지. 하여튼 만사에 자유가 흘러 넘치네.」

「시골길을 가노라면 당신께서 말씀하신 그대로를 가끔 경험할 수 있습니다. 당신이나 나나 같은 꿈을 꾸었습니다.」

「그리고 무엇보다도 이 모든 것의 결과로서 얼마나 국민들이 민감해지는지 아나? 그들은 조금이라도 권위의 냄새만 나면 참지 못하고 초조해지네. 그리하여 결국에는 그대도 알다시피 성문법이건 불문법이건 법률조차 무시하네. 그들은 그들 위에 아무도 두지 않으려는 것이지.」

「그렇습니다. 잘 알고 있습니다.」

「이런 것이 참주제가 튀어나오는 화려하고 영광된 시초이네.」

「과연 영광스럽습니다. 그런데 그 다음 단계는 어떤 것입니까?」

「과두제의 몰락이 곧 민주제의 몰락이지. 같은 병이 커지고 여기에 자유가 강화되어 민주제를 제압하게 되네. 무엇이고 너무 지나치면 그 반대방향의 반동을 불러일으킨다는 것이 진리이지. 이것이 사계(四季) 및 동식물에 해당될 뿐만 아니라 또한 통치형태에도 적용되네.」

「사실입니다.」

「지나친 자유는 국가에 있어서나 개인에 있어서나 지나친 노예상태로 떨어질 뿐이네.」

「그렇습니다. 자연의 섭리입니다.」

「그리하여 참주제가 자연적으로 민주제로부터 발생하네. 그리고 가장 악화된 참주제와 노예제의 형태는 가장 극심한 자유의 형태에서 나오네.」

「말할 것도 없이 그렇겠습니다.」

「그러나 이것은 그대의 질문의 요점이 아니라고 나는 생각하네. 그대는 오히려 과두제나 민주제에서 다같이 발생하여 둘다 망친 병은 어떤 것인지 그것을 알고 싶은 것이지?」

「바로 그렇습니다.」 하고 그는 말했다.

「자, 그러면 나로서는 게으름뱅이 낭비자들을 말하려는 것이네. 이자들로 말하면 용기가 더한 자들이 지휘를 맡게 되고 좀 겁이 많은 자들은 추종자들이 되는데, 이들을 우리는 벌에 비겨서 어떤 것들은 침을 갖고 어떤 것들은 침을 갖지 못한 수펄로 해놓았지.」

「대단히 적절한 비유입니다.」

「이 두 계층은 그들이 발생한 어느 고장에서나 말썽이네. 마치 가래와 담즙이 몸에 말썽을 부리는 것같이. 그래서 명의나 또는 국가의 입법가들은 마치 현명한 벌통 주인같이 그들을 접근하지 못하게 하고, 가능하다면 침입하지 못하게 하여야지. 그들이 어떻게 해서 방법만 찾아낸다면 그 때는 하루 속히 그들과 그들의 세포를 잘라내야 하지.」

「무슨 수단을 써서도 그렇게 하여야 하겠습니다.」 하고 그는 말했다.

「그러면 우리가 무엇을 하고 있는지 밝히기 위해 민주제를, 사실 그렇기는 하지만, 세 계층으로 나누었다고 상상해 보세. 우선 첫째로 자유는 과두제국가에 있어서보다 민주제국가에 있어 더욱 많은 수펄을 생산하네.」

「진실입니다.」

「그리고 민주제에 있어 그들은 더욱 더 격렬하지.」

「어찌해서 그렇습니까?」

「그것은 과두제국가에 있어서는 그들은 자격이 박탈되고 관직에서 추방되어 힘을 기르고 쓸 사이도 없는데, 민주제에 있어서는 그들이 전체로서 하나의 지배권력이지. 그리하여 좀 영민한 자가 말하고 행동하고, 나머지는 연단에 몰려와서 끝내 웅성거리네. 이처럼 민주제에서는 모든 것이 수펄에 의해 운영되네.」

「과연 옳은 말씀이십니다.」 하고 그는 말했다.

「그런데 대중으로부터 항상 분리된 또 하나의 계층이 있네.」

「그것은 어떤 것입니까?」

「그들은 질서를 지키는 계층이네. 상역(商易)을 위주로 하는 국가에서는 이 계층이 가장 부유하네.」

「자연히 그렇겠습니다.」

「그들은 가장 짜낼 수 있는 자들이겠고 또한 수펄에게 가장 많은 꿀을 제공하네.」

「그렇죠. 갖지 못한 자들로부터는 짜낼 것도 없을 것입니다.」

「그리하여 이것이 부유한 계층이라는 것이고, 수펄들은 이들을 빨고 사네.」

「사실 그렇습니다.」 하고 그는 말했다.

「그 다음 인민들이 세번째 계층인데, 그들은 손으로 일해서 먹고 사는 사람들이네. 그들은 정치가도 아니고 또한 먹고 살 것도 그다지 많지 않네. 그러나 모이면 민주제에 있어서는 가장 크고 가장 강력하지.」

「진실입니다. 그러나 대중은 꿀이 조금 생기지 않으면 결코 자발적으로 모이지 않습니다.」

「그러므로 그들은 나누어 갖지 않나?」 하고 나는 말했다.

「그들의 지도자들은 부자들로부터 재산을 뺏어 인민들에게 나누어 주지 않는가. 동시에 더 많은 부분은 그들 자신들을 위해 간직하지.」

「그렇고 말고요. 그 정도로 인민은 나누어 받는 것입니다.」

「재산을 빼앗긴 자들은 그들이 할 수 있는 한 인민들 앞에서 자신을 보호할 수밖에 없겠지?」

「그 이외에 그들은 어떻게 하겠습니까?」

「그렇게 되면 그들이 변혁을 원하지 않는지 하더라도, 어떤 자들이 있어 그들이 인민을 배반하려 들고 과두제의 편을 든다고 모략할 것이네.」

「그렇습니다.」

「그리하여 결국에는 인민들이 자발적은 아니지만 무식해서 그리고 자기들을 해치기 위한 무고자(誣告者)들에 의해 속아서 행동을 취하려 할 때 그들은 사실상 과두제적으로 되어버리네. 그들은 그렇게 하려는 것은 아니겠지만 수펄의 침이 그들을 괴롭히므로 자신들 속에 혁명을 기르네.」

「그대로 사실입니다.」

「그 때 서로 탄핵하고 재판하고 논고(論告)하지.」

「그렇습니다.」

「인민들은 언제나 어떤 우월한 자를 내세우고 받들어 점점 더 위대하게 만드네.」

「그렇습니다. 그런 식으로 합니다.」

「바로 다름아닌 이 뿌리에서 참주가 싹트네. 그는 지면에서 나타나자마자 보호자로 되네.」

「그렇습니다. 명백합니다.」

「그러면 어떻게 해서 보호자가 참주로 변하는 것이지? 틀림없이 바로 어떤 사람이 아루가디아에 있는 류가이온 제우스의 신전에 관한 이야기 속에서 하였다는 일을 그가 할 때 참주로 되네.」

「무슨 이야기입니까?」

「다른 희생(犧牲)들의 내장들에 가느다랗게 토막이 나서 섞인 유일한 인간의 내장의 맛을 본 사람은 늑대가 되기 마련이라는 이야기지. 그대는 들어본 일이 없나?」

「들었습니다.」

「인민과 보호자라는 것이 그와 같네. 폭도들을 제 손아귀에 넣고 동족들의 피를 보는 것을 서슴지 않네. 거짓 고발이라는 그가 즐겨 쓰는 방법으로 그들을 법정에다 끌어내고 살해해 버리네. 이리하여 인간의 생명을 소멸시키고 부정한 혀와 입술로써 같은 동포의 피를 맛보는 것이지. 어떤 자는 죽이고 또 어떤 자는 추방하고, 동시에 부채를 없애고 토지를 분배해 버린다고 은근하게 일러주네. 그러면 이 이후 그의 운명은 어떻게 될 것인가? 그의 적의 손에 걸려 죽지 않으면 사람이 늑대 즉 참주가 되고야 말겠지?」

「불가피합니다.」

「부자에 대한 당파를 만들기 시작하는 자는 바로 이 자이네.」

「바로 그 자입니다.」

「일시 추방되었으나 적을 물리치고 돌아올 때에는 완전한 참주로 되어 돌아오네.」

「그것은 명백합니다.」

「그리고 만일 그들이 그를 추방하지 못하고 또는 공적 고발에 의해 사형선고를 내리지 못할 때에는 그들은 그를 암살코자 계략을 꾸미네.」

「그렇습니다. 이것이 그들의 수법입니다.」 하고 그는 말했다.

「이 때 신변보호자에 대한 잘 알려진 요구가 나타나네. 이것은 그들의 참주적 경력이 어지간히 성숙된 다음에는 누구나 취하는 수법이지. 즉 인민의 친구로 하여금 행여나 그들에게 당하지 않기 위한다는 것이지.」

「바로 맞습니다.」

「인민은 서슴지 않고 동의하네. 그들이 오직 두려워하는 것은 그들을 위한 것이고 자기들을 위한 두려움은 없을 터이니까.」

「어김없이 진실입니다.」

「부유하지만 또한 인민의 적이라는 비난을 받고 있는 자가 이 꼴을 보면 그 때에는, 여보게, 구로이소스가 받은 신탁(神託) 그대로 "자갈밭 헤르모스의 해변을 거쳐 그대로 도망쳐 그칠줄 모르고 비겁한 자라는 말은 귓전에도 들려오지 않는다."[1]

「그것 또한 올바른 행동입니다. 듣고 부끄러워하다가는 다시 부끄러워할 사이도 없을 터이니까요.」

「붙들리면 죽겠지?」

「물론입니다.」

「우리가 말한 보호자는 큰 몸집을 그대로 옆으로 하여 누워 있지는 않네.[2] 그는 이제 많은 자들을 때려 눕히고 국가라는 전차 위에 높이 서서 고삐를 잡고, 이제는 보호자로서가 아니라 절대군주로서 군림하네.」

「틀림없을 것입니다.」 하고 그는 말했다.

---

1) 자기 나라의 운명을 투디아 신에게 물어본 구로이소스에 대해 신이 내린 신탁(神託). 헤로도토스, 『역사』, 제1권, 55 참조.

2) 호메로스, 『일리아드』, 제16권 776행 참조.

「그러면 이제 그와 같은 동물이 나타나는 국가와 인민들의 행복을 한번 고찰해 보세.」

「생각해 봅시다.」

「우선 집권 초기에는 그는 만면에 웃음을 띠고 만나는 사람마다 인사를 하네. 그런데 공적으로나 또한 사적으로 약속을 하고, 부채를 탕감하고, 인민과 그의 추종자들에게 토지를 분배하고, 남에게 그다지도 친절하고 모든 자에게 잘해 주려는 이런 자를 참주라고 불러야 한다니!」

「물론입니다.」 하고 그는 말했다.

「그러나 그가 정복 또는 조약으로 외적을 물리쳤을 때 그리하여 두려워할 것이 없어졌을 때에는 인민이 지도자를 요청하도록 또 다른 전쟁을 책동하네.」

「틀림없이 그렇습니다.」

「거기에는 또 다른 목적도 있지. 그들이 중세(重稅)에 눌려 가난해지고 매일 일에 몰리고 그만큼 그에 대해 모반을 일으킬 기회가 적어진다는 것도 계산하고 있지.」

「명백합니다.」

「그리고 만일 누구이든 그에 의해 자유사상을 품고 그의 권위에 반항하려 한다는 것을 의심받을 때에는 좋은 구실을 마련하면 이들을 적에 내맡김으로써 파괴해 버리네. 이런 이유들 때문에 참주는 언제나 전쟁을 불러일으키지.」

「그는 그래야만 합니다.」

「이제 그도 인기가 떨어져가네.」

「필연적 결과입니다.」

「그를 옹립한 자 그리고 권력을 가진 어떤 자는 그의 마음을 그에게 솔직하게 말하고, 그 중에서도 용기있는 자는 무엇이 지금 이루어지고 있는지 그를 가지고 책망하네.」

「그럴 수 있습니다.」

「이리하여 참주는 만일 지배하려 든다면 이들을 제거해야만 하네.

빼대 있는 자는 친구고 적이고 남아 있는 한 가릴 것 없이 이들의 제거를 중지할 수 없네.」

「중지할 수 없습니다.」

「그러므로 자기 주변을 돌아다니다 보고 누가 용감한지 누가 도량이 넓고 누가 현명하고 누가 부자인지 알아보아야만 하네. 참으로 행복한 자네. 모든 자를 적으로 돌려놓고, 그리고는 드디어 국가 전체를 말끔히 청소할 때까지는 원하든 원치 않든 구실을 찾아내서 그들을 숙청해 버려야만 한다니.」

「그거 참 청소치고는 희한합니다.」

「그렇지. 의사가 신체를 말끔하게 하는 청소와는 종류가 다르지. 그들은 나쁜 부분을 제거하고 건전한 부분은 그대로 남겨두는데, 이것과는 정반대이니까.」

「만일 그가 그대로 통치하려면 부득이한 일이겠습니다.」

「양자 택일하고는 참으로 축복받은 것이지. 많은 고약한 자들하고만 살고, 그들에 의해 미움을 받고 그렇지 않으면 죽어버려야만 하니까.」

「그렇습니다. 그것이 양자 택일입니다.」

「그의 행동들이 국민에게 포기할 만한 것일수록 그만큼 더 많은 추종자들과 더 큰 충성을 그들에게 요구하네.」

「확실히 그렇습니다.」

「그런데 충성을 다하는 자들은 어떤 자들이고 또한 어디서 구할 수 있는가?」

「만일 돈만 준다면 그들은 제멋대로 몰려들겠지요.」하고 그는 말했다.

「원, 개 같은!」하고 나는 말했다.

「모든 종류의 모든 고장에서 모여든 더 많은 수펄들이 있다 그 말이지?」

「그렇습니다. 얼마든지 있습니다.」

「그러나 그는 당장에 그들을 얻어내려고 할 것이 아닌가?」

「무슨 말씀입니까?」

「시민들로부터 그들의 노예들을 탈취하고 이들을 자유민으로 한 다음 그의 호위병으로 삼네.」

「그렇겠습니다. 그는 그들을 가장 믿을 수 있을 것입니다.」

「참으로 참주라는 것은 축복받은 위인이지. 다른 사람들은 죽여 놓고 이것들을 그의 믿음직한 친구들로 삼다니.」

「그렇습니다. 그들은 그와 동류입니다.」

「그렇지. 이들은 그가 불러들인 새로운 시민들이고, 이들은 그를 숭배하고 그의 동료이지. 반면 선량한 자는 그를 미워하고 피하네.」

「물론이겠죠.」

「과연 그렇다면 비극은 현명한 것이고, 유리피데스는 위대한 비극 작가이네.」

「어찌해서 그렇습니까?」

「그는 다음과 같은 의미 심장한 말을 하였으니까. "참주는 현인과 더불어 있어 현명하니라." 이리하여 그는 참주가 그의 동료로 만드는 자들은 현명하다고 명백하게 언명하였네.」

「그렇습니다. 그는 참주를 신과 같은 자라고 찬양했습니다. 그리고 그 외에도 여러 가지 이와 같은 말을 다른 시인들도 하였습니다.」

「그들은 참주제의 찬미자들이므로, 만일 우리가 우리 국가 속에 비록 그들을 받아들이지 않는다 하더라도 비극시인들은 현명한 자들이니까 우리들과 또한 우리와 같은 생활을 하는 자들을 용서해 줄 것이네.」

「그렇습니다. 정신기(精神氣)가 있는 자라면 우리를 용서해 주겠지요.」

「그러나 그들은 그대로 다른 국가들을 순방하고 군중들을 모으고 아름답고 크고 설득력 있는 음성을 가진 자를 고용해서 국가들을 참주제 또는 민주제로 이끌어 내올 것이네.」

「진실입니다.」

「더욱이 그들은 이 업적으로 보수를 받고 명예롭게 되네. 최대의 명예는 기대한 대로 참주들로부터 받을 것이고, 그 다음으로 큰 것은 민주제로부터 받을 것이네. 그러나 우리들이 국제(國制)의 언덕으로 높이 올라가면 올라갈수록 그들의 명성은 떨어져서 숨이 차 더 이상 나갈 수 없게 되는 것 같네.」

「진실입니다.」

「우리는 주제에서 떨어져 나갔네. 그러므로 다시 돌아와 참주는 어떻게 그의 화려하고 수가 많고 다양하고 늘 변화하는 군대를 유지하는지 알아보기로 하지.」

「만일 나라의 성스런 재물이 있다면 이것을 몰수해서 소비할 것입니다. 그리고 착취한 사람들의 재산으로써 충분할 때에는 그렇지 못할 때 인민들에게 부과하지 않을 수 없는 세금들을 감소해 줄 수 있을 것입니다.」

「그렇다면 이것들이 마음대로 안될 때에는 어떻게 하는가?」

「그 때는 틀림없이 그와 또한 남녀간에 그의 유쾌한 술친구들은 그의 아버지의 재산으로 유지될 것입니다.」

「오늘날 그들이 존재할 수 있게 하여준 인민이 그와 그의 친구들을 봉양한다는 말인가?」

「그렇습니다. 그들은 그럴 수밖에 없을 것입니다.」

「그러나 인민이 화가 치밀어 다 자라난 자식이 아비의 도움을 받을 것이 아니라 오히려 아비가 자식의 덕을 보아야 하겠다고 단언한다면 어떻게 되겠나? 아비는 그의 자식이 성인이 되었을 때 자신이 그의 종들의 종이 되어 자식과 그 놈의 노예의 술친구, 잡것들을 먹여살리기 위해 자식을 출생시킨 것도 또한 양육한 것도 아니네. 오히려 그의 자식이 아비를 보호해서 그 도움으로 그들이 말하는바 돈 많고 귀족적인 통치에서 해방되어야 하였을 것이네. 그리하여 그는 그와 그 일당들을 보고 나가달라고 할 것이네. 마치 여느 다른 아비가 못된 자식과 그의 좋지 못한 친구들을 집에서 몰아내듯이.」

「그쯤 되면 양친은 그가 가슴에 안고 길러낸 것이 천하의 괴물이라는 것을 알게 되겠지요. 그런데 막상 그를 쫓아내려고 할 때에는 그는 약하고 자식은 강하다는 것을 발견할 것입니다.」

「아니 참주가 폭력을 사용한다는 것인가? 무엇이! 반대한다고 아비를 친다는 건가?」

「그럴 것입니다. 우선 무장해제하고 말입니다.」

「그렇다면 그는 존속살해자이고 늙은 양친의 잔인한 보호자이지. 틀림없이 진정한 참주로군. 들리는 말 그대로 인민은 자유인의 예속이라는 연기(煙氣)를 피하려다 노예들이 통치하는 참주제라는 불 속으로 뛰어든 격일세. 이리하여 자유는 이제 모든 질서와 이성을 벗어나 노예들에게 예속당하는 가장 쓰리고 아픈 통치형태로 되어버리네.」

「사실입니다.」 하고 그는 말했다.

「자! 그러면 우리들은 충분히 참주제와 그리고 민주제에서 참주제로 변천하는 과정을 말했다고 생각해도 무방하겠지?」

「그렇습니다. 충분합니다.」 하고 그는 말했다.

제 9 권

「끝으로 참주제적 인간을 고찰하여 보세. 그에 관해 우리는 그가 어떻게 민주적 인간으로부터 형성되었으며 또한 그는 행복한지 또는 불행한지 한번 더 고찰하여야 하겠네.」

「그렇습니다. 그가 남아 있는 유일한 자입니다.」하고 그는 말했다.

「그러나 앞서 문제에 있어 아직 대답되지 않은 채 남아 있는 것이 있지.」

「어떤 문제입니까?」

「나는 우리가 욕망의 성질과 수를 적절하게 결정하였다고는 생각하지 않지. 그러나 이것이 완결될 때까지는 탐구해 보아도 늘 혼란만 빚을 것일세.」[1]

「그렇다면 지금 보충해도 과히 늦을 것은 없습니다.」

「암 그렇지. 내가 이해하기를 원하는 것을 잘 생각해 보게. 즉 불필요한 욕망 및 쾌락은 법에 어긋난다고 생각하네. 모든 사람들이 이것들을 갖고 있는 것같이 보이지만 그래도 어떤 사람은 법과 이성으로 이것들을 다스리네. 그래서 더 좋은 욕망들이 이것들을 이겨내지. 전적으로 이것들을 추방해버리거나 또는 가지 수도 적고 약하게 만들

1) 과두제, 민주제, 또는 참주제적 인간들은 욕망의 종류의 시점에서 그 본성을 해명할 수 있다.「아직 대답되지 않은 것」은 제8권 후반부의 대화와 관련되어 있다.

거나 해서 말일세. 그런데 어떤 자들에게 있어서는 이것들은 그대로 강하고 가지 수도 많지.」

「어떤 욕망을 말씀하시는 것입니까?」

「이성적이고 인간적이고 지배적이 힘이 잠잘 때 깨어 있는 욕망들을 뜻하네. 이 때 우리들 속에 있는 야수가 고기와 마실 것을 실컷 먹고 일어나서 잠을 쫓아버리고 그의 욕망들을 채우려고 나서지. 그러면 근친상간 또는 기타 자연스럽지 못한 교접 또는 존속살해 또는 금지된 음식에 손을 대는 것 등을 포함해서 그가 일단 모든 수치와 감각과 결별할 때에는 그는 생각할 수 있는 갖은 어리석은 짓과 죄를 서슴지 않고 저지르네.」

「틀림없이 사실입니다.」 하고 그는 말했다.

「그러나 그의 맥박이 건강하고 조절되고 또한 잠이 들기 전에 그의 사유적인 힘을 각성시키고 여기에다 고상한 생각들과 성찰을 흐뭇하게 주어 명상에 잠기고 그의 욕망들을 많지도 작지도 않게 만족시켜 오직 흐뭇하게 잠들게 하고 이것들과 이것들의 향락과 고통을 그가 순수추상(純粹抽象)의 고독 속에 남겨놓아 과거이건 현재이건 또는 미래이건 알려지지 않은 것에 대한 지식을 얻어내기 위해 성찰하고 열망하는 높은 원칙을 방해하지 못하게 할 때 그리고 다시 만일 그가 어떤 정열적인 요소와 싸우고 있다면 이것을 진정시키고, 다시 말해 두 가지 부조리한 원칙들을 평화롭게 다스린 후 잠들기 전에 이성적인 제 3 의 원칙을 일으킨다면 그 때에는 그대도 알다시피 그는 진리에 가장 가까와지는 것이고 당치 않은 환상적(幻想的)이고 무법한 놀음에 시달리지 않을 것이네.」

「동감입니다.」

「이런 말을 공연히 해서 탈선을 했네. 그러나 내가 주의를 환기시키고자 하는 점은 우리는 모두 절도 있는 사람까지도 내심에 엉뚱한 야수같은 성질을 지니고 있어 꿈에서 고개를 쳐든다는 것이네. 내가 과연 옳은 것인지 한번 생각해 보게.」

「아주 옳은 말씀입니다.」

「그러면 이제 우리가 민주제적인 인간에게 돌린 성격을 상기하여 보게. 그는 어릴 때부터 그에 있어 절약하는 버릇만 가르치고 오직 즐거움과 겉치레를 위한 불필요한 욕망은 절제하여 온 인색한 부모 슬하에서 교육을 받아왔지?」[1)]

「그렇습니다.」

「그런데 더욱 세련되고 방종한 친구들과 사귀게 되면 자기 아비의 인색한 꼴에 역겨운 나머지 정반대로 그들은 방종한 길로 치닫게 되네. 결국 그는 그를 부패시킨 자들보다는 그래도 우수하므로 그는 양쪽 방향으로 이끌리게 되고, 못내 중간지점에 정지하여 야비하고 노예적 열정에 사로잡히지는 아니하고 여러 가지 쾌락들에 적당하게 탐닉하는 생을 보내게 되지. 이런 식으로 민주적 인간은 과두적 인간에서 발생하였겠지?」

「그렇습니다. 그것이 그에 관한 우리의 견해였고 또한 지금도 틀림없습니다.」

「그러면 이제 세월이 흘러 이러한 자가 그의 부친의 원칙하에서 자라난 자식을 가졌다고 상상해 보아야 하네.」

「상상할 수 있습니다.」

「그러면 아비에게 생겼던 것과 같은 일이 자식에게도 생겼다고, 거기까지 생각해야 하네. 즉 그는 그를 유혹한 자에 의해 완전한 자유라고 이름지어진 전적으로 무법한 생활로 이끌려 들어가네. 그의 부친과 친구들은 자식의 중용적인 욕망을 거들어줄 것이고, 이에 반대하는 파는 그와 반대되는 욕망의 편을 들 것이네. 그러나 이 무서운 마술사들과 참주를 만들어내는 자들이 그를 잡아놓지 못하고 놓치게 된다는 것을 알 때에는 서슴지 않고 으뜸가는 정열을 그에게 심어 놓

1) 이하에 있어서는 〈무법한 욕망〉 중에서도 최대인 에로스가 모든 욕망들이 해방되어 있는 민주제적인 인간 속에 유혹하는 자들에 의해 주어지고 참주를 만든다는 것이다. 〈에로스는 참주다〉라는 생각이 일관성 있게 설명되고 있다.

아 이를 그의 태만하고 낭비적인 욕정의 지배자로 만들려고 애를 쓰지. 다름 아닌 날개가 돋힌 괴물 같은 수펄을 만든다는 것이다. 이것이 가장 적절하게 그를 묘사한 영상일 것일세.」

「그렇습니다. 이것은 참으로 적절한 표현이겠습니다.」

「그리고 그의 다른 욕정들이 향료와 향수, 화환과 술 그리고 타락한 생활의 모든 쾌락들에 둘러싸여 이제 제멋대로 되고 윙윙거리고 그를 싸고 돌고, 그들이 그의 수펄 같은 본성에다 심어 놓은 욕망이라는 침에다 실컷 영양을 먹이면 그 때에는 드디어 이 영혼의 주인공은 광기를 자기의 문지기로 하였으므로 미쳐서 날뛰게 되네. 그리고 만일 그가 자신 속에 그래도 형성되고 있는 선한 생각 또는 욕망이 있고 또한 어떤 부끄러움이 남아 있다 하더라도 이들보다 나은 원칙들에 대해서는 이제 끝장을 내고 뱉어버리네. 이리하여 드디어 절제라는 것은 말끔히 씻어버리고 철저하게 미쳐버리지.」

「그렇습니다. 참주적 인간은 바로 이렇게 해서 생겨납니다.」

「그래서 자고로 애욕은 참주라고 불리어 왔지 않은가?」

「의심할 여지도 없습니다.」

「또한 만취한 자는 참주의 기질을 지니지?」

「그렇습니다.」

「그리고 머리가 돌아버린 자, 제 정신이 아닌 자는 자기가 인간뿐만 아니라 신들도 지배할 수 있다고 환상(幻像)하겠지?」

「그럴 것입니다.」

「이리하여 본성 또는 습관 또는 양편 다 합친 것의 영향하에서 만취하고 욕정적이고 정열적으로 될 때 진정한 의미에서 참주적 인간이 탄생하는 것이겠지, 안 그런가?」

「틀림없이 그렇습니다.」

「이런 것이 그와 그의 근원이지. 그러면 다음에 그는 어떤 생활을 영위하는가?」

「사람들이 농으로 말하듯이 지자필수언(知者必須言)이니까 당신이 말씀하시는 게 좋겠습니다.」

「상상컨대 그의 앞길의 다음 단계에서는 축제, 폭주, 연회, 소란, 창부, 이런 것들이 곁들게 될 것이네. 애욕이 그의 내부에서 주인이 되고 그의 정신이 일체의 사단(事端)들을 질서잡을 것이다.」

「틀림없습니다.」

「그렇지. 밤낮으로 욕망만 커지고, 그것도 여러 가지겠지?」

「과연 그렇습니다.」 하고 그는 말했다.

「그의 수입도 있다 해봐야 곧 탕진하지.」

「진실입니다.」

「그 다음에는 부채(負債)가 따르고 무일푼이 되겠지.」

「물론입니다.」

「무일푼이 되면 그의 욕망들은 어린 까마귀 떼같이 둥우리에 몰려들어 먹이를 달라고 소리쳐 울 것이 아닌가. 이쯤 되면 그는 그것들에 졸리다 못해 그리고 특히 그것들의 으뜸가는 것이라 할 수 있는 애욕에 의해 견디다 못해 미치광이같이 되어, 이들 욕망을 채우려고 누구를 속이고 누구의 재산을 빼앗을까 하고 부심(腐心)하게 되네.」

「이 경우 그렇게 될 수밖에 없겠습니다.」

「만일 그가 그 무서운 고통과 쓰라림을 피하려면 어찌되었든 돈이 있어야 하네.」

「있어야 합니다.」

「그리고 그의 내부에도 쾌락의 순차적 계승이 있어 새로운 것이 낡은 것을 이기고 그것의 권위들을 앗아가듯이 그도 더욱 젊으니까 부모보다도 더 가지겠다고 주장할 것이네. 그리하여 만일 자기 몫의 재산을 다 써버리면 그들의 것을 탐내겠지.」

「틀림없이 그렇게 할 것입니다.」

「그런데 만일 그의 부모가 물러서지 않는다면 그 때에는 우선 그들을 속이고 훔치겠지.」

「진실입니다.」

「그러나 실패하면 그는 그들을 강압하고 폭행을 하네.」

「아마도 그렇게 할 것입니다.」

「그런데 만일 늙은 부모가 자신을 위해 맞서 싸운다면 그 때에는 어떻게 될 것인가? 이 동물이 그들을 학대하는 데 양심의 가책이라도 느낄 것인가?」

「천만에 그의 양친에 대해서는 나는 불안하기 짝이 없습니다.」

「맙소사! 아데이만토스, 아무런 결연도 없는 새로 생긴 창녀와의 사랑 때문에 그가 예전부터 친해 온 그리고 바로 그의 오늘날 존재에 결정적 혈연을 맺은 모친을 때리고 창녀를 한 지붕 아래 데리고 왔을 때에는 그것의 권위 하에 모친을 굴복시키고 또한 같은 여건 하에서 필요 불가결한 것과는 정반대인 어떤 새로 생긴 아리따운 젊은 것을 위해 으뜸가는 그리고 없어서는 안될 시들은 늙은 아비에게 똑같은 짓을 한다고 생각할 수 있겠지?」

「그렇습니다. 그는 서슴지 않고 그렇게 하리라고 나는 믿습니다.」 하고 그는 말했다.

「과연 행패를 부리는 자식은 그의 아비나 어미에게는 기막힌 축복이 되겠지?」

「과연 그렇습니다.」 하고 그는 대답했다.

「그는 우선 그들의 재산을 취하고, 그것도 마음대로 되지 않고 쾌락들이 그의 마음 속에서 볶아치게 될 때에는 남의 집에 들어가고 또는 밤길을 걷는 사람의 의복을 훔치네. 다음에 그는 신전을 약탈하네. 그러는 동안 그가 어렸을 때 가졌던 낡은 생각, 또한 이것으로 선악을 판단했는데, 이런 생각은 이제 막 해방되고 애욕의 신변보호자들이고 그와 더불어 왕국을 나누어 가지고 있는 이런 엉뚱한 것들에 의해 타도되어 버리네. 이런 것들은 그의 민주적인 시절 ── 그 때에는 법과 그의 부친에 복종할 때였는데 ── 에는 꿈에서나 활개를 쳤던 것들이지. 그러나 이제는 애욕의 지배 하에서 전에는 극히 드물게 그리고 꿈에서나 맛보았던 것들이 잠이 깬 현실로 되어버리네. 그는 무서운 살인을 범하고 금지된 음식을 먹고 어떤 다른 무서운 행동을 저지르네. 애욕이 그의 참주가 되어 그의 속에서 왕자같이 살고 무법천지가 되지. 그리고 그 자신 왕이므로 마치 참주가 국가를 이끌 듯이 그를 이끌어 자신과 그와 친교있는 건달들을 그대로 유지할 수 있게 무모한 행위로 나가게 하네. 이들 건달들이 나쁜 교제를 통해 외부로부터 들어온 것이건 또는 자신 속의 같은 악한 성질로 하여 자신 속에서 우러나게 된 것들이건 가릴 것은 없네. 우리는 여기에 그의 생활태도에 관한 한 폭의 그림을 갖고 있는 것이 아닐까?」

「과연 그렇습니다.」하고 그는 말했다.

「그런데 만일 국가에 있어 그들의 수가 적고 나머지 사람들이 선할 때에는 그들은 여기를 떠나 전쟁에 대비해 아마도 고용(雇用)될 수도 있는 어떤 다른 참주의 신변보호자 또는 용병으로 되어버리네. 그래서 전쟁이 없으면 그대로 거기에 머물러 국가에다 여러 가지 해독(害毒)을 끼치지.」

「어떤 해독 말씀입니까?」

「예를 들면 그들은 절도, 강도, 소매치기, 들치기, 신전도적, 유괴범들이 되지. 또한 말깨나 한다면 밀고자가 되어 위증하고 뇌물을 받네.」

「악사(惡事)치고는 대단치 않은 일람표입니다. 비록 이들 나쁜 짓하는 자들의 수가 적다 하더라도.」

「그렇지. 그러나 적고 많다는 것은 상대적인 말이겠고, 이 모든 것을 합쳐도 국가에 끼치는 비참과 해독에 있어서는 참주의 발꿈치에도 미치지 못하네. 이 고약한 계층과 그들의 추종자들의 수가 늘어나고 그들의 실력을 의식하게 되면 민중들의 흥분을 이용하여 그들 사이에서 그들은 그 자신의 성질이 가장 참주적인 자를 선발해서 이를 참주로 삼네.」

「그렇습니다. 그는 가장 참주에 알맞겠습니다.」하고 그는 말했다.

「만일 인민들이 양보(讓步)하면 그대로 좋겠지만, 그들이 반항한다면 그가 자기 부모를 치고 일을 시작했듯이 이제는 힘만 있으면 그는 그들을 칠 것이고, 그의 소중한 조국 또는 모국을 크레타인들이 말했듯이 그가 인간의 지배자로 그리고 주인으로 이끌어들였던 배신(陪臣)들에 종속하게 하네. 이것이 그의 열정과 욕망의 종착지겠지.」

「추호도 틀리지 않습니다.」

「이런 자들이 오직 사적 개인일 때에는 그리고 권력을 잡기 전에는 이것이 그들의 특징이 되지. 그들은 전적으로 그들 자신에 아부하는 자들 또는 순종하는 자들과 사귀네. 또는 만일 그가 어떤 자들로부터 무엇인가 얻어내기를 원한다면 이번에는 그들 앞에 무릎을 꿇고 그들에게 갖은 애정을 다 나타내보이겠지만, 일단 자기 욕심만 채우면 그 다음에는 언제 보았더냐 하는 식이지.」

「진실입니다.」

「그들은 언제나 주인 아니면 종이지 누구의 친구도 아니네. 참주는 진정한 자유 또는 우정을 맛보지 못하네.」

「물론입니다.」

「그러면 이런 자들을 배반적인 자로 해도 무방하겠지?」

「문제없습니다.」

「또한 만일 우리들의 정의에 관한 생각이 옳다면 그들은 전적으로 부정한 것들이지?」

「그렇습니다. 우리는 틀림없이 옳았습니다.」

「그러면 한마디로 가장 악한 자의 성격을 요약해 보세. 그로 말하면 우리가 몽상(夢想)한 것에 관한 살아 있는 현실이네.」

「가장 진실한 말씀입니다.」

「그리하여 본래 가장 참주적인 자가 지배를 도맡을 것이고, 오래 살면 살수록 그는 더욱 참주적 인간으로 되네.」

「틀림없습니다.」 하고 대답하는 기회를 타서 그라우콘이 이번에는 말했다.

「그리고 가장 악하다고 알려진 자가 또한 가장 비참하지 않을까?

그리하여 가장 오래, 가장 지독하게 참주질한 자가 끊임없이 그리고 진실로 비참하겠지? 비록 그에 대한 일반적 의견은 되지 않을지 몰라도.」

「그렇습니다. 필연적입니다.」하고 그는 말했다.

「그리하여 참주적 인물은 참주제국가를 닮았고 또한 민주적 인물은 민주국과 같네. 그리고 다른 것들도 이와 같겠지?」

「틀림없습니다.」

「그리고 덕과 행복에 있어 국가가 국가에 대하듯이 인간의 인간과의 관계에서도 그런 것이겠지?」

「확실히 그렇습니다.」

「그렇다면 왕의 통치하에 있었던 우리의 원초국가(原初國家)와 참주 하에 있는 국가를 비교할 때 덕이라는 점에 있어 그들은 어떻게 대응하는가?」

「그들은 양 극단이겠습니다. 하나는 가장 선하고 하나는 가장 악한 것이니까요?」

「어떤 것이 어떤 것인지에 관해서는 틀림이 있을 수 없겠지! 그러므로 그들의 상대적인 행복과 비참에 관해 나와 동일한 결론에 도달할 것인지 직접 탐구하기로 하세. 그리고 우리는 오직 하나의 단결체에 불과하고 몇 명의 배신(陪臣)들만을 데리고 있는 참주의 원형만 보고 놀라서는 안되네. 오히려 우리는 마땅히 나라 전체 구석구석을 찾아보고 그리고 우리의 의견을 말해야 하지.」

「멋있는 초대입니다. 누구나 마찬가지로 나도 참주제가 통치형태 가운데서는 가장 비참하고 왕제가 가장 행복하다는 것을 알고 있습니다.」

「그리고 사람들을 평가하는 데 있어서도 인간 성격의 내부로 들어가 그 본질을 파악할 수 있는 자를 심판자로 삼으려 하는데 잘못된 것은 없겠지? 그는 어린아이같이 외관만 보고 참주적 성질이 보는 사람으로 하여금 놀라게 하는 화려장대(華麗莊大)한 면에 어리둥절해서는 안되고 명확한 투시력(透視力)을 가진 자라야 하네. 판단할 수 있고 참주와 같은 곳에서 살고 그의 일상생활을 같이하고 그의 집안 관계도 잘 아는 자의 이야기를 우리가 듣고 판단했으면 하네. 여기서 참주는 연극적 외양을 걷어치우고 적나라하게 또한 국가위기에 처해 어떻게 행동하는지 볼 수 있을 것이네. 그는 다른 사람과 비교하면서 참주의 행복 및 불행에 관해 말해줄 것이니까.」

「그건 또한 공평한 제안입니다.」하고 그는 말했다.

「우리들 자신들이 유능하고 경험있는 심판자들이고 또한 일찍이 그런 자를 만나본 일이 있다고 가정해 볼까? 그렇다면 우리들의 물음에 대답할 사람을 마련하게 되는 것이지?」

「그렇게 하여야 하겠습니다.」

「개인과 국가에는 유사성이 있다는 것을 명심해 두게. 그리고 그들을 순번으로 돌아보고 그들 각자의 상태를 말해줄 수 있겠나?」

「무슨 말씀이십니까?」

「국가에서부터 시작해서 참주에 의해 통치되는 국가는 자유로운가? 또는 예속되어 있는 것인가?」

「어떤 나라도 이보다 더 예속되어 있지는 않을 것입니다.」

「그리고 그대도 알다시피 이러한 국가에는 주인들은 물론 자유인들도 있지?」

「있습니다. 그러나 극히 소수입니다. 그러나 인민들은 일반적으로 말해서 그들의 최우수한 자들까지도 비참하게 멸시당하고 예속화되어 있습니다.」

「그런데 만일 사람이 국가와 닮았다면 동일한 법칙이 적용되지 않을까? 그의 정신은 비천함과 위악에 가득 차 있지. 그에 있어 가장 좋은 요소들이 노예화되었지. 그리하여 극히 적은 지배적 부분이 있는데, 이것마저 가장 나쁘고 미치광이지.」

「필연적입니다.」

「그러면 이런 자의 정신은 자유인의 정신인가? 또는 노예의 정신인가?」

「그는 노예의 정신을 가지고 있습니다.」

「그리고 참주 하에서 노예화된 국가는 전혀 자발적으로 행동할 수 없겠지?」

「전혀 할 수 없습니다.」

「그러면 참주 지배하에 있는 정신은 그가 원하는 것을 마음대로 할 수 없네(이것은 정신 전체에 관해 말하는 것이지). 떼어버릴 수 없는 귀찮은 것이 있어 그것을 못살게 굴고, 따라서 정신은 고민과 회한에 차 있네.」

「틀림없습니다.」

「그리고 참주 하의 국가는 부유한가 또는 가난한가?」

「가난합니다.」

「그리고 이러한 국가와 이러한 인간은 항상 공포에 차 있겠지?」

「그렇습니다.」

「이 이상 더 회한과 슬픔과 또한 고통에 차 있는 국가가 따로 있겠나?」

「없습니다.」

「정열과 욕망들의 소용돌이 속에 휘말린 참주적 인간보다도 비참함이 더한 인간을 찾아볼 수 있겠는가?」

「불가능합니다.」

「이런 것들과 이와 유사한 악(惡)들을 돌이켜볼 때 참주적 국가가 국가 중에서도 가장 비참하겠지?」

「그렇다면 내 말이 옳았습니다.」 하고 그는 말했다.

「그렇지. 그리고 참주적 인간에서 같은 악들을 발견한다면 그대는 무엇이라고 말하겠는가?」

「모든 사람 가운데서 가장 비참한 사람이라고 하겠습니다.」

「자! 거기서부터 그대는 잘못 들어서기 시작하네.」

「무슨 뜻입니까?」

「나는 그가 아직도 비참의 극에 달하였다고는 생각하지 않네.」

「그렇다면 누가 더욱 비참한 것입니까?」

「이제 말하고자 하는 자일세.」

「그것은 누구입니까?」

「참주적 성질을 가진 자로서 사생활을 영위하는 대신에 공적 참주가 되도록 불행하게도 저주받은 자 말일세!」

「이제껏 이야기된 것으로 미루어 당신이 옳다는 것을 알겠습니다.」

「그렇지, 그러나 이와 같은 정도가 높은 토론에 있어서는 그대는 좀더 확실해야지. 추측만 할 것이 아니지. 모든 문제들 가운데서도 선과 악에 관한 이 문제는 가장 큰 것이네.」

「과연 진실입니다.」 하고 그는 말했다.

「그러면 하나 예를 들겠는데, 아마도 이 문제이다 빛을 비추어 줄 것일세.」

「어떤 예 말씀입니까?」

「부유한 자들이 많은 노예들을 거느리고 있는 경우인데, 그대는 이들로부터 참주의 상태에 관한 생각을 형성할 수 있을 것이네. 그들은 다같이 노예들을 갖고 있으므로 단지 틀리는 것은 그가 더 많은 노예들을 갖고 있다는 것뿐이지.」

「그렇습니다. 그것이 차이점입니다.」

「그들은 안전하게 그리고 그들 종들에게서 아무런 두려움도 느끼지 않고 산다는 것은 그대도 알고 있지?」

「무엇을 그들이 두려워하겠습니까?」

「그렇지, 그러나 그 이유를 생각해 본 적이 있나?」

「있습니다. 그 이유는 국가 전체가 각 개인을 보호하려고 뭉쳐 있기 때문이겠습니다.」

「옳지.」 하고 나는 말했다.

「그러나 생각해 보게. 그들 소유자, 아마도 50명쯤 되는 노예들을 가진 주인이 가족과 재산과 노예들을 이끌고 신에 의해 황야로 인도

되었다고 하자. 거기에는 그를 도와줄 자유인은 하나도 없다고 했을 때 그는 행여나 처자가 노예들에 의해 살해되지나 않을까 하여 공포에 사로잡히지 않겠나?」

「그렇습니다. 그는 공포에 떨겠습니다.」

「그는 그의 노예들에게 아부하여야만 할 때가 왔네. 그리하여 그들에게 그의 의사에 반해 자유에 대한 그리고 기타 여러 가지 구속을 하네. 그는 자기 자신의 종들을 추켜세워야만 할 것이네.」

「그렇습니다. 자신을 구하는 오직 하나의 방편일 것입니다.」 하고 그는 말했다.

「그리고 그를 황야로 끌고 나간 신이 어떤 자이든 남의 주인이 되려는 자는 가만두지 않고 그리하여 이를 범하는 자를 잡을 때에는 죽여버리는 그런 이웃 사람들로 그를 둘러싸게 하였다고 상상해 보게.」

「만일 그가 사방 적들로 둘러싸이고 감시당한다고 생각한다면 사태는 더 고약할 것입니다.」

「그렇다면 참주가 감금된 감옥은 이런 것이 아니겠는가? 그의 성질은 우리가 묘사한 그대로이고 보면 갖은 공포와 애욕에 사로잡히겠지? 그의 정신은 까다롭고 또한 욕심이 많은데, 나라 속에서도 하필이면 자기 혼자 여행도 할 수 없고 다른 자유인들이 보고 싶어하는 것을 보지도 못하고 집에 갇혀 있는 아녀자같이 그의 동굴 속에 살고 있네. 그리고 외국에 나가고 재미있는 것을 보고 하는 다른 시민들을 시샘하네.」

「진실입니다.」 하고 그는 말했다.

「그리고 이와 같은 악(惡)들 속에서 자기 처신을 제대로 하지 못한 자 — 참주적 인간을 말하는 것인데 — 이를 그대는 방금 만인 중에서도 가장 비참한 자라고 결정하였는데, 이런 자가 그나마 사생활이나 제대로 할 것인지, 무슨 운명의 장난인지는 몰라도 공적으로 참주가 된다면 더욱 더 비참한 것이 아니겠나? 그는 자기가 자신의 주인도 되지 못하는 처지에서 다른 자들의 주인을 자처하여야 한다니, 그는 마치 은퇴하지 않고 다른 자들과 더불어 싸우고 투쟁하지 않을 수 없는 병들고 중풍에 걸린 자와 다를 것이 없네.」

「그렇습니다. 그 이상 정확한 비유도 드물겠습니다.」

「그의 경우는 전적으로 비참한 것이 아니겠나? 그리하여 실제 참주는 그대가 가장 나쁘다고 결정한 자의 생보다도 더욱 나쁜 생을 살겠지?」

「틀림없습니다.」

「진짜 참주는 누가 어떻게 생각하든 진짜 노예이네. 그는 최대의 아부와 예속을 감수해야 하고 또한 인간말종(人間末種)에도 추종해야 하네. 그는 욕망을 갖고 있으나 전혀 만족시킬 수 없고, 누구보다도 욕구가 많지만 사실 가난하네. 만일 그대가 그의 전체 정신을 관찰할 수 있다면 이것은 손쉽게 알 수 있을 것이네. 일생 동안 그는 공포에 시달리고 충동과 광기에 차 있네. 그가 닮은 국가와도 같이 확실히 동류(同類)가 아닌가?」

「틀림없습니다.」 하고 그는 말했다.

「더욱이 우리가 앞서 말했듯이 그는 권력을 가짐으로써 더욱 나쁘게 되지. 그는 필연코 더욱 질투하게 되고 더욱 신의를 잊어버리며 부정하게 되고 친구도 없고 경건한 마음도 없게 되네. 그는 모든 악을 저장하고 소중하게 제공하는 자이지. 그 결과 그는 최고로 비참하고 자기와 같이 모든 사람들을 비참하게 만드네.」

「정신 있는 자라면 당신 말씀에 반대하지 않을 것입니다.」

「자, 그러면 연극경연대회에서 최종심판자가 결과를 발표하듯이, 행복의 계열에서 그대는 누가 첫째이고 누가 둘째이고 나머지는 어떤 순서로 되는지 결정해 보게. 그들은 모두 다섯이네. 그들은 군주제, 명예지배제, 과두제, 민주제, 그리고 참주제들이네.」

「그 결정은 용이하게 내릴 수 있습니다.」 하고 그는 대답했다.

「그들은 무대에 등장하는 합창대일 것입니다. 그들이 등장하는 순서 그대로 덕과 악덕, 행복과 비참의 정도에 따라 결정짓겠습니다.」

「선창하는 사람이라도 고용해 볼까? 또는 아리스돈의 아들은 가장 선하고 정의로운 자가 가장 행복하다고, 그리고 이는 가장 군주적인 사람이고 자신에 대해서도 왕으로서 군림하고. 그리고 가장 악하고 가장 부정한 자가 또한 가장 비참한 것이고, 이는 자신에 대해 최대의 참주인 동시에 그의 국가의 최대의 참주라고 결정했다고 내가 선언하면 어떨까?」

「그렇게 선언하십시오.」하고 그는 말했다.

「그러면 한마디 더 해두지. 즉 신들이나 인간들이 보고 안보고 상관없이라고?」

「좋습니다.」

「그렇다면 이것이 우리들의 첫번째 증명이 되겠고, 그리고 또 하나 있는데 이것도 간과할 수는 없지?」

「그것은 어떤 것입니까?」

「다음 증명은 정신의 본질로부터 끄집어낼 수 있지. 개인의 정신은 국가와 다름없이 우리들에 의해 세 가지 원칙으로 분할되었다는 것을 알고 있으므로, 이 분할이 하나의 새로운 증명을 주리라고 나는 생각하네.」

「어떤 성질의 것입니까?」

「이들 세 가지 원칙에는 세 가지의 쾌락이 대응하고 또한 세 가지 욕망과 통제력이 대응한다고 보네.」

「어떻게 말씀입니까?」하고 그는 말했다.

「우리가 말했듯이 하나의 원칙이 있어 이것으로 사람은 배우고 또 하나로서 노(怒)하는데, 셋째 것은 여러 가지 형태를 취하므로 무슨 특별한 명칭은 없네. 그러나 일반적 용어로는 먹고 마시고 하는 욕망의 걷잡을 수 없는 힘과 맹렬한 성질 그리고 이 욕망의 주요한 요소가 되는 다른 육감적 욕망으로부터 식욕적이라고 하네. 그리고 또한 물욕적(物慾的)이라고 하지. 대체로 이러한 욕망들은 돈의 힘을 빌어 일반적으로 만족을 얻으므로.」

「진실입니다.」 하고 그는 말했다.

「만일 우리가 이 제 3 의 부분에 관한 것을 애욕과 쾌락을 획득하는 것과 관련된 것이라고 말한다면 그 때에는 생각이 하나로 정리될 수 있네. 그리하여 정신의 이 부분을 이득 또는 돈을 좋아하는 것이라고 올바르게 그리고 이치에 맞게 묘사할 수 있네.」

「동의합니다.」

「그리고 또 다시 열정적인 요소는 지배하고 정복하고 명예를 얻어내는 것이라고 규정할 수 없을까?」

「맞습니다.」

「우리가 이것을 투쟁적이고 야심적인 것이라고 부른다면 이 말이 적절하게 맞아 들어갈까?」

「참으로 적절합니다.」

「그리고 한편 모든 자들은 지(知)에 관한 원칙은 진리를 전적으로 지향하는 것이고 다른 두 가지 것들보다 이득이나 명성을 그다지 원하지 않는 것이라고 생각하네.」

「그렇습니다.」

「애지호학(愛知好學)이라는 말은 정신의 그 부분을 적절하게 지목하는 명칭이겠지?」

「물론입니다.」

「어떤 계층의 사람들의 정신에 있어서는 어떤 하나의 원칙이 지배하고 다른 자에 있어서는 다른 것들이 지배할 수 있다는 것이겠지?」

「그렇습니다.」

「그렇다면 우리는 세 가지 계층의 인간, 즉 지혜를 사랑하는 자, 명예를 사랑하는 자, 이득을 사랑하는 자들이 있다고 전제하고 나갈 수 있지?」

「틀림없습니다.」

「그러면 그들 하나 하나를 추구하는 세 가지 쾌락이 있겠지?」

「맞습니다.」

「이제 이 세 가지 계층의 인간들을 검토해 보고 순차적으로 이들에게 어떤 생애가 그들에게 가장 즐거운가를 물어본다면, 그들 하나하나는 자신의 생애를 좋다 하고 남의 것들을 나쁘다고 평할 것이네. 돈벌이하는 자는 금이나 은 같은 실속 있는 이득을 가져오지 않는 한 명예나 지식을 허영심이라고 말할 것일세.」

「진실입니다.」 하고 그는 말했다.

「그러면 명예를 사랑하는 자의 의견은 어떤 것일까? 그는 부자들의 쾌락은 야비하고 지식의 쾌락은 만일 이것이 명예를 가져오지 못한다면 그에게는 한낱 연기 같은 것이고 무의미하다고 생각하지 않겠나?」

「틀림없습니다.」

「그러면 철학자가 진리를 체득한다는 쾌락, 이것을 추구하여 끊이지 않고 배운다는 하늘 나라의 쾌락에 못지않은 것에 비겨 다른 쾌락들에게 어떤 가치라도 둔다고 우리는 생각해야 할 것인가? 그는 만일 그들 쾌락이 필요하지만 않다면 아예 그런 것들을 가져보지도 않겠다는 생각에서 다른 쾌락들을 마지못해 필요한 것이라고 할 것이 아니겠나?」

「의심할 여지도 없습니다.」 하고 그는 대답했다.

「그렇다면 갖가지 쾌락들과 생이 문제가 되겠는데, 문제는 어떤 생이 다소나마 명예롭고 또는 더욱 좋고 나쁘다는 것이 아니라 어떤 것이 더욱 즐겁고 고통이 없느냐 이것이지. 누가 진실로 말하는 것인지 어떻게 우리는 알지?」

「내 자신으로는 말할 수 없습니다.」 하고 그는 말하였다.

「그러면 어떤 것이 판단기준이 될 것인가? 어떤 좋은 경험이나 지혜나 또는 이유라도 있을까?」

「그런 것은 있을 수 없습니다.」 하고 그는 말했다.

「그렇다면 한번 돌이켜 생각해 보게.」 하고 나는 말했다.

「이들 세 사람 가운데 누가 우리가 열거한 모든 쾌락들에 관해 가장 큰 경험을 갖고 있을까? 이득을 좋아하는 자가 본질적 진리의 성질을 배우는 데 있어 철학자가 이득의 쾌락을 맛보는 것보다 더 큰 지식의 쾌락을 느낄 것인가?」

「철학자가 크게 유리할 것입니다. 그는 필요한 나머지 어릴 때부터 다른 쾌락들의 맛을 알고 있을 것이니까요. 그러나 이득을 좋아하는 자는 모든 경험에도 불구하고 필요로 해서, 오히려 다시 말해서 그가 원한다 하여 진리를 배우고 안다는 그 감미로운 맛은 맛본 경험이 없을 것입니다.」

「그렇다면 지혜를 사랑하는 자는 이중으로 경험하니까 이득을 좋아하는 자보다 훨씬 유리하다는 것인가?」

「그렇습니다. 훨씬 유리합니다.」

「그러면 다시 그가 명예의 쾌락에 있어 더 큰 경험을 갖는다는 것인가? 또는 명예를 좋아하는 자가 지혜의 쾌락에 있어 더 큰 경험을 갖는다는 것인가?」

「아닙니다. 셋은 다같이 그들이 그들의 목적을 달성하는 정도에 따라 명예로운 것입니다. 부자나 용감한 자 그리고 현명한 자 다같이 그들의 많은 숭배자들을 갖고 있습니다. 그러므로 그들은 명예를 받는 데 있어 다같이 명예에 관한 쾌락의 경험을 갖고 있습니다. 그러나 실존을 인식한다는 데서 찾아내는 즐거움은 오직 철학자만이 알고 있습니다.」

「그의 경험으로 말하면 그는 누구보다도 더 나은 판단을 내릴 수 있겠지?」

「훨씬 더 나은 판단입니다.」

「그리고 그는 지혜와 경험을 다같이 가지고 있는 유일한 사람이겠지?」

「물론입니다.」

「더 나아가 판단의 도구인 바로 그 능력은 부러워하고 야심있는 사람에 의해 가져지는 것이 아니고 철학자에 의해서만이겠지?」

「어떤 능력 말씀입니까?」

「이성, 이와 더불어 우리가 말했듯이 판단은 공존해야 하는 것이니까.」

「그렇습니다.」

「그리하여 이성적 사유는 유독 그의 도구이겠지?」

「물론입니다.」

「만일 부와 이득만 가지고 따진다면 그 때에는 이득을 좋아하는 자에 대한 칭찬과 비난이 가장 믿을 만한 것이 아니겠나?」

「확실합니다.」

「또한 명예 또는 승리 또는 용기가 문제가 된다면 그 때에는 야심적인 것 또는 호전적인 것에 관한 판단이 가장 믿음직하지?」

「명백합니다.」

「그러나 경험 및 지혜 그리고 이성이 심판들이 될 터인데.」

「오직 가능한 추측은 지혜와 이성을 사랑하는 자에 의해 느껴지는 쾌락이 가장 진실이라는 것입니다.」

「이리하여 우리는 결론을 얻었네. 즉 정신의 사유적 부분의 쾌락이 세 가지 쾌락 중에서 가장 즐겁다는 것이고 그리고 우리와 더불어 그는 이것을 지배적 원칙으로 함으로써 가장 즐거운 생을 향유한다고 말할 수 있네.」

「의심할 여지도 없이 현명한 자는 그 자신의 생을 긍정할 때는 권위를 가지고 말합니다.」

「그러면 그 다음에 오는 생은 어떤 것이고 또한 그 다음 쾌락은 어떤 것이라고 심판을 내릴 것인가?」

「분명하게 병사 및 명예를 존중하는 자들의 것이겠습니다. 이들은 돈벌이하는 자들보다는 한결 자신에 가깝습니다.」

「맨끝에 이득을 좋아하는 자가 이에 따른다는 것이지?」

「그렇습니다.」 하고 그는 말했다.

「두 번 계속해서 공정한 자가 부정한 자를 이 싸움에서 내동댕이쳤네. 그러면 이제 세번째 심판인데, 이것은 구세주인 올림피아의 제우스 신에게 바쳐진 것이네. 즉 어떤 성자가 내 귀에다 대고 속삭였네. 현자의 쾌락 이외에는 어떤 쾌락도 진실하지도 순수하지도 않다는 것이고, 기타 다른 것들은 모두 영상(影像)일 따름이라는 것이네. 틀림없이 이것이 최대로 그리고 가장 결정적으로 승부를 가리겠지?」

「그렇습니다. 승부치고는 가장 큰 승부이겠습니다. 그러나 좀더 설명하여 주실 수 없겠습니까?」

「그러면 내가 주제를 다루겠으니 그대가 나의 질문을 대답해 주게.」

「해보십시오.」

「자! 그러면 쾌락이라는 것은 고통과 대치되는 것이지?」

「진실입니다.」

「그리고 쾌락도 고통도 아닌 중립적인 상태라는 것이 있겠지?」

「있습니다.」

「이것은 중간적인 상태이고 양자에 관해 어느 쪽이든 정신이 휴식하는 그러한 것이겠는데 그대도 그것을 뜻하는 것이지?」

「그렇습니다.」

「병이 났을 때 사람들은 무엇이라고 말하는지 알지?」

「무엇이라고들 말합니까?」

「건강보다도 더 좋은 것은 없다고 그러지. 그러나 그 때까지는, 병을 알아볼 때까지는, 이것이 최대의 쾌락이라는 것을 한번도 몰랐지?」

「그렇습니다. 알겠습니다.」하고 그는 말했다.

「사람들이 몹시 앓을 때 그들이 고통만 면하는 것 이상으로 기분 좋은 것은 없다고 말하는 것을 그대는 들었을 것이네.」

「네, 들었습니다.」

「그리고 그들이 고통을 당함에 있어 그저 휴식을 취할 수 있고 통증만 멎는 것으로 다른 어떤 적극적인 향락 없이도 이것이 최대의 쾌락이라고 그들이 높여 세우는 많은 경우가 있지 않은가?」

「그렇습니다. 그 때에는 그들은 그저 편하게 쉴 수 있는 것으로 즐겁고 또한 충분하게 만족합니다.」

「또한 쾌락이 멈출 때에는 휴식과 단절이 고통스럽겠지?」

「틀림없습니다.」 하고 그는 말했다.

「그렇다면 휴식의 중간적 상태는 동시에 쾌락일 수 있고 또한 고통일 수도 있지?」

「그렇게 보입니다.」

「그러나 양쪽 어느 것도 아닌 것이 양쪽으로 다 될 수 있을까?」

「그렇게는 될 수 없습니다.」

「그리고 쾌락과 고통은 다같이 정신의 운동이지? 그렇지 않은가?」

「그렇습니다.」

「그러나 어떤 쪽도 아닌 것은 휴식이고 운동은 아니며 또한 그들의 중간상태라는 것이 이제 명백하지 않은가?」

「명백합니다.」

「그렇다면 통증이 없는 것이 쾌락이고 또는 쾌락이 결핍된 것이 바로 고통이라고 생각하는 것이 옳은 것인가?」

「그럴 수 없습니다.」

「그렇다면 이것은 외양뿐이고 진실은 아니지. 즉 휴식은 고통스러운 순간 또는 고통에 비해 쾌락적인 것이고 또한 쾌락인 것에 비해서 고통일 따름이네. 그러나 이들 바깥으로 나타나 보이는 것들은 진정한 쾌락과 비할 때 실재적인 것이 아니고 일종의 기만이지?」

「말씀대로라면 그렇습니다.」

「아무런 앞서 있는 고통 같은 것은 가지고 있지 않은 그러한 다른 종류의 고통을 생각해 보게. 그러면 아마도 그대가 현재 생각하고 있듯이 쾌락이라는 것은 오직 고통이 멈추는 것이고 또는 고통은 쾌락이 멈추는 것이라고는 다시는 생각하지 않을 것이네.」

「대체 그런 것은 어떤 것입니까? 그리고 어디서 발견할 수 있습니까?」 하고 그는 말했다.

「그런 것들은 많지. 예를 들어 냄새의 쾌락인데, 이것은 대단히 큰 데 아무런 앞서 있는 고통을 가지고 있지 않네. 그것들은 순간에 닥쳐오고 그리고 사라질 때에도 아무런 고통의 흔적을 남기지 않지.」

「과연 그렇습니다.」 하고 그는 말했다.

「그렇다면 우리는 순수한 쾌락은 고통이 멎는 것이라든지 또는 고통은 쾌락이 끝나는 것이라고는 생각할 필요가 없네.」

「그렇습니다.」

「그렇다 하더라도 육체를 통해 정신에 도달하는 그 많고 또한 격렬한 쾌락들은 일반적으로 이러한 것들이지. 그것들은 고통으로부터의 해방이네.」

「사실입니다.」

「그리고 예상되는 다가올 쾌락들과 고통들에 대한 기대와 예측도 이와 같은 성질의 것들이겠지?」

「그렇습니다.」

「내가 그것들의 예를 하나 들어볼까?」

「듣고 싶습니다.」

「그대는 자연에는 상과 하 그리고 중간지점이라는 것이 있다는 것을 인정하겠지?」

「인정하여야지요.」

「그리하여 만일 어떤 사람이 아래에서 중간지점으로 간다면 그는 올라가고 있다고 생각하지 않겠는가? 그리고 그가 그 중간지점에 서서 어디서부터 그가 왔는지를 본다면 진짜 높은 세계를 보지 못한 이상 가장 높은 지점에 있다고 상상하겠지?」

「틀림없습니다. 그 외에 달리 어떻게 생각할 수 있겠습니까?」

「그러나 만일 그가 다시 돌아가게 되면 그는 내려간다고 상상하겠지? 틀림없이 말일세.」

「틀림없습니다.」

「이 모든 것은 그가 참다운 상층, 중간층, 그리고 하층 지점을 모르기 때문이 아니겠나?」

「그렇습니다.」

「그렇다면 그들이 다른 많은 일에 있어 잘못 생각하듯이, 진리에 있어 경험이 없는 자들은 쾌락과 고통 그리고 중간적 상태에 관해서도 잘못된 생각을 가지고 있다고 해서 이상할 것이 없겠지? 그러므로 그들이 고통 쪽으로 끌리어가면 고통을 느끼고 또한 그들이 맛보는 고통을 진실한 것으로 생각하네. 그리하여 이와 마찬가지로 고통에서 벗어나 중간적 또는 중립적 상태로 되면 그들은 만족과 쾌락의 목표에 도달했다고 확신하네. 그들 쾌락이 무엇인지 모르므로 고통과 고통의 부재를 대조시키네. 이는 마치 백색 대신에 흑색을 회색에다 대조시키는 것과 같지. 이 말에 의심할 여지가 있나?」

「의심치 않습니다. 오히려 그 반대의 경우를 의심하고 싶습니다.」

「이렇게 한번 생각해 보게. 즉 공복, 갈증, 그리고 이와 같은 것은 육체적 상태에 관한 일종의 결핍상태이겠지?」

「그렇습니다.」

「그러면 무지, 어리석음은 정신상태의 일종의 결핍이 아니겠나?」

「진실입니다.」

「그러면 음식과 지혜는 어느 편이건 만족에 해당되지.」

「물론입니다.」

「그렇다면 실재성이 보다 적은 또는 보다 많은 것에서 얻어지는 만족 그 어느 것이 더욱 진실한가?」

「틀림없이 보다 많은 것에서 얻어지는 것입니다.」

「그러면 어떤 종류의 것들이 순수존재의 더욱 많은 부분을 차지하고 있다고 그대는 판단할 것인가? 즉 음식이다, 조미료다, 그리고 모든 영양물들이 예가 되겠는데, 이런 것들인가 또는 진정한 의견 및 지식과 정신 그리고 모든 여러 가지 종류의 덕인가? 어느 쪽이 순수존재인가? 이런 식으로 문제를 설정해 보세. 즉 불변인 것, 불사(不死)인 것, 진리인 것에 관련되고, 그리하여 이러한 성질을 지니므로 이러한 본질들을 가진 것들 가운데서 발견할 수 있는 것이겠나? 또는 가변적이고 사멸하는 것에 관련하여 그 자체 변하고 사멸하는 것이겠나? 어떤 쪽이 더욱 순수존재인가?」

「불변한 것과 관련되는 것이 더욱 순수하겠습니다.」하고 그는 대답했다.

「불변한 것의 본질은 본질적으로 동일한 정도에서 지식과 관련되는 것일까?」

「그렇습니다. 지식에 관한 한 동일합니다.」

「그러면 진리에 대해서도 같은 정도이겠지?」

「그렇습니다.」

「그러면 반대로 진리에 못 미치는 것은 그만큼 본질에 있어서도 부족하겠지?」

「필연적입니다.」

「그렇다면 육체를 받들기 위한 그런 것들은 정신을 받들기 위한 것들보다 진실과 본질에 있어 덜하겠지?」

「훨씬 덜합니다.」

「그러면 육체 자체가 정신보다 진리 및 본질에 있어 못 미치는 것이 아니겠나?」

「그렇습니다.」

「더욱 진실한 존재성으로 충만되고 또한 실제로 더 많은 진존재(眞存在)를 갖고 있는 것은 그만 못한 존재로 차 있고, 따라서 그만 못하게 진실한 것보다 더욱 진실하게 충만되어 있을 것이 아니겠나?」

「물론입니다.」

「그리고 본질에 따라 충만됨으로써 얻어지는 쾌락이 있다면 더욱 진실한 존재로 충만될 것이고, 이것이야말로 진실하고 진정하게 올바른 쾌락을 향락할 것이네. 반면에 이만 못한 존재에 관련되는 것은 그만큼 부족하게 만족할 것이고 따라서, 환상적이고 그만 못한 쾌락에 참여할 것이 아닌가?」

「의심할 여지도 없습니다.」

「따라서 지혜나 덕을 알지 못하고 포식이나 하고 관능(官能)을 만족시키는 데 바쁜 자들은 그저 중간지점에서 오르내리네. 그리하여 이 지대에서 일생 멋대로 움직이지만 진정한 높은 세계에는 들어가보지 못한다. 그쪽으로는 그들은 보지도 못하고 길도 찾지 못하고 실존재로 충만되지도 못하고 또한 순수하고 영속하는 쾌락을 맛보지도 못하네. 가축과도 같이 그들의 눈은 아래만 내려다보고 머리를 대지에다 쪼아리고, 즉 식탁에다 허리를 구부리고 실컷 먹고 교미하고 살이 찌네. 이들 즐거운 것들을 사랑하는 나머지 그들은 철로 된 뿔과 쇠테로 서로 치고 받고 하네. 그리하여 그들은 만족할 줄 모르는 탐욕 때문에 서로 죽이네. 그도 그럴 것이, 그들은 본질적이 아닌 것으로 자신들을 채우고 또한 그들이 채우는 자신들의 부분이 또한 비본질적이고 자제할 수 없는 것이기 때문이지.」

「과연 소크라테스.」하고 그라우콘이 말했다.「당신은 많은 사람의 생을 신탁과도 같이 잘 묘사하십니다.」

「그들의 쾌락들은 고통과 혼합되어 있네. 그렇게 될 수밖에 없지 않은가? 그것들은 진실한 것의 음영이고 그림일 따름이고, 빛과 그림자를 과장하고 그럼으로 하여 어리석은 자들의 마음에다 광적인 욕망들을 심어놓은 대조에 의해 채색되기 때문이네. 그리하여 그들은 마치 스테시고로스[1]의 말을 빌리면, 진실한 것을 알 수 없음으로 하여 토로이에서는 헤레네의 그림자를 가지고 싸웠다고 하는데 이와 마찬가지로 싸우네.」

「그런 일들이 일어나고야 말 것입니다.」

「그러면 이런 일들이 정신의 기백이 찬 또는 열정적인 부분에서 틀림없이 발생할 것이 아닌가? 명예와 승리를 거두기 위해 질투하고 야욕을 부리고 폭력을 쓰고 투쟁하고 격노하고 또한 만족하지 못했을 때 그의 격정을 행동으로 옮기는 열정적인 인간에 있어 이런 일이 일

1) 기원전 7-6세기경의 시인. 진짜 헤레네는 아이규프토스에 그대로 남아 있었고 이를 모방한 상(像)이 트로이로 옮아왔다는 이야기이다.

어나네.」

「그렇습니다. 같은 일이 기백이 충만한 성질에서 일어날 것입니다.」

「그렇다면 우리는 자신있게 다음과 같이 주장할 수 있지 않겠는가? 즉 금전이나 명예를 사랑하는 자들도 이성과 지식의 지도와 도움을 받아 그들의 쾌락들을 찾고, 지혜가 그들에게 보여주는바 쾌락들을 추구하고 얻어낼 때에는 그들이 진리에 따르는 한에 있어 그들이 도달할 수 있는 최고의 정도에서 가장 진정한 쾌락들을 갖게 될 것이라고, 그리하여 각자에게 최선인 것이 또한 그에게 가장 자연스럽다는 의미에서 그들이 적합한 쾌락들을 가지게 될 것이 아닌가?」

「그렇습니다. 당연합니다. 가장 좋은 것이 가장 자연스러운 것입니다.」

「그러므로 전체 정신이 철학적 원칙을 따르고 분열됨이 없을 때 각자 부분들은 공정하고 각자 그들의 일을 충실하게 해낼 것이고 그들이 할 수 있는 가장 좋고 진정한 쾌락을 각자 맛볼 것이네.」

「사실입니다.」

「그러나 다른 두 가지 원칙 가운데 하나가 득세할 때에는 정신은 그 자신의 쾌락을 얻어내는 데 실패할 것이고 다른 것으로 하여금 영상(影像)에 불과한 그들 자신의 것이 아닌 쾌락을 추구하도록 만들 것이 아닌가?」

「그렇습니다.」

「그들은 철학적이고 이성적인 것으로부터 분리시키는 간격이 떨어지면 떨어질수록 그만큼 쾌락은 이상한 것이 되고 또한 환상적으로 되겠지?」

「그렇습니다.」

「그리고 법과 질서에서 가장 떨어져 있는 것이 또한 이성으로부터 가장 먼 길이 아니겠나?」

「그렇습니다.」

「그리고 정욕적이고 참주적인 욕망들이 우리가 보기에는 가장 먼 데 있는 것들이지?」

「틀림없습니다.」

「그리고 군주제적이고 절도 있는 욕망들은 가장 가까운 데 있는 것들이겠고?」

「그렇습니다.」

「그렇다면 참주는 진정하고 자연스러운 쾌락에서 가장 떨어져 살고 군주는 가장 가까운 곳에서 살고 있지?」

「확실합니다.」

「그렇다면 참주는 가장 불쾌하게, 군주는 가장 유쾌하게 살게 될 것이지?」

「불가피합니다.」

「그들을 나누는 간격이 얼마나 되는지 그대는 아는가?」

「가르쳐 주십시오.」

「세 가지 쾌락들이 있어 보이는데, 하나는 순수한 것이고 둘은 가짜이지. 이제 참주는 일을 저질러 그 가짜를 넘어선 지점에 도달하네. 그는 법과 이성의 고장에서 달아나 그를 호위하는 자들의 어떤 노예적 쾌락과 더불어 같이 살게 되는데, 그 열등한 것으로 말하면 예를 들어 설명할 수밖에 없지?」

「어떻게 말씀입니까?」

「내 생각으로는 참주는 과두제로부터 세번째가 되네. 민주제가 그 중간에 끼어 있으므로 그렇지 않은가?」

「그렇습니다.」

「그리하여 앞서 말한 것이 사실이라면 진리에 관한 한 과두제적 쾌락으로부터 세 번이나 떨어진 쾌락의 영상(影像)과 결합하고 있지?」

「그럴 것입니다.」

「그리고 과두적인 것은 군주적인 것에서 세번째가 되지? 우리는 하나는 군주제 또 하나는 귀족제로 쳤으니까?」

「그렇습니다. 그는 세번째입니다.」

「그렇다면 참주는 진정한 쾌락으로부터 셋에 세곱한 거리만치 떨어져 있겠지?」

「명백합니다.」

「참주적 쾌락의 그림자의 거리는 길이로 재면 평방수가 되겠지?」

「확실합니다.」

「그런데 그대가 만일 힘을 돋우어 평방을 입방으로 한다면 참주가 얼마나 군주로부터 떨어져 있는가를 손쉽게 알 수 있을 것일세.」[1)]

「알겠습니다. 계산가는 쉽게 총계를 낼 수 있겠습니다.」

「또는 만일 어떤 자가 반대편에서부터 시작해서 진정한 쾌락에 있어 군주가 참주로부터 떨어져 있는 간격을 자로 잰다면 계산의 결과 그는 군주가 729배나 더 유쾌하게 그리고 참주는 그만큼 고통스럽게 산다는 것을 발견할 것일세.」

「그것 참 멋있는 계산입니다. 쾌락과 고통에 관해 정(正)과 부정(不正) 사이를 나누는 거리가 얼마나 큰 것인지 알겠습니다.」

「그래도 이것은 진정한 계산이고, 또한 만일 인간이 낮과 밤 그리고 달과 해에 관련되는 것이라면 이 숫자는 거의 인간생활에도 관계되는 것이지.」

「그렇습니다. 인간생활은 그것들과 확실히 관련됩니다.」

「그렇다면 만일 쾌락에 있어 정의로운 자가 악하고 부정한 자에 대해 이토록 우세하다면 그의 우월성은 생의 우아한 점 그리고 아름다움과 덕에 있어 한없이 큰 것이겠지?」

「이루 헤아릴 수 없이 클 것입니다.」

「자! 그러면 토론이 이쯤 되었으니까 우리를 여기까지 이끌어 온 이야기로 다시 돌아갈 수 있을 것이네. 즉 공정하다고 평판이 난 자

---

1) 참주가 군주로부터 쾌락의 진실한 점에서 떨어져 있는 것을 산출하는데 3승(乘) 즉 입방체수를 갖고 있는 이유는 명백하지 않지만, 아마도 729라는 1년의 주야(晝夜)의 수를 산출하기 위해서였는지도 모른다.

로서 완전하게 부정한 자에게는 부정은 이득이라고 누가 말하지 않았던가?」

「그렇습니다. 그렇게 말했습니다.」

「이제 정의와 부정의 힘과 성질을 결정하였으므로 그와 더불어 좀 이야기를 나누어보세!」

「우리는 어떻게 그에게 말할까요?」

「정신의 모형을 하나 떠보세. 그리하여 그 자신의 말들이 그의 눈앞에 훤하게 나타나게 하세.」

「어떤 식으로 말씀입니까?」

「고대 신화에 나타나는 기마이라 및 스큐라 그리고 게르베로스[1] 또한 기타 하나의 생물 속에서 둘 또는 그 이상 많은 여러 가지 상이한 성질들이 공생한다고 일컬어지는 복합된 피조물들같이 정신의 하나의 이상적인 영상(影像)을 만들어보자는 것이지.」

「그러한 여러 가지가 뭉친 것이 있다고 합니다.」

「그러면 여러 가지 종류의 많은 머리를 가진 괴물의 형태를 하나 만들어보게. 길이 들은 것, 야성적인 것 등 가지각색의 동물들의 머리들이 둥그렇게 둘러 있고 또한 이것들을 마음대로 만들어내고 변용시킬 수도 있는 그런 동물 말일세!」

「예술가의 신비한 역량을 생각하시는군요. 그러나 언어는 납(蠟)이나 무슨 그런 물질보다 훨씬 다루기 쉬우니까 당신이 상상하시는 그런 동물이 있다고 하여 두겠습니다.」

「그러면 다음에는 사자의 형태를 만들고 세번째로 인간을 만들되 두번째 것은 첫번째 것보다 작고 그리고 세번째 것은 두번째 것보다 작게 만든다고 상상하게.」

「그것은 더욱 쉽습니다. 자! 말씀하신 대로 만들었습니다.」

---

1) 기마이라는 전신(前身)이 라이온, 후신(後身)이 용, 가운데가 산양으로 된 괴물. 스큐라는 여인의 얼굴과 가슴을 가지고 옆구리에서 개머리 6개와 12개의 발이 나와 있는 괴물. 게르베로스는 개머리 3개에다 용의 꼬리를 가지고 등에는 뱀의 머리를 여러 개 가진 괴물.

「그러면 이제 이것들을 합쳐서 셋이 하나로 되어버리게 하게.」

「그것도 완결되었습니다.」

「다음에는 그것들의 외부를 마치 하나의 인간과 같이 만들어 이것을 보는 자로 하여금 속을 들여다보지 못하게 하고 오직 외관만 볼 수 있게 하여 이 동물이 하나의 인간인 양 생각하기로 하세.」

「말씀대로 하였습니다.」 하고 그는 말했다.

「그러면 이제 부정한 것이 인간에게는 유리하고 공정한 것이 불리하다고 내세우는 자에게 다음과 같이 대답하세. 즉 만일 그가 옳다면 이 동물은 모든 다양한 괴물들을 잘 먹여서 사자와 그리고 사자와 같은 성질들은 강화하나 사람은 굶기고 약하게 만들어 이것들 둘에게 마음대로 휘두리게 하고, 그리고 그는 이들을 친숙하게 또는 조화를 이루게 기도하는 것이 아니라 그들이 서로 싸우고 뜯기고 잡아먹고 하게 한다면 이것이 더욱 유리할 것이라고 대답하세.」

「틀림없이 이것이 부정을 긍정하는 자의 변이겠습니다.」 하고 그는 말했다.

「그에 대하여 정의를 지배하는 자는 자신 속에 있는 인간에게 전체 인간적인 동물을 완전하게 장악하도록 타이르고 또한 그렇게 행동할 것이며, 그는 훌륭한 목자(牧者)와도 같이 다두괴물(多頭怪物)을 감시하고 온순한 성질을 북돋우고 길러내고 폭악한 성질은 자라지 못하도록 하면서, 그는 사자의 마음을 사로잡아 자기편을 만들고 그들을 다같이 돌보아 서로 각자 부분들이 그리고 자기 자신과 더불어 결합하도록 하겠다고 대답할 것이네.」

「그렇습니다. 정의를 지키는 자는 마땅히 그렇게 말할 것입니다.」

「그러면 모든 면에서 쾌락이건 명예건 또는 이득이건 정의를 찬양하는 자는 옳고 또한 진실을 말하고 있고 그리고 정의를 부정하는 자는 잘못되고 가식이고 또한 무지한 것이겠지?」

「어느 모로 보나 그렇습니다.」

「자! 그러면 정의를 비난하는 자라 하더라도 의식적으로 잘못을 저지르고 있는 것은 아니니까 다음과 같이 물어보면서 이치에 맞게 설득해 볼 일이 아니겠나? 즉 행복한 친구여! 고상하다 또는 천하다는 것을 대체 그대는 어떻게 생각하나? 동물을 인간에다, 오히려 인간 속의 신에다 복종시키는 것이 고상한 것이 아니겠나? 그리고 인간을 동물에다 복종시키는 것은 천한 것이겠지 하고 물어본다면 그는 그렇다고 대답할 수밖에 없을 것이네. 안 그런가?」

「나의 의견을 그가 존중한다면 동의할 것입니다.」

「그러나 그가 이 정도 동의한다면 우리는 그에게 또 하나 질문을 하고 대답하도록 해보세. "만일 그가 그의 가장 고상한 부분을 가장 악한 것에다 예속시킨다는 조건으로 금과 은을 받는다면 과연 무슨 이득이 있을까? 자기 아들이나 딸을, 그것도 돈을 위해 포악하고 악한 자에게 노예로 팔아 먹는다면 그가 받은 보수가 비록 많다 한들 누가 그는 이득을 얻었다고 생각해 줄 것인가? 그리고 그는 자기 자신의 신성한 것을 가장 불신하고 타기(唾棄)하여야 할 것인데 거리낌 없이 팔아버린 불쌍한 비열한(卑劣漢)이라고 말하지 않는 자가 누가 있겠는가? 에리퓌레스는 남편의 생명의 대가로 목걸이를 받았지만 그는 이보다 더한 패망(敗亡)을 맛보기 위해 뇌물을 받고 있네."」

「그렇습니다. 더욱 나쁩니다. 내가 그를 위해서 말해 주겠습니다.」 하고 그라우콘이 말했다.

「무절제한 것은 예전부터 비난을 받아오지 않았던가? 그에 있어서는 크고 여러 가지 형태를 취한 괴물이 한도 이상으로 방자하도록 허용되었기 때문에.」

「명백합니다.」

「그리고 그들에 있어 사자 또는 뱀과 같은 요소가 지나치게 커지고 힘을 갖추게 될 때 사람은 거만하고 악질이라고 비난을 받지.」

「그렇습니다.」

「그리고 사치와 유약한 것이 비난을 받는 것은 이것들이 이같은 동물을 이완시키고 약화시켜 그를 비겁한 자로 만들기 때문이 아닌가?」

「과연 그렇습니다.」

「기백에 찬 동물을 다루기 힘든 괴물에다 예속시키고 그가 일찍이 충분하게 가져보지 못한 금전 때문에 젊을 때부터 수렁 속에서 밟히고 헤어나지 못하고 사자가 되는 대신에 원숭이가 되는 자는 그의 아부하는 근성과 천박함으로 비난을 받지 않나?」

「사실입니다.」 하고 그는 말했다.

「그리고 천한 직업과 노동벌이가 어찌해서 비난되는가? 오직 그 이유는 더 높은 원칙의 자연적인 약화를 뜻하기 때문이네. 그는 자신 속에 있는 동물들을 제어할 수 없게 되고, 오히려 그들을 달래고 그의 중요한 관심은 어떻게 그들에게 아부하는가에 있네.」

「그런 것이 원인인 것 같습니다.」

「그러므로 그를 최선의 원칙하에 자리잡게 하기 위해서 우리는 신적(神的)인 것이 지배하는 최선의 것의 종이 되어야 하며, 이는 트라시마코스가 상상한 것같이 종에게 해(害)가 되는 것이 아니고 자신 속에 살고 있는 신적(神的) 지혜에 의해 지배당하는 것이 누구에게나 좋은 것이라고 말하겠네. 또는 만일 이것이 불가능하다면 동일한 통치하에서 가능한 한 우리 모두가 친구가 되고 평등한 자가 되기 위해 외부 권위에 의해 통치되는 것이 좋을 것이라고 말하겠네.」

「진실입니다.」 하고 그는 말했다.

「그리고 이것은 명백하게 법이 의도하는 것이라는 것을 알 수 있지. 법은 전체 국가의 편에 서는 것이니까. 그리고 또한 이것은 우리가 아이들에게 행사하는 권위에서도 볼 수 있지. 우리는 국가에 있어서의 국헌(國憲)과 같은 하나의 원칙이 그들 속에 설정될 때까지는 그들을 자유로 방임하는 것을 거부할 것이고, 또한 이 높은 요소를 배양해서 그들 마음 속에 우리 자신과 같은 수호자나 지배자가 마련되도록 할 것이고, 이 일이 성취된 연후에는 그들은 자기들의 길을 개척해 나갈 것이네.」

「그렇습니다. 법의 목적은 명백합니다.」

「그렇다면 대체 어떤 견지에서 그리고 어떤 근거에서, 비록 그가 사악함으로써 돈과 권력을 얻는다 하더라도 자신을 더욱 악하게 하는 부정과 무절제 또는 기타 비열함으로써 사람은 이득을 본다고 말할 수 있다는 것인가?」

「아무런 입장에서도 그렇게는 말할 수는 없을 것입니다.」

「만일 그의 부정이 발각되지 않고 벌을 받지 않는다 하더라도 대체 어떤 이득이 그에게 있다는 것인가? 발각되지 않는 자는 더욱 더 악하게 될 것이고, 오히려 발각되고 벌을 받는 자는 그의 성질의 야수적 부분이 안정되고 인간적으로 될 것이네. 즉 그에 있어 온화한 요소가 해방될 것이네. 그리고 정신이 육체보다 더욱 명예롭다는 그 정도만큼 육체가 아름다움과 힘 그리고 건강의 혜택을 받은 것보다도 더하게 그의 정신 전체는 정의 및 절제 그리고 지혜를 획득함으로써 완성되고 고상하게 될 것이네.」

「틀림없습니다.」하고 그는 말했다.

「이 고상한 목적을 위하여 지각 있는 사람은 그의 생의 정력을 기울일 것이네. 그리하여 우선 그는 그의 정신에다 이들 품성들을 심어주는 학문들을 소중하게 여기고 다른 것들을 무시해 버리겠지?」

「그렇습니다.」하고 그는 말했다.

「그 다음에는 그는 그의 육체적 습성과 훈련을 규제하여 야수적이고 부조리한 쾌락에 빠지지 않게 되어 이제는 건강까지도 2차적인 것으로 간주할 것이네. 그가 이로 인해 절제를 얻어내지 못하는 한 그의 최대의 목적은 그가 아름답다 또는 강하다 또는 건강하다 하는 것은 아닐 것이니까. 오히려 그는 정신의 조화를 유지하도록 육체를 이에 순응케 하려고 노력할 것이 아닌가?」

「만일 그가 자신 속에 진정한 음악과 문예(뮤즈)를 지니고 있는 자라면 틀림없이 그렇게 할 것입니다.」

「그리고 부를 획득하는 데 있어서도 그가 또한 지키게 될 질서와 조화의 원칙이라는 것이 있지. 즉 그는 세상의 우매한 칭찬에 환장해서 그 자신의 무한한 해독(害毒)에다가 재화를 쌓아 올리려고는 하지 않을 것이네.」

「그렇지 않을 것입니다.」 하고 그는 말했다.

「그는 자신 속에 있는 국가에다 눈을 돌리고 과다 또는 부족한 데서 일어날 수도 있는 무질서가 그 속에서 생기지 않도록 조심할 것이다. 그리하여 이 원칙에 의거해서 그는 그의 자력(資力)에 따라 그의 재산과 소득을 조절하고 또는 소비할 것이네.」

「과연 사실입니다.」

「그리고 같은 이유에서 그는 자기를 더욱 우수한 인간으로 만들 것으로 생각되는 그러한 명예는 즐겁게 받고 또한 향유할 것이지만 그의 생활을 파괴하기 쉬운 명예는 사적이건 공적이건 피하겠지?」

「그렇지만 그것이 그의 의도라면 그는 정치가가 될 수 없을 것입니다.」

「이집트의 개에 맹세하겠는데 그는 할 것이네! 그 자신 속의 국가에 있어서는 물론 정치가가 되려고 할 것이지. 그러나 그가 출생한 고장에서는 신의 부름이 없는 한 아마도 정치가가 되려고 하지는 않을 것이네.」

「알겠습니다. 우리가 창건한 국가에 있어 그는 지배자가 될 것이라는 것이겠죠. 그러나 이 국가는 사념에 있어서만 존재합니다. 지상에는 어느 곳에도 이러한 것이 있다고는 생각되지 않으니까요.」

「그 모형은 하늘에 있지. 거기에 만들어져 있네. 내가 생각하건대 누구이든 원하는 자는 볼 것이고 이것을 보면서 자신의 집을 바로 잡을 것이네. 그러나 이런 것이 존재하고 사실상 존재할 것이라는 것은 문제가 아니네. 그는 어떤 다른 국가와는 상관할 것이 없이 그 국가의 양식을 좇아 생활할 것이네.」

「저도 그렇게 생각합니다.」 하고 그는 말했다.

제 10 권

「우리들의 국가질서에 있어 내가 인식하는 여러 가지 훌륭한 것들 가운데서도 다시 고찰해 보면 시(詩)에 관한 규칙만큼 나를 즐겁게 해주는 것은 다시 없네.」

「어떤 것에 관해서 말씀하시는 것입니까?」

「모방적인 시는 거부한다는 것일세. 이것은 마땅히 받아들여서는 안되지. 이제 나는 더욱 명확하게 정신의 부분들이 구별된 것을 인식할 수 있게 되었지.」

「무슨 말씀입니까?」

「나는 내 말이 비극작가나 또는 그 외의 모방 족속들의 귀에 들어갈까 꺼리기 때문에 은밀하게 말하겠네. 그러나 그대에게 들려주는 것은 상관없지. 다름이 아니라 모든 시작(詩作)의 모방은 듣는 자들의 이해에는 치명적이란 말이야. 그리하여 그것들의 진실한 본질에 관한 지식이 그것들에 대한 유일한 해독제가 된다는 것이네.」

「말씀의 취지를 설명해 주세요.」

「자! 그러면 말해주지. 나는 어릴 때부터 호메로스를 경외(敬畏)했고 사랑했지. 그래서 지금도 말이 제대로 나오지 못하고 입술에서 머뭇거리고 있지. 그는 뭐니뭐니 해도 그 매력 있는 비극시 작가들 중에서도 위대한 지도자이고 교사가 아니겠나? 그러나 진실 이상으로 숭배할 것은 못 되지. 그래서 말해버리겠네.」

「대단히 좋습니다.」 하고 그는 말했다.

「그러면 들어보게. 아니 오히려 대답해 보게.」

「질문을 해보십시오.」

「모방이란 대체 무엇인지 말해 볼 수 있겠나? 나도 사실은 잘 모르는 것이니까.」

「내가 알 수 있는 것은 비슷한 것을 말하는 것입니다.」

「그러면 어떤가? 하기는 둔한 눈이 예민한 눈보다도 때로는 사물을 더 빨리 포착할 수 있으니까.」

「과연 그렇습니다. 그러나 당시 앞에서는 비록 좀 안다 해도 감히 입을 벌릴 용기가 나지 않습니다. 당신께서 자신에게 물어보시는 것이 어떻겠습니까?」

「자! 그러면 우리들이 하던 식으로 탐구를 시작해 볼까? 많은 사람들이 공통된 명칭을 가지고 있을 때에는 우리는 이들이 이에 대응하는 관념 또는 형태를 또한 가지고 있다고 할 수 있을 것이네. 알겠나?」

「알겠습니다.」

「평범한 예를 들어보세. 세상에는 침대들과 책상들이 있네. 그것도 많이 있지. 그렇지 않은가?」

「그렇습니다.」

「그러나 그들에 관해서는 오직 두 개의 관념 또는 형태가 있을 따름이네. 즉 하나는 침대에 관한 관념이고 또 하나는 책상에 관한 것이지.」

「진실입니다.」

「그리하여 이것들을 제작하는 자는 그 관념에 따라 우리들을 위해 침대 또는 책상을 만들 것이네——이 경우와 이와 동일한 경우에 우리들이 말하는 상투적 표현이지——그러나 어떤 제작자라 하더라도 관념들 자신을 만들 수는 없지. 어떻게 만들겠는가?」

「불가능합니다.」

「그런데 또 하나 다른 제작자가 있네. 그대는 그에 관해 무엇이라고 말할는지 알고 싶네.」

「그는 누구입니까?」

「기타 모든 제작자들의 일들을 도맡아 하는 자이지.」

「그거 굉장한 사람이군요.」

「좀 기다리게. 그러면 그대가 그렇게 말하는 데 더욱 이치(理致)가 있다는 것을 알게 될 것이네. 그는 모든 종류의 기물들을 만들 수 있을 뿐만 아니라 식물도, 동물도, 자신도, 그리고 모든 것을—— 땅과 하늘, 그리고 천상과 지하에 있는 모든 것들도 만들 수 있네. 그는 또한 신들도 만들지.」

「그는 마술사에 틀림없겠습니다.」

「그대는 믿지 않는군, 그렇지? 그대는 이러한 제작자 또는 창조자가 없다는 것인가? 또는 어떤 의미에서는 이 모든 것들을 만든 자가 있을 수도 있고 또 다른 의미에서는 없을 수도 있다는 것인가? 그대는 이 모든 것들을 자신이 만들 수도 있는 방도가 있다는 것을 아나?」

「어떤 방도 말씀입니까?」

「쉬운 일이지. 이 일이 재빨리 그리고 손쉽게 이루어지는 데는 여러 가지 방도가 있네. 그리고 거울을 빙글빙글 돌리는 것보다도 더 빠를 수는 없지. 태양, 하늘, 그리고 땅과 그대 자신, 기타 동물과 식물들, 우리가 말하고 있는 모든 것들을 거울에 비쳐볼 수 있지 않은가?」

「그렇습니다. 그러나 그것은 외관뿐이 아니겠습니까?」

「그렇지. 이제 그대는 문제의 핵심에 접근하고 있네. 화가도 또한 내가 보기에는 바로 이런 것이겠지. 즉 외관의 창조자가 아닌가?」

「물론입니다.」

「그러나 그가 창조하는 것은 진실한 것이 아니라고 그대는 말하리라고 생각하네. 그렇지만 화가가 또한 침대를 만들어내는 데는 그런

대로 의미가 있지 않은가?」

「있습니다. 그러나 진정한 침대는 아닙니다.」

「그러면 침대를 만드는 자는 무엇인가? 그도 또한 우리들의 견해에 따르면 침대의 요소인 관념을 창조하는 것이 아니고 오직 어떤 특정한 침대를 만드는 것이지?」

「그렇습니다.」

「그렇다면 그가 존재하는 것을 만들지 않는다면 그는 진정한 존재를 창조하지 못할 것이고 오직 존재를 닮은 것을 만드는 것이지. 그래서 어떤 사람이 침대 제작자의 작품 또는 제작자가 만든 어떤 다른 것을 가지고 진정한 존재라고 말한다면 그는 진실을 말한다고 생각할 수 없네.」

「여하튼 철학가들은 그가 진실을 말한다고는 하지 않을 것입니다.」 하고 그는 말했다.

「그렇다면 그의 작업도 진실에 관해서는 뚜렷한 표현이 되지 못한다는 것도 이상할 것이 없네.」

「이상하지 않습니다.」

「이제 예시한 것에 비추어 누가 모방자인지 생각해 보면 어떠할까?」

「기분대로 하십시오.」

「자! 그러면 여기 세 개의 침대가 있네. 하나는 자연에 있어 존재하는 것으로 이것은 신에 의해 만들어졌다고 말할 수 있네. 하기는 다른 아무도 그 제작자일 수 없으니까.」

「그렇습니다.」

「목수가 만든 것이 또 있지.」

「있습니다.」

「그리고 화가의 작품이 세번째가 되지.」

「그렇습니다.」

「침대는 그러면 세 종류가 있네. 그리고 그것들을 관장하는 세 사람의 예술가들이 있지. 즉 신 그리고 침대 제작자 및 화가, 이 세 사람 말일세.」

「그렇습니다.」

「신은 우발적으로 또는 필연적으로 자연에다 하나의 침대를 만들었지. 둘 또는 그 이상 이러한 이상적인 침대는 일찍 있어본 적도 없고 신에 의해 만들어지지도 않을 것이네.」

「어찌해서 그렇습니까?」

「그 이유는 그가 둘만 만들어도 세번째 것이 그들 배후에 나타날 것이며, 그들은 다같이 그들의 관념을 지닐 것이므로 이상적인 침대가 될 것이고 두 개의 다른 것으로 되지 않네.」

「진실입니다.」하고 그는 말했다.

「신은 이것을 알기 때문에 이런 특정한 침대의 제작자가 아니라 진정한 침대의 진정한 제작자가 될 것을 원했고, 따라서 본질적으로 그리고 자연에 의해 단 하나만의 침대를 창조하였지.」

「그렇게 생각됩니다.」

「그렇다면 우리는 신을 침대의 자연적 주관자이고 또한 제작자라고 말해 둘까?」

「좋습니다. 창조의 자연적 과정에 관한 한 그는 이것과 기타 모든 것들의 주관자입니다.」하고 그는 대답했다.

「그러면 목수에 대해서는 무엇이라 할까? 그도 또한 침대의 제작자가 아닌가?」

「그렇습니다.」

「그러나 화가를 창조자 또는 제작자라고 할 수 있을까?」

「물론 그렇게 말할 수는 없습니다.」

「그러나 만일 그가 제작자가 아니라면 그는 침대와의 관계에 있어 무엇인가?」

「내 생각으로는 그를 다른 자들이 만든 것의 모방자라고 정당하게 지칭할 수 있을 것입니다.」

「좋아. 그렇다면 그대는 자연으로부터 세번째인 그 자를 모방자라고 부른 것이지?」

「물론입니다.」 하고 그는 말했다.

「그런데 비극시인은 모방자이지. 그러므로 기타 모든 모방자들과 같이 왕제(王制) 및 진실로부터 세 번이나 거듭되어 떨어져 있지 않은가?」

「그렇게 보입니다.」

「그렇다면 모방자에 대해서는 우리는 합의를 보았네. 그런데 화가의 경우는 어떤가? 나는 그가 자연에 원초적으로 존재하는 것을 모방한다고 생각해야 할 것인지 또는 오직 기술자들의 창조물들을 모방한다고 생각해야 할 것인지 알고 싶네.」

「후자입니다.」

「그들 그대로인지 또는 그들이 나타나는 모습인지? 그대는 아직도 이것을 결정해야 하네」

「무슨 뜻입니까?」

「그 뜻은 이 말일세. 즉 그대는 침대를 다른 각도에서 비스듬히 또는 똑바로 또는 다른 입장에서 볼 수 있네. 그러면 침대는 그 때마다 다르게 보이겠지. 그러나 사실에 있어서는 다를 것이 없네. 그리고 모든 것들도 모두 이와 같은 것이네.」

「그렇습니다. 차이라는 것은 외관일 따름입니다.」 하고 그는 말했다.

「그러면 이제 하나 물어보겠는데, 회화예술은 어떤 것을 꾀하여야 하나? ── 사물들을 그대로 모방할 것인가 또는 그들이 나타나 보이는 그대로를 그려야 할 것인가? 즉 외관인가 또는 실제인가?」

「외관입니다.」

「그렇다면 모방자는 진실과는 거리가 먼 것이지만 그들의 일부 그리고 영상부분에다 가볍게 손을 댐으로써 모든 일들을 해내지. 예를 들면 화가는 비록 그들의 기술은 아무것도 알지 못하면서도 화공(靴工), 목수, 또는 기타 기술자들을 그릴 것이네. 그리하여 그가 만일 훌륭한 예술가라면 그가 멀리서 목수의 그림을 그들에게 보여줄 때에는 아이들이나 순진한 자들을 속일 수 있고 또한 그들은 실제 목수를 보고 있다고 환상할 것이네.」

「틀림없습니다.」

「그리하여 누구이건 모든 예술을 알고, 남이 알고 있는 것은 다 알고, 어느 누구보다도 더욱 정확하게 모든 것을 하나 하나 알고 있는 자를 발견했다고 우리에게 말하는 자가 있다면, 그는 그가 만난 어떤 마술사나 배우에 의해 아마도 속아버린 단순한 자라고 상상할 수밖에 없네. 그는 자신이 지식, 무지, 또는 모방이라는 것이 어떤 것인지 분석할 수 없으므로 그런 자는 모든 것을 안다고 생각할 수밖에 없네.」

「진실입니다.」

「그리하여 그들의 우두머리로 호메로스를 떠받드는 비극작가들은, 우수한 시인은 그의 대상(對象)을 잘 알지 못하는 한 좋은 극작을 펴낼 수 없고 또한 이 지식이 없는 한 시인이 될 수 없다는 것으로, 악은 물론 선도 그리고 신적인 것까지도 포함해서 여하튼 예술과 인간에 관한 모든 것을 알고 있다고 하는 말을 들을 때에는 여기에 있어서도 동일한 환상이 작용하고 있지 않은지 한번 생각해 볼 문제이지. 아마도 그들은 모방자들을 우연히 만나게 되어 그들에 의해 속았을 것이네. 그들은 그들의 작품을 보았을 때 그것들이 진실로부터 세 배나 멀리 떨어진 모방에 불과하다는 것을 상기하지 못했을 것이다. 그것들은 외관일 뿐이고 진실들이 아니므로 진실에 관한 지식이 없이는 속기 쉬운 일이 아니겠나? 또는 결국은 그들이 옳고 또한 시인들로 말하면 그들이 그 많은 사람들에게 그렇게도 말을 잘하는 것을 보면 진실로 알고 있는 것이 아닐까?」

「이 문제는 어떻든 한번 고찰해야 할 것입니다.」 하고 그는 말했다.

「그러면 이제 만일 어떤 자가 영상(影像)은 물론 원형(原形)도 만들 수 있다고 상상한다면, 그래 그가 영상을 만드는 데에만 진지하게 몰두하리라고 생각하나? 마치 이 이상 더한 것은 없는 한 모방을 그의 생의 지배적 원칙으로 할 것인가?」

「그렇게 해서는 안될 것입니다.」

「그가 무엇을 모방하고 있는지를 아는 진정한 예술가는 진실한 것들에 대해 관심을 가질 것이고 모방에는 관심이 없을 것이네. 그리고 자기를 기념하는 것으로 많고 아름다운 작품들을 남기려고 생각할 것이네. 그리고 찬가(讚歌)의 작자(作者)가 되기보다는 자기 자신이 찬가의 주제(主題)가 되는 것을 원할 것이네.」

「그렇습니다. 그것이 그에게는 더욱 많고 큰 명예와 이익을 가져올 것입니다.」

「그런데 우리는 호메로스한테 하나 물어보아야 하겠네. 의술이나 기타 우발적으로 그의 시 속에서 언급되고 있는 어느 기술자들에 관한 것은 아니네. 아스그레피오스와 같이 그가 환자를 치료하였는지 또는 그와 같이 의과대학을 후세에 남겼는지 또는 오직 의술만 말하고 다른 기술은 이차적인 것으로 다루었는지 이런 것을 호메로스나 다른 시인에게 물어보려는 것도 아니네. 그러나 그의 시의 중요한 그리고 가장 고귀한 제목인 군사기술, 정치, 교육에 대해 우리는 물어볼 권리가 있네. 그리하여 이렇게 물어보고 싶네. 여보게 호메로스! 만일 그대가 덕에 관해서 말할 때 그대가 진리에서 두번째로 떨어져 세번째까지는 되지 않았다면, 즉 영상(影像)을 만들고 모방을 하는 자가 아니라면, 그리고 만일 그대가 공사(公私)의 생활에 있어 무엇을 추구하는 것이 사람으로 하여금 더 좋게 또는 더 나쁘게 하는가를 식별할 수 있다면, 어떤 국가가 그대의 도움을 얻어 더욱 좋게 통치될 것인지 그것을 들어주게. 라게다이몬의 훌륭한 질서는 류크르고스의 덕분이고, 다른 대소 국가들도 다른 사람들의 덕을 보았네. 그러나 그대가 그들에게 훌륭한 입법자였고 또한 그들에게 어떤 은혜를 베풀었다고 누가 말하겠나? 이탈리아와 시실리아는 가론다스를 자랑으로 삼고 있네. 그리고 우리에게는 잘 알려진 솔론이 있지. 그러나 어떤 국가가 그대에 대해서 할 말이 있겠는가? 그가 지칭할 수 있는 국가가 과연 있을까?」

「없을 것입니다.」하고 그라우콘이 말했다.

「호메로스의 숭배자들이라 할지라도 그가 입법자였다고는 하지 못할 것입니다.」

「자! 그러면 그가 생시에 그에 의해 성공적으로 수행된 전쟁 또는 그의 도움을 받았다는 기록이라도 있나?」

「없습니다.」

「그러면 밀레토스의 탈레스 또는 스큐지아의 아나가루시스 그리고 다른 천재들이 생각해 낸 것과 같은 기술과 인간생활에 적용될 수 있는 발명이라도 그가 하였다는 것인가?」

「그런 것은 전혀 없습니다.」

「그러나 호메로스는 비록 공적(公的)으로 봉사는 하지 못했지만 사적(私的)으로는 누구를 지도하고 구원하였을지도 모르지. 그가 살아있을 때 그와 교제하는 것을 즐거워하고 후손들에게 호메로스적인 생활양식을 전승시킨 친구들을 가졌을지도 모르지. 마치 피타고라스가 그의 지혜로 하여 사람들의 사랑을 받았고 그의 추종자들은 오늘날까지도 그의 이름을 딴 법칙을 찬양하고 피타고라스적 생활양식을 가지듯이!」

「그에 대해서는 비슷한 것도 전해지지 않고 있습니다. 그런데 틀림없이 호메로스의 동료인 구레오푸로스 그 태 덩어리 말입니다. 그 이름만 들어도 웃지 않을 수 없는데, 사람들이 말하는 대로 호메로스가 생시(生時)에 그와 또한 다른 자들에 의해 크게 무시되었다면 그의 우매한 것은 더욱 웃음거리가 되었을 것입니다.」

「그렇지. 그렇게 말하고 있지. 그러나 그라우콘, 만일 호메로스가 진실로 인간들을 교육시키고 개선할 수 있었다면, 즉 그가 진정한 지식을 가지고 단순한 모방자가 아니었다면 그는 많은 추종자들을 가지고 명예롭게 되고 그들에 의해 사랑을 받지 않았을까? 아부데라의 프로타고라스, 게오스의 프로디고스, 그리고 많은 사람들은 그들 동시대 사람들에게 다음과 같이 속삭이기만 하여도 되었던 것이네. 즉 그대들이 우리들을 그대들의 교육을 주관하는 자들로 선정하지 않은 한 그대 집안이나 또는 국가를 유지해 나가지 못할 것이라고. 그리하여 그들의 이러한 지혜로운 충고로 하여 사람들은 그들을 거의 어깨 위에 둘러메다시피 해서 사랑했지. 만일 호메로스나 헤시오도스가 참으로 사람들을 유덕(有德)하게 만들 수 있었다면 그들이 음유시인으로 방랑하도록 사람들이 내버려 두었을까? 그들은 그들과 작별하는 것이 마치 금을 내놓은 것같이 안타깝게 생각하고 그들과 더불어 머무르게 강요했을 것이네. 또는 만일 스승이 머무려고 하지 않는다면 제자들은 그들이 충분한 교육을 받을 때까지 어느 곳이나 그를 따라다녔을 것이네.」

「그렇습니다, 소크라테스. 제 생각으로도 그것이 진실일 것입니다.」

「그렇다면 호메로스를 위시해서 이들 시인들은 오직 모방자들이라고 말할 수밖에 없네. 그들은 덕과 이와 비슷한 것의 영상(影像)을 그대로 그리지만 진리에는 이르지 못하는 것이겠지? 그 시인은 앞서 말했듯이 신을 만드는 데 대해서는 아무것도 모르면서 화공(靴工) 비슷하게 그리는 화가 같은 것이지. 그리하여 화가와 같이 아무것도 모르고 색채나 형태만 가지고 판단하는 자들에게는 그 그림이 훌륭할 것이네.」

「그럴 것입니다.」

「이와 같은 식으로 시인은 어휘와 문장을 가지고 그 자신은 그것들을 모방할 정도로만 그것들의 성질을 이해하고는 각자 기술들에다 색채를 칠한다고 말할 수도 있네. 그리고 그와 마찬가지로 무식한 다른 사람들은 단지 그의 말로만 판단하고 그가 운과 화음과 음률을 가지고 신 만들기 또는 전술 또는 기타 여러 가지를 이야기할 때 참으로 말을 잘 한다고 생각하지. 이런 것이 화음이나 음률이 본래 가지고 있는 감미로운 효과이겠지. 그러므로 음악이 시인의 이야기에 끼치는 색채적 효과를 거두어버린다면 그리고 산문적으로 낭송한다면 꼴이 아니라는 것은 그대도 여러 번 느꼈을 것이라고 생각하네.」

「그렇습니다.」 하고 그는 말했다.

「그것들은 사실 아름답지 못한 얼굴 같네. 싹이 틀 때는 좀 보아줄 수도 있지만 젊음이 가면 꼴이 아니겠지?」

「바로 그렇습니다.」

「또 하나 주의할 점이 있네. 즉 영상(影像)의 모방자 내지 제작자는 진정한 존재에 관해서는 아는 바 없고 외관만 알고 있지. 왜 내가 틀렸나?」

「옳습니다.」

「그러면 우리는 명확하게 이해해야 하네. 반쯤 설명해 가지고 만족해서는 안될 것이네.」

「계속해 보세요.」

「화가로 말하면 그는 고삐를 그리고 또한 재갈을 그리겠지?」

「그렇습니다.」

「그런데 가죽과 주석을 다루는 자가 사실은 그런 것들을 만들지?」

「물론입니다.」

「그러나 화가가 재갈과 고삐의 올바른 형태를 알겠는가? 아니지, 주석과 가죽을 다루는 일꾼도 그것을 모를 것일세. 오직 그것들을 어떻게 사용하는지를 아는 승마하는 자만이 그것의 올바른 형태를 알지.」

「과연 그렇습니다.」

「그러면 모든 것들에 관해서도 같은 말을 할 수 있지 않을까?」

「무슨 말씀입니까?」

「모든 것에 관련되는 것으로 세 가지 기술이 있다는 것일세. 하나는 사용에, 또 하나는 제작에, 셋째 것은 그것들의 모방에 관련되지 않나?」

「그렇습니다.」

「그리하여 생명이 있는 것이건 또는 생명이 없는 것이건 모든 구조와 모든 인간행동의 뛰어남과 아름다움은 자연 또는 예술가가 그것들에 의도하였던바 행사하는 데 있어서도 관련되지.」

「진실입니다.」

「그러므로 사용하는 자가 그것들에 대해 가장 많은 경험을 가지고 있음에 틀림없네. 그는 사용하는 데 있어 그것들 자신 속에서 나타나는 좋고 나쁜 품질을 제작자에게 알려야 할 것이네. 예를 들면 피리를 부는 자는 피리 제작자에게 그의 피리들 가운데서 어떤 것이 연주자에게 만족한 것인지 말할 것이네. 그는 그에게 어떻게 그것들을 만들 것인지 말할 것이고, 상대방은 그의 지시대로 움직일 것이네.」

「그렇겠습니다.」

「그 자는 알고 있지. 그러므로 피리의 좋고 나쁜 것을 권위를 가지고 말하고 상대는 그를 믿고 일러준 대로 할 것이네.」

「사실입니다.」

「악기는 똑같지만 그것의 좋고 나쁜 것에 관해서는 제작자는 그저 짐작만 할 뿐이네. 그리고 이 짐작은 그와 이야기하고 그가 말하려는 것을 무리해서라도 들어서 직접 아는 자로부터 얻어내지. 이에 반해 연주자는 그 선악에 관해 진정한 지식을 갖고 있지 않은가?」

「사실입니다.」

「그런데 모방하는 자는 짐작과 지식 그 어느 것이라도 갖고 있다는 것인가? 그는 자신이 그리는 것이 정확한지 아름다운지 사용해 봄으로써 알 수 있을까? 또 그는 잘 아는 사람이 있어 그가 어떻게 그려야 할지 가르쳐주는 자와 무리해서라도 교제함으로써 올바른 견해를 가질 수 있을 것인가?」

「둘 다 아닙니다.」

「그렇다면 그가 모방한 것의 선악에 관한 지식을 갖지도 못하려니와 진정한 견해도 가질 수 없겠지?」

「가질 수 없을 것입니다.」

「그 모방을 잘 하는 예술가는 그 자신의 작품들에 대해서는 훌륭한 이해력을 가진 상태에 있겠지?」

「천만에! 정반대입니다.」

「그러면 그는 무엇이 좋고 나쁜지도 모르면서 그저 모방만 하겠지. 그리하여 무식한 대중들에게 좋게 보이는 것만 모방하겠지?」

「바로 그렇습니다.」

「자! 이 정도면 우리는 모방하는 자가 그가 무엇을 모방하는지도 모르고 모방한다는 데 어지간히 합의를 보았네. 모방이라는 것은 일종의 장난이고, 이리하여 비극시인들은 단장격(短長格)이든 육각운(六脚韻)의 시이건 여기에 있어 최고의 모방자이겠지?」

「틀림없습니다.」

「우리들에 의해 명백하게 된 모방이라는 것은 진리에서 세 번 물러나서 떨어져 있는 것과 관련되어 있는지 여부를 한번 말해 주겠나?」

「물론입니다.」

「그러면 모방은 인간에 있어 어떤 능력에다 호소하는 것이지?」

「무슨 뜻입니까?」

「그러면 내가 설명하지. 물체는 가깝게 보면 크고 멀리서 보면 작지?」

「그렇습니다.」

「그리고 같은 물체도 물 밖에서는 바르게 보이고 물 속에서는 꾸부러져 보이네. 그리고 시각이 잘못되기 쉬운 색채에 따르는 환각 때문에 튀어나온 것이 움푹 들어간 것같이 보일 수도 있지. 이토록 가지각색의 혼란이 우리들 속에서 일어나네. 그리하여 이것은 인간들의 마음이 심약하다는 것을 말하는 것이고, 이 때문에 빛과 그림자 그리고 기타 교묘한 방식들에 속아 마술과 같은 효과를 우리들에게 나타내지.」

「진실입니다.」

「그리하여 이제 척도와 계산 그리고 계량이 인간들의 이해를 구원하러 오네. 이것들은 아름답네. 외관상의 대소(大小) 또는 다소(多少)와 경량(輕量)이 이 이상 우리들을 지배하지 못하고 계산과 척도 및 계량이 이에 대치되네.」

「진실입니다.」

「확실히 이는 정신의 계수적이고 합리적 원칙의 작용임에 틀림없을 것이네.」

「틀림없습니다.」

「그리고 이 원칙이 계량해서 어떤 것은 균등하고 어떤 것은 크고 또는 작다 하여 이를 증명할 때 여기에 명백한 모순이 생기겠지?」

「그렇습니다.」

「그런데 이러한 모순은 있을 수 없다고 우리는 말하지 않았던가? 같은 기능은 동시에 동일한 것에 대해 대립되는 의견을 가질 수는 없지 않은가?」

「틀림없이 그렇습니다.」

「그렇다면 계량과 모순되는 정신의 부분은 계량과 일치되는 의견의 부분과는 같은 것이 아니지?」

「진실입니다.」

「그러면 정신의 더욱 좋은 부분은 계량과 측정을 신인(信認)하는 부분이 될 것일세.」

「물론입니다.」

「그리고 이에 반대되는 것은 정신의 열등한 원칙들일 것이고.」

「의심할 여지도 없습니다.」

「그래서 이렇게 결론지울 수 있을 것이네. 즉 회화 및 일반적인 모방은 그들 고유의 활동을 할 때 진리로부터 무척 떨어져 있네. 그리고 그만치 이성에서 떨어져 있는 우리들 속에 있는 그런 원칙들의 동료들이고 친구들이고 건전한 목표를 갖고 있지 못하네.」

「말씀 그대로입니다.」

「모방적인 기술은 열등한 것과 맺어진 열등한 것으로 소생(所生)도 열등한 것이 되네.」

「바로 그렇습니다.」

「그러면 이것은 시각에만 국한되는 것일까? 또는 우리가 시(詩)라고 칭하는 것과 관련되는 청각에도 미치는 것이 아닐까?」

「아마도 시에도 이것이 진실일 것입니다.」

「회화의 비유에서 추출되는 개연성만 가지고는 믿을 수 없지. 시적 모방이 관련되는 기능이 좋은 것인지 나쁜 것인지 더욱 검토해 보아야 하겠네.」

「꼭 검토하여야만 하겠습니다.」

「우리는 이렇게 질문할 수 있네. 모방이라는 것은 자의건 타의건 인간의 행동을 흉내내는 것이고, 이에 따라 그들은 선한 또는 악한 결과가 따르리라고 상상하고 기뻐도 하고 슬퍼도 하네. 이 이상 더 무엇이라도 있겠는가?」

「아무것도 없습니다.」

「이러한 여러 가지 경우에 있어 사람은 한결같이 자신을 견지(堅持)할 수 있을까? 또는 오히려 시각의 예에 있어서와 같이 같은 것들에 대해 그의 의견에 있어 혼란과 대립이 생기지 않겠나? 그리하여 그의 생에 있어 투쟁과 모순이 생겨나게 되겠지? 이 모든 것은 이미 인정되었다는 것을 기억하므로 다시는 문제를 제기하지는 않겠지만 정신은 같은 순간에 발생하는 이와 같은 무수한 대립들로 가득 차 있다는 것은 틀림없지 않겠나?」

「그렇습니다. 우리가 옳았습니다.」 하고 그는 말했다.

「그렇지. 우리가 옳았지. 그러나 하나 빼놓은 것이 있었는데 이제 그것이 추가되어야만 하네.」

「무엇이 빠졌다는 것입니까?」

「자기의 아들 또는 가장 자기에게 소중한 것을 잃었을 때 훌륭한 자는 누구보다도 태연하게 이 행복을 견디어낸다고 우리는 말하지 않았던가?」

「그렇습니다.」

「그러나 그는 슬퍼하지 않는 것인가? 또는 비록 슬프지 않을 수 없지만 슬픔을 달래는 것일까?」

「달랜다고 말하는 것이 옳을 것입니다.」

「그가 그와 동등한 사람들과 같이 있을 때 또는 그가 혼자 있을 때 어느 때 그는 더 슬픔과 싸우고 버틸 것이라고 생각하나?」

「남이 보고 안 보는 데 큰 차이가 있을 것입니다.」

「혼자 있을 때에는, 누가 듣고 보고 할 때 그가 부끄러워하는 짓도 맘놓고 말하고 행동하겠지?」

「사실입니다.」

「그로 하여금 슬픔에 젖도록 하는 불행에 대한 감정과 더불어 저항하도록 명령하는 법과 이성의 원칙이라는 것이 그에게 있지?」

「그렇습니다.」

「그런데 같은 것에 관해 접근하고 또는 떨어져 나가려 하는 두개의 상반되는 방향으로 사람이 끌린다면 이것은 필연적으로 두 가지 다른 원칙들이 그에게 있다는 것을 말한다고 확인할 수 있지?」

「물론입니다.」

「그들 가운데 하나는 선뜻 법의 지도에 따르겠지?」

「무슨 뜻입니까?」

「고난을 참는 것이 제일이고 자포자기가 되어서는 안될 것이네. 이런 것들이 좋고 나쁘다는 것은 알 길도 없네. 그리고 자포자기해 봐야 얻는 것도 없네. 또한 인간사치고 그다지 중대한 것도 없고, 오히려 비탄하는 것은 그 순간 가장 필요한 것의 방해가 된다고 법은 말할 것이네.」

「가장 필요한 것이란 어떤 것입니까?」하고 그는 물었다.

「그것은 우리는 무엇이 일어났는지 신중하게 생각해야 하고 일단 주사위가 던져진 바에야 이성이 가장 좋다고 생각하는 데 따라 사태를 수습할 것이네. 넘어진 어린아이같이 상처를 움켜잡고 엉엉 울고만 때를 보낼 것이 아니라 다치고 넘어진 것을 일으키고 응급조치를 해서 울음을 멎게 하도록 정신을 훈련해야 한다는 것이지.」

「그렇습니다. 그것이 운명의 공격에 대항하는 진정한 방식입니다.」하고 그는 말했다.

「그렇지. 더 높은 원칙은 서슴지 않고 이성의 이 제안에 순종하겠지.」

「명백합니다.」

「그리고 우리들의 고난들과 비통을 상기케 하고, 얼마가 있어도 모자라고 한(限)이 없게 하는 다른 원칙을 우리는 불합리한 것, 쓸데없는 것, 비겁한 것이라고 부를 수 있겠지?」

「과연 그렇습니다.」

「그러면 이 후자 즉 반역적인 원칙 말인데, 이것이 모방을 위해서는 여러 가지 많은 소재를 제공하는 것이지. 이에 반해 현명하고 침착한 기질은 언제나 한결같이 손쉽게 모방하지도 않고 모방당하는 것을 좋아하지도 않네. 특히 잡다한 군중들이 극장에 모이는 축제 같은 데서 노출되는 감정에 대해서 그들은 전혀 아는 바 없네.」

「물론입니다.」

「그러므로 인기를 모으려는 모방시인은 원래 정신의 합리적 원칙을 즐겁게 하고 또는 영향을 끼치도록 되지도 않았고 또한 그것은 그의 기술이 의도하는 바도 아니네. 그는 손쉽게 모방할 수 있는 열정적이고 발작적 기질을 더 좋아할 것이네.」

「명백합니다.」

「이제 우리는 마땅히 그를 데리고 와서 화가 옆에다 배치할 수 있지. 그는 화가와는 두 가지 점에서 같은 것이네. 첫째, 그의 작품이 진리에서 벗어나 열등한 만큼 이 점에서 화가와 비등하다고 나는 말하네. 그러므로 우리는 마땅히 질서가 잘 잡힌 국가에다 그를 받아들여서는 안되네. 그는 감정들을 일깨우고 기르고 강화하여 이성을 손상케 할 것이니까, 국가에 있어서와 같이 악한 자가 권력을 갖도록 허용하고 선한 자를 밀어내듯이 인간의 정신에 있어서도 우리는 주장하겠는데, 그 모방적 시인은 악한 제도를 심어놓네. 그도 그럴 것이 그는 대소를 분간 못하고 같은 것을 가지고 한때에는 크게 또 어떤 때에는 작게 생각하는 불합리한 성질에 젖어 있으니까. 그는 영상(影像)의 제작자이고 진리와는 동떨어져 있네.」

「바로 그렇습니다.」

「그러나 우리가 그를 비난해 마지않는 점은 이에서 그치는 것이 아니네. 시인이 선량한 자까지도 해치는 그 힘은 참으로 두려운 것이 아니겠나?」

「그렇습니다. 말씀 그대로라면…….」

「듣고 판단하게! 내가 생각하기에는 우리들 중에서 가장 우수한 자라 할지라도 호메로스나 또는 다른 비극작가의 작품을 들을 때에는, 여기에 있어 그는 어떤 불쌍한 영웅을 내세우고 장황한 웅변으로 자기의 비통함을 내세우고 울고 가슴을 치게 할 때에는, 그대도 알다시피 동정에 내맡겨 희열을 느끼고 우리의 감정을 가장 자극하는 시인의 재주에 홀딱 반하네.」

「그렇습니다. 알고 있습니다.」

「그러나 우리 자신이 어떤 비통한 일을 당했을 때에는 그대도 알다시피 그 반대 기질을 취함으로써 자랑으로 삼지 않나? 우리는 태연하게 그리고 참아나가지. 이것이 남성다운 것이지. 그런데 시를 읊는 데 있어 우리를 즐겁게 하는 또 하나 다른 슬픔은 여성적인 것이지.」

「진실입니다.」 하고 그는 말했다.

「우리들로서는 싫어하고 자기 자신으로서 하는 것을 부끄러워하는 것을 감히 해내는 자를 칭찬하고 우러러보고 하는 것이 옳은 일인가?」

「옳지 못합니다. 조리에 맞지 않습니다.」

「어떤 입장에서 보면 합리적이기도 하지.」

「불운할 때에는 우리는 울고 한탄함으로써 슬픔을 터뜨리는 자연적인 기갈과 욕망을 느끼네. 그런데 우리들 자신이 당한 액운에 있어서는 제어되었던 이 감정이 시인들에 의해 충만되고 희열을 느끼네. 우리 각자 속에 지니는 더 우수한 성질은 이성과 습성에 의해 충분하게 훈련되지 못했으므로 우리는 비애가 남의 것이라는 데서 동정적 요소가 그대로 흘러나오도록 방치되네. 관중들은 무대에 나타나서 자기가 얼마나 훌륭한 인간인가를 말하는 자를 동정하고 찬양함에 있어 명예롭지 못할 것이 없다고 환상하고는 그의 불행을 가지고 소동을 치네. 그들은 쾌락이 이득이라고 생각하고 잘난 체하고 이 맛과 또한 시까지도 맛보지 못할 것이 어디 있겠느냐 하고 생각하네. 내가 생각하기에는 남의 악한 것으로부터 어떤 악이 이번에는 그들 자신 속으로 스며들리라고 반성하는 자는 없네. 이리하여 남들의 불행을 보고 힘을 얻은 비통한 감정은 자기 자신 속에 있어서도 이제는 억제하기가 힘들게 되네.」

「참으로 옳은 말씀입니다.」

「그리고 이와 같은 것은 어이없이 우스운 일에도 적용되겠지? 자신이 직접 하기에는 부끄러운 농담이 있네. 그러나 희극무대에서 또는 남몰래 들을 때에는 대단히 즐거워하고 체통을 벗어나도 과히 비위에 거슬리지 않네. 불쌍하게 여기는 경우가 여기에서도 되풀이되네. 인간의 성질 속에는 웃고 싶어하는 원리가 있는데, 어릿광대라고 사람들이 생각할까 두려워 이성으로 일단 억제한 것이 이제 다시 풀려나오지. 그리고 극장에서 웃는 버릇이 촉발되어 이제는 집에서도 무의식적으로 희극시인 노릇을 하게 되네.」

「그렇습니다.」하고 그는 말했다.

「애욕과 분노 그리고 기타 모든 감정들, 모든 행동과 떼어놓을 수 없는 욕망과 고통과 쾌락들에 관해서도 같은 말을 할 수 있네. 이 모든 것들에 있어 시는 이것들을 건조시키지는 않고 정열에다 물을 뿌리네. 행복과 덕을 더하기 위해서는 이것들은 제어되어야 하는데, 시는 이것들이 지배하도록 내버려 두는 것이네.」

「부정할 수 없습니다.」

「그러므로 그라우콘, 그대가 호메로스는 헤라스의 교육가이고 교육과 인간사들에 질서를 잡는 유익한 자이고 따라서 되풀이해서 그를 내세워 그와 친숙해지고 그를 따라 삶을 조정하여야 한다고 말하는 호메로스 숭배자들을 만난다면 그대는 이들을 사랑하고 존경할 수도 있네. 그들의 견해를 그런 대로 받아들일 수 있는 한 그들은 훌륭한 사람들이네. 그리고 우리도 서슴지 않고 호메로스가 최대의 시인이고 비극작가들 속에서도 으뜸간다는 것을 인정하네. 그러나 우리 국가에서 받아들일 수 있는 것은 신(神)들을 칭송하고 저명인사들을 찬양하는 시에 한하지. 만일 우리가 이 한계를 넘어서 서사시건 서정시건 꿀 같은 뮤즈 여신이 침입하게 내버려 둔다면 사람들이 최상의 것으로 생각하는 법과 인간의 이성 대신에 쾌락과 고통이 우리들의 국가를 지배할 것이네.」

「틀림없습니다.」 하고 그는 말했다.

「그리고 우리는 시에 관한 주제로 돌아갔으므로 우리들이 묘사한 바 그런 경향을 가진 예술은 우리 국가에서 추방하여야 한다는 앞서 판단의 합리성을 보여주기 위해 이것으로써 우리들의 방패로 삼지. 이성이 우리를 강요하니까 할 수 없지. 그러나 그녀가 우리를 비난하여 가혹무례(苛酷無禮)하다고 하지 않기 위해 우리는 철학과 시예술 사이에는 고래(古來)로부터 싸워 왔다는 것을 그녀에게 말해 두지. 이러한 증거들은 많이 있지. 예를 들면 '주인에게 짖어대는 사냥개' 또는 '바보들의 당치도 않은 이야기에 능한 자' 그리고 '제우스 신을 사기치는 성자들의 모임' 또는 '기껏해야 걸인밖에 되지 못하는 교묘한 사상가들'이라고 일컬어 왔지. 그리고 이 외에도 이들 사이에 해묵은 적대감정의 노출들은 얼마든지 있네. 그럼에도 불구하고 우리는 우리들의 좋은 친구와 모방의 자매예술(姉妹藝術)들에게 오직 그녀가 질서가 잘 잡힌 국가에서 그녀의 존재에 대한 명목만 세울 수 있다면 우리는 그녀의 매력을 너무도 잘 알고 있지 않은가? 그렇다고 하여 이것 때문에 진리를 어길 수는 없지. 감히 말하겠는데, 그리우콘, 그대도 나 못지않게 그녀에게 매혹되어 있지. 특히 그녀가 호메로스에서 나타날 때에는?」

「과연 그렇습니다. 저도 크게 매혹됩니다.」

「그렇다면 그녀를 추방에서 다시 돌아오도록 해볼까. 그러나 조건이 하나 붙네. 즉 서정시 형식이든 또는 운각(韻脚)을 밟은 형식이든 이것으로 그녀를 위해 그녀 자신이 해명을 한다면 말일세.」

「좋습니다.」

「그리고 우리는 더 나아가 시를 사랑하는 그녀의 옹호자들에게, 그러나 시인은 안되겠지만 산문형식으로 그녀를 위해 말해보도록 허용할 수도 있지. 그들로 하여금 그녀가 즐거울 뿐더러 또한 국가와 인간생활에 있어서도 유익하다는 것을 보여주도록 하세. 그러면 우리는 호의를 가지고 귀를 기울일 것이네. 만일 이것이 증명된다면 우리는 틀림없이 이득을 보지. 즉 다름 아니라 시예술이 즐거울 뿐만 아니라 유용도 하다면 말일세.」

「알겠습니다. 우리들은 득을 볼 것입니다.」

「만일 그녀를 변호하는 데 실패할 때에는 친구여! 그 무엇에 홀리기는 했으나 그들의 욕망들이 이해(利害)에 어긋날 때에는 자신을 억제하는 사람들같이 우리도 연인들이 하는 식으로 그녀를 단념하여야 할 것이네. 비록 고뇌가 없는 것은 아니지만 우리도 역시 훌륭한 국가가 우리에게 심어놓은 교육 때문에 시예술에 대한 애정은 남 못지않네. 그러므로 그녀가 가장 좋게 또한 진실하게 나타나주었으면 하는 것이네. 그러나 그녀가 그의 변호를 잘 해내지 못하는 한 우리들의 이 주장은 우리에게는 그대로 매력을 가질 것이고 그녀의 가락을 들으면서도 우리는 이 주장을 되풀이할 것이네. 그리하여 많은 자들을 매혹하는 데 반한 어린이 같은 사랑에 빠지지 않기 위해서도, 여하튼 시예술은 우리가 말한 것 같은 것이므로 진심으로 진리에 도달하리라고는 생각해서는 안된다는 것을 우리는 잘 알고 있네. 그리하여 그녀의 노래를 듣는 자는 자기 내부에 있는 국가의 안전을 두려워하여 그녀의 유혹에 빠지지 않도록 조심할 것이고 또한 우리들의 말을 그의 법으로 삼아야 하지.」

「그렇습니다. 전혀 동감입니다.」 하고 그는 말했다.

「그렇지. 친애하는 그라우콘! 사람이 선하게 되느냐 또는 악하게 되느냐 하는 문제보다 훨씬 중대한 것이네. 대체 명예 또는 금력(金力)과 권력의 영향, 더구나 시예술의 흥분하에서 그가 정의 및 선을 등한시한다면 누구인들 얻을 것이 무엇이겠는가?」

「그렇습니다. 다른 자들도 그렇겠습니다만 이 토론으로 저는 확신을 얻었습니다.」

「그런데 선에 따르는 최대의 상과 보답에 관해서는 아직도 언급되지 않았네.」

「더 큰 것이 또 어디 있겠습니까? 있다면 그것은 한량없이 크겠습니다.」

「그렇고 말고. 이토록 짧은 시간에 있어 그토록 큰 것이 어디 있겠는가? 70년의 생애는 영원에다 비하면 하잘것 없는 것이지?」

「오히려 무(無)에 가깝다고 하겠습니다.」 하고 그는 대답했다.

「그리고 불멸의 존재가 전체보다는 이 짧은 순간을 진지하게 생각해야만 하나?」

「전체일 것입니다. 물론 그런데 어찌해서 물어보시는 것이죠?」

「인간의 영혼은 불사(不死)이고 불멸이라는 것을 그대는 모르나?」

그는 놀라서 내 얼굴을 쳐다보고는 「하늘에 맹세해서 모르겠습니다. 아니 당신께서는 이것을 진심으로 주장하시려는 것입니까?」 하고 말했다.

「그렇지. 주장해야지. 그리고 그대도 이것을 증명한다는 것은 그다지 어려운 일이 아니네.」 하고 나는 말했다.

「저에게는 대단히 어렵게 보입니다. 그러나 그렇게 쉽게 말씀하시는 그 주장을 듣고 싶습니다.」

「그러면 들어보게.」

「듣고 있습니다.」

「그대가 선하다 하고 또 하나는 악하다고 하는 것이 있지?」

「있습니다.」 하고 그는 대답했다.

「그러면 나와 더불어 부패시키고 파괴하는 요소는 악하고, 보존하고 개선하는 요소는 선하다고 생각할 수 있겠나?」

「있습니다.」

「그러면 그대는 모든 것을 선과 또한 악을 갖고 있다고 인정하네. 안염(眼炎)은 눈에 관한 그리고 병은 온몸에 관한 악이지. 마치 곰팡이는 밀에게, 부패는 목재에, 녹은 동이나 철에 있어 악이 될 수 있듯이, 거의 모든 것에는 본래적인 악과 병이 있지 않은가?」

「그렇습니다.」 하고 그는 말했다.

「그리하여 이들 악들의 어떤 것이고 전염되면 악하게 될 것이고 결국 전체가 분해되고 사멸하겠지?」

「진실입니다.」

「각자에 내재적인 악은 각자의 파멸을 뜻하네. 그러므로 각자가 그것들을 파괴하지 않는다면 다른 어떤 것이고 파괴할 수 없네. 선한 것은 그것들을 파괴하지 않을 것이고 또한 선하지도 악하지도 않은 것도 파괴하지 않을 것이네.」

「그렇겠습니다.」

「그렇다면 만일 우리가 이러한 내재적인 부패를 갖고서도 분해되거나 파괴되지 않는 어떤 성질을 발견한다면 그런 것에는 파괴라는 것이 없다는 것이 확실하겠지?」

「그렇겠습니다.」

「그러면 영혼을 부패시키는 악은 없을까?」

「우리가 이제 보아온 것만 해도 많은 악들이 있습니다. 부정, 방종, 비겁, 무지 등.」

「그러나 이것들 가운데 어떤 것이 영혼을 파괴할 것인가? 그런데 여기서 오해 없기를 바라는 것은 부정하고 어리석은 자가 탄로가 났을 때에는 그의 영혼의 악인 그 자신의 부정 때문에 망한다고 생각해서는 안되네. 육체에 비유해 보세. 육체의 악은 육체를 소모시키고 쇠약하게 하고 멸망케 하는 병이네. 그리하여 우리가 지금 말하고 있는 모든 것들은 그것들에 부착되어 있고 내재하고 있는 자체의 부패로 인하여 해(害)를 받고 파괴되어 버리네. 이것이 사실이 아닌가?」

「그렇습니다.」

「이런 식으로 영혼을 생각해 보세. 영혼 속에 있는 부정 또는 다른 악이 그것을 소모케 하고 다 집어 먹나? 영혼에 부착하고 또한 거기에 내재함으로써 결국 그것을 죽게 하고 영혼을 육체에서 떠나게 하나?」

「물론 그렇지 않습니다.」

「그렇지만 어떤 것이고 그 자신의 부패에 의해 내부로부터 파괴될 수 없는 것이 외부의 악에 감염되어 외부로부터 파괴될 수 있다고 생각하는 것은 합당하지 않겠지?」

「그렇습니다.」하고 그는 말했다.

「그러면 그라우콘, 생각해 보게. 쉰 것이든 부패한 것이든 기타 여하한 것이든, 음식의 악성이라 하더라도 실제 음식에 국한되어 있는 한 육체를 파괴하리라고는 생각되지 않겠지. 비록 음식의 악성이 육체에다 부패를 가져왔다 하더라도 그 때에는 우리는 이것이 가지고 온 육체 자신의 부패, 이것이 병이라는 것인데, 이것 때문에 육체는 파괴되었다고 말하여야 하겠지. 그러나 육체는 그 자체로서 하나인 것이고 또 하나 다른 음식의 악성 때문에 파괴될 수 있다는 것, 이것은 절대로 부정되어야 하겠지?」

「전혀 옳은 말씀입니다.」

「그러면 같은 원칙에서 어떤 육체적 악이 영혼의 악을 만들어내지 않은 한, 그 자체 하나로서 독립하여 있는 영혼이 또 하나 다른 것에 속해 있는 외부 악에 의해 단순하게 분해될 것인가?」

「그렇습니다. 일리가 있습니다.」하고 그는 말했다.

「그러면 우리는 이 결론을 논박하든지 또는 논박하지 못한 채 그대로 남겨 놓든지 둘 중에 하나이겠는데, 후자의 경우일 때에는 우리는 다시는 신열(身熱) 또는 기타 어떤 병 또는 목에 칼이 꽂히고 전신이 난도질을 당해 가닥가닥이 나도 육체가 이런 일들을 당한 결과 영혼 자체가 더욱 부정(不淨)하고 부정(不正)하게 되었다는 것이 증명될 때까지는 영혼을 파괴할 수 있다고 말해서는 안될 것이네. 그러나 영혼이고 무엇이고 내부 악에 의해 파괴되지 않는다 하더라도 외부 악에 의해 파괴될 수 있다는 것은 누구에 의해서도 확인될 것이 못 되네.」

「그리고 틀림없이 아무도 죽음 때문에 영혼이 더욱 부정하게 된다고는 증명하지 못할 것입니다.」

「그러나 만일 어떤 자가 영혼의 불사(不死)를 오히려 인정하지 않고 이것을 부인하고 죽어가는 자는 더욱 악하고 부정하게 된다고 말한다면, 그 때는 만일 이 말을 한 자가 옳다면 내 생각으로는 부정은 병과 마찬가지로 부정한 자에게는 치명적이라고 생각해야 하겠지. 그리고 이와 같은 무질서한 것을 받아들이는 자들은 악이 가지고 있고 또한 조만간 그들을 살해하는 자연적으로 내재하는 파괴력에 의해 죽을 것이네. 그러나 현재 악한 자가 그들 행위의 형벌로서 다른 사람의 손에 의해 죽음을 당하는 것과는 전혀 다른 것이 아니겠나?」

「오히려 그 경우에 부정은, 만일 이것이 부정한 자에게 치명적이라면 그에게는 그다지 두려울 것이 못될 것입니다. 그는 악에서 구출될 것이니까요. 그러나 그는 오히려 그 반대가 사실이 아닌가 생각합니다. 그리하여 부정은, 이것이 힘을 가지고 있다면 다른 자를 죽이는 한이 있어도 살해자는 그대로 살려둘 것입니다. 그렇죠. 그것도 잘 살려 둘 것입니다. 부정이 사는 고장은 죽음의 고장에서는 뚝 떨어져서 말입니다.」

「옳은 말이야.」 하고 나는 말했다.

「만일 내재적이고 자연적인 영혼의 악이 영혼을 죽일 수 없다면 어떤 다른 것을 파괴할 임무를 띤 것은 바로 그것의 파괴를 목적으로 임명을 받았으면 몰라도 그 외에는 영혼이고 무엇이고 파괴할 수 없을 것이네.」

「그렇습니다.」

「그러나 내재적이건 또는 외재적이건 악에 의해 영혼이 파괴될 수 없고 무한히 살아 남는다면 이것은 불사신이겠지?」

「옳습니다.」

「이것이 결론일세.」 하고 나는 말했다.

「만일 이것이 진실한 결론이라면 영혼은 언제까지나 동일하겠지. 만일 아무것도 파괴되지 않는다면 수에 있어서는 감소되지 않을 터이니까, 또한 수가 늘지도 않을 것이네. 불사적(不死的)인 것의 증가는 어떤 가사적(可死的)인 것으로부터 올 것이므로. 그리하여 모든 것들은 죽지 않는 것으로 되어버리네.」

「과연 진실한 말씀입니다.」

「그러나 우리는 이것을 믿을 수 없네. 이성이 허용치 않을 것이네. 마치 우리가 영혼이 그의 참다운 성질에 있어 다양함과 상이함과 부동성으로 충만했다고 믿을 수 없듯이.」

「무슨 뜻입니까?」 하고 그는 말했다.

「영혼은 이제 증명된 바와 같이 불사이므로 그 구성이 가장 아름다울 것이고 많은 요소들에 의해 혼합될 수 없지 않은가?」

「물론 혼합되어 있지 않습니다.」

「영혼은 죽지 않는다는 것은 앞서의 토론으로서 증명되었네. 그리고 그 외에도 여러 가지 증거가 있네. 그러나 육체나 기타 재앙과 혼합되어 오염된 우리가 보고 있는 그런 것이 아니라 영혼 그대로의 모습을 보기 위해서는 이성의 눈을 가지고 영혼의 본래적인 순수성에 있어 사유하여야만 하네. 그러면 그 때에는 그녀의 아름다움이 나타날 것이고 우리가 묘사한 정의, 부정, 그리고 모든 것들이 더욱 명확하게 될 것이네. 이 정도로 우리는 현재로서 나타나는 영혼에 관한 진리를 이야기했지. 그러나 우리는 해신(海神) 그라우고스[1]의 상태에 비길 만한 그런 조건하에서 영혼을 보아 왔다는 것을 또한 잊어서는 안되네. 그의 타고난 지체(肢體)들은 모진 파도에 떨어져 나가고 부스러지고 손상되었고, 해초, 조개껍질, 돌로 뒤덮여 원래의 모습은 전혀 볼 수 없게 되어 있는 것이네. 그래서 그 자신의 원래의 형상보다는 어떤 괴물과 같이 되어 있지. 그리하여 우리가 보는 영혼도 만가지 병에 걸려 같은 상태에 있네. 그러나 그라우콘, 거기에다 눈을 돌릴 것이 아니라 다른 데를 찾아보아야 하겠네.」

「그럼 어디 말씀입니까?」

「지혜에 관한 영혼의 사랑에다 눈을 돌려야지. 영혼이 불멸과 영생과 신적인 것과 근친관계에 있음으로 하여 누구에게 영향을 주고 어떤 사회와 교제하려 하는지 알아보아야 하겠네. 또한 전적으로 이 우월한 원칙을 따를 때 영혼이 어떻게 달라지는지 그리고 신적 충동으로 지금 영혼이 살고 있는 바다에서 벗어나서 암석이나 조개껍질들을 떨어버린다면 그 때 그것은 어떻게 보일 것인지 알아보아야 하겠네. 그러한 부착물들은 사람들이 이 세상에 있어 좋은 것들이라고 말하는 것들에 의해 영혼이 즐겨 땅을 양식으로 하는 까닭에 생겨난 것들이지. 그렇게 되면 영혼의 참모습을 볼 수 있을 것이고, 영혼이 하나의 형상인지 많은 형태들을 갖고 있는지 또는 그 본성이 어떤 것인지 알 수 있을 것이네. 영혼이 현세에서 취하고 있는 양태·형태에 관해서는 우리는 충분하게 말했다고 나는 생각하네.」

「진실입니다.」라고 그는 말했다.

「이리하여 우리는 토론의 조건들을 만족시켰지. 그대가 말했듯이

---

1) 포이오디아 지방의 안데돈이라는 곳의 어부가 잡은 물고기를 풀 위에다 놓았는데 다시 살아나는 것을 보고, 그 풀잎을 먹고 영생하게 되어 바다로 뛰어들어 해초로 변했다.

호메로스나 해시오도스에서 발견할 수 있다는 정의에 관한 보상이나 영광을 우리는 이야기하지 않았네. 그러나 정의는 그 본성에 있어 본성을 잃지 않는 영혼에게는 최선이라는 것을 우리는 알았네. 그러므로 사람은 기우게스의 반지를 가지고 있든 또는 가지고 있지 못하든 그리고 여기에 더하여 하데스(명부의 신)의 투구를 쓰고 있든 쓰고 있지 않았건 정의로운 일을 하도록 하지.」

「과연 진실입니다.」

「그러면 이제 그라우콘, 이 생에 있어서나 저승에 있어서나 정의 및 기타 덕들이 영혼에게 신들과 인간들로부터 얻어주는 보상들이 얼마나 많고 또한 크다는 것을 이 이상 더 처들어도 해로울 것은 없을 것이네.」

「좋습니다.」 하고 그는 말했다.

「그렇다면 토론에 있어 그대가 빚진 것을 갚아 주겠지?」

「제가 무슨 빚을 졌습니까?」

「정의로운 자가 부정한 자와 같이 보이고 부정한 자가 정의로운 자와 같이 보이게 한 가설 말일세. 하기는 사실의 경우 신들과 인간들이 눈을 속일 수는 없지만 그래도 순수한 정의가 순수한 부정에 대비되기 위해서는 토론을 위해 이러한 가설을 허용해야 한다고 그대는 내세우지 않았나 기억하겠지?」

「그것을 잊었다면 욕먹어 마땅하겠습니다.」

「그렇다면 그 판정도 끝난 지금 이번에는 내가 정의를 위하여 신들과 인간들이 가지고 있는 정의에 대한 평가 및 우리가 의당히 정의에 귀속되어야 한다고 인정하는 것들을 다시 정의에게 찾아주어야 할 것이네. 정의는 실재를 부여한다는 것이 증명되었고 진실로 정의를 소유하는 자를 속이지 않은 것이니까 정의로부터 박탈한 것을 되돌려 주세. 그리하여 원래 정의의 것이고 또한 정의가 자신에게 부여한 외관에 있어서도 승리를 거두게 하세.」

「그 요구는 정당합니다.」 하고 그는 말했다.

「우선 이것이 그대가 돌려주어야 할 첫번째 것인데, 즉 정의와 부정의 본성은 신들에게는 사실 알려져 있다는 것이네.」

「승낙합니다.」

「그리고 이들이 다같이 신들에게 알려져 있다면 애초 우리가 인정한 대로 하나는 신들의 친구이고 다른 하나는 적이어야만 하네.」

「그렇습니다.」

「그리고 신들의 친구는 전생의 죄로 인한 필연적인 악을 제외하고는 그들로부터 최선의 모든 것들을 받을 것이라고 생각할 수 있겠지?」

「물론입니다.」

「그러면 정의로운 자에 대한 우리들의 생각은 이렇게 되어야 하네. 즉 비록 그가 가난하고 병들고 기타 눈에 띄는 불행에 빠졌다 하더라도 결국에 가서는 그의 생과 죽음에 있어 만사가 그에게 좋게 움직일 것이라고 생각하겠지? 신들은 덕을 추구함으로써 인간이 신과 같이 될 수 있는 한 정의롭게 그리고 신을 닮으려고 욕구하는 자를 돌볼 것이니까.」

「그렇습니다. 만일 그가 신과 같다면 그는 신에게 무시당하지 않을 것입니다.」하고 그는 말했다.

「그러면 부정한 자에 관해서는 그 반대로 생각되어야 하겠지?」

「물론입니다.」

「그렇다면 이런 것이 신이 정의로운 자에게 주는 승리의 상이겠지?」

「확신합니다.」

「그러면 사람들로부터는 그들은 무엇을 받는가? 사태(事態) 그대로를 직시하게. 그러면 그대는 약삭빠르게 부정한 자는 출발점에서 목적지까지는 잘 뛰지만 목적지에서 다시 돌아오지 않는 주자의 경우와 같네. 재빠르게 뛰기 시작하지만 결국에는 우스꽝스럽게 보일 것이고, 어깨 위에 귀를 떨구고 영관(榮冠)도 받지 못하고 몰래 사라지네. 그러나 진정한 주자는 결승점에 도달하고 상을 받고 관이 씌워질 것이네. 그리고 이것이 정의로운 자의 모습이네. 그의 전생애를 통해 모든 행동과 난관을 끝내 극복해 나갈 때 그는 인간이 그들에게 주어야 하는 평판과 상을 받게 될 것이네.」

「진실입니다.」

「그렇다면 그대가 운이 좋은 부정한 자에 돌아가게 했던 축복들을 이번에는 정의로운 자에게 돌리도록 허용해야만 하네. 나는 그대가 일찍이 이들과는 다른 자들에 관해 말했던 바로 그것을 이들에 관해 말하겠네. 즉 그들이 늙으면 그들이 마음만 있다면 그들 자신의 나라의 지배자들이 될 것이고, 그들이 좋아하는 자들과 결혼하고, 그들이 원하는 자들과 결합시킬 것이네. 그대가 다른 자들에 대해 말할 것을 나는 이제 이들에게 말하는 것이네. 그리고 또한 부정한 자에게는 비록 젊어서 모면한다 하더라도 대부분은 결국에는 발각될 것이고, 그들 행로의 종말에 가서는 바보같이 보일 것이고 또한 그들이 늙고 비참해지면 모르는 자 그리고 시민들로부터 다같이 모욕을 당할 것이네. 그들은 매를 맞고 그대가 말했듯이 귀에 담을 수 없는 욕설을 들을 것이네. 그들은 형벌을 받고 그들의 눈은 타버릴 것이다, 이렇게 말하겠지. 이리하여 그대는 내가 그대의 그 무서운 이야기의 나머지 부분을 되풀이하리라고 생각하겠지. 그러나 그것들을 되풀이하지 않고 그대로 진리로 받아들인다고 내가 생각하도록 하여 주지 않겠나?」

「좋습니다. 당신께서 말씀하신 것이 옳습니다.」 하고 그는 말했다.

「그러면 이것들이 현세에서 신들과 인간들이 정의로운 자에게 주는 상이고, 보답이고, 보상이겠지? 정의 자체가 부여하는 다른 좋은 것들은 말할 것도 없고.」

「그렇습니다. 이들은 아름답고 영속합니다.」 하고 그는 말했다.

「그러나 사후에 정의로운 자 및 부정한 자를 다같이 기다리고 있는 보상에 비한다면 수에 있어서나 양에 있어서나 이것들은 아무것도 아니네. 그리고 그대는 그것들을 들어야 해. 그렇게 함으로써 정의로운 자나 또는 부정한 자는 토론이 그들에게 진 빚을 우리들로부터 다 받아내게 될 것이네.」

「말씀하세요. 들어서 이 이상 더 즐거울 것도 없을 것입니다.」 하고 그는 말했다.

「자! 그러며 이야기를 하나 들려주겠네.[1] 이것은 오디세우스가 영웅 아르키노스[2]에게 한 이야기들 가운데 하나는 아니네. 그러나 이것 역시 영웅에 관한 이야기인데, 판피리아의 혈통을 이어받은 아루메니오스의 아들 에르에 관한 것이지. 그는 전투에서 살해되었고, 10일이 지난 후 다른 시체들은 거의 부패된 상태에서 거두어들여졌는데 그의 시체는 부패되지 않은 채 발견되어 매장하려고 집으로 운구(運柩)되었지. 그런데 12일째 되던 날 칠성판에 놓여졌을 때 소생해서 사람들에게 저 세상을 보고 왔다는 것이네. 그의 말에 의하면 그의 영혼은 육신을 떠나 많은 혼들과 길을 떠났지. 그러다가 땅에 구멍이 둘 뚫린 신비스런 고장에 당도했는데, 그 구멍들은 가까이 있었고 그것들과 마주 하늘쪽으로 다른 구멍들이 둘 뚫려 있더라는 것일세. 이 중간에 재판관들이 자리잡고 앉아 정의로운 자들을 판결한 다음 그들 앞가슴에 판결문을 달아준 다음 바른쪽 하늘로 뚫린 구멍으로 올라가라고 명하네. 이와 같은 식으로 부정한 자들은 재판관들에 의해 왼쪽 아랫길로 내려가도록 명령받네. 이들은 그들의 행위에 대한 상징들을 등에다 붙들어 매었네. 에르 자신이 가까이 가니 재판관들은 그에게 그대는 저승의 일을 사람들에게 알리는 사자가 될 것이라고 하면서 거기서 일어나는 일들을 잘 듣고 보라고 명하더라는 것이네. 그 때 그는 한쪽으로는 판결만 내려지면 영혼들이 하늘과 땅에 열린 구멍으로 각각 떠나는 것을 보았고, 그리고 다른 두 구멍으로부터는 다른 영혼들이 땅 속으로부터는 먼지를 쓰고 나그네 길에 시달려 올라오고 어떤 것들은 하늘로부터 깨끗하고 환하게 되어 내려오는 것을 보았네. 영혼들은 먼 길에서 온 것같이 보였으며 마치 축제 때 모이듯 즐겁게

1) 사후 또는 생전에 있어 영혼의 운명을 이야기한 것으로는 이 외에도 『파이돈』 167-175, 『고르기아스』, 522, 『파이드로스』 246, 248, 249. 이들 중에서도 에르가 유명하고, 이는 동방 헤브라이 계통에서 나온 것 같다.

2) 호메로스, 『오디세이』, 제 9 권~12권 참조. 장황한 이야기를 뜻한다.

목장 쪽으로 나가 자리를 잡았지. 그리고 서로 아는 사이에서는 얼싸안고 말을 건네지. 땅으로부터 나온 영혼들은 호기심에 차서 천상의 일들을 물어보고, 천상에서 나타난 영혼들은 땅 속 일들을 물어보네. 그리고 그들이 그 동안 겪은 일들을 서로 이야기할 때 아래에서 온 자들은 지하에서 천년에 걸친 그들의 여로중 당하고 본 것들을 생각하고는 울고 슬퍼하네. 그런데 천상에서 온 자들은 천상계의 즐거움과 상상도 할 수 없는 아름다움을 이야기하네. 이 이야기는 그라우콘, 이야기하려면 너무나 길지. 그러나 요약하면 다음과 같네. 에르의 말에 의하면 그들이 남에게 저지른 악은 빠짐없이 되로 주고 말로 받는 격이 되었는데, 일생을 백년으로 잡고 이것이 10배로 되어 천년에 걸쳐 형벌을 받았다는 것이네. 예를 들어 만일 많은 사람을 죽게 하고 배반하고 국가들과 군대들을 점령하고 예속시키고 기타 어떤 악행이고 자행한 자들은 그들의 모든 죄악들 하나 하나 어김없이 10배 이상으로 쳐서 벌을 받았고 그리고 너그럽고 정의롭고 성스러운 것에 대한 보답도 같은 비율로 받았다는 것이네. 나는 출생하자마자 죽은 어린이에 관해 그가 말한 것을 되풀이할 필요는 없다고 생각하네. 신들과 부모에 대한 경건함과 불경함 그리고 살인자들에 관해서는 그가 말했던 것들보다 더 큰 보복이 있었다는 것이지. 그는 어떤 영혼이 다른 영혼을 돌아다보고 아르디아이오스 대왕은 어디 있는가 하고 물어보는 것을 들었는데, 아르디아이오스는 에르보다 천년 전에 살았는데 팜퓨리아 지방 어떤 나라의 참주였지. 그런데 그는 그의 늙은 애비와 형을 죽이고 기타 무서운 죄를 저질렀네. 다른 영혼의 대답은 "그는 여기에 오지 않았고 다시는 오지도 못할 것이고, 그리고 이것은 우리 자신들이 목격한 무서운 광경의 하나이지. 우리는 동굴 출구에서 있었는데, 우리는 모든 고역들을 다 치렀으므로 이제 막 올라가려는 순간 아르디아이오스 그리고 대부분 참주였던 자들 몇몇이 나타났네. 이들 외에도 흉악범들이 있었지. 그들은 누가 보기에도 상계(上界)로 막 올라가는 것같이 생각되었는데, 출구는 그들을 받아들이기는 커녕 이 몹쓸 죄인들 그리고 아직도 충분하게 형벌을 받지 못한 자들이 올라가려고 할 때마다 으르렁거렸네. 그러면 옆에서 으르렁대는 소리를 듣고 있던 성미가 사납게 생긴 우람한 자들이 그들을 잡아 끌고 갔지. 그리고는 그들은 아르디아 이오스 및 다른 자들의 머리와 손발을 묶고 내동댕이치고 채찍으로 껍질을 벗겨버리고 옆에 있는 길을 따라 마치 양털같이 가시들이 돋친 것으로 그들을 빗질하듯 하고 지나가는 자들에게 그의 죄들이 무엇인지 그리고 지옥에 던져버리겠다고 소리치면서 끌고갔다."는 것이네. 그는 그들이 배겨낸 공포들 가운데서도 행여나 자기 차례 때 이것이 으르렁대지나 않을까 하는 두려움보다 더한 것은 없었고, 따라서 침묵이 이어지는 동안 하나 하나 그들이 올라올 때에는 한없이 기뻤다는 것이네. 이것들이 형벌과 보상들이고 또한 축복들도 그만큼 컸다고 말하는 것을 에르는 들었네. 이제 영혼들은 목장에서 7일간 머무르다가 8일째 되던 날, 그들은 길을 떠나지 않으면 안되게 되었지. 그리고 이로부터 4일째 되는 날, 그의 말에 의하면 어떤 장소에 도착했는데 기둥같이 쭉 고르게 광선이 온 하늘과 땅을 꿰뚫고 뻗쳐 있었네.[1] 색깔은 무지개 같았으나 이보다 더 환하고 깨끗하게 보이는 고장에 당도했다는 것이네. 하루를 더 걸어서 바로 그 장소에 왔는데, 거기서는 광선 속으로 하늘의 사슬들이 위로부터 내려져 있는 끝들을 볼 수 있었네. 이 광선이야말로 천공의 허리띠였고 마치 군선의 선체를 잡아매는 끈같이 둥그런 천체를 잡아매고 있네.[2] 그리고 이들 사슬의 끝으로부터 찬란한 방추(紡錘)가 늘여져 있는데, 이를 바탕으로 모든 회전이 이루어지지. 축과 고리는 강철로 되어 있고, 팽이부분은 일부는 강철, 일부는 다른 물질들로 되어 있네. 이 팽이는 형태에 있어서는 지상에 있는 것

1) 우주의 축을 상징한다. 이하(以下)에서 우주의 구조, 일월성진(日月星辰)의 주기가 상징적으로 묘사되고 있다. 영혼은 각자 생의 선택에 앞서 전생의 생활태도와 밀접한 관련을 맺고 우주만물의 질서와 조화를 벗어날 수 없다는 것이 이야기되고 있다.

2) 이것은 은하를 가지고 말하고 있는 것 같다.

과 다름 없지만, 에르의 묘사에 따르면 하나의 큰 팽이는 그 속이 텅 비어 있고 그 속에 그보다 작은 것 그리고 또 하나 그리고 또 하나 그리고 다른 것들이 네 개, 모두 8개가 마치 포개 놓은 그릇같이 꽉 끼어 있지. 위에서 보면 팽이들의 언저리가 보이고 아래서 보면 전체가 하나 같은 팽이로 보이네. 이것은 여덟번째 팽이 중심에 꽂힌 축으로 꿰뚫려 있네. 첫번째, 즉 가장 바깥쪽 팽이의 둘레가 가장 넓고, 일곱 개 속에 박힌 것들이 이보다 좁게 되어 있는데 그 넓이는 다음과 같네. 즉 여섯번째 팽이폭이 첫번째 다음으로 크고, 네번째 폭이 그 다음으로 크고, 그 다음 여덟번째, 일곱번째, 다섯번째, 세번째 것 순서로 되어, 최후로 두번째 팽이폭이 가장 좁네. 제일 큰 것(즉 항성)은 반짝이는 광채를 내고, 그리고 일곱번째 팽이폭(즉 태양)은 가장 밝고, 여덟번째(즉 달)는 일곱번째의 반사된 광선으로 색채를 띠며, 둘째와 다섯째(토성과 수성)는 색채에 있어 같으나 앞의 것보다는 더 노랗지. 셋째(목성)는 가장 하얀 빛을 띠고 있네. 넷째(화성)는 빨갛고, 여섯째(금성)는 두번째로 희다. 방추전체(紡錐全體)는 같은 방향으로 회전하지만 일곱 개 내부회전은 그 반대방향으로 천천히 돌고 있네. 그런데 이 중에서 가장 빠른 것은 여덟번째 것이네. 그 다음으로 빠른 것은 7번, 6번, 5번의 순이고 다같이 함께 움직이네. 4번의 원은 역운동의 법칙에 따라 돌고 있는 것같이 보이는데, 속도에 있어서는 세번째로 빠르네. 제 3 번 원이 네번째로, 제 2 번이 다섯번째로 빠르네. 그 방추는 필연의 무릎에서 회전하네. 각 원의 표면에는 세이렌[1]이 하나씩 타고 있어 원과 같이 돌면서 단일음과 곡조로 노래하고 있네. 여덟이 합쳐서 하나의 화음을 형성하네.[2] 그리고 세 여신이 같은 간격을 두고 둘러앉아 있네. 이들은 필연의 딸들 즉 운명의 여신들이고, 백의를 걸치고 머리에는 화관을 얹고 있네. 그들의 이름은 라게시스, 그로도, 아도로포스지. 세이렌들의 화음에 맞춰서 라게

1) 그 노랫소리를 듣는 자로 하여금 매혹되어 버리게 하는 요녀(妖女)들.
2) 천체(天體) 음악은 이렇다는 것이다. 피타고라스 학파의 사상.

시스는 과거를, 그로도는 현재를, 아도로포스는 미래를 노래하네. 그리고 그로도는 때때로 팽이 즉 방추의 바깥 둘레에다 오른손을 대어 회전을 돕고 있네. 그리고 아도로포스는 왼손을 대서 안쪽 회전을 돕고, 라게시스는 처음에는 이쪽 손으로 다음에는 저쪽 손으로 양쪽 회전을 맡아보고 있네. 에르와 영혼들이 도착했을 때 그들의 임무는 지체없이 라게시스에게로 가기로 되어 있었네.[1] 그런데 무엇보다도 우선 예언자가 나타나서 그들을 순서 있게 배열하네. 그리고는 라게시스의 무릎에서 제비들과 생(生)들의 견본들을 받아내고는 높은 단에 올라 다음과 같이 말했네. "운명의 여신의 딸 라게시스의 말을 들어보아라. 인간의 영혼들이여, 생과 죽음의 새로운 주기를 눈익혀 보아라. 그대의 운수를 좌우하는 신령이 그대에게 추첨되어 주어지는 것이 아니라 그대가 그대의 신령[2]을 선정할 것이다. 첫번째 제비를 뽑는 자로 하여금 맨 처음 선택을 하게 하자. 그가 선택한 생이 그의 운명이 될 것이다. 덕은 자유로운 것이다. 사람이 덕을 존경하느냐 또는 멸시하느냐에 따라 그는 덕을 그만큼 많이 또는 적게 가지게 될 것이다. 책임은 선택하는 자에게 있다. 신에게는 책임이 없다."[3] 예언자는 이렇게 말하고는 제비를 그들에게 뿌렸지. 그리하여 각자가 자신에 가까이 있는 것을 주워 가졌네. 그러나 에르만은 제외되었지. 그는 허용되지 않았던 것이네. 그리하여 제비를 뽑았을 때 각자는 그가 얻은 수를 알았던 것이네. 그리고는 예언자는 그들 앞 땅바닥에다 생들의 견본들을 내놓았는데, 거기에 있는 영혼들의 수보다 훨씬 더 많았네. 그리고 그것들은 가지 각색이었네. 거기에는 모든 조건 하에

1) 주어진 생애의 표본 가운데서 자기의 생을 택한다. 제비는 운명에 의해 정해지고 선택은 자유의사에 의한 것이므로 인간의 생애는 필연과 자유 양쪽에 의해 결정된다.

2) 개인에게는 각각 운명을 지배하고 인도하는 신령(다이혼)이 붙어 있다는 생각은 『파이돈』, 107을 참조. 여기에서 플라톤은 일반적인 통념을 부정하고 운명이라는 것은 주어지는 것이 아니고 오히려 각자 자신이 선정한다는 것을 강조하고 있다.

3) 이 말은 그 후 그리스 사상가들에 의해 자주 인용되었다.

놓인 모든 동물과 인간의 생들이 있었네. 그 중에는 참주들도 있었는데, 어떤 것은 일생 동안 계속된 것도 있었고 어떤 것은 중도에서 좌절되어 가난과 추방과 걸인으로 끝내버린 것도 있었네. 또한 거기에는 유명한 사람들의 생애도 있었는데, 어떤 것들은 그들의 힘과 경기에서 우승은 물론 그의 체격과 아름다움으로 또는 그들의 가문과 조상들의 공업(功業)으로 유명한 자들이 있는가 하면, 어떤 것들을 이와 반대의 특성 때문에 악명 높은 자들도 있었네. 그리고 여자들도 이와 다를 바 없네. 그럼에도 불구하고 영혼에는 어떤 특정한 성격이 없었네. 그것은 영혼이 새로운 생을 선정하게 되면 필연적으로 상이한 것으로 되기 때문이네. 그러나 거기에는 여러 가지 조건들이 있었고 서로 혼합되어 있어 부와 빈곤 그리고 병과 건강의 요소들도 또한 섞여 있었네. 그 중간상태들도 있네. 그런데 그라우콘, 바로 이 때가 우리 인간에게 중대한 위기의 순간이네. 극히 조심하여야 하지. 만일 우연하게라도 그가 배울 수 있고 또한 그를 배울 수 있게 해주고 선악의 구별을 할 수 있게 하여 그가 기회만 있다면 언제 어디서나 더 좋은 생애를 택할 수 있게 해주는 자를 찾을 수 있다면 우리는 모두 다같이 다른 어떤 지식을 제쳐 놓고서라도 단 하나만을 찾고 좇아야 하네. 그는 여지껏 개별적으로 또는 일관적으로 덕에 관해 언급된 것들의 뜻을 음미하고 고찰해야 하네. 그는 어떤 특정한 영혼에 있어 가난과 부가 결합되었을 때, 미의 효과는 어떤 것인지, 그리고 고귀한 출신과 비천한 것, 사인(私人)과 공직(公職), 강한 것과 약한 것, 영리한 것과 둔한 것, 그리고 모든 선천적인 것과 후천적인 영혼의 자질의 좋고 또는 나쁜 인과성은 어떤 것인지, 그리고 이것들이 합쳐졌을 때 그들의 작용은 어떤 것인지 알아야 할 것이다. 그 때 그는 영혼의 본질을 직시하고 이 모든 성질들을 고려한 나머지 어떤 것이 더욱 좋고 어떤 것이 더욱 나쁘다는 것을 결정할 수 있게 될 것이네. 그리하여 그는 그의 영혼을 더욱 부정하게 하는 생애에다는 악한 이름을 붙이고 그의 영혼을 더욱 정의롭게 하는 것에다가는 좋은 이름을 붙이면서 선택하게 될 것이다. 이 이외의 모든 것들은 그가 무시해 버릴 것이지. 우리는 생에 있어서나 사후에 있어서나 다같이 최선의 선택이라는 것을 보았고 알고 있기 때문이다. 사람은 진리와 정의에 관한 철석 같은 신념을 가지고 명부(冥府)로 가야만 하네. 저 세상에 있어서도 또한 부 또는 기타 악의 유혹에 대한 욕망에 현혹되지 않고 참주 및 동류의 악인이 되어 남에게 돌이킬 수 없는 못된 짓을 저지르고 자신도 또한 더 큰 해악(害惡)을 입지 않기 위해서도 오직 그에게는 될 수 있는 대로 이 세상에 있어서뿐만 아니라 이제서부터 닥쳐올 모든 데 있어 양 극단을 피하고 중용을 택하도록 알게 하여야 하겠네. 이것이 행복의 길이니까. 그리고 저 세상으로부터의 보고자(에르)가 전하는 바에 의하면 그 때 예언자는 다음과 같이 말했다고 하네. "최후에 참여한 자라 할지라도 현명하게 선택하고 근면하게 산다면 행복하고 나쁘지 않은 생애가 주어질 것이다. 맨 처음으로 선택하는 자도 방심해서는 안되고 최후로 선택하는 자도 실망할 것은 없다." 그런데 예언자가 이 말을 끝내자 첫번째로 선택할 수 있게 된 자가 앞으로 나와 서슴지 않고 최대의 참주군주의 생애를 택했지. 그는 선택함에 있어 우둔함과 욕심 때문에 눈이 어두워져서 선택에 앞서 깊이 생각해 보지도 않았고 갖은 악들 가운데서도 제 자식들을 잡아먹게 운명지어졌다는 것을 척 봐서 알아차리지 못했네. 그러나 반성할 시간을 가졌을 때 그리고 제비 속에 무엇이 있는지 보았을 때 예언자의 경고(警告)는 잊고 자신의 선택을 가슴을 치고 후회하기 시작했지. 그는 자기의 불운을 자신의 탓으로 돌리지 않고 기회와 신들, 다른 모든 것들을 나무랐네. 이 자는 천상으로부터 온 자로서 전생에서는 질서가 잘 잡힌 국가에서 살았으나 그의 덕은 습관에서 온 것이고 따라서 그는 철학을 갖지 못했지. 같은 실수를 저지른 다른 자들도 다를 것이 없었네. 그들의 대부분은 천상에서 온 자들이고 따라서 시련으로 단련받지 못했던 것이네. 그런데 땅 아래서부터 온 순례자들은 자신들이 고생했고 또한 남들이 고통을 당하는 것을 보아

왔기 때문에 선택하는 데 있어 서두르지 않았네. 그리하여 그들의 무경험과 또한 제비에는 우연이 따름으로써 많은 영혼들이 좋은 운명을 악한 것과 또는 악한 것을 좋은 운명과 서로 교환했지. 만일 인간이 이 세상에 태어났을 때 애당초부터 건전한 철학에 몸을 바치고 또한 추첨에서 과히 운이 나쁘지 않다면, 그는 에르가 보고한 바 같이 그는 이 세상에서도 행복하고 또한 저 세상으로의 여로와 다시 이 세상으로의 복귀에 있어서도 험하고 또한 땅 속을 헤매는 대신 순탄하고 천상적일 것이네. 에르의 말에 의하면 가장 기묘한 것은 목전에 전개된 광경들인데, 슬프고 또한 우습고 생소한 것들이었다고 하네. 그 이유는 영혼들의 선택은 그에 앞선 생애의 경험에 의거한 것들이기 때문이네. 거기서 에르는 오르페우스[1]의 영혼이었던 것이 여성 족속들에 대한 적의 때문에 그들은 그를 살해했으므로 여성으로 태어나는 것을 증오한 나머지 백조의 생애를 택하는 것을 보았네. 그는 또한 다뮤라스[2]가 나이팅게일의 생애를 택한 반면 새들은 백조나 기타 음악가들과 같이 인간이 되고자 하는 것도 보았네. 스무번째 제비를 얻은 영혼은 사자의 생애를 택했네. 이것은 테라몬의 아들 아이아스[3]의 영혼으로 무기를 둘러싼 판결에 있어 당한 부당성을 잊지 않고 사람이 되지 않으려고 했네. 그 다음에는 아가멤논[4]인데 그는 독수리의 생애를 택했네. 그는 아이아스와 마찬가지로 그의 재난 때문에 인간 본성을 증오했기 때문이네. 중간쯤에 아다란타[5]가 제비를 뽑았는데,

---

1) 그는 전설에 의하면 디오니소스 신을 받드는 광란의 여인들(마이나데스)에 의해 찢겨 죽었다.

2) 전설에 나오는 가수. 므사(뮤즈 신들)들과 노래 경연을 하다 시력과 노래 재주를 빼앗겼다.

3) 사라미스인. 트로이전에서의 영웅적 무장(武將). 아기레우스가 죽은 그의 갑옷과 무기를 가지고 오디세이아와 다투고 판결에서 패해 자결했다. 『오디세이』, 제 9 권 543행, 소포클레스 『아이아스』 참조.

4) 트로이 전쟁에서 그리스군 총사령관으로 귀환한 후 처 구류다이므네스토라에 의해 살해됨. 이이스킬로스 『아가멤논』 참조.

5) 스큐로스 왕. 스코이네우스의 딸. 발이 빨랐다. 그녀의 구혼자(求婚者)는 그녀와 경주(競走)를 하여야 했고, 지면 살해되었다.

그녀는 경기자의 명성에 홀려 이 유혹을 물리칠 수 없었던 것이네. 그 다음에 파노페우스의 아들 에페이오스[1]의 영혼이 기술에 교활하게 뛰어난 여자로 다시 태어나는 것을 보았네. 또한 멀리 최후로 선택한 자들 가운데 어릿광대 데르시데스[2]가 원숭이로 변하는 것도 보았네. 또한 오디세우스의 영혼도 이제 선택을 하게 되었는데, 그의 추첨은 마치 최후의 순번이었네. 그는 전생에 있어서의 고생들을 상기하고서는 야망의 환상을 떨어버리고 아무 걱정도 없는 사인(私人)의 생애를 찾아 오랫동안 찾아다녔네. 그는 이것을 찾았는데 힘이 들었지. 한쪽 구석에 박혀 있어 아무도 돌보지 않았던 것이네. 그리하여 그가 마침내 이것을 보았을 때 그는 그의 제비가 끝이 아니라 맨 처음의 순서였다 하더라도 같은 행동을 취했을 것이고 이 생애를 가지지 않을 수 없었으리라고 말했네. 그리고 인간들이 동물들로 될 뿐만 아니라 서로 바뀌고 또는 대응하는 인간본성으로 되어버리는 온순한 또는 야성적인 동물들이 있었네. 선한 것은 온순한 것으로, 악한 것은 야성적인 것으로 모든 종류의 결합이었네. 이 모든 영혼들이 그들의 생애를 택한 다음 그들 선택의 순번에 따라 라게시스한테로 갔네. 이 운명의 여신은 이제부터의 생애를 돌보고 선택된 운명을 성취시키기 위해 앞서 각자가 선택한 신령들은 각자에게 붙여주었네. 이 신령은 우선 영혼들을 여신 구로도에게 데리고 가고 그 손으로 돌리고 있는 방추의 회전 속으로 끌고 들어갔네. 이리하여 각자의 숙명을 다시 한번 확인한 셈이네. 그리고 그들이 여기에 잡아 매어진 다음에 아토로포스에게 끌려갔네. 아토로포스는 운명의 실로 짜서 그들을 다시는 돌이킬 수 없게 하였네. 이 때부터 돌아갈 수 없이 되어 그들은 필연의 왕좌 아래로 끌려왔네. 그리하여 모든 영혼이 통과했을 때 그들은 타는 듯한 더위를 무릅쓰고 전진하여 망각의 평야에 다다랐네.

---

1) 트로이 공략 때 목마를 만든 자.

2) 『일리아드』, 제 2 권 212행 이하에서 등장신분(登場身分)도 천하고 추한 것이 지휘관을 매도하는 자로 나타난다.

이 평야는 초목 하나 없는 불모의 황야이지. 그리고 다음에 그들은 저녁 때쯤 해서 무관심이라는 냇가에서 야영하였네. 그 물은 어떤 그릇으로써도 담을 수 없네. 모든 영혼들은 이 물을 어떤 분량만큼 마셔야 했는데, 지혜롭지 못한 자는 필요 이상으로 마시기도 했지. 각자는 마시는 순간 모든 것을 잊었네. 그들이 잠든 후 한밤중에 천둥 벽력과 지진이 일어났네. 그리고는 한 순간에 마치 유성과도 같이 가지각색 그들의 탄생쪽으로 위를 향해서 쫓겨갔네. 에르 자신은 그 물을 마시지 못하게 방해당했지. 그러나 에르는 어떤 식으로 또는 어떤 수단으로 다시 육신(肉身)으로 살아났는지는 알 수 없네. 오직 아침에 갑자기 깨어나서 화장하려는 장작더미 위에 자신이 가로놓여 있었다는 것이네. 이리하여 그라우콘, 이 이야기는 살아났고 죽지 않았네. 그리고 우리가 이야기에 나온 말에 순종한다면 우리는 구제된 것이네. 그리하여 우리는 망각의 강을 무사히 넘을 것이고, 우리들의 영혼은 더럽혀지지 않을 것이네. 그러므로 나의 충고는 우리는 천상의 길을 꽉 붙잡고 언제나 정의와 덕을 따를 것이면 영혼은 죽지 않으며 모든 종류의 선과 악을 배겨낸다는 것을 명심하라는 것이네. 이렇게 함으로써 이 세상에 머물러 있을 동안이나 또는 경기에 승리한 자가 갖가지 상과 선물을 모으러 다니듯이 우리가 정의의 보상을 받을 때에도 우리들은 우리 서로가 그리고 신들과도 아끼고 친하게 지낼 것이네. 그리고 우리는 이 세상에 있어서나 우리가 묘사한 바 있는 천년에 걸친 순례에 있어서나 우리는 행복할 것이네.」

譯 者 後 記

번역하는 데 있어 가장 곤란을 느낀 것은 용어에 있어 적절한 말을 찾아내기가 어렵다는 점이다. 되풀이되는 낱말 가운데서도 aretē, sophnrosynē, dikaiosynē는 영역(英譯)에서는 virtue, temperance, justice로 되어 있는데, 이것으로도 그리스 원어의 뜻을 그대로 전해 주지 못하고 있다. 이것을 번역에서는 덕, 절제, 정의로 하였는데, 약간 설명이 필요하다. aretē의 원래 뜻은 만물이 각자의 최고상태(最高狀態)에서 본래 뜻하였던 것을 얻어낸다는 것이 된다. 칼이 잘 들면 그 칼에는 virtue 즉 덕을 구비한다. 선생은 제자들을 교육하는 데 있어, 예술가는 좋은 예술품을 제작함으로써 덕이 있다. 인간은 자식으로서, 부모로서, 국민으로서, 또한 그의 직업에 있어 그리고 신체, 성격, 지능에 있어 독자적인 덕을 지닌다.

절제는 자제, 균형, 온전한 정신, 사려분별을 뜻하고, 극단적인 행동, 언어, 사상을 기피하는 것으로, 인격에 있어, 생활에 있어, 조화를 가져올 수 있는 심성의 올바름이라 하겠다.

정의는 정신을 황폐케 하는 분노, 공포, 쾌락, 고통, 시기, 욕망을 부정의(不正義)라고 규정한 바 있는데(『법률론』, 863), 이에 반대되는 것으로 이해할 수 있다.

이 번역은 B. Jowett의 『플라톤의 대화』를 대본으로 하였다. 이 책이 가장 잘 되어 있고 또 가장 명석하게 되어 있다. 그 외에도 손쉽게 구할 수 있는 것은 *Everyman Library*이다.

끝으로 원본에는 단락번호가 들어 있는데 조판관계로 이것을 넣지 못하고 다만 각주에서만 표시되어 있어 독자 여러분에 불편을 끼쳐드리게 된 것을 사과한다.

1975년 12월 6일

저자소개

B.C. 427-347. 아테네의 名門출신
20세경부터 약 8년간 소크라테스의 門弟로 있음.
28세 때 스승 소크라테스가 처형됨.
이후 오랫동안 희랍지역은 물론 이탈리아, 시켈리아섬, 이집트 등을 여행. 60세, 66세에 시켈리아 방문.
그곳의 참주 디오니소스 Ⅱ세의 교육 및 정치 자문을 했으나, 두 번 다 뜻대로 되지 못함.

저 서

서한집을 비롯하여 眞作 미상의 것까지 포함해서 36편.
『소크라테스의 변명』, 『크리톤』, 『파이돈』, 『쉼포시온』, 『향연』, 『파이드로스』, 『국가』, 『파르메니데스』, 『테아이테토스』, 『티마이오』, 『법률』 등등

역자소개

日本 慶應大學 法文學部 정치과 졸업
이화여자대학교 법정대학장
이화여자대학교 법정대학교수

[博英新書 3]
國 家 論(*Politeia*)

1975年 12月 15日 初版發行
1996年 6月 20日 二版發行
2015年 6月 15日 重版發行

著 者 플 라 톤
譯 者 李 炳 吉
發行人 安 鍾 萬
發行處 (株) 博 英 社
서울특별시 종로구 새문안로3길 36, 1601
電話 (733)6771 FAX (736)4818
登錄 1959. 3. 11. 제300-1959-1호(倫)

www.pybook.co.kr e-mail: pys@pybook.co.kr

定 價 20,000원 ISBN 89-7189-315-X